Martin Kay

Tod eines Engels

Zaubermond-Verlag
Schwelm

»Tod eines Engels«
Buch 3 der EDITION DK

In der Buchserie EDITION DK sind bisher folgende Titel erschienen:
3-931407-09-8 »Engelszorn«
3-931407-10-1 »Rebeccas Rache«
3-931407-11-X »Tod eines Engels«

1. Auflage

Herausgeber:
Zaubermond-Verlag
Thomas Born
Oelkinghauser Str. 7
D-58332 Schwelm

Telefon: 0 23 36/ 1 26 44
Telefax: 0 23 36 / 99 07 73

eMail: ThomasBorn@zaubermond.de
Internet: http://www.zaubermond.de

Redaktion und Buchbearbeitung:
Thomas Born, Martin Kay

Redaktionelle Mitarbeit:
Dario Vandis

Titelbild: Royo, Agentur Norm

Gesamtherstellung: Druckerei Stowasser, Aßlar

ISBN 3-931407-11-X

Inhaltsverzeichnis

Tod eines Engels

Irgendwo muß jeder bestraft werden.

Rafael Beermann

1. Kapitel

Erste Spuren

Er war das personifizierte Grauen.

Nicht, daß man ihm diese Tatsache äußerlich ansah. Er verstand es geschickt, sein wahres, grauenerregendes Antlitz vor den Menschen zu verbergen. In seinen Adern floß zähflüssiges, schwarzes Blut, das jeden Mediziner in Staunen versetzt hätte. Seine Seele bestand aus einem finsteren Keim, der für alles stand, was jemals als *böse* bezeichnet wurde.

Er war die Ausgeburt menschlicher Alpträume – ein Dämon!

Wie viele andere Wesen seiner Art lebte er mitten unter den Menschen. Er benötigte keine Tarngestalt, war nicht einmal in der Lage, eine derartige zu schaffen, weil es ihm an der erforderlichen Magie mangelte. Aber es war auch nicht nötig, den Leuten etwas vorzugaukeln. Sein stattliches Äußeres war das eines gewöhnlichen Mittvierzigers und verbarg die Dunkelheit seiner Seele gut vor den Sterblichen.

Von seinen dämonischen Brüdern wurde er als minderwertig eingestuft, verachtet wie ein Ghoul. Doch für die Menschen, die er zu seinen Opfern erkoren hatte, mochte er schlimmer sein als der Teufel in Person, denn er besaß die Gabe, sich bis auf den Grund ihrer Seelen hinabzutasten, ihr Innerstes umzukrempeln und an die Oberfläche zu fördern, ehe sie ihr Leben aushauchten... Es waren seine Augen, die so grauenvoll waren.

Unter den Sterblichen gibt es eine Floskel von Blicken, die töten können.

Seine konnten es!

Der Sommer neigte sich langsam, aber sicher dem Ende zu. Die Tage wurden kürzer, dunkler und kälter, und an den Blättern der Bäume zeigten sich die ersten herbstlichen Verfärbungen. Kati fröstelte bei dem Gedanken an die bevorstehende, ungemütliche Zeit. Mochten es auch manche Leute als romantisch empfinden, dick vermummt bei sturmgepeitschtem Wetter Spaziergänge zu unternehmen, sie selbst wäre nie auf den Gedanken gekommen, sich freiwillig den Unbilden eines solchen Wetters auszusetzen. Vielleicht rührte diese Abneigung daher, daß sie schon berufsbedingt den ganzen Tag im Freien verbringen mußte. Tagein, tagaus wartete sie am Bordstein auf zahlungswillige Freier, zu denen sie in den Wagen steigen konnte. So sehr sie sich auch darüber beklagte, sie hatte sich ihr Schicksal selbst zuzuschreiben. Vor zwei Jahren war sie noch Kassiererin in einem Supermarkt gewesen, hatte sich jedoch beim Diebstahl von Zigaretten im Laden erwischen lassen und war gefeuert worden. Es war zu einer Anzeige gekommen, die es für sie schwierig gemacht hatte, danach irgendwo anders einen neuen Job zu finden.

Das Arbeitslosengeld reichte hinten und vorne nicht, so daß sich Kathrin Iwanetzky – so hieß sie mit bürgerlichem Namen – bald gezwungen sah, ihr Geld auf anderweitige Art zu verdienen. Durch eine Bekannte kam sie zum Straßenstrich. Sie hatte nie von sich behauptet, hübsch zu sein, aber ihre Freundin hatte ihr gezeigt, was man mit entsprechender Kleidung und Make-up aus sich herausholen konnte.

Es hatte sie anfangs große Überwindung gekostet, mit Fremden zu verkehren, doch Aufputschmittel und Alkohol hatten ihr geholfen, mit der Zeit auch das letzte bißchen Selbstwertgefühl zu ertränken. Ein teuflischer Strudel, aus dem ein Entkommen seit jeher so gut wie unmöglich schien. Kati wollte es auch nicht. Sie hatte keine klare Vorstellung mehr von ihrem zukünftigen Leben. Viele ihrer Kolleginnen hegten die Hoffnung, irgendwann einmal genug beiseite geschafft zu haben, um auszusteigen. Doch nur die wenigsten von ihnen besaßen die Kraft, den Worten Taten folgen zu lassen. Kati träumte nicht einmal davon. Mit ihren siebenundzwanzig Jahren war ihr schon fast alles gleichgültig geworden. Sie verdiente mittelprächtig auf dem Strich, mehr jedenfalls, als das Arbeitsamt ihr damals zugesprochen hatte. Doch reich wurde sie davon nicht. Es reichte zum Leben und für kleine Ersparnisse. Dabei hatte sie bisher noch Glück gehabt, daß sie nicht in die Fänge eines Zuhälters geraten war. Sie arbeitete selbständig und war damit bisher ganz gut zurecht gekommen.

Aber es gab Tage, an denen ihr rein gar nichts mehr zusagte. Da verlor sie einfach die Lust am Leben und war kurz davor, alles hinzuwerfen. Wie heute. Für gewöhnlich schlief Kati bis Mittag, machte dann anschließend den Haushalt und kaufte ein. Ihr Job auf der Straße begann erst mit dem Einbruch der Dunkelheit. Dann erst kamen die zahlungswilligen Kunden wie die Ratten aus ihren Löchern hervorgekrochen, um sich das Vergnügen zu holen, das ihnen zu Hause verwehrt wurde.

Der heutige Tag hatte gar nicht so schlecht angefangen, doch nun, da Kati aufgetakelt am Straßenrand entlangstolzierte, wünschte sie sich lieber, im Bett liegengeblieben zu sein. Es war kalt geworden, und dennoch trug sie nur einen ledernen Mini und halterlose Strümpfe. Mit dem plötzlichen Wetterumschwung hatte sie nicht gerechnet und verfluchte sich jetzt im Stillen, nichts Wärmeres angezogen zu haben. Zuerst hatte sie mit dem Gedanken gespielt, noch einmal nach Hause zurückzukehren, um sich entsprechend auszustaffieren, doch die Angst, in dieser Zeit wertvolle Kunden verpassen zu können, hatte alle guten Vorsätze zunichte gemacht.

Dabei lief das Geschäft heute ziemlich schlecht. Sie hatte in den letzten zwei Stunden gerade mal einen Freier gehabt. Frierend hielt sie die Hände in den Taschen vergraben, als sich ihr von der Seite ein Schatten näherte.

»Nicht dein Tag heute, was?«

Kati preßte die Lippen zusammen und schielte zu Charly hinüber. Ihre Freundin bot ihr eine Zigarette an; dankbar griff Kati zu und ließ sich Feuer geben. In tiefen Zügen inhalierte sie den Rauch des Glimmstengels und redete sich ein, er könne die Kälte aus ihren Gliedern und den Frust aus ihrem Herzen vertreiben.

Charly hatte sich wenigstens dick angezogen. Sie trug enge Leggings, ein Windblouson und schenkelhohe Stiefel.

»Es läuft beschissen«, erwiderte Kati auf Charlys Frage. »Und bei dir – schon Erfolg gehabt?«

»Mein dritter heute«, sagte die andere Hure und deutete ein Kopfnicken in Richtung eines soeben davonfahrenden Fahrzeugs an. »Hat schon bei der Handarbeit schlappgemacht.«

Kati lächelte. »Leicht verdiente Kohle, was?«

Statt einer Antwort zog Charly an ihrer Zigarette.

Sie standen mit gut zehn anderen Prostituierten auf dem Gehweg eines Autobahnrastplatzes in der Nähe von Hamburg. Zwar galt der Straßenstrich hier noch als Insidertip, doch die Polizei wußte längst Bescheid und duldete die Geschäfte mit der käuflichen Liebe. In der Nähe des LKW-Parkplatzes waren auch einige Wohnwagen abgestellt, die den leichten Mädchen gehörten. Nicht alle stiegen zu den Freiern ins Auto, sondern empfingen sie in ihren eigenen Wänden auf zwei oder vier Rädern, wo es sicherlich gemütlicher zugehen konnte, als auf engem Raum im Fond eines PKWs.

Kati wollte Charly gerade von ihrem Leid klagen, als diese sich plötzlich abwandte und ein paar Schritte entfernte. Keine Sekunde darauf wurde das Mädchen von aufblitzenden Scheinwerfern geblendet. Ein Wagen war von der Autobahn auf den Rastplatz gebogen und näherte sich nun mit Schrittgeschwindigkeit dem Gehweg, auf dem die Strichmädchen posierten. Kati hätte sich selbst ohrfeigen können, wie sie bibbernd dastand, nicht fähig, ihre Reize zu zeigen, während der Kombi an ihr vorüberrollte. Da aber war er bereits auf Charlys Höhe angelangt und bremste abrupt. Mit einem Lächeln auf den knallroten Lippen stolzierte sie auf den Wagen zu. Doch plötzlich geschah etwas Unerwartetes. Der Fahrer legte mit einem Mal den Rückwärtsgang ein, fuhr die paar Meter zu Kati zurück und brachte den Wagen zum Stehen.

Surrend glitt die Fensterscheibe auf der Beifahrerseite herunter. Kati warf Charly einen triumphierenden Seitenblick zu, doch diese zuckte nur gleichgültig die Schultern und wandte sich ab.

»Hallo«, säuselte Kati und hatte sich halb durch das Fenster gebeugt, so daß der Fahrer in den Ausschnitt ihres Bodies blicken konnte. Sie hatte zwar nicht allzuviel zu zeigen, doch ihre Brüste wurden durch das enganliegende Kleidungsstück hochgedrückt und machten dem Kunden große Versprechungen.

Der Mann auf dem Fahrersitz war von mittelgroßer Statur und mochte um die Vierzig sein. Er besaß kein sonderlich markantes Gesicht.

Wenigsten keines dieser häßlichen Ekelpakete. Dieser Typ hier scheint Stil zu haben..., dachte sie bei sich und blickte den Freier mit einem gekonntem Augenaufschlag an. Er trug trotz der Dunkelheit eine Sonnenbrille, wie Kati irritiert erkannte.

Vielleicht will er auch nur nicht erkannt werden, überlegte sie.

»Guten Abend«, vernahm sie seine sonore Stimme, und ein wohliger Schauer jagte ihr über den Rücken.

Als der Mann nichts weiter sagte, antwortete sie: »Na, Lust auf ein wenig Spaß, mein Lieber?«

»Was nimmst du denn?«

»Fünfzig für französisch, hundert für Verkehr.«

Er nickte zufrieden, woraufhin Kati die Tür öffnete und in den Wagen schlüpfte. Angenehme Wärme umfing sie. Ihr Blick fiel auf den teuren Anzug, den der Fremde trug. Er hatte es wahrlich nicht nötig, sich die schnelle Nummer auf der Autobahn zu holen. Warum suchte er nicht einen der zahlreichen Hamburger Clubs auf der Reeperbahn auf? Die Mädchen waren hübscher, die Atmosphäre gemütlicher...

»Wohin fahren wir?« fragte er.

Kati deutete nach vorn. »Weiter hinten geht's vom Parkplatz rechts ab. Da ist eine gesperrte Auffahrt, den der Winterdienst benutzt.«

Der Freier nickte und gab Gas. Sie fuhren an den anderen Prostituierten vorüber und passierten anschließend einige parkende LKWs und die Wohnwagen der Straßenmädchen. Dahinter tat sich eine Ausfahrt auf, die mit einem Durchfahrt-Verboten-Schild markiert war. Der Mann kümmerte sich nicht darum, sondern folgte dem leicht abwärts führenden Weg. Nach etwa fünfzig Metern bedeutete ihm Kati, rechts in eine der Parkbuchten zu fahren. Das Geräusch des Motors erstarb, und für einen Moment war nur noch das Summen der Klimaanlage zu hören.

»Also, wie hättest du es gerne?« fragte Kati.

Der Mann griff in seine Jackeninnentasche und förderte einen Hundert-Mark-Schein zutage. Das war auch eine Antwort. Hastig griff sie danach, um ihn in ihrer Handtasche verschwinden zu lassen. Dabei zog sie irritiert den Arm zurück, als die Hand des Mannes scheinbar zärtlich darüberstrich. Sie schüttelte den Kopf. Wie konnte sie nur so ängstlich sein? Routiniert zog sie ihren Minirock hoch, knöpfte den Body im Schritt auf und zog sich danach den Ausschnitt unter die Brüste.

»Willst du deine Brille nicht absetzen?« fragte sie ihn.

Er schüttelte den Kopf. »Ich sehe auch so genug...«

Sie brachte ihren Sitz in Liegeposition, und der Fremde tat es ihr gleich. Ihre Hand fuhr über seine Brust, dann sofort hinunter zwischen seine Beine. Kurz massierte sie sein Glied durch die Hose hindurch, dann nestelte sie an Gürtel und Reißverschluß. Ein großartiges Vorspiel gab es in ihrem Gewerbe nicht. Als sie sein bestes Stück hervorholte, war es bereits zu beachtlicher Größe angeschwollen. Kati langte in ihre Handtasche, zog ein Kondom hervor und öffnete die Packung mit ihren Zähnen. Sie streifte den Gummi über die pralle Männlichkeit ihres Freiers und massierte sie ein wenig, ehe sie sich mit dem Kopf über den Schoß beugte und das Glied mit ihren Lippen umschloß.

Der Fremde stöhnte vor Lust auf. Seine Finger krallten sich in ihre Haare, und Kati streifte sie keuchend ab, damit er ihr nicht versehentlich die rote Perücke vom Kopf zog. Jetzt fand seine Hand den Weg zwischen ihre Beine, und ehe sie sich's versah, massierten seine Finger ihre Scham. Sie wollte sich aufrichten und dagegen wehren, doch wie unter einem fremden Zwang klebten ihre Lippen am Glied ihres Freiers... Und als er einen seiner Finger in ihre Scheide stieß, spürte sie die Feuchtigkeit zwischen ihren Schamlippen. Plötzlich genoß sie das Spiel seiner Finger, ließ es zu, daß er sie damit erregte.

Sanft hob er ihren Kopf an, so daß sich ihr Mund schmatzend von seinem Glied löste. Dann drückte er sie in den Sitz und glitt über ihren Körper. Seine Lippen berührten die Knospen ihrer Brüste, deren Warzen sich augenblicklich versteiften. Kati seufzte auf und ließ sich vollkommen gehen. Sie sehnte sich förmlich nach den Berührungen und Liebkosungen des Mannes.

Eine Nutte verliebt sich nur in einen Mann, hatte Charly ihr damals eingetrichtert. In der Tat. Meist handelte es sich dabei um den späteren *Beschützer*, den Zuhälter einer Prostituierten. War es jetzt um Kati geschehen? War dieser Mann nichts anderes als ein Zuhälter, der es verstand, geschickt mit ihren Gefühlen zu spielen?

Nein! sagte sie sich.

Einen Augenblick darauf verschlossen seine Lippen die ihren, und ihre Zungen fanden sich zu einem leidenschaftlichen Kuß. Nie zuvor hatte sie sich von einem Freier küssen lassen. Sie hatte gehört, daß die Mädchen in Clubs so etwas taten, aber nicht die Huren von der Straße oder eines Bordells.

Sein Kuß wurde fordernder, wilder. Mit einem Ruck drang er in sie ein und schenkte ihr zuerst leichte Stöße, bei denen sie lustvoll aufstöhnte. Kati konnte nicht mehr an sich halten. Sie schlang ihre Beine um das Gesäß des Freiers und bäumte sich ihm entgegen. Dankbar und mit Wonnen nahm sie jeden seiner Stöße in sich auf. Sie spürte, wie das Glied in ihr zuckte und kurz vor dem Höhepunkt war. Das war der Moment, in dem sie selbst kam. Sie schrie ihre Lust hinaus. Gleichzeitig ergoß sich der Fremde mit einem unterdrückten Laut der Befriedigung in sie. Als sie zurücksank, lächelte er.

Oh Gott... ich habe mich verliebt, dachte sie und blickte ihren neuen Schwarm mit leuchtenden Augen an.

Doch ihr Lächeln gefror, als er die Sonnenbrille abnahm. Der Schrecken zeichnete sich deutlich in ihrem Gesicht ab. Von einer Sekunde auf die andere war sämtliches Glücksgefühl in Kati erloschen. Sie saugte sich an dem Blick des Fremden fest. Ein Prickeln fuhr über ihre Augen. Ihr Mund öffnete sich. Sie wollte schreien, um sich schlagen, davonlaufen – doch sie lag nur wie gelähmt da und starrte den Unheimlichen an.

Diese Augen...

Es war der letzte Gedanke in ihrem Leben, ehe nicht nur ihr Körper, sondern auch ihr Bewußtsein gelähmt wurde, um nie mehr zu erwachen.

Horst Platzek hatte Macht über diese Huren. Es war seine Ausstrahlung, die sie ihm gefügig machte. Normalerweise war er nicht einmal in der Lage, einen Menschen zu hypnotisieren, aber jedesmal wenn er auf Beutefang war, lagen sie ihm zu Füßen, verzehrten sich nach ihm, bis –

– er *sie* verzehrte!

Dabei kannte er nicht einmal den Namen des Mädchens, dessen Leib unter ihm jetzt von einer Sekunde zur anderen erschlaffte. Nur die Jagd war von Bedeutung: Das sexuelle Vorspiel, die willenlosen Frauen, die ihn begehrten, bis er sich auf dem Höhepunkt in sie ergoß – und der Augenblick der Wahrheit danach! Die Sekunde, in der er dem Opfer sein wahres Wesen offenbarte.

Viele seiner dämonischen Artgenossen labten sich an Blut oder Menschenfleisch. Ihn aber verlangte es nach einer essentiellen Lebenskraft, nach etwas, das tief im Innern seiner Opfer zu finden war; reine, pure Energie, die ihn nährte wie einen Todesalb. Wer ihm in die Augen schaute, verlor sich darin...

Für immer.

Die Augen sind der Schlüssel zur Seele, hatte irgendwann einmal ein weiser Philosoph gesagt, ohne zu wissen, wie recht er damit gehabt hatte.

Als die Kraftübertragung beendet war, sank die tote Hure in den Sitz des Wagens zurück. Es gab keinen Funken Wärme, keinerlei Energie mehr in ihr. Auch die Beseitigung der Leiche stellte Platzek vor keine Probleme. Er kannte eine Ghoulsippe in Hamburg, die sich über jeden Festschmaus freute, den er ihnen brachte.

Er wälzte sich von dem toten Körper herunter und griff nach seinen Kleidern, als hinter ihm ein scharfes Geräusch ertönte. Die Wagentür wurde aufgerissen.

Platzek fuhr herum. Doch er war immer noch trunken von der Energieaufnahme und reagierte nicht schnell genug. Etwas bohrte sich in seinen Rücken, und ein stechender Schmerz raste durch seine Glieder.

Instinktiv nutzte er die gerade aufgenommene Lebenskraft der toten Hure, um die Wunde zu heilen. Es mißlang. Und noch bevor er sich umdrehen und den Angreifer mit seinen furchtbaren Augen bannen konnte, wurde es schwarz um ihn!

Jemand hatte ihm eine Haube über den Kopf gestülpt und schnürte sie an der Unterseite mit einem kräftigen Strick zusammen. Platzek keuchte, als ihm urplötzlich die Luft abgeschnürt wurde. Der Angreifer wußte um seine Gefährlichkeit und hatte ihn mit einem Schlag seiner Waffen beraubt.

Wieder war da der sengende Schmerz in seinem Rücken. Etwas zerrte an der Haube. Ein Ruck ging durch Horst Platzeks Körper, als er grob aus dem Wagen gerissen wurde und ihm kurz darauf jemand die Hände verdrehte. Der Dämon gewahrte ein Schnappen, dann schnitt ihm etwas Heißes in die Handgelenke.

Dämonenbanner! schoß es ihm durch den Kopf.

Er hatte also einen ebenbürtigen Gegner vor sich. Nur zu schmerzlich erkannte er das Wirken der Abwehrmagie, die von geheimnisvollen Schriftzeichen ausging, die in die Handschellen eingraviert worden sein mußten.

»Wer ist da?« rief er, nachdem der Fremde den Strick etwas gelockert hatte. Seine eigenen Worte klangen ihm unter der Kapuze unnatürlich dumpf in den Ohren.

Als Antwort erhielt er einen schmerzhaften Schlag ins Gesicht, der seinen Kopf zurückschleuderte. Starke Hände packten seine Brust und zerrten ihn über den Boden. Der Schwarzblütige versuchte sich zu wehren, doch die speziellen Handschellen schnitten ihm tief ins Fleisch und sandten höllische Schmerzimpulse an sein dämonisches Nervensystem.

Irgendwann ließ der Fremde von ihm ab und stieß ihn fort. Platzek rollte über einen feuchten Acker, bis er gegen den sperrigen Ast eines umgestürzten Baumstammes prallte. Hilflos versuchte der Dämon sich zu orientieren. Er suchte fieberhaft nach einer Fluchtmöglichkeit, aber schon bald mußte er erkennen, daß er seinem mysteriösen Widersacher auf Gedeih und Verderb ausgeliefert war: Die Spezialfesseln um seine Handgelenke machten jeden Befreiungsversuch zunichte.

»Was willst du von mir?« stöhnte er.

»Schweig!« Eine Fußspitze bohrte sich in Platzeks Magen. Der Dämon wand sich wimmernd auf der Erde.

Als der Schmerz etwas nachließ, schloß er die Augen und lauschte. Doch der Angreifer gab sich mit keinem Laut zu erkennen. Er schien nicht einmal zu atmen... Das einzige, was Platzek hörte, waren das Rascheln von Blättern im Herbstwind und das Rauschen des Verkehrs auf der Autobahn. So konnte er nur warten. Wenn der Fremde ihn töten wollte, hätte er dies längst getan. Anscheinend wollte er noch Informationen von ihm haben. Platzek blieb nichts anderes übrig, als eine Chance abzupassen.

Minuten vergingen. Für den Dämon gerannen sie fast zu Stunden. Die Finsternis um ihn herum wollte ihn wahnsinnig machen. Und die Schellen um seine Handgelenke brannten wie Feuer...

»Ich will deinen Namen wissen!« vernahm er plötzlich die klirrend kalte Stimme des Fremden.

Als er nicht sofort antwortete, packte ihn der Angreifer beim Schopf und schlug seine Stirn gegen den Baumstamm. Schwarzes Blut sickerte aus der Platzwunde über seine Nase.

»Deinen Namen, sofort!« wiederholte der Fremde. Er hatte deutsch gesprochen, allerdings mit einem kaum merklichen Akzent, den Platzek im ersten Augenblick nicht zuzuordnen vermochte.

Er gab nach und nannte dem Gegner seinen Namen.

»Und was hast du jetzt mit mir vor?« fragte er ängstlich, als der Fremde nichts erwiderte.

Ein leises Knistern erklang, als ob jemand ein Feuer entzündet hätte. Erste Schweißperlen sammelten sich auf der Stirn des Dämons. Was hatte das zu bedeuten?

»Ich werde dich *Abschaum* nennen, Dämon«, entgegnete der Fremde, ohne auf seine Frage einzugehen. »Du hast eine sehr spezielle, tödliche Gabe, nicht wahr? Warum willst du mir nicht mehr darüber erzählen?«

Platzek verzog das Gesicht, ohne daß der andere es sehen konnte. »Du weißt doch längst über mich Bescheid, oder?« gab er mißmutig zurück.

»Ich habe dich nur beobachtet, nichts weiter. Was genau hast du mit der Nutte angestellt?«

Platzek schwieg. Sollte der andere nur versuchen, ihn auszufragen. Wie teuer ihn diese Haltung zu stehen kam, erfuhr er eine Sekunde später. Plötzlich fühlte er einen schweren, metallischen Gegenstand auf seiner Brust, der ihm ein schmerzhaftes Brennen auf der Haut verursachte.

»Na, fällt das Atmen schwer?« höhnte der Fremde. »Ich hätte nicht übel Lust, dir mit dieser Waffe den Schädel einzuschlagen, Abschaum. Also provoziere mich nicht und antworte lieber gleich.«

Platzek bekam kaum noch Luft. Es mußte ein Kreuz oder ein anderer heiliger Gegenstand sein, den ihm der Mann vor die Brust hielt. Seine Augen begannen zu tränen und quollen auf; seine Haut wurde weich und schwammig.

»Schon gut...«, stöhnte er unterdrückt. »Was willst du von mir? Ich sage alles!«

Der unheimliche Druck und die sengende Hitze verschwanden.

»Na bitte. Warum nicht gleich so?« meinte der Fremde. »Also, was hast du mir zu sagen?«

»Ich kann meine Opfer durch Blickkontakt töten«, erklärte Platzek kleinlaut. »Ich *lebe* davon...«

»Deine Augen sind deine Waffe, sagst du?«

Platzek nickte. Dann vernahm er ein erneutes Rascheln und Knistern. Der Fremde näherte sich ihm und tastete mit der Hand nach seinen Augen. Platzek schloß die Lider, als er die Finger des Mannes auf seinem Gesicht spürte.

»Was soll das?« entfuhr es ihm.

Er sollte es schon im nächsten Moment erfahren. Etwas glühend Heißes fraß sich mit einem Stoß durch den Stoff der Kapuze, drang mühelos in das linke Auge ein und verkochte es in Bruchteilen von Sekunden. Der Schmerz explodierte direkt in Platzeks Gehirn. Der Dämon schrie auf.

Und noch ehe er überhaupt einen Gedanken fassen könnte, stürzte er in eine gnädige Bewußtlosigkeit.

Ein bohrender Schmerz in seinem Kopf weckte ihn. Das erste, was er bewußt registrierte, war, daß um ihn herum immer noch tiefste Finsternis herrschte. Langsam und schwerfällig hob er einen Arm und berührte sein Gesicht. Die Kapuze war fort, wie er mit einem Stirnrunzeln bemerkte. Wenn nur dieses furchtbare Brennen in den Augen nicht gewesen wäre...

Er tastete sich vorsichtig mit den Händen über das Gesicht, und die Erkenntnis bohrte sich wie ein Pfeil in sein Bewußtsein. Der Fremde hatte ihm das Augenlicht genommen! Mit einem glühenden, bannerbewehrten Eisen hatte er ihm in die Augäpfel gestochen und damit alles genommen, was ihn als Dämon ausgezeichnet hatte. Er war ein Krüppel geworden – ein Freak! Nicht einmal seine dämonischen Selbstheilungskräfte würden den Makel beheben können.

Fassungslos sank Platzek in sich zusammen. Er konnte niemanden aus der Schwarzen Familie mehr gegenübertreten. Man würde ihn verlachen oder in einen wirklichen Freak verwandeln.

Seitlich von sich vernahm er ein Rascheln. Der Fremde war immer noch da, doch Platzek kümmerte das nicht mehr. Sein Leben war mit dem Augenlicht gestorben. Wahrscheinlich überlebte er die nächste Nacht ohnehin nicht, wenn er keine frische Energie in sich aufnahm. Aber wie sollte das mit den versehrten Augäpfel geschehen?

»Halb so wild«, sagte der Fremde, als ahnte er, was hinter der Stirn des Dämons vorging. »Noch bist du schließlich am Leben.«

»Du hast mein Todesurteil unterschrieben«, greinte Platzek am Boden zerstört.

Der Fremde aber schenkte ihm kein Mitleid. »Versuch es doch mal mit normalen Lebensmitteln. Frisches Obst und Gemüse soll sehr gesund sein...«, entgegnete er spöttisch.

Platzek erwiderte nichts.

»Kommen wir zurück zum Geschäft, Abschaum«, fuhr der andere fort. »Du hast ohnehin schon zu lange bewußtlos herumgelegen.«

Geschäft? Was für ein Geschäft? Die Worte hallten im Bewußtsein des Dämons nach, ohne daß er ihnen irgendeine Bedeutung beizumessen wußte. Wovon redete der Fremde da bloß?

»Kennst du einen Dieter Paradiek?« riß ihn die Stimme des Gegners aus seinen Gedanken.

Platzek nickte mechanisch.

»Er ist tot«, sagte der Fremde kalt.

»Und wenn schon«, erwiderte der Dämon, und sein Gesicht ließ keinerlei Gemütsregung erkennen. Zwar war ihm der Name Paradiek ein Begriff, aber bei ihm handelte es sich um einen Ghoul. Ihre einzige Gemeinsamkeit war ein Auftrag, den sie kürzlich von höchster Stelle innerhalb der Schwarzen Familie bekommen hatten und der sie des öfteren ihre Wege kreuzen ließ. Paradiek gehörte nicht zu der Ghoul-Sippe, die von Platzek mit Leichen versorgt wurde.

»Kein großer Verlust für die Schwarze Familie«, kommentierte er prompt.

»Dasselbe hätte ich vermutlich aus seinem Mund über dich gehört«, erwiderte der Fremde.

»Mach diesem Spiel endlich ein Ende!« rief der Dämon verzweifelt. Seine Hilflosigkeit machte ihm schwer zu schaffen. Es war ihm mittlerweile klar geworden, daß der Unbekannte ihn so oder so nicht am Leben lassen würde.

»Wer sagt, daß du Paradieks Schicksal teilen mußt?« fragte der andere. »Ich mache dir ein Angebot. Du verrätst mir, was ich wissen muß, und ich werde dich am Leben lassen.«

Beinahe hätte Platzek laut aufgelacht. »Am Leben lassen?« echote er. »Etwa als Krüppel?«

»Oh, glaubst du wirklich ich wäre so dumm? Ich kenne da einen mächtigen Magier, der dir deine Augäpfel zurückgeben kann...«

Platzek horchte auf. Sollte es tatsächlich...

Er blufft, warnte ihn eine innere Stimme. Doch sein Verstand klammerte sich an jeden Strohhalm. »Welcher Zauberer der Schwarzen Familie wird schon die Wünsche eines Dämonenjägers befolgen?« fragte er skeptisch.

»Dieser Magier gehört nicht der Schwarzen Familie an.«

»Aber...«

»Das ist alles, was du wissen mußt. Willst du nun weiterleben oder nicht, Abschaum?«

Platzek war hin und her gerissen. Auf der einen Seite mochte er nicht an die Worte des Widersachers glauben; andererseits aber bestand noch immer ein Funken Hoffnung, daß der Fremde die Wahrheit sagte. »Schön, ich willige ein«, sagte er schließlich.

»Fein. Dann kommen wir gleich zur Sache: Paradiek sprach von einem Auftrag Luguris, den ihr beide ausführen müßt. Was für ein Auftrag ist das?«

Platzek biß sich auf die Lippen. *Luguri wird dich in der Hölle schmoren lassen, wenn er erfährt, daß du seine Pläne ausplauderst,* dachte er. Aber was hatte er schon zu verlieren? Wenn er jetzt schwieg, würde der Fremde ihn töten. Es bestand noch immer die Möglichkeit, daß Luguri gar nichts davon erfuhr. Außerdem hatte sich der Erzdämon schon lange Zeit nicht mehr bei ihnen gemeldet. Es gingen Gerüchte innerhalb der Schwarzen Familie um, daß der Fürst der Finsternis bereits seit längerer Zeit indisponiert sei.

»Wir...«, begann er und schluckte hart. »Wir sollen abwechselnd ein Auge auf eine Person werfen. Eine Wissenschaftlerin, die sich seit kurzem in Hamburg aufhält.«

»Ihr Name?«

»Riedberg... Helena Riedberg.«

Der Fremde beugte sich so weit zu Platzek herunter, daß der Dämon seinen Atem riechen konnte. *Menschlichen* Atem! Das Verlangen nach der Lebensenergie des Unbekannten wuchs in dem Dämon, doch ihm fehlte jetzt das Mittel, diese Kraft in sich aufzunehmen.

»Was ist so besonderes an dieser Frau, daß Luguri sich für sie interessiert?«

Platzek hob die Schultern. »Ich weiß es nicht. Er vermeidet es, uns in seine Pläne einzuweihen.«

Harte Hände packten den Dämon am Kragen und schüttelten ihn durch. »Erzähl keinen Unsinn! Du weißt mehr, als du zugibst. Ihr müßt Luguri sicherlich irgendwann Bericht erstatten, oder? Er wartet auf irgend etwas. Aber worauf?«

»Wir... wir haben die Beschreibung eines Mannes bekommen, der sich Nathaniel nennt. Luguri vermutet, daß er sich irgendwann mit dieser Riedberg in Verbindung setzen könnte. Falls es dazu kommt, sollen wir es unverzüglich melden.«

Der Unbekannte stieß Platzek erneut gegen den Baumstamm. Dann ließ er ihn unsanft zu Boden fallen und schwieg nachdenklich. Urplötzlich vernahm der Dämon einen Laut, so als schleife Stahl auf Stahl. Er lauschte angestrengt. Schritte auf Lehm waren zu vernehmen. Der Unbekannte stand direkt neben ihm.

»Was ist?« fragte der Dämon gerade heraus.

»Was wohl?« entgegnete der Fremde lapidar. »Tod den Dämonen!«

Ein scharfer Stich in seiner Brust nahm Platzek den Atem. Er fand gerade noch Zeit zu erkennen, daß der Fremde ihn von Anfang an belogen hatte.

Dann hörte sein dämonisches Herz zu schlagen auf.

Der Mann, der gänzlich in Schwarz gekleidet war und entfernt an einen Schattenkrieger des feudalen Japans erinnerte, blickte sich aufmerksam um. Niemand hatte ihn beobachtet. Er beugte sich hinunter und säuberte die gekrümmte Klinge am Stoff des Toten, ehe er sie in die Scheide auf seinem Rücken schob.

Gleichgültig schaute er zu, wie die Leiche Platzeks zu Staub zerfiel. Ein weiteres Rätsel für die Polizei, die in wenigen Stunden auf die Überreste der Hure stoßen würde. Doch darüber zerbrach sich der Fremde nicht den Kopf. Er war nicht im Auftrag der Polizei unterwegs, auch wenn sein Ziel ähnlich war. Er jagte Verbrecher von besonderer Natur. Dunkle Gestalten, die sich unter die Menschheit gemischt hatten und denen scheinbar kein weltlicher Richter jemals etwas anhaben konnte. Normale Menschen besaßen nicht die geeigneten Mittel, um diese Bestien zu bestrafen.

Er schon.

Es war sein erklärtes Ziel, die Dämonen zu jagen und zur Strekke zu bringen. Er war Polizei, Richter und Henker in einer Person – er war der Vollstrecker!

Als der letzte Rest des Dämons zu Staub zerfallen war und sich in alle Winde zu zerstreuen begann, wandte sich der ninjaähnlich gekleidete Mann ab und warf einen Blick auf die fernen Lichter der norddeutschen Großstadt. Hamburg war sein nächstes Ziel. Er hatte genug von Paradiek und Platzek erfahren, um zu kombinieren, daß Luguri Angst vor dem Mann hatte, der sich Nathaniel nannte. Wenn er ihn zu seinem Verbündeten machen konnte, dann gab es einen Weg, Luguri und die Schwarze Familie zu vernichten.

Aber dazu mußte er erst einmal Nathaniel finden – und er konnte sich lediglich an die gleiche Hoffnung wie der Erzdämon klammern.

Daß der Unbekannte sich bei Helena Riedberg meldete.

2. Kapitel

Angelinas Schachzug

»Es ist natürlich ganz allein Ihre Entscheidung!«

Trevor Sullivan machte ein Gesicht, als habe er soeben in eine Zitrone gebissen, und schlug die Tür zum Büro der *Mystery Press* mit einem lauten Knall ins Schloß.

Dorian verzog die Mundwinkel und ließ die Schultern hängen. Er hatte geahnt, daß Trevor säuerlich reagieren würde, doch mit soviel Ablehnung hatte er bei weitem nicht gerechnet. Mißmutig schritt der Dämonenkiller die Treppe nach oben und gewahrte Virgil Fentons fragendes Gesicht, das aus dem Unterrichtszimmer lugte. Der Dämonenkiller machte eine abwehrende Handbewegung, aber bevor er weitergehen konnte, drängten sich Martin und Tirso an Fenton vorbei, hielten aber abrupt inne, als sie das griesgrämige Gesicht Hunters erblickten.

»Ich hab's wieder mal geschafft, wie?« fragte Dorian.

Fenton schnalzte mit der Zunge. »Warst ja auch laut genug... Ich meine, mich stört's nicht, aber den Kindern tun diese Unterbrechungen bestimmt nicht gut.«

»Was ist passiert?« wollte Tirso neugierig wissen.

»Alles in Ordnung, Dad?« meldete sich auch Martin prompt.

Dorian atmete tief durch. Obgleich die beiden Jungen nun bereits seit einigen Wochen zurück in der Jugendstilvilla waren, fiel es ihm schwer, auf sie Rücksicht zu nehmen. Er hätte liebend gern eine endgültige Lösung für ihren Aufenthalt gefunden, aber momentan bot sich einfach nichts besseres an. Wieder einmal. Dabei hatten Coco und er sich erst vor kurzer Zeit in Wien hoch und heilig geschworen, das ›Problem‹ Martin und Tirso anzupacken. Manchmal grübelte der Dämonenkiller sogar darüber nach, ob es nicht besser gewesen wäre, Martin wieder in ein Versteck zu schaffen, von dem weder er noch die Schwarze Familie etwas wußte. Und stets schämte er sich sofort für diesen Gedanken. Es würde ihnen nichts anderes übrigbleiben, als ihren Sohn bei sich zu behalten, sollte er sich nicht völlig von ihnen entfremden. Der telepathische Kontakt, den Coco zuweilen zu ihm hatte, konnte eine ordentliche Erziehung niemals ersetzen.

»Ja, alles klar«, antwortete Hunter auf Martins Frage. »Ihr solltet wieder zu Onkel Virge gehen und weiterlernen.«

Fenton zog die beiden Jungen ins Zimmer zurück, während der Dämonenkiller in die Stube zurückkehrte. Coco saß in einem der Sessel und blickte ihn erwartungsvoll an. Sie war wie er der Ansicht, daß es besser war, die Jugendstilvilla zu verlassen. Daß Trevor Sullivan gänzlich andere Ansichten hatte, entnahm sie Dorians griesgrämiger Miene.

»Scheint ja super gelaufen zu sein«, kommentierte die junge Hexe.

Er setzte ein müdes Lächeln auf. »Was erwartest du? Sullivan hat nach seiner Pensionierung nur noch uns und die *Mystery Press*. Er wohnt nun mal hier...«

»Wir wollen ihm die *Mystery Press* ja auch nicht wegnehmen«, warf Coco ein. »Er soll doch mit uns kommen!«

»Das sieht er aber irgendwie nicht ein, befürchte ich.«

»Und was ist falsch daran, Sullivan hier in der Villa zu lassen?« fragte Coco. »Als wir unser Hauptquartier noch in Andorra hatten, hat er den Laden doch auch allein geschmissen.«

Sie beide ahnten, daß es für Trevor noch andere Gründe gab. Er fühlte sich einsam und nutzlos, und die letzten Monate nach dem Tod seiner Angetrauten Martha hatten ihn alt und grau werden lassen. Er brauchte die Nähe des Dämonenkiller-Teams, besonders die der Kinder Martin und Tirso. Womit sie wieder beim alten Thema gewesen wären... Die *Mystery Press* jedenfalls, die sich mit weltweiten übernatürlichen Phänomenen beschäftigte und die Informationen darüber in der Jugendstilvilla zusammentrug, füllte den alten Mann bei weitem nicht aus.

Dorian ließ sich neben Coco nieder und grübelte in sich hinein. In letzter Zeit waren wieder zu viele Dinge in zu kurzer Zeit geschehen. Zwar hatten sich einige Probleme gelöst, doch andere waren wieder aufgeworfen worden. Ihr bisher mächtigster Gegner, der Erzdämon Luguri, war anscheinend vernichtet. Jedenfalls hatten sie seit den Vorfällen in Wien kein Lebenszeichen mehr von ihm vernommen. Auch die Vampirin Rebecca war bei diesem Kampf ums Leben gekommen. Damit waren für Dorian zwei der mächtigsten Feinde aus dem Rennen, und Luguris Tod würde innerhalb der Schwarzen Familie noch einigen Staub aufwirbeln, denn sicherlich gingen bald die ersten Machtkämpfe um den Thron los. Doch über diesen Sieg, zu dem weder er noch irgend jemand seiner Freunde wirklich etwas beigetragen hatte, konnte er sich nicht recht freuen, da sich in seiner Abwesenheit auch in London einiges getan hatte. Unga, der zusammen mit Don Chapman wieder nach Island zurückgekehrt war, hatte ihm einen vollständigen Bericht über den Fund einer Archäologengruppe in Israel abgeliefert. Demnach war dort ein Mann namens Nathaniel erwacht, über dessen Herkunft noch gerätselt wurde. Die Archäologen waren sich einig, es mit einem wahren Engel zu tun zu haben, doch Dorian tat diese Behauptung mit einem verächtlichen Schulterzucken ab. Daß Nathaniel aber existierte und sogar zusammen mit einer Frau seiner Art in der Jugendstilvilla gewütet hatte, war leider nicht von der Hand zu weisen. Letztendlich blieb die Frage offen, welche Bedrohung Nathaniel und dieses weibliche Wesen darstellten, das ebenso wenig menschlich zu sein schien wie er.

Aus Ungas Schilderung wußte Dorian, daß die beiden gegeneinander gekämpft hatten. Das bedeutete aber nicht, daß einer von ihnen auf der Seite der Guten stand. Immerhin war die Engelsfrau für den Tod des Archäologen Hans Altmann verantwortlich, während Nathaniel selbst den Hermaphroditen Phillip entführt hatte. Bis zu diesem Tag fehlte immer noch jede Spur von ihm, und Dorian hatte nicht die geringste Ahnung, wo er mit der Suche beginnen sollte. Seine Freunde Tim Morton in New York und Thomas Becker in Frankfurt waren informiert. Sie würden sich melden, sobald sie etwas herausbekamen. Aber der Dämonenkiller hegte wenig Hoffnung, daß er den Hermaphroditen in absehbarer Zeit wiedersehen würde.

Er langte nach der Zigarettenschachtel und steckte sich eine Player's an. Nach all den Gefahren, die sie gemeistert hatten, gab es nun schon wieder hundertfach Grund zur Sorge. Hörte es denn nie auf? Bisher war sein Leben ein ständiges Auf und Ab gewesen. Selten gab es Phasen der Ruhe, in denen Dorian, Coco oder einer der anderen wirklich entspannen konnten. Ständig mußten sie auf der Hut vor den Dämonen sein. Der Feind würde erst ruhen, wenn keiner aus dem Dämonenkiller-Team mehr übrig war.

Dorian blickte Coco von der Seite her an. Sie war schon den ganzen Tag in einer seltsamen Mißstimmung gefangen, die er sich überhaupt nicht erklären konnte. Rebeccas Tod konnte daran jedenfalls nicht mehr schuld sein, denn so nahe ihr Ableben der ehemaligen Hexe auch gegangen war – in den letzten Wochen hatte sie sich von diesem Schock längst wieder erholt.

»Vielleicht sollten wir uns vorerst weniger über Sullivan unterhalten als über dich«, meinte er schließlich.

Coco blickte ihn gereizt an. »Wie kommst du denn darauf?«

»Du hast eine scheußliche Laune, schon den ganzen Tag über. Und wenn jetzt auch noch Trevor anfängt zu quängeln, bekomme ich bald selbst einen Nervenzusammenbruch. Also was ist los?«

Sie atmete tief durch. »Meine Glieder fühlen sich an wie abgestorben. Seit ich heute morgen aufgestanden bin, ist alles taub in mir. Auch meine magischen Fähigkeiten sind fort.«

Dorian richtete sich alarmiert im Sessel auf. »Deine Magie...? Du spürst gar nichts mehr?«

»So ist es. Und ich habe eine dunkle Ahnung, daß dieses Haus die Ursache dafür ist. Deshalb bin ich inzwischen noch mehr denn je der Ansicht, daß wir von hier verschwinden sollten...«

Der Dämonenkiller schaute sie stirnrunzelnd an. Er nahm einen tiefen Zug und lehnte sich wieder zurück. »Dann rede du doch mit Trevor. Vielleicht kannst du ihn ja eher überzeugen als ich.«

Coco verzog das Gesicht. »So habe ich das überhaupt nicht gemeint«, erwiderte sie genervt. »Aber es ist, als ob in diesem Haus von einem Tag zum anderen alle magischen Fähigkeiten erloschen seien. Wir müßten verrückt sein, wenn wir unter diesen Umständen nur eine Sekunde länger als notwendig hier verbringen würden.«

Eine Sekunde lang hatte er nicht die geringste Ahnung, worauf sie anspielte. Dann aber fiel der Groschen, und Sorgenfalten gruben sich in seine Stirn. »Du meinst, daß die Abschirmung...?«

Sie nickte. »Wenn sie ebenso erloschen ist wie meine Kräfte, hocken wir hier beinahe wie auf dem Präsentierteller. Die Dämonen brauchen nur zu kommen und uns buchstäblich abzuschießen!«

Er drückte die Zigarette im Aschenbecher aus und stand auf. Cocos Vermutung bedurfte in der Tat einer sofortigen Überprüfung. Wenn sie recht hatte, dann war es zweitrangig, *woher* dieser magielose Zustand rührte. Wichtig war nur, daß sie die Kinder aus der Schußlinie brachten.

Doch die ehemalige Hexe schüttelte den Kopf, als er die Stube verlassen wollte. »Ich war schon draußen«, sagte sie. »Gerade eben. Daher weiß ich ja, daß es nichts mit *mir* zu tun hat. Auf der Straße ist alles ganz normal. Aber das Grundstück. Es ist wie verhext... nur umgekehrt, wenn du verstehst, was ich meine...«

Er nickte mißmutig. Dann mußten sie sich schleunigst etwas einfallen lassen. Aber vorher wollte er überprüfen, ob tatsächlich kein Irrtum vorlag. Er nahm den Kommandostab aus dem Jackett und zog ihn auf volle Länge aus. Dann warf er einen Blick hindurch, konnte jedoch am anderen Ende nichts erkennen. Demnach hatte Coco recht. Die Magie des Stabes war ebenfalls erloschen.

»Wir sollten die anderen informieren«, sagte die ehemalige Hexe hinter ihm. »Auch Trevor wird sich unter diesen Bedingungen nicht gegen eine Abreise sträuben können.«

Dorian nickte gedankenverloren und steckte den Stab wieder zurück. Dann rief er die anderen Mitglieder des Dämonenkiller-Teams zusammen und erklärte ihnen die Lage.

»Ich glaube nicht, daß es sich um einen Angriff der Schwarzen Familie handelt«, kam er zum Schluß. »Jemand anders muß dahinterstecken, aber das zu klären, bleibt Zeit genug, wenn wir erst einmal von hier verschwunden sind.«

Yoshi nickte. »Die Schwarzblütigen werden von einem magielosen Zustand auch nicht gerade begeistert sein. Sie werden kaum hereinschneien und uns mit bloßen Händen erwürgen wollen...«

»Dennoch sollten wir uns nicht darauf verlassen.«

»Vielleicht hat die Magie dieser beiden Engelwesen das verursacht«, mischte sich Trevor ein, der die Nachricht gefaßter aufgenommen hatte, als Dorian insgeheim erwartet hatte. »Sie haben hier mit Kräften gespielt, die mit nichts zu vergleichen sind, was wir bisher kennen. Vielleicht ein Nachbeben auf magischer Ebene. Was meinen Sie, Coco?«

Die ehemalige Hexe zuckte die Achseln. »Das könnte hinkommen«, erwiderte sie.

»Müssen wir jetzt alle von hier fort?« fragte Martin neugierig. Es war erstaunlich, wie schnell er mit seinen sechs Jahren den Gegenstand der Unterhaltung begriffen hatte.

»Warum sollten wir?« meinte Sullivan lächelnd. »Da uns niemand etwas anhaben kann...«

»Haben Sie denn nicht verstanden, was ich eben sagte?« knurrte Dorian. »Hier ist es keineswegs mehr sicher für uns.«

»Aber die Schwarzblütigen wissen doch noch gar nicht, daß die Banner nicht mehr funktionieren«, wandte der Leiter der *Mystery Press* ein.

»Ach!« machte Dorian und schüttelte fassungslos den Kopf. »Und Sie meinen, das würde über kurz oder lang so bleiben? Ich sage euch, wir evakuieren, solange uns die Zeit dafür bleibt!«

Noch ehe Trevor Sullivan etwas darauf erwidern konnte, läutete es an der Tür.

Der ehemalige Angestellte des Secret Service fuhr auf dem Absatz herum und schaltete den Überwachungsmonitor ein. Doch am Haupttor befand sich niemand. Dafür standen die Eisenflügel offen, so daß Trevor vermutete, die ungebetenen Besucher müßten sich bereits vor der Tür befinden. Er murmelte einen unverständlichen Fluch in sich hinein und verließ das Zimmer in Richtung Hauseingang. Nachdem er dort die Tür geöffnet hatte, blickte er erstaunt in einen Pulk von Menschen und machte im ersten Augenblick zwei uniformierte Polizisten aus, die in Begleitung einiger anderer Personen vor dem Eingang der Villa erschienen waren. Sie hatten ihre Fahrzeuge auf dem Kiesweg abgestellt.

»Wer ist es, Sullivan?« rief Coco aus dem Hintergrund. Doch Trevor zuckte nur ratlos die Schultern. Er brachte im ersten Moment keinen Laut hervor.

»Guten Tag«, sagte ein Mann in beigefarbenem Trenchcoat. Er trug eine schwarze Aktentasche unter dem linken Arm. Mit der anderen Hand hob er zur Begrüßung seinen altmodischen Hut. »Ich bin Harold Stead, Gerichtsvollzieher.«

Er reichte Sullivan die Hand, doch dieser machte nicht die geringsten Anstalten, sie zu ergreifen. Als Stead erkannte, daß er noch ewig so herumstehen könnte, deutete er auf die beiden Männer neben sich, die teure Nadelstreifenanzüge trugen.

»Das sind die Notare Cramer und Templeton von der Rechtskanzlei Cramer & Cramer«, stellte Stead vor. »Sie vertreten die Interessen der Nachfahren von Lord Hayward.«

»Na und?« schnaubte Trevor.

Inzwischen waren Dorian und Coco hinter dem Leiter der *Mystery Press* aufgetaucht.

»Gibt's Probleme?« erkundigte sich der Dämonenkiller.

»Schwer zu sagen«, murrte Sullivan. »Ich überlege gerade noch, ob ich die Hunde auf diesen Pöbel losjage oder lieber selbst zur

Axt greife!«

»Aber, aber...« Stead hob beschwichtigend die Hände. »Ich bin sicher, daß wir diese Angelegenheit auch friedlich erledigen können.«

»Welche Angelegenheit?« fragte Dorian. Sein Blick schweifte über die beiden Anwälte, die zwei Polizisten und weitere drei Personen, die sich im Hintergrund bei den Wagen aufhielten. Es handelte sich dabei um einen Mann und zwei Frauen, allesamt recht vornehm gekleidet.

»Nun, wie ich aus den gerichtlichen Unterlagen entnehmen konnte«, sagte Stead, »ist diese Villa nach dem Ableben des Lords in Regierungsbesitz übergegangen.«

»Das ist richtig«, bestätigte Trevor. »Man hat mich als damaligen Vertreter der britischen Krone zum Verwalter des Anwesens ernannt. Auch nach meiner Pensionierung hat sich an diesem Status nicht das geringste geändert!«

Stead versuchte ein freundliches Lächeln aufzusetzen. Offenbar hatte er mit Schwierigkeiten gerechnet, und die Höflichkeiten, die er an den Tag legte, waren nichts weiter als taktische Floskeln, mit denen er seine Gegner beschwichtigen wollte. Er konnte nicht ahnen, daß er bei Trevor und Dorian damit auf Granit stoßen würde.

»Sie haben recht, Mr. Sullivan«, gestand der Notar, den Stead als Templeton vorgestellt hatte. »Allerdings gibt es eine Klausel in den gerichtlichen Dokumenten, nach der eventuell auftauchende, rechtmäßige Erben Haywards jederzeit Anspruch auf die Hinterlassenschaft Seiner Lordschaft erheben können.«

»Erben?« horchte Dorian auf. »Es gibt nur einen Erben, nämlich den Sohn des Lords, Phillip Hayward. Und dieser wohnt sogar hier. Damit dürften die rechtlichen Grundlagen wohl geklärt sein.«

»Ganz so einfach ist das nicht«, warf Stead ein. »Aber vielleicht wären sie so nett, uns hereinzubitten, damit wir uns vielleicht im Warmen weiter unterhalten können...«

Sullivan knirschte mit den Zähnen. Er verspürte das dringende Verlangen, den Leuten einfach die Tür vor der Nase zuzuschlagen oder nochmals mit den – nicht vorhandenen – Hunden zu drohen. Als Stead auf seine Aufforderung hin den richterlichen Beschluß mit Unterschrift des königlichen Gerichtshofs und amtlichem Siegel vorlegte, lenkte er ein.

»Na schön, kommen Sie herein.«

Dorian lagen ein paar deutliche Worte auf der Zunge, aber er hielt sich vorerst zurück. Jetzt sollte Sullivan erst mal sehen, wie er diese Nervensägen wieder loswurde.

Die zwei Polizisten blieben draußen, postierten sich jedoch rechts und links neben dem Eingang. Als der Notar Templeton die Türschwelle überschritten hatte, drehte er sich um und winkte den drei Personen bei dem Wagen zu, sie sollten sich ebenfalls zu ihnen gesellen. Das paßte Trevor zwar überhaupt nicht, dennoch ließ er die Leute gewähren und führte sie allesamt in das große Kaminzimmer im Untergeschoß der Villa.

Als die drei vermeintlichen Erben an Dorian vorübergingen, fiel dem Dämonenkiller eine der beiden Frauen besonders auf. Genau wie die zweite trug sie ein buntes Kostüm mit einem Rock, der kurz vor den Knien Halt machte. Schwarze Strümpfe und hochhackige Schuhe zierten ihre Beine. Vielleicht hätte Dorian sie nicht wiedererkannt, denn sie trug ihre schwarzen Haare nicht mehr lang und wellig, sondern in Form eines Pagenschnitts. Aber der Blick ihrer dunklen Augen, in denen ein kaum wahrnehmbarer rötlicher Schimmer lag, verriet ihm, daß er sie schon einmal gesehen hatte. Er konnte nur noch nicht genau einordnen, wo.

Die Gäste hatten im Kaminzimmer Platz genommen. Angesichts der gespannten Situation vergaß Sullivan seine guten Manieren und bot den Besuchern nicht einmal Getränke an. Dafür sprang Fenton ein, doch zu seiner Verwunderung bat nur der Gerichtsvollzieher um einen Bourbon.

»Wo ist denn der junge Lord Hayward?« fragte Templeton. »Es wäre vielleicht wichtig, ihn bei der Besprechung dabei zu haben.«

»Er befindet sich auf einer Studienreise in den... Anden«, winkte Dorian ab.

»So?« machte Stead und kramte einige Papiere aus seiner Aktentasche hervor. »Hm... wollen wir doch mal schauen. Psychologisches Profil von Phillip Hayward. Der Junge gilt als geistig labil, der Welt entrückt und unfähig, sich anderen mitzuteilen. Glauben Sie wirklich, daß man so eine Person allein auf eine Studienreise schickt?«

»Wer sprach denn davon, daß er allein unterwegs ist?« warf Coco ein.

Daraufhin räusperte sich Stead verlegen. »Nun, wie dem auch

sei«, fuhr er fort. »Phillip Hayward gilt als nicht geschäftsfähig und hat keinen Anspruch auf die Hinterlassenschaft Seiner Lordschaft.«

Trevor huschte durch die Sitzgruppen und baute sich vor den vermeintlichen Erben auf. Mit dem Zeigefinger deutete er auf die beiden Frauen und den Mann, die bisher teilnahmslos der Unterhaltung gefolgt waren. »Aber Sie haben einen Anspruch, wie? In welchem verwandtschaftlichen Verhältnis stehen Sie überhaupt zu Lord Hayward?«

Die dunkelhaarige Frau, die Dorian aufgefallen war, bot Trevor ihre Hand dar und setzte ein bezauberndes Lächeln auf. Für die Dauer eines Sekundenbruchteils blitzten ihre Augen rötlich auf, doch nur Dorian hatte dies bemerkt. Und mit einem Mal fiel ihm ein, woher er die Frau kannte: Vor einigen Wochen war er in London auf drei Vampirinnen gestoßen, die einen Freak, der Dorian vor Rebecca warnen wollte, getötet hatten. Es war ihm gelungen, zwei der Dämoninnen zu töten, doch die dritte, jene Schwarzhaarige, war ihm entwischt. Nun war ihm klar, wer hinter diesem richterlichen Beschluß steckte. Niemand anders als die Schwarze Familie wollte die Dämonenkiller-Crew aus ihrem derzeitigen Hauptquartier vertreiben. Sie hatten also bereits bemerkt, daß die Dämonenbanner keinerlei Wirkung mehr ausübten.

Dorian kochte vor Wut. Doch er hielt sich weiter im Hintergrund und verfolgte gespannt, in welche Richtung sich das Gespräch nun entwickelte.

»Ich bin Jasmine McEntri, geborene Hayward«, stellte sich die schwarzhaarige Vampirin vor. »Mein Vater war der Bruder Seiner Lordschaft.«

»Und Sie?« Trevor deutete auf die andere Frau und den Mann.

»Meine Schwester Carina und mein Verlobter Kenneth Spencer«, erklärte Jasmine McEntri.

»Sie waren schon mal verheiratet?« fragte Fenton dazwischen, dem der Nachname der jungen Schönheit aufgefallen war.

Die Vampirin nickte. »Ja, mein Gatte William McEntri verstarb vor einem Jahr bei einem Unfall...«

Trevor Sullivan musterte den Verlobten Jasmines genauer. Er schürzte die Lippen, als er sagte: »Sie kommen mir bekannt vor.«

»Schon möglich«, erwiderte der Mann mit rauher Stimme.

Harold Stead räusperte sich und kramte abermals in seiner Aktentasche. Dann warf der Gerichtsvollzieher einige zusammengeheftete Stapel auf den Couchtisch und blickte abwechselnd von Trevor zu Dorian, als sprächen die Papiere für sich.

»Nun, da die familiären Beziehungen erläutert wurden, kann ich den Urteilsspruch des zuständigen Richters verkünden. Es wurde verordnet, daß die Hayward-Villa binnen der nächsten achtundvierzig Stunden zu räumen ist. Auf dem Tisch liegt eine Liste mit Gegenständen, die Eigentum Seiner Lordschaft waren und die auf jeden Fall hier verbleiben müssen. Es steht Ihnen frei, soviel Ihrer persönlichen Habe mitzunehmen, wie Sie möchten, aber nach Ablauf der Frist dürfen Sie sich laut Beschluß dem Grundstück nur noch bis auf dreihundert Schritt nähern und haben keinen Anspruch auf Möbel oder andere Gegenstände, die sich dann noch auf dem Anwesen befinden.«

Stead ließ die Aktentasche zuschnappen und stand auf. Die beiden Notare und die vermeintlichen Erben taten es ihm gleich. Sie schritten bereits zum Ausgang, während Trevor Sullivan den Gerichtsvollzieher noch einmal zurückhielt.

»Ihnen ist klar, daß wir das Urteil anfechten werden, Stead«, brummte Trevor.

»Tun Sie, was Sie für richtig halten, Mr. Sullivan, aber Sie werden damit nicht durchkommen. Ich wünsche Ihnen noch einen angenehmen Tag.«

Nachdem der Gerichtsvollzieher das Haus verlassen hatte, schlug Sullivan die Tür geräuschvoll ins Schloß, drehte sich um und ließ sich mit dem Rücken gegen das massive Holz fallen.

»Mist!«

»Sie nehmen mir die Worte aus dem Mund, Trevor«, sagte Dorian. »Hier ist was oberfaul.«

Der geiergesichtige Sullivan nickte heftig. »Allerdings. Dreihundert Schritt Abstand, das ich nicht lache! Das Gerichtsurteil ist völlig überzogen. Dieser Mann, dieser... Kenneth Spencer. Ich kenne ihn. Er ist für die *Edgebridge Security Company* gefahren.«

»Wie bitte?« meinte Coco.

»Ja, sie haben ihn gefeuert, als er bei der letzten Waffenlieferung hierher die Dienstanweisung mißachtete.«

Dorian kratzte sich am Hinterkopf. »Ich weiß nicht, ob dieser Kerl wichtig ist. Aber die Frau war eine der Vampirinnen, denen ich neulich am Stadtrand begegnet bin.«

Damit schien alles klar zu sein. Die Schwarze Familie war auf die magielose Gegend aufmerksam geworden und hatte die Gelegenheit beim Schopf gepackt. Zwar konnten die Schwarzblütigen nicht ahnen, daß Dorian ohnehin vorgehabt hatte, die Jugendstilvilla zu verlassen, aber das Gefühl, daß seine Gegner ihm wieder einmal einen Schritt voraus waren, zerrte an seinen Nerven.

»Luguris Ende hat sie nicht tief genug getroffen«, meinte Coco. »*Wenn* er überhaupt vernichtet ist, heißt das.«

»Wie sollen wir das verstehen?« fragte Sullivan.

»Ich vermute, daß diese Aktion von hoher Stelle geplant wurde. Vielleicht hat sich der Erzdämon inzwischen von der Auseinandersetzung erholt und sinnt auf neue Schandtaten...«

Sullivan klatschte in die Hände. »Wie dem auch sei. Selbst wenn wir den Richterspruch anfechten, bleibt uns keine Alternative, als die Villa erst mal zu verlassen, so ungern ich das auch tue.«

Dorian blickte auf seine Uhr. »Achtundvierzig Stunden. Also, Leute, wir haben eine Menge vor. Fangt an zu packen. Ich werde mich um einen Umzugswagen kümmern. Darin haben wir ja Routine...«

Niemand entgegnete etwas auf seinen Scherz, und auch Dorian selbst war nicht unbedingt zum Lachen zumute.

Der Dämonenkiller meldete sich zuerst bei Jeff Parker. Seit Trevor sich um den Verkauf des Troger-Schatzes kümmerte, war er zwar nicht mehr finanziell von ihm abhängig, aber Parker besaß eine Menge guter Verbindungen, und es würde ihm sicherlich keine Schwierigkeiten bereiten, innerhalb kürzester Zeit eine neue Bleibe für das Dämonenkiller-Team aufzutreiben. Nach Island auf den Elfenhof wollte Dorian auf keinen Fall zurück.

Tatsächlich rief Parker sie bereits eine halbe Stunde später zurück und riet ihnen zu einem Landhaus in Südengland, in dem sie vorübergehend unterkommen konnten. Dorian nahm das Angebot an. Inzwischen hatte er sich ebenfalls mit einer Autovermietung in Verbindung gesetzt, die amerikanische Pick-ups verlieh, so daß die Besatzung der Jugendstilvilla einen großen Teil ihres Eigentums ohne Probleme mitnehmen konnte. Man verzichtete auf einen Teil des Mobiliars und konzentrierte sich auf Kleidung, die Bücher über Dämonologie aus der Bibliothek und die gesamten Relikte, Schriftrollen und Artefakte aus Dorians Reliquienkammer im Keller der Jugendstilvilla. Die Ladefläche eines einzigen Fahrzeugs wurde von der kompletten High-Tech-Anlage der *Mystery Press* eingenommen. Voll ausgestattete Computer, Faxgeräte, Drucker, Scanner und Satellitenkommunikation, die Trevor Sullivan über die Jahre hinweg unschätzbare Dienste erwiesen hatten und auf die er nicht verzichten konnte, stapelten sich bis zur Deckenplane des Lasters.

Kurz vor Ablauf der Achtundvierzig-Stunden-Frist inspizierte Dorian mit Yoshi und Trevor ein letztes Mal die Jugendstilvilla, die über viele Jahre hinweg sein zweites Zuhause geworden war. Coco war mit Fenton und den beiden Jungs schon vorausgefahren. Sie hatten Unga in Island über ihren Aufbruch informiert. Der Cro-Magnon hatte sofort angeboten, via Magnetfeld nach England zu springen, um ihnen zu helfen, aber Dorian hatte dankend abgelehnt.

»Hier habe ich noch etwas!« rief Yoshi und kam mit weiten Schritten die Treppe zum Keller hinaufgelaufen. In seinen Händen hielt er ein antikes Schwert, das in einer schmucklosen Lederscheide steckte. »Das haben wir wohl übersehen. Ich habe es hinter der Tür gefunden.«

»Arianrods Klinge«, nickte Dorian. »Die hatte ich da hingestellt, bis ich einen geeigneteren Platz gefunden hätte. Das hat sich jetzt wohl erledigt. Sie ist ein Andenken an mein sechstes Leben als Matthias Troger.«

»Sieht wertvoll aus«, meinte Yoshi.

»Oh ja, sie tötet Dämonen«, erwiderte Hunter grinsend.

»Ich habe dich aber noch nie damit herumlaufen sehen«, erwiderte der Japaner, der selbst hin und wieder mit silbernem Samuraischwert gegen Dämonen in den Kampf zog.

Dorian tippte sich an die Stirn. »Du kannst meinetwegen mit Schwert und Schild durch die Gegend rennen. Ich ziehe es vor, mit der Zeit zu gehen...« Er berührte gedankenverloren den Griff des Schwertes. Erinnerungen an sein sechstes Leben zogen an ihm vorbei. Die letzten Lebensjahre des Barons blieben jedoch nach wie vor im Dunkeln. Sein Gedächtnis ließ ihn in dem Moment im Stich, als Coco wieder in die Gegenwart zurückkehrte. Doch er spürte instinktiv, daß es noch wichtige Informationen gab, die er für sein jetziges Leben benötigte.

»Können wir?«

Die Stimme Trevor Sullivans riß ihn aus seinen Träumen. Zusammen mit dem Leiter der *Mystery Press* und Yoshi verließ der Dämonenkiller das Anwesen, verstaute das Schwert auf der Ladefläche des Pick-ups und sah noch einmal zur Villa zurück.

In diesem Moment fuhren zwei Limousinen und ein Wagen der Polizei vor. Der Gerichtsvollzieher Harold Stead machte ein zufriedenes Gesicht, als er sah, daß die früheren Besitzer bereits gepackt hatten und aufbrechen wollten. Während Stead auf die Dämonenkiller-Crew zumarschierte, begaben sich die neuen Besitzer der Villa bereits zum Eingang, ohne Notiz von Dorian und seinen Freunden zu nehmen.

»Schön, daß Sie nachgegeben haben und das Haus den rechtmäßigen Eigentümern überlassen«, sagte Stead.

Doch Dorian blieb ihm eine Antwort schuldig und ließ ihn einfach stehen. Er stieg in den Wagen, startete den Motor und wartete, bis Trevor und Yoshi Platz genommen hatten. Dann fuhr er los. Er schwor sich, eines Tages zurückzukehren, aber nicht, um wieder in die Villa zu ziehen, sondern um das Ungeziefer darin auszumisten.

Ken Harding genoß sein neues Leben als Villenbesitzer, kaum daß er einen Fuß über die Schwelle gesetzt hatte. Er hatte sich Hunter und seinen Kumpanen gegenüber als Kenneth Spencer ausgegeben, aber ein Name war so gut wie der andere. Eigentlich war er Kraftfahrer gewesen, gutaussehend, erfolgreich bei Frauen, doch zur Zeit ohne Job. Sein Leben hatte sich total verändert, seit er *sie* kennengelernt hatte.

Die Teufelin!

Durch einen dummen Fehler war er seine Anstellung bei *Edgebridge* losgeworden und hatte kurz darauf Angelina getroffen. Sie hatten sich geliebt, ehe sie ihm ihr wahres Wesen offenbart hatte – das eines Monstrums! Seit dem Tag war nichts mehr so wie früher. Die Welt, die er gekannt hatte, existierte nicht mehr, denn im verborgenen gab es eine Macht, die er sich in seinen kühnsten Träumen nicht hätte vorstellen können. Er wußte plötzlich von Ungeheuern und Dämonen, wie sie normalerweise nur der Phantasie eines kranken Geistes entsprangen. Für ihn waren sie Realität geworden – in dem Augenblick, als Angelina ihn zu ihrem Geliebten und Diener gemacht hatte.

Nun residierte er mit den beiden Vampirschwestern in der Villa, die einst dem Dämonenkiller als Hauptquartier gedient hatte. Die Schwarze Familie hatte an Boden gewonnen, und Ken Harding war der Wegbereiter des Bösen gewesen! Angelina würde stolz auf ihn sein, denn er hatte die ersten Kontakte zum britischen Gerichtshof geknüpft. Der Rest war eine Sache der magischen Beeinflussung durch die Vampire geworden.

Harding blickte dem davonfahrenden Wagen hinterher und grinste zufrieden, als sie hinter den Büschen des geschwungenen Kiesweges verschwanden. Bis zuletzt hatte er gefürchtet, daß dieser cholerische Typ namens Dorian Hunter vielleicht Widerstand leisten würde. Er war Ken schon während seiner Zeit bei *Edgebrigde* wiederholt durch seine schroffe Art aufgefallen.

Der Gerichtsvollzieher Harold Stead spazierte die Stufen zum Eingang hinauf und nickte Harding freundlich zu.

»Es muß ein tolles Gefühl sein, nach all den Jahren wieder heimzukehren«, meinte er.

Ken nickte. »Sie können es sich nicht im entferntesten vorstellen. Unsere Anwälte werden sich noch mit Ihnen in Verbindung setzen, um die Formalitäten zu regeln. Wenn Sie uns jetzt entschuldigen würden... ich habe ein Leben nachzuholen, das ich mir immer erträumt habe.«

»Natürlich, Mr. Spencer.«

Stead hob seinen Hut und ging zurück in den Wagen. Als er außer Sicht war, gesellte sich Jasmine McEntri zu Harding und legte ihm einen Arm auf die Schulter.

»Wir haben es geschafft«, sagte sie. »Angelina wird uns fürstlich belohnen.«

Ken Harding seufzte. Er hatte sich die ganze Zeit über gefragt, warum sich die Teufelin mit den beiden Vampirinnen abgab. Sie nervten ihn ohne Zweifel gewaltig. *Hoffentlich muß ich nicht die ganze Zeit mit ihnen verbringen*, dachte er. *Wo bist du Angelina, ich brauche dich!*

In diesem Moment tauchte Jasmines Schwester Carina in der Tür auf und hielt ein mobiles Telefon in der Hand. Selbst wenn die beiden Vampire nicht unter dem magielosen Zustand auf dem Grundstück gelitten hätten, wären sie wohl ohnehin zu schwach gewesen, eine Kristallkugel zu benutzen.

»Angelina wird gleich hier sein«, verkündete die jüngere Dämonin, die nicht im mindesten so hübsch war wie ihre Schwester. Ihr Gesicht war ungeschminkt und wirkte irgendwie platt. Die dunkelbraunen Haare trug sie kurz und mit reichlich Gel angeklatscht an ihrem kantigen Kopf. Jasmine hatte Ken einmal erzählt, daß ihre Schwester von ihrem gemeinsamen vampirischen Vater und einer uralten, häßlichen Hexe gezeugt worden war. Nachdem der Vampir nichts mehr von der Alten wissen wollte, verfluchte sie das Kind, das sie in sich trug, auf das es sich nie zu dämonischer Schönheit entwickeln konnte. Tatsächlich war Carinas Körper übersät von faustgroßen Muttermalen und Warzen. Selbst Beschwörungen hatten keine Abhilfe schaffen können. Ihr kurzes Haar wuchs nur sehr langsam nach, da sie einmal in die Fänge eines englischen Vampirjägers geraten war, der ihr prompt mit Feuer zu Leibe gerückt war. Seither schmierte sich Carina Unmengen an Haargel an den Kopf, um ihren Makel zu verdecken. Wenn sie unter Menschen war, gelang es ihr mit Mühe, ein normales Äußeres anzunehmen. Auch Harding wäre ihr auf diese Weise fast erlegen gewesen, wenn Jasmine ihn nicht aufgeklärt und ihm das wahre Gesicht ihrer Schwester offenbart hätte.

»Ich werde Angelina am Tor empfangen«, entschied sich Ken, nur um der Nähe Carinas zu entkommen.

Die Vampirin bedachte ihn mit einem geringschätzigen Blick, daß es Harding eiskalt den Rücken herunterlief. Er stand zwar unter Angelinas Bann, aber der war nicht so stark, daß er vollkommen dämonisiert und blind für alles Menschliche durch die Gegend lief. Seine Erinnerungen, seine Gefühle und seinen freien Verstand hatte sie ihm gelassen. Auch seine Furcht vor dem Unbekannten und Dämonischen. Er wußte, daß Carina nur zu gern ihre Augzähne in seinen Hals schlagen würde, um ihn bis auf den letzten Tropfen auszusaugen. Obwohl Angelina es ihr verboten hatte, konnte sich die Vampirin kaum zusammenreißen. Wie gut, daß ihre halbwegs vernünftige Schwester immer in der Nähe war und sie von ihren Verrücktheiten abhielt! Harding lebte in ständiger Furcht, Carina könne es wagen, ihn zu einem Untoten zu machen.

Ewiges Leben ist ja schön und gut, dachte er. *Aber der Preis dafür ist mir entschieden zu hoch. Nur noch im Dunkeln zu existieren und jede Nacht auf die Suche nach frischem, menschlichem Blut zu gehen, das ist nichts für mich.* Angelina hatte ihn über die Gesetze der Schwarzen

Magie aufgeklärt. Als menschliches Vampiropfer hätte er im Gegensatz zu Jasmine und Carina das Sonnenlicht nicht ertragen können.

Nachdenklich machte er sich auf den Weg zum schmiedeeisernen Haupttor des Grundstücks. Die Teufelin erwartete ihn dort bereits. Sie stand, die Hände tief in die Taschen ihres Trenchcoats vergraben, auf der anderen Straßenseite. Als sie ihn erblickte, kam sie herüber und betrat das Grundstück. Augenblicklich fiel ihre menschliche Tarngestalt von ihr ab. Dennoch las Harding große Erleichterung in ihren Blicken.

»Der magielose Zustand in New York vor langer Zeit soll die Hölle für Dämonen gewesen sein«, meinte sie. »Ich bin froh, daß wir uns hier ganz normal bewegen können.«

Harding sagte nichts, sondern starrte nur bewundernd auf die imposanten fledermausartigen Schwingen, die der Teufelin urplötzlich gewachsen waren. Auf ihrer Stirn hatten sich Hörner gebildet, und ihre Finger waren zu langen, dünnen Klauen mutiert. Spitze, vampirähnliche Fangzähne stülpten sich über ihre Lippen. Wie gewöhnlich trug sie ihren fast durchsichtigen Netzbody und dazu schenkelhohe, weiße Lederstiefel.

Der Mann, der sich neuerdings Kenneth Spencer nannte, schluckte hart. Ihr Körper war die Versuchung in Person. Schwere Brüste drängten von innen her gegen den feinen Stoff des Bodys, und die festen Knospen malten sich spitz darunter ab. Angelina besaß auch in ihrer teuflischen Gestalt menschliche Füße, so daß die Stiefel nicht unter ihrer Verwandlung litten. Hardings Blick wanderte zu ihrem Gesicht hinauf. Ihre Augen glühten rot, als würden sie von innen her beleuchtet. Trotz ihrer monströsen Extremitäten übte die Teufelin noch immer eine morbide Faszination auf Ken aus.

Häßlich monströs und dämonisch schön zugleich, dachte er.

»Wie ich sehe, warst du erfolgreich«, sagte Angelina.

Er nickte. »Die Jugendstilvilla gehört dir. Der Dämonenkiller mußte klein beigeben. Den sehen wir hier nicht wieder.«

Angelina hob rügend einen Finger. »Man sieht sich immer zweimal im Leben, Ken. Er wird Himmel und Hölle in Bewegung setzen, um uns von hier zu vertreiben, nur um Genugtuung zu erlangen.«

Ken zuckte die Achseln. »Dann muß er Gewalt anwenden. Rechtlich ist alles abgesichert. Die Anwälte eurer dämonischen Kanzlei haben sowohl die Richter als auch einige hohe Tiere im Polizeipräsidium unter ihre Fittiche genommen. Alle stehen nun, wenn auch unfreiwillig, auf unserer Seite.«

Angelina faßte Ken bei der Hand und spürte, wie er innerlich zusammenzuckte. Ein diabolisches Lächeln umspielte ihre Lippen, und wieder blitzen die scharfen Reißzähne auf. Sie zog ihren Diener mit sich in Richtung der Villa. Am Eingang wurden sie bereits von den beiden Vampirinnen erwartet, die sich untertänigst verneigten, als Angelina die Stufen hinaufschritt. Die Teufelin drehte sich einmal im Kreis und lachte laut auf. Sie breitete ihre Arme aus, als könne sie mit einem Griff das ganze Haus umfassen.

»Herrlich!« rief sie aus. »Luguri wird stolz auf mich sein! Ich habe dem Dämonenkiller seinen Stützpunkt in Andorra genommen und nun die Villa in London. Unser größter Feind ist auf dem Rückzug. Ich werde ihn jagen, bis er nur noch als Häufchen Elend mit dem Rücken zur Wand steht und ich sein unseliges Leben beenden kann.«

Angelina betrat das Haus. Ihre Diener folgten ihr. Sie schickte Jasmine und Carina fort und bedeutete Ken, in der Empfangshalle auf sie zu warten. Danach betrat sie das Bibliothekszimmer, das von Dorian und seinen Leuten komplett leergeräumt worden war. Wahrscheinlich hatten sie auch einige Bücher mitgenommen, die dem alten Hayward gehört hatten, aber das interessierte die Teufelin nicht besonders. Sie schloß die Tür hinter sich und griff nach ihrer Kristallkugel, um mit Luguri Kontakt aufzunehmen. Dann erst entsann sie sich des magielosen Zustands und steckte die Kugel knurrend zurück.

Die Mätresse des Erzdämons machte auf dem Absatz kehrt. Ihre Flügel flatterten wild und streiften eine Gipsfigur, die auf einem Beistelltisch stand. Die Skulptur fiel zu Boden und brach entzwei, was die Teufelin jedoch nicht besonders kümmerte. Sie verließ die Bibliothek und marschierte mit weiten Schritten an Harding vorbei, der sie jedoch wieder einholte und ihr den Weg versperrte.

»Was hast du vor?« erkundigte er sich.

»Ich will Luguri Bericht erstatten«, zischte sie zurück. »Geh mir aus dem Weg!«

»Kannst du nicht wenigstens dafür sorgen, daß diese Blutsauger aus dem Haus verschwinden?«

Angelina giftete ihn an. »Nein! Sie bleiben!«

»Aber warum? Ich kann den Laden hier auch allein schmeißen. Oder bring ein paar andere deiner Untertanen mit...«

Ohne Vorwarnung schlug Angelina ihm mit dem Handrücken ins Gesicht. Der Schlag wurde nicht durch Magie verstärkt, reichte aber dennoch aus, um den großen, muskulösen Mann von den Füßen zu holen und gegen die nächste Wand zu schleudern.

»Schweig! Die Vampirinnen sind zu deinem Schutz hier, falls irgend jemand der Dämonenkiller-Clique in die Villa einzudringen versucht.«

Die letzten Worte hatte sie förmlich hinausgeschrien, und Ken Harding wußte, daß er sein Glück fast überstrapaziert hatte. Wortlos sah er zu, wie sie aus der Villa stürmte. Kaum war die schwere Tür hinter ihr ins Schloß gefallen, als er am anderen Ende der Empfangshalle eine Bewegung wahrnahm. Die häßliche Carina kam die Treppe herunter und bewegte sich mit eher plumpen Schritten auf Ken zu.

»Hat sie dir wehgetan?« fragte sie und beugte sich zu dem Mann hinunter.

Ehe Ken protestieren konnte, ergriff Carina seine Hand und stellte ihn wieder auf die Beine.

»Was...?«

»Scht«, machte sie und zog ihn zur Treppe.

Ken Harding ahnte schlimmes. Er wollte sich wehren, sich befreien, aber der eiserne Griff des übermenschlichen Wesens hielt ihn fest. Hilflos stolperte er hinter der Vampirin her auf das Schlafzimmer zu.

Von alledem ahnte Angelina nichts, als sie über den Kiesweg des Anwesens hetzte. Die magielose Sphäre über dem Grundstück hatte erheblich dazu beigetragen, die Villa zu erobern. Aber was war das Anwesen wert, wenn kein Schwarzblütler darauf seine Magie einsetzen konnte?

Angelina erreichte die Pforte und lugte vorsichtig auf die Straße hinaus. Zwei Autos fuhren vorbei, dann schlenderte ein Passant vorüber, der einen kurzen Blick durch das Tor warf, so daß die Teufelin gezwungen war, sich blitzschnell hinter der Mauer zu verstecken. Als der Mann vorüber war, schritt sie durch die kleine

Tür neben dem Tor. Schlagartig kehrten ihre magischen Fähigkeiten zurück. In diesem Moment drehte sich der Passant um. Seine Augen weiteten sich vor Schrecken, als er der teuflischen Kreatur ansichtig wurde. Angelina konzentrierte sich, doch statt ihren Körper zu verwandeln, ließ sie nur ihre starken hypnotischen Kräfte wirken, die allen Menschen vorgaukelten, es mit einer normalen Frau zu tun zu haben.

Der Mann blinzelte verwirrt. Eben noch hatte dort eine Bestie aus seinen schlimmsten Alpträumen gestanden, doch jetzt sah er nur noch eine äußerst attraktive Rothaarige, die in recht gewagtem Outfit auf ihn zuschritt. Mit provozierendem Hüftschlag kam sie näher. Die Kinnlade des Mannes klappte herunter, als er ihre Brüste durch den Netzbody in jeder Einzelheit betrachten konnte. Sogar ihre Scham zeichnete sich unter dem transparenten Stoff ab.

Doch kurz bevor sie den Mann erreicht hatte, entschied sie sich anders und entließ ihn aus der Hypnose. Seine Augen wurden groß, als er ihre dämonischen Umrisse erkannte. Hastig drehte er sich um und rannte buchstäblich wie von tausend Teufeln gehetzt davon.

Angelina kümmerte sich nicht mehr um ihn. Ihm würde ohnehin niemand glauben. Sein Tod allerdings hätte vermutlich einige Fragen aufgeworfen.

Jetzt endlich nahm die Teufelin ihre Tarngestalt an und verbarg sich hinter einer Grundstückshecke auf der gegenüberliegenden Straßenseite. Sie holte die Kristallkugel hervor und beobachtete, wie sie in ihrer Hand augenblicklich auf Handballgröße anwuchs. Mit ein paar magischen Worten aktivierte sie den Kristall und rief nach Luguri. Prompt bildeten sich neblige Schlieren innerhalb der Kugel. Ein Wabern und Wogen war darin zu sehen, aber sonst tat sich weiter nichts. Eigentlich hätte sich das Gesicht des Oberhauptes der Schwarzen Familie manifestieren müssen.

Angelina startete einen weiteren Versuch, konzentrierte sich eindringlicher auf ihren Ruf. Doch die Kristallkugel blieb leer! Sie wußte, daß Luguri seine Momente hatte und bisweilen nicht gestört werden wollte. Aber ihren Anruf hatte er noch nie ignoriert.

Sie wollte die Kugel gerade wieder wegstecken, als sich doch etwas zwischen den Schlieren tat. Die wolkenartigen Schleier teilten sich, und ein Gesicht schälte sich aus der milchigen Substanz.

Doch es gehörte zu ihrer Überraschung nicht dem Fürsten der Finsternis, sondern Zakum, dem uralten Dämon, der von Luguri vor einiger Zeit zum Lordkanzler ernannt worden war.

Angelina lag ein bissiger Kommentar auf der Zunge, denn sie verstand sich nicht besonders mit dem spinnendürren dunklen Archivar. Sie empfand ihn als überheblich und arrogant. Er gehörte keiner Sippe an, hatte aber bei vielen wichtigen Entscheidungen, die innerhalb der Schwarzen Familie gefällt wurden, seine Finger im Spiel.

Gerade wollte sie ihm eine bissige Bemerkung an den Kopf werfen, als sie verwundert erkannte, daß seine Nachricht nicht allein an sie gerichtet war.

»An alle Mitglieder der Schwarzen Familie«, vernahm sie die unerträglich fistelige Stimme des Lordkanzlers. »Wichtige Veränderungen haben sich ergeben, die es erforderlich machen, eine Versammlung einzuberufen. Die Oberhäupter der mächtigsten Sippen haben sich in zwei Nächten in Cashel in Irland, einzufinden. Das Treffen findet in der verlassenen Hore Abbey statt.«

Die Durchsage wiederholte sich noch einmal. Dann verschwand Zakums Gesicht, die Nebel lichteten sich, und anschließend wurde die Kugel wieder vollkommen transparent.

Angelina starrte nachdenklich ins Leere. Was konnte so wichtig sein, daß eine Großversammlung anberaumt wurde? Es gab zwar immer wieder Treffen unter den Dämonen, um lokale Angelegenheiten zu regeln oder Sabbate zu zelebrieren, aber diese Sache schien von anderem Kaliber zu sein. Zu gerne hätte Angelina Luguri deswegen gesprochen, aber das schien im Augenblick nicht möglich zu sein.

Überhaupt sah sie seine Abwesenheit während der letzten Wochen plötzlich mit ganz anderen Augen. Eigentlich war es nicht ungewöhnlich, wenn er einige Zeit nicht nach ihr verlangte. Was aber, wenn sich der Erzdämon aus anderem Grund nicht meldete? Weil er verhindert war...

Oder... tot?

Sie entschloß sich, sofort nach Irland aufzubrechen. Wenn sich ihre schlimmen Befürchtungen bestätigten, war es an der Zeit, ihre Machtansprüche innerhalb der Familie neu zu definieren. Als Mätresse des Fürsten der Finsternis hatte sie stets einen leichten Stand gehabt. Aber nun...?

Sie verschwendete keinen Gedanken mehr an Ken Harding und die Jugendstilvilla, sondern murmelte einen Zauberspruch und verschwand von einer Sekunde zur anderen in einer süßlich duftenden Parfümwolke.

3. Kapitel

In der Hand des Engels

Müde rieb sich die junge Frau die Augen, bis sie leuchtende Flekken sah und sich das Jucken verstärkte. Der Drang weiterzureiben war stark, doch sie besann sich und tauchte ihren Kopf in den eiskalten Wasserstrahl. Er vermochte zwar die Müdigkeit aus ihren Gedanken zu vertreiben, aber die pochenden Schmerzen hinter ihren Schläfen blieben. Sie drehte den Hahn zu und richtete sich auf. Kalte Tropfen rannen ihr Gesicht und ihren Nacken herunter. Sie griff nach dem Badetuch, um sich die blonden Haare trokken zu rubbeln, und musterte sich im Spiegel. Sie hatte sich verändert. Die Ereignisse der Vergangenheit hatten Spuren in ihrem Gesicht hinterlassen – und Spuren in ihrer Psyche.

Helena Riedberg war nicht mehr dieselbe wie noch vor einigen Wochen. Hier und da wurde ihr Gesicht von Falten durchzogen, und ihre Blicke verrieten eine tiefe Verunsicherung, die sich jedesmal verstärkte, wenn ihre Gedanken zurück in die nahe Vergangenheit schweiften.

Jerusalem. London.

Sie war mitten in die Auseinandersetzungen zwischen Mächten geraten, die sie bisher nur aus Sagen und Horrorgeschichten kannte. Dämonen und engelsgleiche Wesen hatten ihre Arbeitskollegen ermordet und auch Helena nach dem Leben getrachtet. Sie war die einzige Überlebende der archäologischen Sedom-Expedition, und es grenzte fast an ein Wunder, daß ihr nichts geschehen war. Ob sie vielleicht ihren ganz eigenen Schutzengel gehabt hatte...?

Helena griff zum Lockenstab. Sie hatte ihre Pagenfrisur vor ein paar Tagen neu schneiden lassen und trug die Haare jetzt kurzgelockt. Das Summen das Stabes machte sie schläfrig, und sobald sie fertig war, schlenderte sie gemütlich in den Wohnraum des Hotelzimmers zurück.

Nach ihrer Abreise aus London war sie zuerst in ihre Heimat Berlin zurückgekehrt. Natürlich hatte ihr Professor erfahren wollen, weswegen die Mission in Sedom abgebrochen worden war. Sie hatte sich wahrlich nicht gut dabei gefühlt, ihn nach Strich und Faden anzulügen. Irgendeine wilde Geschichte über politische Unruhen am Ausgrabungsort hatte herhalten müssen und ihn damit hoffentlich überzeugen können. Jedenfalls hatte er ihrem Drängen, sich nach Hamburg versetzen zu lassen, nachgegeben und sie ebenfalls für den dort ausgetragenen Archäologenkongreß eingeschrieben, um ihr Abwechslung zu verschaffen.

»Das wird Sie ein wenig ablenken und nicht mehr an die Ereignisse in Israel erinnern«, hatte er ihr gesagt.

Tatsächlich aber dachte sie an nichts anderes mehr. Hätte es sich doch bloß um rein politische Verwicklungen gehandelt! Das wäre viel leichter zu verdauen gewesen, als die Geschichte um den mysteriösen Engel Nathaniel. Aber das, was tatsächlich geschehen war, hatte sich unauslöschlich in ihr Bewußtsein, ihre Seele gegraben. Nach dieser Erfahrung war nichts mehr normal, würde es nie mehr sein. Sie hatte einen gedanklichen Schritt in eine andere Sphäre getan, jene Welt verlassen, die sie und all die anderen unwissenden Menschen als Realität bezeichneten. Aber die Wirklichkeit war gänzlich anders, als die Leute vermuteten. Seitdem traute Helena niemandem mehr. In jedem Menschen, dem sie begegnete, sah sie das Böse, die Kreatur, die erwachen und über sie herfallen konnte. Dämonen bevölkerten die Erde, lebten als friedliche Bürger getarnt mitten unter den Menschen. Wie sollte sie je eines dieser Monstren in der Masse erkennen können? War ihre Angst nicht begründet?

Vielleicht hätte sie bei den Leuten in London bleiben sollen, die sich mit dieser Materie auskannten. Doch London erinnerte sie noch viel intensiver an das, was sie erlebt hatte. Dort würde sie niemals Ruhe finden können.

Das Klingeln des Zimmertelefons riß sie brutal aus ihren Gedanken. Eine Gänsehaut überzog ihren Körper, und sie zitterte wie Espenlaub, als sie nackt aus dem Badezimmer trat und den Hörer von der Gabel nahm.

»Ja?«

»Hallo Helena. Ich bin's, Walter.«

Automatisch entstand das Bild eines etwa fünfzigjährigen Mannes mit ergrautem Haar und freundlichem Blick vor ihrem geistigen Auge. Walter Fischer war ebenfalls Archäologe, kam aus München und nahm genau wie Helena an dem Kongreß teil. Sie waren sich gestern abend ein wenig nähergekommen, hatten nach dem Seminar an der Hotelbar noch ein paar Cocktails geschlürft und sich stundenlang unterhalten. In seiner Nähe hatte Helena die Vergangenheit für eine gewisse Zeit vergessen. Sie mochte den Mann; allerdings hatte sie nicht vor, eine Beziehung einzugehen. Sie bevorzugte gleichaltrige Partner, und Walter Fischer mochte gut und gerne zwanzig Jahre älter als sie sein.

Dennoch war ihr keineswegs entgangen, daß er ein Auge auf sie geworfen hatte. Sie wollte diese Verbindung nicht ausarten lassen, zumal sie sich nach ihrer Rückkehr aus Israel von ihrem früheren Freund getrennt hatte, weil sie ihn nicht mit ihren Problemen hatte belasten wollen. Für eine neue Beziehung war momentan überhaupt kein Platz in ihrem Leben.

»Hallo Walter«, antwortete sie leise.

»Ich weiß, es ist schon spät«, sagte der Mann am anderen Ende der Leitung, »aber zum Schlafen ist der Abend noch zu jung. Haben Sie nicht Lust, sich mit mir unten an der Bar zu treffen. Der Bahamas-Punch ist wirklich vorzüglich. Wir könnten unsere Unterhaltung von gestern fortsetzen.«

Helena verzog das Gesicht. Ihr war eigentlich nicht nach Konversation zumute. Sie hatte geplant, sich ein wenig vom Fernseher berieseln zu lassen und irgendwann einfach ins Bett zu kriechen.

»Hören Sie, Walter, ich weiß Ihr Angebot zu schätzen, aber mir ist nicht besonders gut. Vielleicht ein andermal, ja?«

»Schade eigentlich«, sagte Fischer. »Sehen wir uns beim Frühstück?«

»Ich denke schon.«

»Schlafen Sie gut.«

Helena unterbrach die Verbindung. Sie langte nach ihrem Bademantel, den sie auf einem Stuhl abgelegt hatte, schlüpfte hinein und streckte sich dann auf der Couch aus. Eine bleierne Müdigkeit überkam sie, und ehe sie sich's versah, war sie auch schon eingenickt. Vielleicht hätte sie in dieser Lage bis zum Morgen durchgeschlafen, wäre da nicht ein leises Geräusch gewesen, das sie aufschrecken ließ. Helena blickte sich ängstlich um. Vor ihren Augen geisterten gespenstische Schatten umher. Die Gardine am Fenster wurde zu einem amöbenartigen Wesen, und seltsame Laute, die einem gefräßiges Schmatzen ähnelten, drangen aus dem Badezimmer.

Endlich verflüchtigten sich die Schatten, und Helena erkannte, daß sich Traumbilder in ihr Bewußtsein eingeschlichen hatten. Und das Geräusch? Sie blickte auf den Fußboden vor dem Sofa und registrierte, daß ihr im Halbschlaf die Fernbedienung aus der Hand gefallen war.

»Du solltest wirklich ruhiger werden«, schalt sie sich und hob den Sender wieder auf. Gerade als sie die Starttaste drücken wollte, klopfte es an ihrer Tür. Ein Frösteln überkam sie, und ihre Nackenhärchen richteten sich auf.

Verdammt, wenn das so weitergeht, lande ich in spätestens zwei Wochen in der Klappsmühle!

Ihr Verfolgungswahn setzte ihr arg zu. Obwohl man sie seit London in Ruhe gelassen hatte, glaubte sie doch, hinter jeder Ecke würde das Böse auf sie lauern, um sie jeden Moment zu verschlingen, so wie es ihre Kollegen in Sedom und Jerusalem gemeuchelt hatte.

Es klopfte erneut.

Helena richtete sich auf. »Ja?«

»Ich bin es«, klang eine Stimme dumpf durch das Holz der Tür. Sie erkannte sofort, daß sie Walter Fischer gehörte. Vielleicht hätte sie während des Kongresses in ihrer Hamburger Stadtwohnung übernachten sollen, statt das kostenlos zur Verfügung gestellte Hotelzimmer anzunehmen. Aber die Verlockung auf Luxus war einfach zu groß gewesen.

Seufzend erhob sich Helena, schlenderte zur Tür und drehte den Knauf, um sie einen Spaltbreit zu öffnen. Das grinsende Gesicht des Fünfzigjährigen blickte ihr entgegen.

»Es kann sich eigentlich nur um ein Mißverständnis handeln«, meinte Helena frostig, ohne einen Hehl aus ihrer Verärgerung zu machen. »Ich hatte doch deutlich erwähnt, daß ich...«

»Sie werden mir doch jetzt nicht die Tür vor der Nase zuschlagen, oder?« erwiderte er frech.

»Und wenn?«

»Dann spreche ich morgen kein Wort mehr mit Ihnen.«

Helena verzog den Mund. »Na schön, aber nur auf einen Drink, versprochen?«

Walter Fischer hob eine Hand ans Herz, die andere hoch in die Luft und verkündete: »Großes Archäologenehrenwort.«

Helena mußte lächeln und zog die Tür ganz auf. Mit einer einladenden Handbewegung bat sie ihren Kollegen ins Zimmer. Er huschte absichtlich näher als notwendig an ihr vorbei und ließ sich ohne Umschweife auf der Couch nieder.

»Ich ziehe mir nur schnell etwas an«, sagte sie und ging in Richtung Bad.

»Meinetwegen brauchen Sie das nicht zu tun«, rief er ihr anzüglich hinterher.

Helena ging nicht darauf ein. Sie verschwand im Bad, ließ den Morgenmantel achtlos zu Boden fallen und schlüpfte in die Sachen, die sie für den nächsten Tag bereitgelegt hatte. Leider handelte es sich dabei um einen enganliegenden Rollkragenpullover, der ihre weiblichen Rundungen auch noch deutlich betonte. Sie schaute sich um, fand jedoch nichts Besseres und beruhigte sich damit, daß schon nichts Schlimmes passieren werde. Dann schlüpfte sie in die Jeans, die sie über die Wanne gehängt hatte, kämmte sich kurz durch die Haare und kehrte in den Wohnraum zurück. Auf Schuhe und Strümpfe verzichtete sie.

Walter Fischer hatte es sich offensichtlich schon bequem gemacht. Zwei Martinis aus der Hausbar standen auf einem Beistelltisch. Der Wissenschaftler hatte sich seiner Schuhe entledigt und die Füße hochgelegt. In freudiger Erwartung sah er seiner Kollegin entgegen. Helena verkniff sich eine Bemerkung, hockte sich aber demonstrativ in einen der beiden Sessel, um ja genügend Abstand von dem aufdringlichen Mann zu bekommen.

»Warum so reserviert?« fragte der gutaussehende Fünfziger.

Helena preßte die Lippen zusammen. Es gab Männer, bei denen ausschließlich die Holzhammermethode funktionierte. Aber gut, an ihr sollte es nicht liegen. »Vielleicht sind Sie einfach nicht mein Typ, Dr. Fischer.«

Der Archäologe schwang die Beine von der Couch und runzelte die Stirn. »Doktor? Waren wir nicht schon bei den Vornamen angelangt? Sagen Sie, daß das nicht Ihr Ernst ist.«

»Oh doch! Sehen Sie, mir ist nicht entgangen, wie Sie mich anstarren. Vielleicht haben Sie gute Absichten und denken an eine dauerhafte Beziehung, vielleicht wollen Sie mich auch nur für eine Nacht ins Bett kriegen. Ganz egal, was Sie vorhaben, Walter, ich bin wirklich nicht interessiert. Wir können gerne reden, zusammen trinken, etwas nach der Tagung unternehmen, aber mehr wird daraus nicht!«

Jetzt war es raus, und Helena war froh, sich ein wenig Luft verschafft zu haben. Fischer hingegen war reichlich blaß geworden. Offensichtlich hatte er nicht damit gerechnet, daß sie ihn abweisen würde. Vielleicht glaubte er, bei jüngeren Frauen einen Stein im Brett zu haben, und mußte diesen Korb jetzt erst mal verdauen. Wie um ihre Vermutung zu bestätigen, kippte er sich seinen Martini in einem Zug in den Rachen.

Da klopfte es plötzlich erneut an der Tür.

»Das wird der Zimmerkellner sein. Ich habe eine Flasche Champagner bestellt«, knurrte er. »Die ist jetzt wohl überflüssig geworden.«

»Ich denke ja«, sagte Helena. »Schicken Sie ihn fort. Wenn Sie aber trotzdem noch etwas trinken und sich mit mir unterhalten wollen, gerne.«

Seine Miene machte deutlich, was er von diesem Vorschlag hielt. Anscheinend war er doch nur daran interessiert gewesen, mit ihr ins Bett zu hüpfen und eine aufregende Nacht zu verbringen. Der Archäologe stand auf und ging zur Tür hinüber.

»Ich werde ihn wegschicken und gleich mitgehen. Wir sehen uns morgen auf der Tagung.«

Helena seufzte und blickte ihm enttäuscht hinterher. Daß er hinter ihr her war hatte sie gewußt; nicht aber, daß unter der netten Schale ein eingeschnappter Esel steckte. Die Wissenschaftlerin hing ihren Gedanken nach und bekam nur unterbewußt mit, daß Fischer etwas zu dem Zimmerkellner sagte. Erst, als sie einen erstickten Aufschrei vernahm, blickte sie hoch.

Fischer taumelte rückwärts ins Zimmer und griff sich an den Hals. Helena stand irritiert auf und wollte auf ihn zugehen, als er sich plötzlich umwandte. In seinen Augen war nur mehr das Weiße zu sehen. Seinen Mund hatte er zu einem stummen Schrei geöffnet, doch alles, was er hervorbrachte, war ein unverständliches Gurgeln, weil Unmengen von Blut über seine Lippen sprudelten. In seiner Kehle steckte eine blanke Klinge!

Helena prallte zurück. Sie stolperte über den Sessel, kippte hinten rüber und landete hart auf dem Boden. Eine Sekunde darauf war ein Poltern zu hören, als auch Walter Fischer das Gleichgewicht verlor und auf dem Boden aufschlug. Es war auf den ersten Blick zu erkennen, daß ihm nicht mehr zu helfen war.

Die Archäologin kämpfte sich hoch und wäre fast wieder auf

die Beine gekommen, doch Fischers Mörder war schneller. Mit einem Satz war er bei Helena und trieb ihr die Faust ins Gesicht. Alles, was die junge Frau noch wahrnahm, war der irre Blick in den Augen eines jungen Burschen, und der triefende Speichel, der über seine Mundwinkel rann. Dann gewahrte sie eine zweite Klinge in seiner Hand – und wußte nicht einmal, warum sie jetzt sterben mußte...

Der schwarzgekleidete Mann verschmolz mit den Schatten des Eckhauses an der Straßenkreuzung. Die Dunkelheit war zu seinem Revier geworden, denn auch diejenigen, die er jagte, trieben meist in der Finsternis ihr Unwesen. Er war wie sie geworden, er hatte sich seinem Feind angepaßt. Der Mann, der sich selbst als *Vollstrekker* bezeichnete, streifte sich die Maske über den Kopf, in der ein einziger Schlitz für die Augen ausgespart war. Danach griff er an seinen Gürtel und förderte einen Wurfhaken zutage, an dem ein mehrere Meter langes Seil befestigt war. Derart ausgerüstet, schlich er sich zum untersten Balkonansatz des Hotels.

Es war nicht weiter schwierig gewesen, Dr. Riedberg aufzustöbern, nachdem er durch die Dämonen Platzek und Paradiek von ihrem Aufenthalt in Hamburg erfahren hatte. Dabei wollte er gar nicht mit ihr sprechen, sondern nur vor Ort die Lage erkunden und in Ruhe abwarten, ob sich in ihrem Umfeld etwas ereignete. Mit Sicherheit hatte Helena Riedberg selbst keine Ahnung, wo Nathaniel untergetaucht war.

Der Vollstrecker packte das Seil knapp über dem Wurfanker und ließ es um sein Handgelenk kreisen. Immer schneller wurden seine Bewegungen, immer größer die Kreise, die er mit dem dreiendigen Anker schlug. Endlich ließ er das Seil los, und der Haken flog nach oben auf den untersten Balkon zu. Die Enden verfingen sich in der Brüstung. Es schepperte einmal, dann blieb der Wurfanker ruhig auf dem Balkon liegen. Der Vollstrecker zog an dem Seil und hängte sich mit seinem ganzen Gewicht daran. Es hielt.

Nachdem er sich ein letztes Mal umgeschaut hatte, arbeitete er sich Stück für Stück an dem Seil hinauf. Oben wuchtete er seinen Körper über die Balkonbrüstung und atmete tief durch. Von jetzt an würde es einfacher gehen. Er kletterte wieder auf die Brüstung, federte ab und bekam einen Vorsprung von dem über ihm liegenden Balkon zu fassen. Keuchend zog er sich daran hoch.

Im Film sahen diese Kunststücke leider immer etwas einfacher aus als in der Realität.

Weiter!

Endlich, nach fast zehn Minuten anstrengender Kletterei, hatte er Helena Riedbergs Etage, die er vor einer halben Stunde durch ein Telefonat mit entsprechend geschickter Fragestellung herausbekommen hatte, erreicht. Das Blut rauschte in seinen Ohren – und dennoch wußte er, daß die Entscheidung, nicht einfach durch die Eingangstür hereinzuspazieren, richtig gewesen war. In seiner auffälligen Ninjakleidung hätte er nicht einmal unbehelligt den Lift erreicht.

Dabei spürte er instinktiv, daß er seine Kampfausrüstung heute noch bitter nötig haben würde – und zwar schon sehr bald...

Als sich sein Atem einigermaßen beruhigt hatte, schwang er sich vom Balkon auf den Fenstersims und schritt mit dem Gesicht zur Wand einige Fenster der Hotelzimmer ab. Hinter den ersten beiden war es dunkel; beim dritten brannte Licht, aber der Vorhang war zugezogen. Beim nächsten Abschnitt mußte er sich leicht dukken. Ein Mann saß auf der Couch und las Zeitung, doch er war so in seine Lektüre vertieft, daß er den Schatten am Fenster nicht bemerkte. Dann erreichte der Vollstrecker endlich sein Ziel. Er sprang auf Helena Riedbergs Balkon und wartete kurz ab, ob ihn jemand gehört hatte. Vorsichtig huschte er zur Tür hinüber.

Was er hinter dem Glas erblickte, gefiel ihm überhaupt nicht. Eine junge Frau fiel rückwärts über einen Sessel. An der Tür sank ein Mann blutüberströmt zu Boden, und ein Wahnsinniger mit einem langen Messer sprang über den Toten hinweg, um sich geradewegs auf die Archäologin zu stürzen.

Der Schwarzgekleidete machte einen Satz zurück, um Anlauf zu nehmen. Dann stürmte er vor, hechtete in Richtung Scheibe und hielt sich schützend die Arme vor das Gesicht. Fensterglas klirrte und feine Splitter bohrten sich wie tausend spitze Nadeln durch den Stoff seines Kostüms. Er ignorierte die unzähligen Blessuren, rollte über den Boden und kam sofort auf die Beine. Die Sekunde der Ablenkung hatte genügt, um den irren Burschen von seiner Tat abzubringen. Er wandte sich dem Vollstrecker zu und hieb auf ihn ein. Dieser sprang zurück, war aber nicht schnell genug. Der kalte Stahl ritzte das Kostüm über der Brust und hinterließ einen blutigen Striemen auf der Haut des Dämonenjägers.

Der Vollstrecker schwang noch in der Bewegung um seine Achse und holte mit einem Bein aus. Der Tritt traf den Mörder am Unterkiefer. Sein Kopf flog zur Seite; doch statt umzufallen, packte er den Schwarzgekleideten und wirbelte ihn quer durch das Zimmer. Der Vollstrecker prallte gegen eine Schrankwand und stöhnte unterdrückt auf, als sich etwas Hartes in seinen Rücken bohrte. Ungläubig blickte er den jungen Mörder durch die Sehschlitze seiner Maske an.

Ein Dämonisierter! schoß es ihm in den Sinn.

Anscheinend betrachtete der Bursche den wie einen Ninja gekleideten Eindringling nicht als potentielle Gefahr und wandte sich wieder seinem eigentlichen Opfer zu. Riedberg hatte sich inzwischen an der Couch hochgezogen. Sie kletterte über das Möbelstück und wollte sich gerade mit einem Sprung in Richtung der zerstörten Balkontür in Sicherheit bringen, als der Mörder ihr Fußgelenk erwischte und sie zu Fall brachte. Helena knallte der Länge nach auf den gläsernen Couchtisch, dessen Oberfläche unter ihrem Gewicht klirrend in tausend Stücke zersprang. Der Fremde setzte nach und stieß mit dem Messer zu. Die Klinge bohrte sich von hinten in ihre Schulter.

Helenas Schrei rief den Vollstrecker wieder zur Besinnung. Der Mann in Schwarz raffte sich auf, griff hinter sich und zog die Katanaklinge aus der Scheide auf seinem Rücken. Gleichzeitig rief er einen Bannspruch in lateinischer Sprache. Der Dämonisierte zog das blutverschmierte Messer aus Riedbergs Schulter und ruckte herum. Beim Klang der verhaßten Bannworte heulte der Bursche schaurig auf, als schmerzten sie ihm in den Ohren. Der Vollstrecker sprach weiter Formeln der Weißen Magie und näherte sich dem Mörder bis auf eine Schwertlänge.

Die Worte machten den dämonisierten Menschen rasend wie einen Stier. Er hatte das Messer hoch über den Kopf erhoben und ließ es blitzschnell auf den Gegner herabfahren. Der Vollstrecker brachte sich mit einem Ausfallschritt nach links aus der Gefahrenzone und strich gleichzeitig mit der scharfen Klinge über die Bauchdecke des Mörders. Der mit Erbsilber überzogene, geweihte Stahl schnitt in die Haut des Dämonisierten, und der Verwundete schrie gepeinigt auf. Wahrscheinlich war sein Gezeter im ganzen Hotel zu hören, doch darauf konnte der Vollstrecker jetzt keine Rücksicht nehmen.

Auf der Stirn des Mörders erschien ein blasses, runenartiges Stigma – das Zeichen des Dämons, der ihn in seinen Bann geschlagen hatte. Der Vollstrecker erkannte das Symbol. Es war das gleiche, daß ihm schon in Horst Platzeks Wagen aufgefallen war.

Also hatte dieser widerliche Seelensauger den Mann in seine Gewalt gebracht. Vermutlich hatte er Helena Riedberg nur im Auge behalten sollen, bis Platzek von seiner kleinen Beutejagd auf dem Autobahnrastplatz zurück war. Der Tod des Dämons hatte sich allem Anschein nach fatal auf den Geist seines Dieners ausgewirkt und ihn zu dieser Bluttat getrieben. Der Vollstrecker wußte sich keine andere Erklärung.

Erneut stieß der Mörder zu, machte hektische Bewegungen mit dem Messer, und mehr als einmal schnitt er durch den Stoff der Ninjakleidung und hinterließ die eine oder andere Wunde am Körper des Schwarzgekleideten. Dieser biß die Zähne zusammen. Er wich den Angriffen des Jungen so gut aus, wie es ihm möglich war, parierte das Messer mit einem Schlag und versuchte es aus dem Handgelenk des Mörders zu drehen. Da aber stolperte er über den Leichnam Walter Fischers und stürzte. Sofort warf sich der Junge auf ihn. In seiner Not schlug der Vollstrecker mit der Katanaklinge zu und trennte die Hand des Mörders vom Armstumpf, so daß sie blutbesudelt auf den Boden fiel. Gleichzeitig rollte sich der Vollstrecker über Fischers Leiche, sprang auf die Beine und hieb abermals mit dem Schwert zu. Diesmal schnitt das Silber durch den Hals des Jungen. Mit einem Schlag war der Spuk vorbei. Eine bläuliche Aura funkelte über der Schnittstelle, dann rollte der Kopf des Burschen über den Boden und kam an der Badezimmertür zur Ruhe. Sein Torso zuckte mehrmals, und ein bestialischer Gestank kroch aus der Halswunde hervor. Der Vollstrecker rümpfte die Nase, als er den Odem des Bösen roch, den Platzek dem Jungen eingeimpft haben mußte. Dank des geborstenen Fensters trieb die frische Nachtluft den Gestank nach draußen.

Schweratmend schritt der Schwarzgekleidete zur Zimmertür und drückte sie ins Schloß. Auf dem Gang waren bereits die ersten Stimmen zu hören gewesen. Wahrscheinlich hatte bereits irgend jemand die Hotelangestellten informiert.

Der Vollstrecker aber wollte nicht warten, bis ihn die Polizei unter zweifachem Mordverdacht wegsperrte. Er drehte sich zu Helena Riedberg um, die benommen in den Glasscherben des zerbrochenen Couchtisches lag. Ihr Rollkragenpulli war von einigen Messerstichen zerrissen und von Blutspritzern übersät. Der Vollstrecker steckte sein Schwert weg, drehte Helena auf den Rücken und untersuchte ihre Wunden. Die Schulter hatte es am Schlimmsten erwischt, doch es war keine tödliche Verletzung. Sie mußte nur verbunden werden, ehe sie zuviel Blut verlor.

Der Dämonenjäger suchte im Bad nach Verbandszeug und kehrte kurz darauf mit zwei Mullbinden zurück. Es gelang ihm, Dr. Riedberg provisorisch zu verarzten und die Blutung zu stoppen. Als sie sich stöhnend regte, half er ihr hoch auf die Couch. Sie schien immer noch nicht richtig zu begreifen, was soeben geschehen war. Dann plötzlich aber blieb ihr Blick auf der Ninjamaske des Vollstreckers haften, und mit einem Aufschrei riß sie sich von ihrem Retter los und flüchtete in Richtung Zimmertür.

»Hören Sie«, rief der Mann und folgte ihr. »Sie brauchen keine Angst zu haben. Ich will Ihnen helfen...«

Sie achtete nicht auf seine Worte, sondern rüttelte an der Klinke. Als sich die Tür nicht öffnete, schlug sie mit der flachen Hand dagegen.

»Hilfe! Zu Hilfe! Jemand ist in meinem Zimmer und...«

Die letzten Worte gingen in einem verzweifelten Keuchen unter, als der Vollstrecker sie an der Schulter packte und herumriß. Seine Rechte legte sich auf ihren Mund, und mit beruhigender Stimme sprach er auf sie ein.

»Ich habe die Tür abgeschlossen, um Zeit zu gewinnen. Wir müssen hier fort. Sie *und* ich! Haben Sie das verstanden?«

Er schaute ihr in die weit aufgerissenen Augen und wartete, bis sie widerstrebend nickte.

»Gut, dann lasse ich Sie jetzt los. Aber verhalten Sie sich um Gottes Willen ruhig. Niemand will Ihnen mehr etwas tun!«

Er löste seine Hand langsam von ihrem Gesicht, und tatsächlich schloß sich ihr Mund, und sie atmete tief durch.

»Wer zum Teufel sind Sie?« flüsterte sie danach erschöpft. »Was wollen Sie von mir?«

Er schüttelte den Kopf. »Später. Jetzt müssen wir erst einmal von hier verschwinden. Kommen Sie.«

Er reichte ihr seine Hand und bemerkte zufrieden, daß sich

ihre Furcht vor ihm zu legen schien. Helena klaubte ihre Schuhe auf und streifte sie über. Als sie den Balkon erreichten und den schrecklichen Anblick der beiden Leichen hinter sich gelassen hatten, erlangte die Archäologin schlagartig einen Teil ihres Selbstvertrauens zurück.

»Wieso bitteschön sind Sie so überzeugt davon, daß ich Ihnen einfach blind hinterherlaufe?«

»Weil ich Sie gerettet habe«, entgegnete er kurz angebunden.

Sie kniff die Augen zusammen. »Ach ja? Und darf ich erfahren, weshalb Sie das getan haben? Sie sind doch nicht zufällig hier aufgetaucht, oder?«

Seine Augen sprühten Blitze, als er sich zu ihr umwandte. »Verflucht, darüber können wir uns *später* noch unterhalten. Jetzt kommen Sie endlich!«

Sie preßte verärgert die Lippen zusammen und folgte ihm bis zur Brüstung. Drei Stockwerke unter ihnen erstreckte sich die Hauptstraße.

Sie drehte sich zu ihrem Retter um und tippte sich an die Stirn. »Da hinunter sollen wir? Sind Sie komplett übergeschnappt, oder wie?«

»Wir können nicht durch die Tür«, meinte er. »Die anderen Hotelgäste sind auf den Kampf aufmerksam geworden. Wenn Sie Lust haben, die Nacht in einer Gefängniszelle zu verbringen, können Sie aber gerne umkehren.«

»Wer sind Sie überhaupt?«

»Nennen Sie mich den Vollstrecker!«

Helena blickte ihn an, als ob er nicht mehr alle Tassen im Schrank hätte. Aber sie schien zu dem Schluß zu kommen, daß er dennoch auf ihrer Seite stand, und entschied sich, ihm zu folgen.

Sie nahmen nicht den Weg, den der Dämonenjäger heraufgekommen war, sondern tasteten sich weiter am Sims entlang zur anderen Seite des Hotels. Zwar dauerte es etwas länger, dafür war der Weg sicherer, als sich an einem Seil über die Balkons nach unten zu hangeln. Sie hatten das Gebäude halb umrundet, als eine Feuerleiter in Sicht kam. Kaum daß sie sie erreicht hatten, gellten die ersten Polizeisirenen durch die Nacht. Der Vollstrecker blickte nach unten. Zwei Streifenwagen fuhren vorüber und hielten auf den Haupteingang des Hotels zu. Sobald die Beamten die beiden Leichen entdeckten, würde es hier nur so von Uniformierten wimmeln.

Der Schwarzgekleidete beeilte sich, die Feuerleiter nach unten zu klettern. Helena Riedberg folgte ihm kopfschüttelnd. Was blieb ihr auch anderes übrig? Wie sollte sie der Polizei die Toten in ihrem Zimmer erklären?

Sie gelangten auf die Hauptverkehrsstraße. Passanten sprangen erschrocken beiseite, als der Ninja und die blutverschmierte Frau zwischen sie sprangen. Der Vollstrecker packte Helena und zerrte sie fort. Atemlos hetzten sie um eine Biegung und verschwanden sich in den Schatten der Seitenstraße. Durch einen Hauseingang erreichten sie einen Hinterhof in der Nähe des Hotels. Ein Opel Astra parkte an der hinteren Mauerseite. Der Vollstrecker öffnete die Türen und sprang hinein. Helena nahm auf dem Beifahrersitz Platz. Als der Wagen ansprang, sank die Archäologin ermattet in den Sessel.

Sie schloß die Augen und kümmerte sich nicht mehr darum, wie der Schwarzgekleidete den Wagen zwischen den nahenden Peterwagen hindurch in Richtung Stadtrand davonlenkte.

Sie erwachte, weil der Unbekannte sie sanft an der Schulter rüttelte. Um sie herum herrschte tiefste Dunkelheit. Verstört sah sie sich um. Der Astra war in einem Waldstück abgestellt worden. Ein schmaler Weg führte zu einem Haus, hinter dessen Fenstern verschwommener Lichtschein zu erkennen war. Helena drehte sich zu dem Schwarzgekleideten um.

»Wo sind wir?«

»In der Nähe der dänischen Grenze«, erklärte er. »Sie haben ein paar Stunden tief und fest geschlafen. Wir haben vor ein paar Minuten Humptrup hinter uns gelassen. Etwa drei Kilometer von hier entfernt liegt Aventoft, dahinter Dänemark.«

»Was wollen Sie hier?« fragte Helena und blickte müde zu dem Haus hinüber. Sie spielte mit dem Gedanken, einfach die Tür aufzustoßen und davonzurennen. Doch in ihrem jetzigen Zustand standen die Chancen schlecht, daß sie das Haus überhaupt erreichte. Der durchtrainierte Mann neben ihr würde sie rasch eingeholt haben.

»Denken Sie nicht mal daran«, sagte der Vollstrecker. »Der Wagen hat Zentralverriegelung mit einem Hauptschalter. Ihre Tür kriegen Sie gar nicht auf.«

Helenas Augen funkelten wild. »Dann sagen Sie mir endlich, warum Sie mich hierhergebracht haben und was Sie eigentlich in meinem Hotelzimmer zu suchen hatten!«

Wenn sie geglaubt hatte, ihn mit ihrem herrischen Ton beeindrucken zu können, so sah sie sich getäuscht. Statt dessen begann es in seinen Augen zu glitzern, als stünde er kurz vor einem Wutausbruch.

»Mag sein, daß Sie eine Menge durchgemacht haben«, sagte er ungerührt. »Aber wenn Sie nicht wollen, daß ich nachhole, was der Wahnsinnige in Ihrem Hotelzimmer versäumt hat, dann halten Sie einfach mal für eine Sekunde die Klappe!«

Sie kniff verächtlich die Augen zusammen. »Können Sie eigentlich auch noch etwas anderes als Leute umbringen und sich wie Batman an Fensternsimsen entlanghangeln. Sie sollten die Maske wechseln, denn mit diesem Ding da über Ihrem Gesicht sehen Sie einfach noch nicht dämlich genug aus!«

Für einen Augenblick war er sprachlos ob ihrer Kratzbürstigkeit. Dann besann er sich und meinte: »Entschuldigen Sie. Das war vielleicht etwas hart von mir. Aber Sie müssen sich auch mal in meine Lage versetzen.«

Sie lachte auf. »Wie könnte ich denn, da ich nicht mal weiß, wer Sie sind und weshalb Sie im Hotel herumgewütet haben.«

Der Unbekannte lehnte sich zurück und atmete hörbar aus. Er schien nachzudenken und sagte eine ganze Weile nichts mehr. Fast glaubte Helena, er wäre eingeschlafen, als er ein leises »Na schön« von sich gab. Dann griff er sich unters Kinn und zog die Ninjamaske vom Kopf. Zum Vorschein kam das nicht unattraktive Gesicht eines Blondschopfs.

»Mein Name ist Abraham Flindt«, erklärte er. »Nennen Sie mich Abi. Ich gehörte zum Team des Dämonenkillers Dorian Hunter.«

»Hunter?« horchte Helena auf. »Aus London?«

»Sie kennen ihn?«

Die Wissenschaftlerin schüttelte den Kopf. »Nicht persönlich. Er hielt sich gerade in Wien auf, als man mich in seinem Haus empfing.«

»Sie waren in der Jugendstilvilla? Das ist ein Punkt, über den wir reden müssen. Es geht um einen Mann namens Nathaniel.«

Bei diesen Worten wurde Helena Riedberg blaß. Ihre Vermutung, daß die unheimlichen Ereignisse mit dem Verschwinden des Engels noch längst kein Ende gefunden hatten, bestätigten sich. Dabei wußte sie noch nicht einmal, wer Nathaniel eigentlich war. Er hatte auf dem Jerusalemer Flughafen Joram Ulmans Platz eingenommen und erklärt, der Israeli sei von einem Sphinx-Dämon ermordet worden. Aber wenn Nathaniel ein Gegner der Dämonen war, befand er sich dann automatisch auf ihrer Seite?

Meine ›Seite‹, sinnierte Helena. *Gibt es die überhaupt?*

Gab es ein magisches Gegenstück zu allen Dämonen, die auf der Erde hausten?

Sie hatte in London eine kleine Schar Dämonenjäger kennengelernt. Aber das waren alles Menschen gewesen, keine übermächtigen Magier. Mit eigenen Augen hatte Helena erlebt, wie wenig sie gegen Nathaniel und diesen anderen *Engel* hatten ausrichten können.

Die Archäologin schilderte Flindt ihre Erlebnisse in Jerusalem und London. Dabei sprudelten die Worte wie ein Wasserfall zwischen ihren Lippen hervor. Vielleicht war sie einfach froh, mit jemandem darüber reden zu können – mit jemandem, der ihr glaubte und sie nicht automatisch für wahnsinnig erklärte.

Im Gegenzug erfuhr sie einiges über Flindt, sein bisheriges Leben, seine Liebe zu einem jungen Mädchen, das er an eine vampirische Sippe verloren hatte und durch deren Tod er erst zu einem unerbittlichen Dämonenjäger geworden war.

Die Schwarze Familie hatte sein Leben zerstört, und Helena bekam das unheimliche Gefühl, daß sie im Augenblick etwas ähnliches erlebte. Die gesamte Welt schien auf einen herabzufallen. All das, was Schule und Wissenschaft lehrte, alles, an das man glaubte, erlosch von einer Sekunde auf die andere und machte etwas Neuem und Bösem Platz.

»Sie sind überall, nicht wahr?« fragte sie leise. »Diese furchtbaren Kreaturen...«

Abi nickte. »Ja. Auf der ganzen Welt, getarnt als biedere Bürger. Eine Übermacht, der die Menschheit kaum etwas entgegenzusetzen hat. Die meisten von uns wissen ja nicht einmal, daß es die Schwarzblütigen überhaupt gibt. Und Leute, die die Wahrheit kennen, werden als irre abgestempelt. Wie ich – und wie Sie, wenn Sie anderen jemals die Wahrheit sagen. Die Schwarze Familie ist zu gut organisiert, als daß man an sie herankommt. Tötet man eines ihrer Mitglieder, rottet man einen ihrer Clans aus, sieht man sich gleich der doppelten Anzahl gegenüber. Die Dämonen sind langlebig, immun gegen Krankheiten, und genau das macht sie so gefährlich.«

Helena fuhr sich durch die Haare und lehnte sich vornüber auf das Armaturenbrett. »Und dennoch haben Sie Ihr Leben der Dämonenjagd gewidmet, trotz aller Hoffnungslosigkeit?«

Ein Lächeln huschte über Flindts Lippen. »Glauben Sie mir, wenn Sie die Gewißheit über die Existenz dämonischer Mächte haben, können Sie gar kein normales Leben mehr führen. Sie achten auf Dinge im ganz normalen Alltag und schreiben es dämonischen Aktivitäten zu. Und all die anderen Unwissenden um sie herum machen sie krank. Sie haben Angst, es ihnen zu erzählen, ihnen die Wahrheit beizubringen, weil man Sie auslacht und verspottet. Das ist es, was Sie nicht mehr ertragen können – also schließen Sie sich Leuten an, denen es ähnlich ergeht, wie Ihnen und verschreiben Ihr Leben der Ausrottung der Schwarzen Familie, ganz gleich ob dieses Ziel je erreicht werden kann. Sie beginnen einen regelrechten Haß auf die Dämonen zu entwickeln, müssen um jeden Preis einen von ihnen zur Strecke bringen. Und mit jedem toten Schwarzblütler erfüllt sie ein Gefühl der Befriedigung. Es macht sie süchtig, ist stärker als jede Droge, und Sie wollen mehr und mehr von ihnen töten, steigern sich in einen regelrechten Rausch hinein...«

Abi hatte voller Inbrunst gesprochen, und Helena schaute leicht beunruhigt auf. In den Augen des Dänen glomm ein unheimliches Licht, das seine Mordlust noch unterstrich. Helena schüttelte sich vor Ekel. Aber sie wagte nicht, dem fanatischen Mann zu widersprechen.

»Ich glaube nicht, daß ich Ihr Leben ertragen könnte«, sagte sie. »Vielleicht bin ich dafür nicht *gut* genug...«

Abi zuckte die Schultern. »Was ist gut, was ist böse?« erwiderte er. »Die Alternative ist, dem Wahnsinn anheim zu fallen. Eine andere Möglichkeit gibt es nicht.«

Helena versuchte, das Gespräch wieder vorsichtig auf den Vorfall im Hotelzimmer zu lenken. »Wie sind Sie gerade auf mich gekommen?«

Abi faltete die Finger ineinander und bog sie nach außen, so daß es laut knackte. »Durch Zufall stieß ich auf einen Dämon namens Dieter Paradiek, der mir von einem Auftrag des Fürsten der Finsternis erzählte. Über ihn und einen seiner Artgenossen erfuhr ich, daß der Erzdämon Luguri Sie beschatten läßt, weil er hofft, Nathaniel werde sich mit Ihnen in Verbindung setzen.«

Riedberg runzelte überrascht die Stirn. »Warum sollte Nathaniel das tun? Ich stehe eigentlich in gar keinem Verhältnis zu ihm. Wenn er wirklich etwas von mir wollte, hätte er mich ebenso aus der Villa Hunters entführt wie diesen Zwitter.«

»Phillip?« Abi fuhr herum. »Sie meinen, Phillip ist von Nathaniel entführt worden?«

Helena nickte stumm.

Der Däne fluchte leise. Er hatte den Hermaphroditen gemocht und zeitweilig Beschützerinstinkte für ihn entwickelt. Seine Zuneigung zu dem Jungen hatte ihn jedoch nicht in Andorra halten können. Alle hatten immer nur auf Dorian und Yoshi gehört; jedesmal wenn er Vorschläge eingebracht hatte, wurden sie nicht einmal in Betracht gezogen. Ihn hatte das ständige *Dorian hier, Dorian dort* zu Tode genervt. Er wußte, daß er genauso gut war wie der Dämonenkiller, vielleicht sogar eine Spur besser. Und er würde es Hunter und den anderen zeigen. Aber so sehr er auch anfangs geglaubt hatte, die Sache allein in die Hand nehmen zu können, fehlte ihm doch ein mächtiger Verbündeter – vor allen Dingen jemand, der sich mit Magie auskannte.

»Und was haben Sie jetzt vor?« wollte Helena wissen.

»Was meinen Sie?«

»Nun«, die Archäologin breitete ihre Hände aus und wies auf die Umgebung draußen hinter der Windschutzscheibe. »Sie haben mich doch nur mitgenommen, weil Sie selbst glauben, ich könne Sie zu Nathaniel führen.«

Abi zog eine Braue hoch. »Hm, man merkt direkt, daß Sie studiert haben. Kommen noch mehr bestechende Kombinationen, Frau Doktor?«

Helena mußte unfreiwillig lachen, doch sie wurde übergangslos wieder ernst. »Was wollen Sie von ihm?«

Abi schürzte die Lippen. »Das wissen Sie doch längst. Wenn er wirklich so mächtig ist und selbst von Luguri gefürchtet wird, dann kann er der Schlüssel im Kampf gegen die Dämonen sein.«

»Möglich«, sagte Helena. »Sie sollten aber diese Frau nicht vergessen, die ebenfalls von seiner Art ist. Nach ihrem Auftritt in

Hunters Anwesen zu schließen, steht sie auf der falschen Seite. Und sie scheint Nathaniel ebenbürtig zu sein.«

»Das ist eine Sache, mit der ich mich zu gegebener Zeit beschäftigen werde«, entgegnete Flindt.

»Und warum sind Sie ausgerechnet in Richtung Dänemark gefahren?« fragte Helena.

»Ich *bin* Däne.«

»Dafür sprechen Sie aber außerordentlich gut deutsch.«

»Ich war lange genug mit deutschen Freunden zusammen.« Unwillkürlich tauchten die Gesichter von Ira Marginter, Burkhard Kramer und Burian Wagner vor seinem geistigen Auge auf. Freunde, die er bei der Schlacht um das Castillo Basajaun vor einigen Monaten verloren hatte. Er schüttelte die Gedanken ab und wollte seinen Worten gerade etwas hinzufügen, als er aus den Augenwinkeln eine Bewegung wahrnahm. Doch als er hinaus in die Dunkelheit spähte, war nichts zu erkennen. Auch das schwache Licht in den Fenstern des Hauses vermochte nicht die Gegend zu erhellen.

Abi beugte sich zu Helena herab. Schon fürchtete sie um seine lauteren Absichten, als er die Klappe des Handschuhfachs öffnete und eine Taschenlampe herausholte. Erleichtert atmete sie auf. Der Vollstrecker stülpte sich die Ninjamaske über den Kopf, öffnete die Wagentür und knipste die Maglite an. Ein greller Lichtkegel stach durch die Nacht, tanzte über Baumgruppen und das Unterholz, und mehr als einmal war eine huschende Bewegung zu sehen, die wahrscheinlich von erschrockenen Tieren herrührte. Abi langte nochmals in den Wagen neben dem Fahrersitz und förderte das Katanaschwert zutage.

»Sie sollten sich was besseres als dieses Metzgermesser zulegen«, raunte ihm Helena zu, die ebenfalls angestrengt in die Nacht starrte.

Wie beiläufig hob Flindt den linken Arm, so daß sein Schulterholster mit der geladenen Desert Eagle sichtbar wurde.

»Keine Sorge, Frau Doktor«, flüsterte er zurück und drehte sich einmal um die ganze Achse. Der Lichtstrahl erfaßte eine Eule, die blitzartig die Augen schloß und dann aufgeschreckt davonflatterte. Abi vollendete die Drehung, ohne etwas Besonderes in der Finsternis auszumachen. Dennoch war er weit entfernt davon, sich sicher zu wähnen. Sein natürliches Mißtrauen der Umwelt gegenüber war tief verwurzelt.

Abermals beugte er sich zum Wagenschlag hinunter und flüsterte Helena zu: »Wir sind hier nicht mehr sicher. Steigen Sie aus, und dann begeben wir uns beide zum Haus.«

»Und was, wenn genau daher Gefahr droht?« fragte die Wissenschaftlerin.

Der Vollstrecker zuckte die Achseln. Er setzte sich in Bewegung und umrundete soeben die Motorhaube des Wagens, als die Maglite schlagartig ausfiel. Völlig überrumpelt tastete Abi sich am Blech des Astras entlang. Inzwischen hatte Helena reagiert, die Zündung eingeschaltet, sich quer über die Sitze gelegt und ächzend den Drehschalter für die Scheinwerfer erreicht. Zwei Halogenlanzen bohrten sich in die Finsternis – um sofort wieder zu erlöschen.

»Verflucht!« keuchte Abi.

Jetzt blieben als einzige Lichtquelle die Fenster des Hauses vor ihnen – und in Abi kroch das unangenehme Gefühl empor, daß Helena Riedberg mit ihrer Vermutung recht haben mochte. Vielleicht hatte er den Wagen tatsächlich zufällig in der Nähe eines Dämonenunterschlupfes zum Stehen gebracht.

»Kommen Sie«, forderte er die Archäologin auf.

Sie kletterte aus dem Astra, und Abi reichte ihr die Desert Eagle, die er aus dem Schulterhalfter gezogen hatte.

»Die meisten vertragen keine geweihten Silberkugeln«, erklärte er. »Wenn wir auf keine übermächtigen Hexer oder Vampire treffen, haben Sie damit eine gute Chance, sich die Biester vom Leibe zu halten.«

»Und Sie?« fragte Riedberg stirnrunzelnd.

Der Däne hob die Katanaklinge. »Ich werde mir schon zu helfen wissen«, meinte er. »Los jetzt!«

Sie schlichen nebeneinander in geduckter Haltung vorwärts. Abi bewegte sich geschmeidig im Kreuzschritt, um so wenig Lärm wie möglich zu verursachen. Helena bemühte sich, es ihm gleichzutun. Plötzlich blieb Flindt stehen, ohne daß sie es bemerkte.

»Stehengeblieben«, zischte er ihr zu.

Die Archäologin wandte sich überrascht um. »Das nächste Mal sagen Sie eher Bescheid. Verflucht, ich kann kaum die Hand vor Augen sehen!«

»Schon gut, bleiben Sie ruhig...«

»Ich *bin* ruhig«, entgegnete sie kühl.

Der Vollstrecker erwiderte nichts und lauschte in die Nacht hinein. Ein leises Rauschen drang an seine Ohren, und hin und wieder war das Heulen eines Uhus zu hören. Sie befanden sich fernab jeglicher Hauptverkehrsstraßen.

»Wer von uns beiden ist eigentlich auf die Idee gekommen, in dieser Einsamkeit Rast zu machen?« erkundigte sich Helena mürrisch.

»Weiter!« drängte Flindt und marschierte nun schneller auf das Haus zu, so daß Riedberg Mühe hatte, Schritt zu halten. Zögerlich blickte sie sich um. Es war nicht das geringste zu sehen oder zu hören, und die Szene kam ihr immer unwirklicher vor. Wovor liefen sie eigentlich davon? Phantasierte der selbsternannte Vollstrekker nur, oder lauerten dort draußen tatsächlich Monstren, die nur hinter ihrem Blut her waren?

Flindt war inzwischen in die Hocke gegangen. Helena runzelte die Stirn, während sie die Bewegungen des Dänen verfolgte. Es schien, als suche er etwas auf dem Boden.

Dämonenspuren etwa?

In diesem Moment erklang ein schauriges Geheul, und Helena zuckte erschrocken zusammen. Plötzlich war sie überzeugt davon, daß Flindt recht gehabt hatte.

Etwas *war* hier draußen. Und sie wollte gar nicht genauer wissen, *was*...

»Kommen Sie!«

Abi sprang auf, faßte Helena bei der Hand und zog sie einfach mit sich. Jetzt achtete er nicht mehr darauf, möglichst leise zu sein, sondern rannte kreuz und quer durch das Unterholz. Unzählige trockene Zweige brachen mit einem häßlichen Knacken unter seinen Schuhsohlen.

Helena keuchte hinter ihm. Sie strebten auf das Haus zu, doch das Geheul, das aus dem Wald zu ihnen herüberdrang, wurde mit einem Mal lauter, kam näher!

Sie hatten fast den Waldrand erreicht, als Dr. Riedberg stolperte. Sie fiel der Länge nach zu Boden und riß Flindt mit sich. Die Wissenschaftlerin überschlug sich zweimal, hielt die Pistole aber mit beiden Händen fest umklammert.

Als sie sich aufrichten wollte, erkannte sie plötzlich den Schatten, der aus der Dunkelheit auf sie zupreschte!

Und er war nicht allein.

Mindestens zwei weitere Kreaturen flankierten ihn und stürmten mit geöffneten Mäulern heran...

Helena hob die Pistole und drückte den Abzug. Das grelle Mündungsfeuer erhellte die nähere Umgebung und tauchte die Verfolger für Sekundenbruchteile in ein bizarres Licht. Helenas Arme wurden vom Rückschlag emporgerissen. Aber was sie beinahe das Gleichgewicht hätte verlieren lassen, war nicht die Wucht, mit der die Waffe in ihrer Hand explodiert war, sondern der unfaßbare Anblick, der sich ihren Augen geboten hatte! Eine wolfsähnliche Bestie hetzte dort vorn durch das Unterholz, eine ungeheuerliche Mischung aus Hund und Drache, die auf dem Rücken Schuppen, an der Unterseite jedoch von grauem, zerrissenem Fell bedeckt war. Vier menschliche Beine ragten aus dem Körper der schrecklichen Chimäre und trugen das monströse Wesen in Windeseile auf die beiden Menschen zu. Es war inzwischen kaum mehr zwanzig Meter entfernt, und die beiden nicht minder grotesk ausschauenden Artgenossen liefen nur wenige Meter dahinter.

Helena schoß erneut. Kugel um Kugel jagte aus dem Lauf, jedoch ohne die Bestien ernsthaft zu verletzen.

Als die Mündungsblitze erloschen und die Dunkelheit die Kreaturen verschluckte, griff Abi nach der Waffe, drückte einen Hebel, der das Magazin auswarf, und ersetzte es durch ein neues.

»Los, rennen Sie zum Haus!« knurrte er. »Ich versuche, die Biester aufzuhalten.«

»Das schaffen Sie nicht!«

Abi packte die Frau und hievte sie hoch. »Keine Sorge, die sind nicht besonders schnell, wie man sieht.«

Das war leicht untertrieben. Die Chimären bewegten sich keineswegs so schnell wie Raubtiere, waren einem Menschen an Geschwindigkeit jedoch weit überlegen.

Widerwillig rannte Helena los. Immer wieder drehte sie sich um, doch alles was sie sah, war Abis menschlicher Schatten, der sich gewandt gegen die Biester zur Wehr setzte.

Das beständige Heulen und Keuchen der Monstren dröhnte in ihren Ohren, während sie mit langen Schritten auf das Haus zuhetzte, dessen massive Holzbohlentür alsbald vor ihr in der Finsternis auftauchte. Da hinter den Fenstern Licht brannte, mußte es auf alle Fälle bewohnt sein.

Abi Flindt fand keine Zeit mehr, sich nach Dr. Riedberg umzusehen. Statt dessen mußte er sich der Angriffe seiner drei Gegner erwehren. Als sie die letzten Meter zurücklegten und zum Sprung ansetzen, steckte er das Schwert vor sich in den Boden und griff in eine Tasche seines Ninjakostüms, um daraus einige silberne Wurfsterne in Form von Pentagrammen hervorzuholen. Diese neuartigen, von ihm selbst entwickelten Waffen schleuderte er den Bestien entgegen und traf eine von ihnen mitten im Sprung. Ihr schauriges Geheul fuhr ihm durch Mark und Bein. Nie zuvor hatte er solche Bestien zu Gesicht bekommen, und gebannt schaute er zu, wie das Wesen in der Luft herumgewirbelt wurde und stückweise von kleinen silbrigen Flammen verzehrt wurde, die sich, vom Wurfstern ausgehend, wie Elmsfeuer den Rücken entlangfraßen.

Die anderen beiden Monstren waren durch die Gegenwehr ihres Opfers geschockt, und ihr Zögern verschaffte Abi genügend Zeit, um eine Magnesiumfackel aus der Tasche zu reißen und in der Mitte entzwei zu brechen. Das brennbare Pulver entzündete sich durch die Reibung, und urplötzlich war die Lichtung vor dem Haus in einen weißen, unwirklichen Lichtschein gehüllt.

Der Däne warf die Fackeln achtlos zu Boden, umfaßte den Griff der Pistole und jagte jedem der beiden übrigen Wesen mehrere Kugeln in den Leib. Die Monstren wurden herumgewirbelt und jaulten wie waidwunde Tiere.

Dann aber regenerierten sie sich plötzlich und kamen wieder auf ihren menschlichen Füßen zu stehen. Die Silberkugeln vermochten also nicht sie endgültig zu stoppen. Als Abi ein weiteres Mal schoß, prallte die Munition sogar an einem unsichtbaren Schild vor einer der Bestien ab und schlug als Querschläger in einen der nahestehenden Bäume ein.

Abi fluchte und schoß das gesamte Magazin leer – ohne Erfolg. Statt dessen flogen ihm plötzlich die eigenen Kugeln um die Ohren. Er ließ geistesgegenwärtig die Waffe fallen und riß die Katanaklinge aus der Erde, um sich wagemutig auf die beiden Angreifer zu stürzen. Direkt vor ihnen ließ er sich auf den Boden fallen, rollte über die rechte Seite ab und durchtrennte einer der Chimären mit einem raschen Schnitt die Kehle. Schwarzes Blut spritzte über die Lichtung und besudelte die zerrissene Kleidung des Vollstreckers.

Dann stellte sich Abi dem letzten Gegner. Aber es war wie verhext. Urplötzlich konnte auch die Katanaklinge dem Monstrum nichts mehr anhaben. Wirkungslos schabte sie über die Rückenschuppen des unheimlichen Geschöpfes, das die Blöße seines Gegners eiskalt ausnutzte und mit seinen Reißzähnen im nächsten Moment nach Abis Unterleib schnappte. Der Däne sprang zurück, doch das Maul der Bestie riß seinen Kampfanzug auf und ließ einige blutige Striemen auf der Haut des Vollstreckers zurück. Aufheulend ließ er die Klinge fallen. Die Wunde brannte entsetzlich, als hätte ihm jemand ein glühendes Eisen ins Fleisch gestochen. Er wußte sich nicht anders zu helfen, als alle Wucht in einen einzigen Schlag zu stecken. Noch kannte er nicht die ganzen Fähigkeiten dieser Unholde, nur daß sie sich den Angriffen ihrer Gegner anzupassen vermochten. Flindt wandte eine Kampfsporttechnik an und hieb von beiden Seiten mit den Händen gegen das Gelenk eines der Vorderbeine. Der Schlag hätte einem Menschen den stärksten Knochen gebrochen, doch die Bestie blieb standhaft. Ohne zu überlegen trieb Abi seine Faust gegen die Schnauze der Kreatur, doch ihm war, als schlüge er gegen festen Stein. Der Schmerz schoß seinen Arm bis zur Schulter hinauf.

Jetzt schnappte das Monstrum nach Abis Kehle. Der Vollstrekker wand sich unter der Chimäre, streckte einen Arm seitwärts aus und bekam die Katanaklinge zu fassen. Geistesgegenwärtig brachte er sie zwischen sich und das Maul der Bestie, deren Zähne im nächsten Augenblick zusammenschnappten und über den Stahl des Schwertes schabten. Die Chimäre drehte den Kopf herum, entriß Abi damit das Schwert und spuckte es aus wie einen lästig gewordenen Kaugummi.

Das ist das Ende, verflucht! dachte Abi, als das Monstrum erneut den Rachen aufriß. Er merkte, daß seine Reaktionen langsamer wurden. Durch die Wunde an seinem Unterleib mußte irgendein Gift in seinen Körper eingedrungen sein, das ihn jetzt langsam, aber sicher außer Gefecht setzte...

Das tiefe Grollen aus der Kehle der Bestie dröhnte ihm wie entfernter Donner in den Ohren. *Nie hätte ich gedacht, daß es so schnell enden wird.*

Im nächsten Augenblick raste ein heller Lichtschein über ihn hinweg auf das Monstrum zu und bohrte sich mitten in seine Fratze.

Was zum Teufel...?

Abi kam nicht dazu, weiter darüber nachzudenken. Im nächsten Moment heulte die Chimäre auf, ließ von ihrem Opfer ab und wälzte sich kreischend auf dem Boden.

Der Däne, der bereits die Augen geschlossen und ergeben auf den tödlichen Biß gewartet hatte, starrte wie im Traum auf das unheimliche, drachenähnliche Monstrum, das nun wenige Meter von ihm entfernt schmerzgepeinigt in den letzten Zuckungen lag.

Die brennenden Enden der Magnesiumfackel steckten der Bestie in beiden Augen! Binnen Sekunden fraß sich das Feuer in den Leib des Monstrums hinein und verbrannte ihn auf der Stelle zu Asche.

Abi drehte sich um und blickte dankbar auf Helena, die wie zur Salzsäule erstarrt hinter ihm stand und betreten auf die Überreste der scheußlichen Bestie starrte.

»Ich habe... ich meine, ich habe...« Sie brachte es nicht fertig, den Satz zu Ende zu sprechen und starrte benommen auf ihre Hände.

»Ich habe das verfluchte Monster getötet...!« flüsterte sie schließlich mit rauher Stimme.

Abi schaute Dr. Riedberg entgeistert an. Fast beschämte es ihn, daß er der Archäologin sein Leben zu verdanken hatte. Er versuchte, taumelnd auf die Beine zu kommen, aber das Gift in seinem Körper machte ihm schrecklich zu schaffen.

»Ich dachte, daß es besser ist, wenn ich Sie im Auge behalte...«, begann Helena sich zu rechtfertigen. »Deshalb bin ich zurückgekommen. Schließlich kann es nur von Vorteil sein, wenn man noch einen Trumpf in der Hinterhand hat...«

Er schluckte und nickte langsam. »Das war die beste Idee, die Sie jemals hatten, glauben Sie mir!«

Nach diesen Worten wurde ihm endgültig schwarz vor den Augen, und er sackte in eine tiefe Bewußtlosigkeit.

Kaltes Wasser benetzte seine Lippen und verdrängte den dunklen Schleier, der auf seinem Bewußtsein lastete. Abi regte sich und blinzelte. Über sich bemerkte er eine von Schimmel zerfressene Decke, und als er den Kopf zur Seite wandte, war er nicht minder überrascht, alte, vermoderte Möbel zu sehen, auf denen sich der Staub der Jahrhunderte angesammelt hatte. Erst auf den zweiten

Blick, als sich sein Dämmerzustand ein wenig besserte, erkannte Abi, daß der Einrichtungsstil weder deutsch noch dänisch war. Alte Bilder an den Wänden, unter denen englische Titel angebracht waren, bestärkten seinen Verdacht, sich irgendwo auf den britischen Inseln zu befinden. Er wandte den Kopf weiter und gewahrte Helena Riedberg, die sich neben ihn gehockt hatte und ihm das Glas mit Wasser reichte.

»Ich weiß, es schmeckt beschissen, aber es ist das einzige, was wir momentan haben.«

»Wo sind wir?« fragte Abi und schob das Glas mit abgestandenem Wasser beiseite. Mühselig richtete er sich auf.

Helena zuckte die Schultern. »Ich habe keine Ahnung. Nachdem ich mich ins Haus gerettet hatte und die Schüsse draußen hörte, bin ich wieder umgekehrt. Sie lagen am Boden und dieses Monstrum...«

»Ich erinnere mich.« Er nickte sorgenvoll. »Sie haben mir das Leben gerettet. Danke...«

Sie zuckte die Achseln. »Dann sind wir jetzt quitt, schätze ich«, sagte sie lahm.

Flindt massierte sich die Schläfen. Er stand auf und schlenderte zu einem der Fenster hinüber. Als er hindurchblickte, erwartete ihn auf der anderen Seite nur undurchdringliche Schwärze. Er wollte das Fenster öffnen, um sich zu vergewissern, aber kaum hatten seine Finger den Griff umschlossen, als er seine Hand auch schon mit einem Aufschrei zurückriß. Das Metall war siedendheiß gewesen!

»Das würde ich an Ihrer Stelle nicht tun!« ertönte augenblicklich eine Stimme vom Ende des Treppenabsatzes herüber.

Abi wirbelte herum, wurde jedoch von einer Schwindelwelle erfaßt und taumelte. Sein Körper hatte das Gift noch immer nicht vollständig neutralisiert.

Helena gesellte sich an seine Seite und stützte ihn.

Auf der Treppe stand ein Mann, etwa eins neunzig groß, schlank und mit rotblondem, schulterlangem Haar, daß er sich im Nacken zu einem Zopf zusammengebunden hatte. Er trug abgewetzte Jeans, ein langärmeliges Holzfällerhemd und festes Schuhwerk. Auf den ersten Blick wirkte er überhaupt nicht ungewöhnlich, doch Abi spürte instinktiv, daß mit ihm etwas nicht stimmte.

»Wer sind Sie?« zischte der Vollstrecker.

Der Fremde stieg die letzte Stufe hinunter und lächelte. »Aber, aber, sollte ich *Sie* das nicht fragen? Immerhin sind Sie zu später Stunde in mein Haus eingedrungen.«

»Erzählen Sie mir nicht, was wir getan haben«, knurrte Abi wütend. »Da draußen haben uns Bestien aufgelauert, und ich bin sicher, daß Sie damit in irgendeinem Zusammenhang stehen.«

Der Mann setzte eine fragende Miene auf. »Ich weiß nicht, wovon Sie reden. Aber da Sie nun mal hier sind, können wir es uns sicherlich auch ein wenig gemütlicher machen. Verzeihen Sie die Unordnung hier unten, aber ich renoviere gerade.«

Das ist glatt gelogen, dachte Abi. Der Staub auf den Möbeln mußte schon Jahrzehnte alt sein. Überall zogen sich Spinnweben entlang, und der Vollstrecker glaubte auch einige Mäuselöcher gesehen zu haben. Dennoch wollte er gute Miene zum bösen Spiel machen und nahm die Einladung an. Der Mann schien sich in Sicherheit zu wiegen, denn er kehrte ihnen sogar den Rücken zu, während er die Treppe hinaufschritt. Abi schob Helena vor und klaubte rasch seine Waffen auf, die die Archäologin wohlweislich mitgebracht und neben dem Sofa niedergelegt hatte. Danach folgte er den beiden. Die Stufen quietschten und knarrten, so daß zu befürchten war, sie könnten jeden Moment einstürzen. Als Abi oben angelangt war, machte er gedanklich drei Kreuze. Dennoch war er sich sicher, daß die Gefahr längst noch nicht vorbei war.

Der obere Bereich des Hauses war das krasse Gegenteil zum Erdgeschoß. Hier hatte sich nirgendwo Staub abgesetzt. Alles wirkte rein, als sei erst vor Stunden gewienert und gebohnert worden. Nicht einmal die Tapeten an den Wänden wiesen irgendwelche Abnutzungen auf.

Der Fremde führte sie durch einen Korridor in ein Wohnzimmer. Es war nicht übermäßig luxuriös ausstaffiert, wies aber die allgemein üblichen Möbelstücke auf. Ein großer Buchenschrank zierte die rechte Wand. Neben einem Sofa und zwei Sesseln waren Beistelltische aufgestellt worden. Unter der Decke brannte ein altmodischer Lüster mit sechs kerzenförmigen Glühlampen. Ein Fernseher oder eine Stereoanlage fehlten ganz. Dafür fand sich in der hinteren, linken Ecke des Zimmers ein Kamin, hinter dessen angelehnter Klappe einige brennende Holzscheite knisterten.

»Gemütlich haben Sie es hier«, ließ sich Helena Riedberg vernehmen.

»Freut mich, daß es Ihnen gefällt«, erwiderte der Mann. »Mein Name ist übrigens Cardigan.«

Abi runzelte die Stirn. Einmal mehr kam er zu dem Schluß, daß hier etwas ganz und gar nicht so war, wie es sein sollte. Der englische Stil der Möbel, das verfallene untere Stockwerk... und nun nannte der Mann auch noch einen englischen Namen. Ganz zu schweigen von den Bestien, die sich Flindt und Riedberg sicherlich nicht nur in ihrer Phantasie ausgemalt hatten.

Helena stellte sich und Abi vor, nahm dann auf dem Sofa Platz. Cardigan ließ sich in einem der Sessel nieder. Nur Abi blieb stehen und versuchte abermals einen Blick aus dem Fenster zu werfen. Draußen herrschte immer noch völlige Finsternis, gerade so, als befände sich eine schwarze Wand direkt hinter den Scheiben. Cardigans Warnung, die Fenster lieber geschlossen zu lassen, hallte immer noch in ihm nach. Aber Abi Flindt gehörte zu den Menschen, die ihr Glück gerne herausforderten. Er wollte sich schon aus Prinzip nicht den Anweisungen seines oberschlauen Gastgebers fügen.

»Ziemlich warm hier«, murmelte er deswegen. »Ich werde mal ein wenig frische Luft...«

»Finger weg!« befahl Cardigan.

Abi funkelte den Mann an. »Was ist da draußen? Verbergen Sie irgend etwas vor uns?«

Cardigan stand auf, ging zu dem großen Wandschrank hinüber und öffnete das Barfach. Ohne überhaupt auf Abis Fragen einzugehen, füllte er drei Gläser mit bestem Scotch und kehrte damit seelenruhig zu seinem Platz zurück. Er bot Helena einen Drink an und schob den anderen über den Tisch in Abis Richtung. Die Gelassenheit, die er dabei an den Tag legte, machte den Dänen wütend. Es war offensichtlich, daß es hier nicht mit rechten Dingen zuging. Cardigan mußte ein Hexer sein.

Und mit denen mache ich kurzen Prozeß! dachte Abi.

»Was haben Sie denn?« fragte Cardigan mit einem Blick auf den Dämonenjäger. »Ist ihnen nicht gut?«

Abi schluckte zornig. Nein, ihm war ganz und gar nicht gut! Vor Wut kochte er innerlich, und... Plötzlich stockte er. Ja, es war hier drin tatsächlich viel wärmer geworden. Auf seiner Stirn perlten die ersten Schweißtropfen. Auf einmal fühlte er sich wie in einer Sauna, und die Hitze raubte ihm fast den Atem. Schlagartig hatte sich die Zimmertemperatur um zwanzig, dreißig Grad erhöht. Die Luft wurde unerträglich stickig.

Warum bemerkte Helena das nur nicht?

»Ihrem Freund scheint es nicht besonders zu gehen«, sagte Cardigan.

Helena schaute besorgt drein. Sie nippte an ihrem Scotch, stand dann auf und hielt Abi das Glas hin. »Trinken Sie, das wird Ihnen gut tun. Der Schock im Wald war zuviel für Sie.«

Was redete sie da? Merkte sie denn noch immer nicht, daß sie in eine Falle geraten waren? *Er* war der Dämonenjäger von ihnen beiden, und *er* steckte die Angst viel leichter weg als sie. Warum tat sie nun so, als wäre im Wald nichts Erwähnenswertes geschehen?

Und wer hat in genau diesem Wald deinen Hals gerettet? flüsterte eine unangenehme Stimme in ihm.

Die Hitze benebelte seinen Verstand. Er schwitzte am ganzen Körper. Sein Atem ging schwer, und jede Bewegung kostete ihn unendlich viel Kraft. Erschöpft taumelte er vorwärts, stolperte und kam auf dem Sofa zu liegen.

»Vielleicht sollten wir einen Arzt rufen«, meinte Helena.

Doch Cardigan winkte ab. »Nicht nötig. Ihrem Freund wird es bald besser gehen.«

Ein Lächeln huschte über ihr Gesicht. »Sie sind so freundlich zu uns, Herr Cardigan.«

»Nathan«, sagte der Fremde. »Nennen Sie mich doch beim Vornamen.«

»In Ordnung«, sagte Helena und kümmerte sich wieder um Abi. Dem Dänen schienen die Augen überzuquellen. Seine Pupillen waren ganz schmal geworden. Er fühlte sich wie jemand, der mit Pelzmantel in die Sauna gestiegen war und gerade frisches Wasser auf die glühenden Kohlen goß. Wie lange mochte ein menschliches Herz diese Temperaturen ertragen? Sein Körper fühlte sich an wie ein überhitzter Druckluftkessel. Er spürte inzwischen, daß die Wärme nicht etwa von außen kam, sondern sich *in* seinem Körper sammelte...

Das Gift, schoß es ihm durch den Kopf. Es mußte schlimmer sein, als er zuerst angenommen hatte. Eine Spätwirkung.

Das Denken fiel ihm nicht leicht, und seine Augenlider wurden mit einem Male bleischwer.

»Na...than...«, brachte er mühsam hervor. Helena, die ihm so nahe war und seine Stirn mit einem Lappen abwischte, achtete nicht auf seine Worte. Sie wirkte in der neuen Umgebung völlig verändert, wie verzaubert. Gewiß hatte der Fremde sie bereits in seiner Gewalt.

»Ganz recht, Mr. Flindt«, sagte Cardigan. »Seit einigen Wochen habe ich diesen Namen angenommen. Nathan Cardigan. Vielleicht bin ich ein wenig narzißtisch veranlagt, doch ich gefiel mir darin, meinen ursprünglichen Namen beizubehalten.«

Helena stand auf und stellte sich an Nathaniels Seite. Für einen winzigen Moment klärte sich ihr Blick, und sie schien in die Wirklichkeit zurückzukehren. Mit einem Stirnrunzeln sah sie Nathaniel an.

»Du hast dich verändert«, stellte sie fest und erntete ein Lächeln von seinen Lippen.

Er deutete auf sein rotblondes Haar, das vormals kurz und dunkel gewesen war.

Abi biß die Zähne zusammen. Letztendlich hatte er Nathaniel also gefunden. Aber was nützte ihm das jetzt noch? Der Däne fühlte, wie das Leben aus ihm schwand. Wie hoch mochte seine Körpertemperatur bereits sein? Vierzig, einundvierzig Grad? Lange hielt er die Belastung nicht mehr aus.

Nathaniel kam zu dem erbärmlich daliegenden Flindt herüber und hockte sich neben ihn. »Sie wollten mich doch sehen, Flindt? Hier bin ich.«

»Helfen... Sie mir«, japste der Dämonenjäger.

»Keine Sorge, es wird Ihnen bald besser gehen«, beruhigte Nathaniel. »Das Gift meiner netten Tierchen ist nur für Schwarzblütige tödlich.«

»Warum...?«

»Sehen Sie, Mr. Flindt, ich habe große Pläne mit dieser Welt, wirklich große Pläne. Und Sie passen dort einfach nicht hinein. Verzeihen Sie, daß ich so direkt bin, aber in ein paar Tagen spielt es überhaupt keine Rolle mehr, ob Sie je gelebt haben oder nicht. Aber Sie haben etwas bei sich, das ich gut gebrauchen kann. Sie nehmen es mir doch nicht krumm, wenn ich Sie um dieses – für Sie wertlose – Spielzeug erleichtere, oder...?«

Nathaniel griff in Abis Kampfgürtel und zog den magischen Bumerang des Hermes Trismegistos heraus, den der Däne dort befestigt hatte. Er betrachtete den verzierten Gegenstand, und ein breites Grinsen stahl sich auf seine Lippen.

»Besten Dank, Mr. Flindt. Schon bald wird alles ein Ende haben...«

Cardigan richtete sich auf und nahm Helena an die Hand. Die Archäologin würdigte Abi keines Blickes mehr, sondern hatte nur noch Augen für Nathaniel – ihren *Engel*.

»Farvel«, sagte Cardigan auf Dänisch und hob zum Abschied eine Hand an die Stirn. Dann verschwand er samt Helena Riedberg und dem magischen Bumerang aus der Wirklichkeit.

4. Kapitel

Vorboten der Dunkelheit

»Nett!«

Trevor Sullivan sah Coco vorwurfsvoll an, und hätten seine Blikke die junge Hexe aufspießen können, dann wäre sie jetzt vermutlich nicht mehr unter den Lebenden.

»Nett?« äffte der alte Leiter der *Mystery Press.* »Das ist eine Bruchbude.«

Das kleine Haus in Südengland, irgendwo in der Nähe von Salisbury gelegen, wirkte überhaupt nicht so feudal wie die Jugendstilvilla, die sie räumen mußten. Aber so mancher Bewohner einer Mietwohnung wäre stolz darauf, ein solches Anwesen sein eigen zu nennen. Sullivan konnte sich noch immer nicht mit dem Gedanken anfreunden, die Villa in London aufgegeben zu haben. Dazu war sie zu lange sein Domizil gewesen.

Dorian sah die Sache ein wenig gelassener. Die ganze Welt war sein Zuhause, und bei der Dämonenjagd kam er ohnehin viel herum.

»Sollen wir hier solange herumstehen, bis wir Wurzeln schlagen?« fragte er die anderen, die noch immer sprachlos vor dem Häuschen standen.

Das Anwesen lag auf einem kleinen Grundstück, das durch einen hüfthohen Zaun abgegrenzt war. Ein gerader gekachelter Weg mündete nach fünfzehn Metern in die Eingangstür. Das Gebäude selbst besaß ein Giebeldach und an der Vorderfront drei Fenster sowie im ersten Stock einen Balkon, der sich über die gesamte Hausbreite erstreckte. Zwei kleine Schornsteine ragten aus dem Dach hervor, und die Eingangstür wurde von einem Säulenbogen umrahmt. *Nett* war schon die passende Umschreibung, doch das Haus war vermutlich zu klein, um allen genügend Platz zu bieten.

»Machen wir uns an die Arbeit«, forderte Dorian seine Mannschaft auf.

Yoshi und Coco nickten. Sie nahmen ihre Koffer und brachten sie ins Innere. Martin stellte sich an die Seite seines Vaters und sah ihn mit großen Augen an.

»Machen wir hier Urlaub mit Onkel Virgil und all den anderen?«

Dorian lächelte. »Nicht ganz, Sportsfreund. Wir bleiben ein paar Tage hier und sehen dann weiter.«

»Nun?« meinte er danach mit einem Blick auf Trevor.

Der geiergesichtige Mann rümpfte die Nase. »Ich bin immer noch nicht überzeugt davon, daß es richtig war, das Feld kampflos zu räumen. Während Sie sich hier einrichten, werde ich nach London zurückkehren und einige meiner alten Kontakte spielen lassen. Wäre doch gelacht, wenn wir die Dämonenhorde nicht aus der Jugendstilvilla vertreiben könnten.«

Dorian legte Sullivan freundschaftlich einen Arm auf die Schulter und schüttelte langsam den Kopf. »Hören Sie, Trevor. Schreiben Sie die Jugendstilvilla endlich ab. Wir sollten nach vorn blikken und nicht Vergangenem hinterhertrauern. Für mich ist die Jugendstilvilla kein Thema mehr. Vergessen Sie sie!«

»Wie könnte ich? Wenn Sie jetzt resignieren, Hunter, dann haben die Dämonen schon gewonnen.«

»Nein, lassen wir sie ruhig glauben, daß sie an Boden gewonnen haben. In Wahrheit hatten wir ja sowieso vor, die Villa zu verlassen.«

»*Sie* hatten vor, sie zu verlassen«, berichtigte Trevor gereizt. »Mich wird es wieder dorthin zurückziehen.«

»Erwarten Sie ja keine Unterstützung von meiner Seite!«

»Endlich weiß ich, wofür Freunde da sind«, brummte Sullivan. Er streifte Dorians Hand ab, packte seine Koffer und marschierte auf das Haus zu. Dorian seufzte. Er wußte, daß es für Trevor schwer sein würde, die Veränderung zu akzeptieren; um so mehr hoffte er, daß der Alte keine Schwierigkeiten machen würde. Der Dämonenkiller schnappte sich selbst ein paar Packstücke und schlenderte in das Haus hinein. Drinnen waren Coco, Virgil und Yoshi bereits dabei, allerlei Decken von den Möbelstücken zu entfernen. Offensichtlich benutzte Jeff Parker das Anwesen nicht allzu oft.

Das gesamte Haus war rustikal eingerichtet. Sämtliche Möbelstücke bestanden aus Eiche. Dorian entdeckte im ersten Stock sogar ein Himmelbett, daß er sofort für Coco und sich beanspruchte. Insgesamt gab es drei Schlafräume sowie eine kleinere Kammer für Personal. Yoshi und Virgil bezogen ein Zimmer; ebenso brachte man die beiden Jungen zusammen unter, während Sullivan mit der Kammer vorlieb nahm. Nachdem sie alle Sachen aus den Wagen im Haus verstaut hatten, begannen sie mit der magischen Absicherung des Gebäudes. Dorian kannte die Dämonen nur allzu gut. Sie hatten ihnen wahrscheinlich Späher mit auf den Weg geschickt, die berichten sollten, wohin es sie verschlagen hatte. Es war weiterhin mit Angriffen seitens der Schwarzen Familie zu rechnen. Die Dämonen schliefen nicht, und Dorian war ihnen immer noch ein Dorn im Auge. Wer immer die Übernahme der Jugendstilvilla geplant hatte, war nicht nur an einer Vertreibung des Dämonenkillers interessiert, sondern dachte gewiß auch einen Schritt weiter.

Am späten Abend waren rund um das Haus Dämonenbanner und andere magische Abwehrzeichen angebracht worden. Zwar erreichten sie damit nicht den gleichen Schutz wie im Castillo Basajaun oder der Jugendstilvilla, aber fürs erste sollten sie in Sicherheit sein. Dorian plante ohnehin innerhalb kürzester Zeit einen neuen Stützpunkt zu suchen. Dieses Haus betrachtete er nur als Übergangslösung – und Trevor würde sicher bald verstehen, daß sie nicht zur Jugendstilvilla zurückkonnten.

Fenton und Yoshi nahmen den Wagen, um in Salisbury für das Abendessen einzukaufen. Coco bereitete inzwischen die Küche vor, obwohl sie es haßte zu kochen. Niemand anderes war deshalb so glücklich darüber, daß die beiden Männer fertige Fast-Food-Mahlzeiten von einem Schnellimbiß mitbrachten. Am Tisch im Eßzimmer fanden alle genügend Platz. Voller Heißhunger machten sie sich über Burger und Fries her und berieten mit vollen Mündern, was als nächstes zu tun war.

»Na, es geht doch auch ohne Jugendstilvilla«, schmatzte Dorian und schaute dabei Martin und Tirso beim vergnügten Essen zu. »Die Kinder sind begeistert.«

»Ich weniger«, murrte Sullivan.

»Sehen Sie die Sache doch positiv«, grinste Virgil. »Sie kommen endlich aus dem Londoner Nebel hinaus.«

Trevor brummte etwas Unverständliches in sich hinein.

Die Diskussionen dauerten bis spät in die Nacht an. Fenton hatte Martin und Tirso längst zu Bett gebracht. Schließlich mußte Dorian einsehen, daß Sullivan ein ebensolcher Sturkopf war wie er selbst. Der Alte war einfach unnachgiebig, und letztlich gab der

Dämonenkiller sich geschlagen. Trevor wollte hierbleiben, versprach aber, Dorian und sein Team weiterhin mit Informationen zu versorgen. Mit Jeff Parkers Einverständnis würde er vorerst dieses Haus hier als neues Hauptquartier für die *Mystery Press* beziehen. Im Gegenzug mußte Sullivan Dorian versprechen, daß er nichts in Sachen Jugendstilvilla unternehmen würde.

Gegen drei Uhr in der Früh legten sich auch endlich Dorian und Trevor zum Schlafen. Als der Dämonenkiller unter die Bettdecke schlüpfte, schmiegte sich Coco eng an ihn, schlief jedoch weiter. Dorian verschränkte die Arme hinter den Kopf und war noch ganz in Gedanken. Zu viele bewegende Dinge waren in letzter Zeit geschehen. Aber er wußte, daß er nicht darüber nachdenken durfte, sonst kam er womöglich noch selbst zu dem Schluß, daß die Dämonen mehr und mehr an Boden gewannen...

Am nächsten Morgen setzte sich Dorian als letzter an den Frühstückstisch. Während Fenton mit den Kindern rausgefahren war, um ihnen anschaulichen Unterricht näherzubringen, richtete sich Sullivan bereits häuslich ein. Zufrieden registrierte Dorian, daß sich der alte Mann mit dem Umstand hierzubleiben abgefunden hatte.

Um so besser, dachte der Dämonenkiller. Er ließ sich auf einem hölzernen Küchenstuhl nieder und warf einen widerwilligen Blick über die Reste, die die anderen am Tisch hinterlassen hatten. Während er noch überlegte, ob er Martins angekautes Marmeladenbrot zu Ende essen oder lieber kaltes Rührei mit Speck kosten sollte, entschied er sich für einen Griff zur Thermoskanne, in der sich gerade noch genügend Kaffee befand, um eine Tasse zu füllen. Die Player's durfte zu einem guten Frühstück natürlich nicht fehlen, und so begnügte sich Dorian mit Kaffee und Zigarette.

Mittag ist auch noch eine Zeit, zu der man essen kann, sagte er sich und warf dabei einen flüchtigen Blick in die Morgenzeitung, die Trevor wohl in aller Frühe aus dem benachbarten Salisbury organisiert hatte. Krieg, Katastrophen, Hunger und Politik bestimmten das Weltgeschehen. Dorian war sich sicher, daß die Schwarze Familie bei mehr als einer Sache ihre Hände im Spiel hatte. Schon in der Vergangenheit hatten sie Kriege und Krankheiten geschürt, um sich am Elend der Menschheit zu laben. Zwar hatten sich die

Dämonen des zwanzigsten Jahrhunderts mit der menschlichen Kultur arrangiert und lebten angepaßt inmitten der Zivilisation, doch wenn es zum eigenen Vorteil galt, eine Katastrophe heraufzubeschwören, dann schreckten sie davor gewiß nicht zurück – es lag einfach in ihrer Natur!

Coco kam in die Küche und hauchte Dorian einen flüchtigen Kuß auf die Wange. »Keinen Appetit?«

Hunter verzog eine Miene. »Nach dem Saustall, den ihr hier hinterlassen habt?«

»Oh... entschuldige, daß ich...« Cocos Stimme brach ab. Für Dorian verging eine Sekunde, in der seine Freundin wie aus der Wirklichkeit herausgeschnitten war. Sie verschwand einfach und tauchte einen Augenblick später direkt neben ihm wieder auf. Der Frühstückstisch war abgeräumt, die schmutzigen Teller in der Spülmaschine verstaut, Essensreste waren im Müll gelandet, und alle brauchbaren Lebensmittel standen wieder im Kühlschrank.

Dorian beeindruckte dies nicht sonderlich, denn er kannte Cocos Fähigkeiten, die Zeit zu manipulieren, nur zu gut. Sie hatte sich nicht mal die Mühe gemacht, sich dabei zu beeilen. Im Regelfall merkte ein Betroffener gar nicht, daß sie fortgewesen war.

»Du solltest deine Kräfte schonen«, riet er ihr. »Wer weiß, wann du sie wieder einsetzen mußt.«

Coco kraulte ihm durchs Haar. »Keine Sorge, was meinst du, warum ich mir extra Zeit gelassen und über eine Sekunde gebraucht habe, um alles abzuräumen? Außerdem, so schwächlich wie du denkst, bin ich auch nicht.«

»Schon gut«, beruhigte Dorian. »Wo ist Yoshi?«

»Draußen im Garten«, erwiderte Coco. »Läuft irgend so eine Kata, macht Tai Chi oder was weiß ich.«

Der Dämonenkiller legte die Zeitung beiseite, trank den Rest Kaffee aus und gönnte sich einen tiefen Zug aus der Zigarette.

»Scheint, als wäre alles in bester Ordnung«, lächelte er. »Keine dämonischen Intrigen, keine Verfolgung nach unserer Vertreibung aus dem Paradies...« Er hielt inne, als er Cocos bekümmerten Ausdruck bemerkte, der sich bei seinen Worten auf ihr Gesicht gelegt hatte. Fragend zog er die Brauen hoch.

»Was ist?«

»Während du geschlafen hast, tauchte dieser Gnom wieder auf, der mir nach meiner Rückkehr aus der Vergangenheit im Hyde

Park begegnet war.«

»Wie war noch gleich sein Name?« fragte Dorian.

»Er nannte sich Oirbsen«, antwortete Coco. »Und irgendwie habe ich das Gefühl, ihn schon von früher zu kennen, aber... ich weiß nicht! Ich kann mich einfach nicht erinnern.«

Dorian fuhr sich mit der Zunge über die Lippen. Er drückte die Zigarette in einem Aschenbecher aus und wollte zu einer Antwort ansetzen, doch Coco bedeutete ihm zu schweigen. Es gab Dinge aus ihrer Jugend, die einfach in Vergessenheit geraten waren. Erst kürzlich konnte sie sich in aller Intensität an eine Episode aus der Vergangenheit erinnern, die längst vergessen war. Es ging um eine Begegnung mit ihrer Jugendfreundin Rebecca und deren magische Kristalle. Freilich waren nicht alle Erinnerungen an ihre Jugend erloschen, aber es gab bestimmte Lücken, die sie nicht zu füllen vermochte. Jedesmal, wenn Dorian das Thema anschnitt, blockte sie ab. Sie wollte für sich selbst herausfinden, was dies zu bedeuten hatte. Und sicherlich war dieser Oirbsen ein Schlüssel zu ihren Erinnerungen, denn sie *wußte*, daß sie ihn von früher kannte.

»Was wollte er?« fragte der Dämonenkiller schroff. Ihm paßte diese ganze Geheimnistuerei ohnehin nicht, und jedesmal, wenn Coco auf den Gnom mit dem Nußknackergesicht zu sprechen kam, wurde Dorian ungenießbar.

»Er hatte eine Nachricht.«

»Für dich?« knurrte er gereizt.

»Nein, eher für uns.«

Hunter stand auf und stellte sich direkt vor die ehemalige Hexe. Er legte seine Arme um ihre Schultern und blickte ihr fest in die Augen.

»Nun drucks' nicht so herum. Was hat er gesagt?«

Coco verzog einen Mundwinkel. »Er sprach von einer großen Dämonenversammlung in Irland. Die Crème de la crème soll sich dort einfinden und große Dinge besprechen.«

Dorian ließ Coco los und strich sich nachdenklich über den Schnauzer. Versammlungen der Schwarzen Familie, die in diesem großen Stil abgehalten wurden, waren auch für ihn von enormer Wichtigkeit. Hätte hinter ihm und seinem Team noch die Inquisitionsabteilung gestanden, wäre die Information über die Versammlung noch wesentlich wertvoller gewesen. Wie leicht hätte man mit einer Hundertschaft von ausgebildeten Agenten den Treffpunkt stürmen und die Dämonen mit den geeigneten Mitteln zerschlagen können. Doch Dorian war auf sich allein gestellt und konnte keine großangelegten Angriffe planen. Auf der anderen Seite mußte er aber um jeden Preis herausfinden, zu welchem Zweck die Versammlung einberufen wurde. Er konnte sich durchaus denken, daß Luguris Verschwinden damit in Zusammenhang stand, denn der eventuelle Verlust des Oberhauptes der Schwarzen Familie rechtfertigte ein Treffen in diesem Rahmen. Und genau das würde es interessant machen, denn auch Dorian war begierig darauf zu erfahren, wie sich die Schwarze Familie in dieser Situation verhalten würde.

Coco erkannte sofort den Glanz in Dorians Augen; sie hatte damit gerechnet, daß er sich die Gelegenheit nicht nehmen lassen würde, die Lage vor Ort auszukundschaften. Das Jagdfieber hatte ihn gepackt, die Unruhe, die ihn so lange begleiten würde, wie es Dämonen auf der Erde gab.

»Ich komme nicht umhin, mir das ganze anzusehen«, folgerte der Dämonenkiller, und als er Coco dabei in die Augen schaute, nahm er sie in die Arme. »Wir müssen endlich Gewißheit haben, was mit Luguri geschehen ist. Wir wissen nur, daß er den beiden Wahnsinnigen ausgesetzt war, aber ob das ausreicht, ihn endgültig zu erledigen, können wir nicht mit Bestimmtheit sagen. Die Versammlung könnte mehr Klarheit bringen, und sollte Luguri tatsächlich in Wien umgekommen sein, wissen wir vielleicht bald, wer der nächste Fürst der Finsternis sein wird.«

»Dann laß uns sofort aufbrechen!« sagte Coco.

»Wir?« fragte Dorian. »Nein, ich werde allein gehen.«

»Überschätzt du nicht ein wenig dein Talent«, knurrte die ehemalige Hexe. »Es werden einige starke Dämonen auf der Versammlung sein, das dürfte auch für dich schwer zu knacken sein.«

»Ich weiß schon, wie ich auf mich aufzupassen habe und lasse mich nach Möglichkeit auf keinen Kampf ein.«

»Ich komme mit«, beharrte sie.

Dorian schüttelte sofort heftig den Kopf. »Nein, du mußt hierbleiben. Paß auf Martin auf! Wir wissen noch immer nicht, ob die Dämonen uns hierher gefolgt sind und einen Angriff planen. Wenn ja, dann mußt du unseren Sohn um jeden Preis schützen. Und wer wäre besser für diese Aufgabe geeignet als seine Mutter mit ihren magischen Kräften?«

Damit hatte Dorian einen wunden Punkt getroffen. Hexen kümmerten sich normalerweise nicht besonders um ihre Kinder, doch in dieser Beziehung war die schwarzblütige Coco recht menschlich geworden. Sie war keine Rabenmutter. Das Schicksal ihres Sohnes lag ihr doch sehr am Herzen. Noch einmal wollte Coco aufbegehren, doch Dorian versiegelte ihre Lippen mit einem Kuß und nahm sie zärtlich in die Arme.

»Vertrau mir!« sagte er, als sie sich voneinander lösten. »Ich werde auf mich aufpassen.«

»Das will ich hoffen!«

Coco nickte zwar, aber Dorian konnte deutlich sehen, wie verspannt die junge Hexe war. Letztendlich konnte man es ihr in dieser Beziehung nicht recht machen, und sie gab Dorian nur nach, weil sie genau wußte, was für ein Sturkopf er war.

»Na gut«, sagte sie schließlich.

»Ich werde in zwei Stunden aufbrechen«, erklärte Dorian. »Sag den anderen Bescheid. Falls es Schwierigkeiten gibt, melde ich mich übers Handy.«

Damit entschwand er in sein Zimmer, um alle notwendigen Vorbereitungen für seine Fahrt nach Irland zu treffen. Oirbsen hatte Coco auch den Ort der Versammlung genannt, so daß es dem Dämonenkiller keine Probleme bereiten sollte, dorthin zu finden. Er nahm sich aus seinem Bücherarchiv eine Landkarte der irischen Insel und stopfte sie zusammen mit silbernen Kreuzen, Dämonenbannern, gnostischen Gemmen, Kreide, einigen Phiolen Weihwasser und ein Dutzend Magazinen für seine Pistole, die mit Eichenholzpflöcken, Silberkugeln und Pyrophorgeschossen geladen waren, in sein Hebammentäschchen. Als alles verstaut war, überprüfte er seine Desert Eagle und rammte sie ins Schulterholster.

Dorian war so gut wie abmarschbereit und warf seine Tasche und einen Koffer auf den Range Rover, den sie sich zusammen mit den Pick-ups von Jeff Parker ausgeliehen hatten. Da vernahm er hinter sich ein Räuspern. Er war nicht überrascht, Trevor Sullivan zu sehen.

»Sie haben wirklich keine Ruhe, was?« fragte der Alte.

»Sie verstehen das falsch, Trevor«, erwiderte Dorian. »Ich wäre schon hiergeblieben, aber wenn wir von wichtigen Aktivitäten der

Dämonen erfahren, bleibt uns keine andere Wahl, als zu reagieren.«

»Sie mögen das so sehen«, warf Sullivan an. »Aber Sie hätten auch wirklich hierbleiben können. Sie werden schon früh genug erfahren, wer neues Oberhaupt der Schwarzen Familie wird.«

Dorian erwiderte nichts. Die Diskussion mit Trevor würde eh zu keinem anderen Ergebnis führen. Sein Entschluß stand fest, und mit Coco war alles abgestimmt. Er hatte bereits lange genug über den Standortwechsel mit Sullivan gestritten. Jetzt mußten nicht noch Einsatzbesprechungen hinzukommen. Er ließ den Leiter der *Mystery Press* einfach stehen und kehrte noch einmal ins Haus zurück, um sich von Coco und seinem Sohn, der inzwischen vom Unterricht zurückgekehrt war, zu verabschieden.

Der Junge sah ihn aus großen Augen an. »Wohin gehst du, Daddy?«

»Auf eine Reise«, entgegnete Dorian. »Aber ich bin bald wieder zurück – versprochen. Und wenn ich hier bin, dann besuchen wir Onkel Unga.«

Martin klatschte vergnügt in die Hände, drückte seinen Vater kurz und rannte dann jubelnd davon, um seinem Freund Tirso davon zu berichten. Dorian mußte unfreiwillig grinsen. Dann drückte er Coco einen letzten Kuß auf die Wange und ging zum Wagen. Mit gemischten Gedanken startete er den Motor und fuhr an. Ein komisches Gefühl beschlich ihn, als er noch einmal zurückblickte. War es wirklich richtig, daß er jetzt ging?

5. Kapitel

Aufmarsch der Dämonen

Auch wenn Toshiro Ishida mit einem Fotoapparat bewaffnet war, konnte man ihn doch nicht als das bezeichnen, was ein Europäer unter einem typischen Japaner verstand. Ishida belächelte gerne die Vorurteile, die man hier gegen seine Landsleute hegte. Wer immer diesen Unsinn erfunden hatte, kannte Japan einfach nicht. Wie um seine Worte Lügen zu strafen, hob er grinsend die Kamera hoch und schoß ein Foto von der atemberaubenden Landschaft Irlands. Zusammen mit seiner Verlobten Minako Koyama war er aus dem Land der aufgehenden Sonne hierher gereist, um ein paar Wochen auszuspannen. Sein Manager-Job streßte unheimlich, und mochten die Arbeitsexperten noch so viele Tai-Chi-Kurse anbieten, irgendwann war es genug der Arbeit, und man mußte richtig Urlaub machen.

Drei Wochen Europa stand ganz oben auf der Wunschliste von Minako – und so kurz vor ihrer Hochzeit vermochte Toshiro ihr einfach nichts abzuschlagen. Durch den Sucher seiner Kamera fand er seine Freundin in einiger Entfernung. Sie tobte ausgelassen auf der grünen Wiese herum, beachtete weder den schmalen Pfad, noch die vereinzelt auf dem Grün liegenden Kühe. Das dumpfe Blöken der Tiere veranlaßte Toshiro vorsichtiger zu werden, denn er hatte nicht die geringste Ahnung, wie lange die Kühe das Spiel seiner Verlobten noch duldeten. Der Japaner schoß ein paar weitere Fotos, holte seine Freundin mit dem Zoom heran und drückte den Auslöser in dem Moment, als hinter ihr die Ruine einer alten Abtei sichtbar wurde. Die Hore Abbey lag inmitten der weiten Wiesenlandschaft, doch es gab nicht mehr viel, das den Verfall überlebt hatte. Ein einzelner Turm ragte aus dem Mauerwerk heraus, und hier und dort waren noch ein paar Säulenbögen zu erkennen – der Rest bestand aus einer losen Gesteinssammlung, verwahrlost von den Spuren der Zeit.

Die Hore Abbey schien auch keinen größeren Nutzen für die Stadtverwaltung von Cashel zu haben, denn sie war eine der wenigen Touristenattraktionen, für deren Besichtigung man keinen Eintritt zahlen mußte. Das mochte daran liegen, daß es in der Ruine nicht mehr allzu viel zu sehen gab und sich nahe Cashel ein wesentlich lohnenderes Objekt zur Besichtigung befand, nämlich der *Rock of Cashel*, ein pompöses Steinfort aus dem 4. Jahrhundert.

Toshiro blätterte in seinem Reiseführer, während seine Geliebte Minako weiter auf die Hore Abbey zulief. Anschließend nahm er den Pfad und drängte sich an den müde daliegenden Kühen vorbei. Eine Brise zog auf, und als Toshiro Ishida nach oben schaute, bemerkte er die graue Wolkendecke, die zwischenzeitlich aufgezogen war und Regen ankündigte. Der Tag hatte eigentlich sonnig, wenn auch kühl begonnen, so daß sie keine Veranlassung gesehen hatten, Regenschirme mitzunehmen.

»Minako?« rief Ishida laut, als er den Fuß auf den Schotterweg setzte, der direkt an der Ruine angrenzte. Von nahem wirkten die Felsen und Mauern gar nicht mehr so klein, wie Toshiro anfangs angenommen hatte. Man konnte sich regelrecht zwischen den Türmen und Gebäuderesten verlaufen. Erneut rief er den Namen seiner Verlobten, doch sie antwortete nicht.

»Es ist jetzt keine Zeit zum Versteckspielen«, mahnte er. »Bald wird es regnen. Wir müssen nach Cashel zurück!«

Sie haßte Regen, das wußte er. Wenn es ein Mittel gab, sie von irgendwelchen Kindereien abzubringen, dann genügte die Androhung eines Wolkenbruchs. Toshiro grinste, obwohl er nicht die geringste Lust verspürte, in einen solchen zu geraten. Merkwürdigerweise antwortete Minako nicht, was sonst gar nicht ihre Art war.

Toshiro rief abermals ihren Namen, und als er wieder keine Antwort bekam, verstaute der den Fotoapparat in seiner Schultertasche und schritt über den ebenerdigen Weg, der sich durch die Ruine zog. Nach zehn Minuten hatte er noch immer keine Spur seiner Verlobten gefunden. Ihm kamen ernste Bedenken, daß sie ihn nicht zum Narren hielt, sondern ihr etwas zugestoßen sein könnte. Vermutlich war sie auf die oberen Felsen geklettert, gestürzt und lag irgendwo bewußtlos.

Der Japaner bekam es mit der Angst zu tun. Er stellte die Fototasche ab und erklomm einen Aufhang. Als er einen Blick zurückwarf, schwindelte ihn, da er große Höhen verabscheute und er wäre beinahe selbst gestürzt. Doch der Gedanke daran, daß seiner Geliebten etwas zugestoßen sein könnte, ließ ihn die Höhenangst vergessen und trieb ihn an weiterzuklettern. Er erreichte eine Art

Plateau von dem ein schmaler Weg zum einzigen noch stehenden Turm der Abtei führte. Überall waren Hinweisschilder angebracht, daß das Klettern in den Ruinen auf eigene Gefahr geschah. Aber Toshiro Ishida schlug die Warnungen in den Wind, rief wieder nach Minako und lief über den schmalen Grat. Zweimal rutschte er ab und konnte nur mit Mühe und rudernden Armen sein Gleichgewicht bewahren. Endlich erreichte er den Turm, doch es gab von dieser Seite aus keine Möglichkeit, auf seine Plattform zu gelangen. Toshiro tastete sich an der scharfkantigen Wand entlang, nutzte hervorstehende Steinquader und Fugen, um sich seitwärts zu bewegen und so den Turm zu umrunden. Auf der anderen Seite gab es einen Spalt, der ins Innere der Abbey führte. Allerdings war dieser keineswegs von den Architekten im Stein ausgespart worden, sondern durch die natürliche Verwitterung entstanden und sah überhaupt nicht vertrauensvoll aus.

»Minako?« rief der Japaner in die Öffnung hinein.

»Tosh?« echote eine vertraute Stimme zurück.

Ishida fiel ein Stein vom Herzen. All seine Bedenken beiseite drängend zwängte er sich durch den Spalt. Es war nicht gänzlich dunkel im Innern, weil durch die brüchige Decke Tageslicht ins Innere fiel. Toshiro stand auf einem kleinen Vorsprung, der in eine Wendeltreppe mündete. Nach oben hin war der Aufgang geborsten, so daß keine Möglichkeit bestand, die Plattform des Turmes zu erreichen. Demnach mußte Minako sich weiter unten befinden. Toshiro trat auf die Treppe. Es handelte sich um massive Steinstufen, kein morsches Holz, wie er zuerst in dem diffusen Licht befürchtet hatte. Entschlossen federte er zweimal auf einer der Stufen und stellte zufrieden fest, daß sie sein Gewicht hielt. Es gab kein Geländer, und die Treppe endete auf der Innenseite in einem gähnenden Schlund, der ins Bodenlose führte. Der Japaner wagte nicht, in die Tiefe zu schauen, sondern hielt sich an der Steinwand, die die Treppe trug, fest.

»Minako, wo bist du?«

»Hier unten, auf dem zweiten Absatz!« erwiderte seine Geliebte.

»Ist dir irgend etwas passiert?«

»Ich glaube, ich habe mir den Knöchel verstaucht.«

Toshiro Ishida fluchte im stillen. »Warte, ich komme hinunter!«

Obwohl er aufgeregt war und sofort noch Minako sehen wollte, blieb er vorsichtig und tastete sich an der Wand entlang langsam in die Tiefe. Mit jedem Schritt wurde es dunkler, denn das schwache Tageslicht, das von der Wolkendecke noch gedämpft wurde, wurde hier unten regelrecht geschluckt. Schließlich erreichte Toshiro den Treppenabsatz, auf dem Minako hockte. Er beugte sich zu seiner Freundin hinab und nahm sie in den Arm.

»Ich habe mir Sorgen gemacht!« sagte er. »Was hast du dir dabei gedacht, einfach hier herunter zu spazieren?«

»Es ist so schön dunkel hier...«, hauchte sie und zog seinen Kopf zu sich heran. Toshiro bemerkte die Veränderung nicht wirklich, merkte gar nicht, wie ihr Griff kraftvoller und fordernder wurde, wie sich die Tonlage ihrer Stimme derartig verändert hatte, daß sie gar nicht mehr Minako zu gehören schien. Er sah im Dunkeln auch nicht, daß es nicht die Gesichtszüge seiner Verlobten waren, erkannte nicht das Blitzen scharfer Zähne, die spitzer waren, als die eines Raubtiergebisses. Das was ihn warnte, war vielmehr der Geruch. Ein süßer, von Fäulnis kündender Odem, der...

...den Tod begleitete!

Erschrocken wich Toshiro zurück, doch die kraftvollen Arme der Frau zu seinen Füßen ließen ihn nicht los. Obwohl er bewußt nicht erfassen konnte, was wirklich geschah, übernahm sein Instinkt die Handlung und ließ ihn reagieren. Mit einer raschen Bewegung stieß er die Frau von sich und setzte einen Schlag mit der Handkante gegen ihre Schläfe nach. Ein unterdrücktes Stöhnen klang auf. Toshiro machte einen Satz über die Frau hinweg und stürmte die Treppe hinunter – nun gar nicht mehr so vorsichtig wie zuvor. Bald war es so finster, daß er die Stufen nur noch erahnen konnte, doch er mußte nicht wirklich darüber nachdenken, da sein Unterbewußtsein die Entscheidungen für ihn traf. Er hatte nicht den blassesten Schimmer, was sich einige Meter über ihm auf der Plattform abgespielt hatte, ja er wußte nicht einmal, wovor er davonlief. Allein das Gefühl, gerade etwas absolut Unirdischem entkommen zu sein, hielt ihn davon ab, zurückzukehren, um nachzusehen.

Abrupt endete die Treppe auf weichem, lehmigen Boden. Aus einem Gang drang feines Licht. Sofort schlug Toshiro diese Richtung ein und hetzte weiter. Er glaubte noch immer den süßlichen Duft des Todes zu wittern – überall!

Nicht umdrehen! Nicht anhalten! gemahnte er sich.

Der schmale Gang mündete in eine Kreuzung. An den Wänden waren Fackeln in entsprechenden Halterungen angebracht worden und erleuchteten die Korridore, die sich einige Meter unter dem Erdreich der Hore Abbey befinden mußten. Das war der Moment, in dem Toshiro Ishida das erste Mal anhielt und sich besann. Atemlos lehnte er gegen eine feuchte, muffig riechende Wand, preßte die Hände in die Seiten und keuchte. Verbrauchte, schwüle Luft füllte seine Lungen und machte ihm das Atmen noch schwerer, als es ohnehin schon war. Das Unterbewußtsein, das ihn bisher von der Außenwelt und seinem Denken abgeschottet hatte, gab ihn nun wieder frei, und die gesammelten Eindrücke stürzten wie ein Wasserfall auf seinen ungeschützten Verstand. Was letztendlich wirklich geschehen war, mochte er nicht einzuordnen. Er hörte die Stimme der Fremden, die ihm vorgetäuscht hatte, Minako zu sein. Dies war das wirklich einzige Indiz, es nicht mit seiner Verlobten zu tun gehabt zu haben. Aber wie konnte er sicher sein? Vielleicht hatte seine Angst ihm dies nur vorgegaukelt und Minako lag tatsächlich dort oben – allein, verletzt... hilflos!

Fast hätte er sich abgewandt und wäre umgekehrt, doch die Furcht war zu stark. Er hatte intuitiv den Atem des Todes gespürt und war sich sicher, nur mit knapper Not dem Schnitter von der Schippe gesprungen zu sein. Noch während er dort stand und versuchte, zu Atem zu kommen, gewahrte er die brennenden Fackeln. Laut Reiseführer war die Hore Abbey niemandem mehr zugänglich und verlassen. Wer zündete dann unten in den Katakomben Licht an?

Ein leises Flüstern veranlaßte Toshiro, sich umzuwenden und einen weiteren Gang zu betreten. Angestrengt lauschte er in die Stille hinein. Er meinte von weit her Gelächter und Gesang zu hören. Und irgendwie mischte sich die Stimme seiner geliebten Minako darunter.

Das kann nicht sein! sagte er sich. Und doch: Irgendwo mußte seine Verlobte ja stecken. Vielleicht hatte man sie überrascht, hier herunter verschleppt und die andere Frau zurückgelassen, um ihn anzulocken. Wer aber verkroch sich in den Katakomben? Anhänger eines religiösen Kultes?

Toshiro war gewillt, der Sache auf den Grund zu gehen, denn er war nicht der Mann der schnell aufgab. Immerhin stand das Leben seiner Verlobten auf dem Spiel.

Halt aus, Minako, ich komme!

Er trat weiter in den Gang hinein, ging zuerst zögerlich, dann bestimmter, mit weit ausgreifenden Schritten. Der unterirdische Gang machte eine lange Biegung. In regelmäßigen Abständen hingen Fackeln in ihren Halterungen an den Wänden. Toshiro war sich nun sicher, daß hier unten ein Satanskult seine Schwarzen Messen zelebrierte. Es gab ähnliche Sekten auch in Japan, doch wie er erfahren hatte, schossen diese Kulte in Europa geradezu wie Pilze aus dem Boden. Er wünschte sich, irgendwelche Waffen bei sich zu tragen, wenigstens eine schwere Taschenlampe, doch die hatte er im Hotel in Cashel liegen lassen. Wer konnte schon ahnen, daß ein harmloser Spaziergang zu solch einer Irrfahrt in die Finsternis ausarten konnte? So besann er sich auf die Kampftechniken des Tai-Chi und Karate, die in den japanischen Managerkursen gelehrt wurden. Er war nie gut im Kampf gewesen und hatte seine Fähigkeiten auch noch nicht auf der Straße anwenden müssen, aber es gab bestimmte Reflexe, die er sich antrainiert hatte und die einen Gegner schnell überwältigen konnten.

Toshiro erreichte eine Abzweigung. Der Gang, der geradeaus weiterführte, war breiter, aber die Stimmen, die nun deutlich lauter geworden waren, kamen von rechts. So schlug der Japaner diese Richtung ein und mußte sich schon nach wenigen Metern bükken, weil die Decke niedriger wurde. Auf allen vieren erreichte er einen Mauervorsprung, an dem der Gang auch endete. Er wollte sich schon wieder abwenden, als er die Stimmen hörte – sie kamen von jenseits des Felsens. Langsam zog sich Toshiro über den Vorsprung wäre fast erschrocken zurückgeprallt. Auf der anderen Seite gab es nur einen Abgrund! Vorsichtig spähte Ishida hinunter. Er befand sich auf einem kleinen Felsvorsprung dicht unter der Decke einer gewaltigen Höhle. Es ging vielleicht zehn Meter in die Tiefe. Überall an den Wänden flackerten die goldgelben Flammen von Fackeln und beleuchteten die gespenstische Szenerie, die sich auf dem Boden der Höhle abspielte.

Toshiro erblickte eine Unzahl illustrer Gestalten, die sich um einen langen Tisch versammelt hatten. Aus der Entfernung konnte der Japaner keine Einzelheiten erkennen. Auf den ersten Blick machten die Leute dort unten einen völlig normalen Eindruck auf ihn, und die meisten waren in gewöhnlicher Straßenkleidung erschienen, so daß er seine Idee, einem Teufelskult auf der Spur zu sein, schon wieder verwerfen wollte – bis er die Opfer sah!

Mehrere Menschen hingen nackt an Seilen von der Decke. Sie lebten noch, doch es war unzweifelhaft, daß die anderen etwas ganz Spezielles mit ihnen vorhatten. Toshiro Ishida gefror das Blut in seinen Adern, als sein Blick auf seine Verlobte Minako Koyama fiel, die sich ebenfalls unter den Opfern befand...

Eine Stunde zuvor

In den Augen der jungen Männer und Frauen stand eine endlose Leere. Völlig apathisch starrten sie stur geradeaus, ohne sich ihrer Umgebung wirklich bewußt zu werden. So sahen entweder Irre aus oder Menschen, die unter einem dämonischen Bann standen. Letzteres war bei diesen Leuten der Fall. In stummer Prozession marschierten sie durch die kalten, feuchten Gänge der Katakomben, die vor Jahrhunderten unter der Hore Abbey angelegt worden waren – ohne Wissen der Mönchsbruderschaft, die im 13. Jahrhundert in dem Kloster residierte.

Der Glanz des Fackellichts spiegelte sich in ihren wie tot dreinschauenden Augen wider. Eskortiert wurden sie von Männern in Mönchskutten, die mit Pentagrammen und fremdartigen Schriftzeichen verziert waren. Langsam trottete die Gruppe in den großen Saal herein, der bereits für die Festlichkeiten vorbereitet worden war. An einem langen Eichentisch reihten sich hochlehnige Holzstühle auf. Weiter hinten an der Wand war ein Büfett angerichtet worden, das nur auf den ersten Blick normale Speisen beinhaltete. Die Mönche führten ihre Gefangenen zu einem Pool mit heißem Wasser, aus dem dampfende Schwaden in die verbrauchte Luft des Gewölbes stiegen.

Angelina beobachtete, wie die Brüder des Abbey-Kults ihre Opfer entkleideten und nacheinander in dem Bassin wuschen. Die ersten der Gefangenen, die auf diese Art gereinigt waren, wurden an von der Decke hängenden Seilen festgebunden und in die Luft gezogen. Die Teufelin fuhr sich erregt mit der Zunge über die Lippen. Der Höhepunkt eines jeden Dämonensabbats war nun einmal der Opferschmaus. Sie konnte es kaum erwarten. Allerdings gab es bis dahin noch einiges zu tun. Zwar waren schon die einen und anderen der Schwarzen Familie eingetroffen, doch das Gros der geladenen Sippenoberhäupter würde erst bei Anbruch der

Dunkelheit erscheinen. Zakum selbst, der die Versammlung einberufen hatte, ließ sich bisher nicht blicken. Noch immer wußte Angelina nicht, was es so dermaßen Wichtiges geben konnte, um solch einen Aufstand damit zu treiben.

Die dämonische Schönheit stolzierte den langen Eichentisch entlang und fuhr mit der Hand spielerisch über die Holzplatte. Dann ging sie auf eine Gruppe Dämonen zu, die sich am anderen Ende versammelt hatten und sich angeregt unterhielten. Aus den Gesprächsfetzen bekam Angelina mit, daß auch sie darüber spekulierten, warum der Sabbat einberufen worden war. Die Gruppe bestand aus vier Männern, die allesamt in herkömmlicher Straßenkleidung aufgetreten waren und denen rein äußerlich nichts Dämonisches anhaftete. Die meisten zivilisierten Schwarzblütler, die tagtäglich unter den Menschen lebten, behielten auch im Kreise ihrer Artverwandten ihre menschliche Tarngestalt so lange aufrecht, bis bereit waren, auf dem Höhepunkt eines Sabbats ihre Beute zu reißen. Zu perfekt hatten sie sich mit den Menschen arrangiert und waren ein Teil ihrer Kultur und Zivilisation geworden. Eine Tatsache, die Luguri für verdammenswert gehalten hatte. Er, der seit Jahrtausenden lebte und für den die gegenwärtige Kultur völlig fremdartig war, schrieb es der Verweichlichung der Dämonen zu, daß sie nicht in ihrer wahren Gestalt auftraten. Luguri schätzte die Schwarzblütler, die ihr reales Äußeres ihm gegenüber zeigten. Aber nicht alle Dämonen waren abscheuliche Monstren. Viele Hexer, die in ihrem Innern von dem bösen Keim beseelt waren, unterschieden sich rein äußerlich überhaupt nicht von den Menschen. Das, was sie zu andersartigen machte, war ihr schwarzes Blut und ihre Fähigkeit, Magie zu beschwören.

Die Männer beendeten ihre Unterhaltung sofort, als sie Angelina sahen und machten ihr Platz, damit sie sich zu ihnen gesellen konnte. Konstantin Thurgau, ein Vampir aus der österreichischen Provinz nickte ihr kurz zu, während der kanadische Blutsauger Yves Trudeau Angelinas Hand nahm und sie an seine Lippen führte.

»Ich fühle mich geehrt, die Mätresse unseres Fürsten persönlich kennenzulernen«, hauchte er.

Angelina entzog ihm die Hand und schnitt eine Grimasse, mit der sie sagte, was sie von Vampiren im allgemeinen hielt. Seit Rebecca die Rebellion angezettelt und versucht hatte, Luguri vom

Thron zu stürzen, waren Vampire nicht mehr so beliebt in der Schwarzen Familie. Sie hatten seit jeher schon als Feiglinge gegolten, doch nachdem sich viele mit Rebecca verbündet hatten, sah man sie gerne als Verräter an. Zakum hatte ihnen im Namen des Oberhauptes der Schwarzen Familie Immunität gewährt. In der offiziellen Erklärung hieß es, sie wären von Rebecca, die die Macht von Skarabäus Toth besessen hatte, in die Irre geführt und gezwungen worden, bei ihren üblen Machenschaften mitzuspielen.

Auch wenn die Vampire damit von offizieller Seite rehabilitiert worden waren, gab es für Angelina keinen Grund, ihnen weiter als bis zu ihren Eckzähnen zu trauen.

Bei den beiden anderen Dämonen handelte es sich um die Hexer Hugo Nowottny aus Österreich und Jen Jong aus den Niederlanden. Beide waren Spezialisten auf dem Gebiet der Magie und nicht zu unterschätzen. Angelina, selbst eine mächtige Magierin, traute den beiden durchaus zu, sich mit ihr messen zu können.

»Madame«, sagte Nowottny und verneigte sich tief vor der Teufelin, die es bisher den anderen gleichgetan und ihre Tarngestalt aufrecht erhalten hatte. Sie trug über ihrem Netzbody und den schenkelhohen, weißen Stiefeln den Trenchcoat und hatte ihre wilde, rote Haarmähne zu einem Dutt hochgesteckt. Vereinzelt hingen ihr Strähnen an den Wangen herab, was ihre Attraktivität noch mehr betonte.

Ihr Blick fiel auf Jen Jong. »Wo ist Ihr Sippenführer, Herr Jong?«

»Ruud?« fragte der Hexer, obwohl er genau wußte, wer gemeint war. »Leider verhindert, aber er schickt mich an seiner Stelle. Ich bin über alle Aktivitäten unseres Clans unterrichtet und habe uneingeschränktes Stimmrecht...«

Angelina unterbrach ihn mit einer knappen Handbewegung. »So genau wollte ich das nicht wissen.«

Nowottny räusperte sich. »Wissen Sie denn Genaueres über dieses Treffen? Bisher haben wir noch nicht viel über den Grund herausfinden können.«

Angelina schürzte die Lippen. Wenn sie eingestand, selbst nichts zu wissen, mochte sie in der Achtung der anderen sinken, da sie als Luguris Mätresse eigentlich über solche Versammlungen informiert sein mußte. Doch der Fürst der Finsternis hatte sich noch immer nicht mit ihr in Verbindung gesetzt. Jegliche Spekulationen über sein Fernbleiben waren im Sande verlaufen, so daß sich

Angelina vorgenommen hatte, einfach abzuwarten.

»Das werden Sie schon noch herausfinden, Nowottny«, erwiderte sie giftig und drehte sich um. Ihr Blick fiel auf einen Altar, der über und über mit Kerzen bedeckt war. Ein knappes Dutzend von ihnen brannte, und hin und wieder flammte eine weitere, wie von unsichtbarer Hand angezündet, auf. Diese Kerzen waren die Lebenslichter der Dämonen auf dieser Versammlung. Jede Wachssäule stand für einen der geladenen Schwarzblütigen, und sobald er das Gebäude betrat, brannte seine Kerze auf. Sollte jemand auf dieser Versammlung den Tod finden, was bei den diversen Intrigen, die die Dämonen untereinander sponnen, nicht selten war, würde sein Kerzenlicht unweigerlich erlöschen.

Nachdem die Mönchsdämonen die Opfer aufgehangen hatten, verschwanden sie wieder in den Gängen der Katakomben. Angelina wußte, daß sie weitere Gefangene bringen würden, um den geladenen Schwarzblütlern den Sabbat zu versüßen. Bei den Menschen handelte es sich um Touristen aus dem nahegelegenen Ort Cashel.

Jen Jong wollte noch etwas einwenden, doch die Teufelin ließ die vier Dämonen einfach stehen und widmete sich der Festtafel. Neben ganz normal verträglichen Speisen gab es hier auch exotische Gerichte, für die etwas anders gearteten Dämonen. Menschliche Organe schwammen in großen Kesseln in einer undefinierbaren grünen Brühe. Teile von Extremitäten wie Armen, Beinen und Ohren lagen dekoriert auf silbernen Speisenplatten. Zwar war Angelina menschlichem Blut nicht abgeneigt, aber Teufel lebten nicht grundsätzlich davon wie Vampire. Ihr Magen verdaute alles, was auch ein Mensch zu sich nahm, und teilweise verabscheute sie die Eßgewohnheiten anderer Schwarzblütler geradezu. Am abscheulichsten waren die Ghoule, die Leichenfledderer unter den Dämonen. Die wenigsten von ihnen wagten sich an lebende Menschen heran und fraßen nur totes Aas, wie die Geier. Allerdings gab es auch unzählige Ghoule, die sich an Menschen labten, die sich nicht mehr zur Wehr setzen konnten.

Angelina schüttelte sich innerlich bei dem Gedanken, daß auch Ghoulabschaum bei dem Sabbat anwesend sein würde. Sie blieb am Büfett stehen und wandte sich um, so daß sie den einzigen Eingang zu der riesigen Höhle im Auge hatte und die ankommenden Gäste beobachten konnte. Nach und nach trafen weitere Dämonen ein. Sie begrüßten die Teufelin im Vorübergehen und gesellten sich zu den vier Männern, mit denen Angelina bereits gesprochen hatte, oder bildeten eigene Grüppchen. Niemand hielt sich jedoch länger als nötig in Angelinas Nähe auf. Seit sie von Luguri offiziell zu seiner Mätresse erklärt worden war, behandelten andere Dämonen sie mit Abstand. Ob Respekt dahinter stand, war zweifelhaft. Eher glaubten sie wohl, daß sie sich den Zorn des Erzdämons zuziehen würden, wenn sie ein falsches Wort fallen ließen und die Teufelin es ihrem Geliebten weitersagte.

In der Regel scharte Angelina ihre eigenen Gefährten um sich. Teufel von ihrer Art, die ihr untergeben waren. Doch sie waren nicht geladen worden, da sie in der Rangfolge der Schwarzen Familie nicht weit genug oben standen.

In der Zwischenzeit brachten die Mönchsdämonen, die bei diesem Sabbat als Gastgeber fungierten, weitere Opfer herein und verfuhren mit ihnen, wie mit den vorherigen auch. Einige dämonisierte Menschen hielten als Diener her. Angelina langte nach einem goldenen Pokal und ließ sich von einer bleichen Frau mit nackten, zerkratzten Brüsten roten Wein einschenken. Sie kostete kurz und nickte der Dämonisierten zu. Die Frau ging weiter zum nächsten Gast.

Angelina leerte den Krug bis zur Hälfte und spülte den schweren Wein langsam die Kehle hinunter. Zu fortgeschrittener Stunde beobachtete sie weiter die eintreffenden Gäste, von denen sie viele überhaupt nicht kannte. Aber auch geläufige Angehörige der Schwarzen Familie marschierten auf. Perez Lexas erschien in Begleitung seiner Frau Marcha. Die Hexerfamilie stammte ursprünglich aus Südamerika und war nach Wien übergesiedelt. Die Vampirin Sandy Abey vertrat ihren Clan und mischte sich gleich unter die anderen anwesenden Vampire. Aus England reiste die Hexe Betty Danet an. Die Elkins und d'Arcys schickten jeweils einen Abgesandten ihrer Sippe. Vom Werwolf-Clan der Jensens aus Dänemark kam Jan. Die Mannings schickten die attraktive Nora, und als Juanita Mouthino den Raum betrat, ging ein Raunen durch die Versammelten. Die hübsche Frau war ein Ghoul, die Tochter des verstorbenen Viale Mouthino. Sie hielt ihre Tarngestalt aufrecht, konnte jedoch nicht verhindern, daß sie nach jedem dritten Schritt etwas von dem grünlich-gelben Eiterschleim, der jedem Ghoul anhaftete, auf dem Boden hinterließ. Das bewies, daß sie mit ihrer

Tarngestalt nicht so vertraut war wie andere Ghoule, die sich besser im Griff hatten.

Anfangs stand Juanita allein und abseits der anderen da, bis sich schließlich zwei der dämonischen Mönche ihrer annahmen und sich mit ihr unterhielten. Angelina hatte für Ghoule nichts übrig, aber sie beneidete die Mouthino dafür, wenigstens von irgend jemandem in die Gesellschaft aufgenommen worden zu sein, während sie selbst noch immer allein dastand. Niemand machte Anstalten, sich mit der Teufelin zu unterhalten.

Eines Tages werde ich auf dem Thron sitzen und eure Fürstin der Finsternis sein, dachte Angelina. *Dann macht euch auf was gefaßt!*

In diesem Moment flammten zwei weitere Kerzen auf dem Altar auf, und etwas war plötzlich ganz anders. Angelina spürte einen wohligen Schauder, der durch ihre Adern ging. Die Ausstrahlungen ihrer eigenen Sippe waren deutlich zu fühlen. Ein Lächeln stahl sich auf die Lippen der Teufelin, und gerade, als sie sich freudig in Richtung des Eingangs in Bewegung setzte, tauchten auch schon zwei Gestalten ihrer Familie auf.

Alessandro Ciabatti war wie der Rest seines Clans ein leibhaftiger Teufel. Er überragte seine Tochter Angelina um zwei Köpfe und war insgesamt von imposanter Statur. Sein schwarzes Haar, dessen Schläfen leicht angegraut wirkten, machte ihn für Frauen noch attraktiver. Der dichte Vollbart ließ ihn finster und grob erscheinen, jemand, vor dem man sich vom ersten Anblick an insgeheim fürchtete. Dies wurde durch seine dunklen, stechenden Augen noch unterstrichen. Über seinem linken Lid verunstaltete eine lange Narbe sein markantes Gesicht. Er trug eine fliederfarbene Stoffhose und dazu ein schwarzes Sakko. Doch hin und wieder ließ er seine Tarngestalt für winzige Augenblicke verblassen, so daß die anderen Dämonen sein wahres teuflisches Aussehen erblickten. Manch einer wurde dadurch eingeschüchtert, denn Alessandro Ciabatti war ein entfernter Verwandter von Asmodi I. gewesen.

»Papa!« rief Angelina aus und fiel dem Sippenoberhaupt in die Arme. Zwischen Vater und Tochter hatte bisher immer ein herzliches Verhältnis bestanden. Daran änderte auch die Tatsache nichts, daß Angelina mit Luguri buhlte. Im allgemeinen galt die Ciabatti-Sippe, die ihren Sitz in Florenz hatte, als äußerst familiär. Sandro umschloß seine Tochter mit einer herzlichen Umarmung. Er lachte freudig, und als seine Baßstimme erscholl, schien die gesamte Grotte zu beben. Die anderen Dämonen hielten augenblicklich in ihren Gesprächen inne und beobachteten den Teufel mit mißtrauischen Blicken, was ihn um so mehr amüsierte.

»Laß dich anschauen, Tochterherz!« rief Sandro aus und hielt Angelina auf Armeslänge von sich. »Du wirst von Tag zu Tag hübscher und ähnelst immer mehr deiner Mutter.«

»Hast du sie nicht mitgebracht?« fragte die Teufelin.

»Sie hat zu tun«, erwiderte ihr Vater lapidar. »Aber ich habe deine Lieblingsschwester dabei.«

Angelinas Blick wanderte von ihrem Vater zu der zweiten Person aus ihrer Sippe. Die Frau war hochgewachsen, fast so groß wie Alessandro und wirkte wesentlich älter als Angelina. Ihr nackenlanges Haar war mit Gel durchwirkt und streng nach hinten gekämmt. Auf den ersten Blick wirkte ihr Wesen kalt und reserviert, nur das Leuchten in den Augen verriet Angelina, daß sie sich über das Wiedersehen freute. Die beiden ungleichen Schwestern schlossen sich in die Arme, aber es wurden keine Worte gewechselt. Eine Weile hielten sie sich einfach nur fest, und erst das Räuspern ihres Vaters brachte sie zur Räson.

»Chiara«, stieß Angelina hervor. »Wir haben uns seit einer Ewigkeit nicht gesehen.«

Die ältere Schwester nickte nur. Sie war auf ihre Art nicht unattraktiver als Angelina, wirkte jedoch völlig anders auf Männer. Die schweigsame Dämonin trug eine enge Lederhose und einen roten Rolli. Ihr strenges Äußeres mochte devote Naturen ansprechen, aber im Gegensatz zu Angelina war Chiara alles andere als mannstoll.

In der Zwischenzeit brachten die Mönche ein weiteres Opfer herein. Angelina blickte an ihrer Schwester vorbei und gewahrte ein japanisches Mädchen, das sich wie wild gebärdete. Die Dämonenmönche zerrten sie zum Wasserbottich und warfen sie samt ihrer Kleidung hinein. Das Mädchen schrie wie am Spieß – es war noch bei vollem Bewußtsein und nicht hypnotisch beeinflußt worden. Angelina deutete mit ausgestrecktem Arm zu der Kleinen hinüber, und ihr Vater und die Schwester wandten sich um und genossen das Schauspiel des hilflosen Lammes in der Hand der Dämonen. Man riß ihr die Hosen und Bluse vom Leib, übergoß sie mit heißem Wasser und band sie dann mit festen Stricken. Auf einen Wink eines Mönches wurde sie in die Luft gehievt und blieb neben den anderen Gefangenen hängen.

Einer der Mönche trat an den Kopf des langen Eichentisches, klatschte dreimal in die Hände, um die Aufmerksamkeit der anderen zu wecken und schlug dann seine Kapuze zurück. Zum Vorschein kam der kahle Schädel eines entstellten Mannes. Seine Augen lagen tief in den Höhlen und leuchteten rötlich im Schein der Fackeln. Der Mund war lippenlos, und wenn er ihn öffnete, entblößte er dabei ein Paar scharfer Augzähne, die denen eines Vampirs in nichts nachstanden. Seine Ohren liefen spitz nach oben zu, was ihm ein diabolisches Aussehen bescherte. Auf der kahlen Stirn prangte die Tätowierung eines Drudenfußes um den sich eine neunköpfige Schlange krümmte.

Angelina zeigte sich nicht im mindesten beeindruckt, folgte jedoch, wie alle anderen Dämonen auch, der stummen Aufforderung, an der langen Tafel Platz zu nehmen. Der thronartige Stuhl am anderen Kopfende blieb leer, ebenso die beiden ersten Stühle zur Linken und Rechten, obwohl die junge Teufelin einen der beiden Sitze gerne für sich beansprucht hätte. Aber sie war nur die Mätresse des Fürsten der Finsternis, nicht seine Gemahlin. Angelina setzte sich. Neben ihr ließ sich ihr Vater nieder, daneben Chiara, die einen zu aufdringlichen Jan Jensen mit einem scharfen Blick maßregelte und ihn damit veranlaßte, sich schnellsten woanders hinzusetzen. Statt seiner nahm Hugo Nowottny an Chiaras Seite Platz, ein Hexer mit vorbildlichen Manieren, was das weibliche Geschlecht anging.

Jen Jong hatte sich gegenüber von Angelina hingesetzt und ein Gespräch mit Nora Manning angefangen. Nach und nach füllte sich der Tisch, und es verwunderte Angelina nicht allzu sehr, daß sich die Ghoul Juanita Mouthino am anderen Ende des Tisches befand. Jeder mied die Leichenfresserin, so gut er nur konnte. Als sich auch der letzte Platz an der langen Tafel gefüllt hatte, flammten zwei weitere Kerzen auf und zwei Paragraphenreiter der Schwarzen Familie betraten die Grotte. Den einen kannte Angelina als Templeton, jener Anwalt der englischen Kanzlei *Cramer & Cramer*, der schon in London für Angelina gearbeitet hatte, um die Jugendstilvilla des verhaßten Dämonenkillers einzunehmen. Der Name des zweiten Anwalts war der Teufelin nicht geläufig. Die beiden Notare nahmen links und rechts des thronartigen Stuhls Platz.

Kurz darauf verkündete der Mönch, der sich seiner Kapuze entledigt hatte, daß man jetzt bereit sei, ihren Gastgeber, den Lordkanzler Zakum, zu empfangen. Ihm zu Ehren galt es, eines der Opfer zu schlagen. Der Mönch deutete blindlings hinter sich, und es war mehr Zufall, denn Bestimmung, daß seine Wahl auf die gerade hereingebrachte Japanerin fiel. Zwei der dämonischen Mönche trugen einen Pokal herein und bauten ihn unter dem Körper des nackten Mädchens auf. Der Sprecher der Ordensbrüder wandte sich von der Versammlung ab und schritt auf die hilflos dahängende Japanerin zu. Er streckte eine Hand aus und murmelte eine Beschwörungsformel. Gebannt hingen die Blicke der anwesenden Schwarzblütler an dem makellosen Körper des jungen Mädchens. Sie konnten mitverfolgen, wie sich mittels der Magie des Mönches der Brustkorb der Frau öffnete!

Zuerst entstand nur ein schmaler Schlitz auf der weißen Haut des Mädchens. Sie mußte den Schmerz sofort gespürt haben, denn sie schrie auf und sah mit entsetztem Blick an sich herab. Ein Blutstropfen rann zwischen ihren kleinen Brüsten zum Bauchnabel hinunter. Unter den Dämonen erhob sich ein Getuschel. Jeder war gespannt, mit welcher Raffinesse der Mönch weiter vorgehen würde. Doch zur Enttäuschung aller beendete er das Zeremoniell abrupt, indem er mit der Hand eine rasche Bewegung vollführte. Ohne Vorwarnung wanderte ein scharfer Schnitt, wie von unsichtbarer Klinge geführt, vom Hals bis zur Scham der Japanerin. Die Haut platzte auf und das Blut floß aus dem Leib genau in den bereitgehaltenen Kelch hinein. Angelina leckte sich über die Lippen, doch als die Gedärme aus dem Spalt hervortraten, verging ihr der Appetit. Dafür vernahm sie ganz deutlich ein ekstatisches Keuchen vom Ende der Festtafel – Juanita Mouthino war außer sich vor Freude auf einen leckeren Happen Menschenfleisch.

Die Japanerin stöhnte ein letztes Mal auf. Sie wurde noch bleicher als sie ohnehin schon war, und mit einem Seufzen ließ sie ihr Leben, während ihr wertvolles Blut weiterhin in den Pokal strömte, der von zweien der Dämonenmönche gehalten wurde.

Ein gepeinigter Aufschrei hallte durch die Höhle und schnitt durch die unheilige Atmosphäre. Die Dämonen fuhren irritiert herum und fragten sich, wer es wagte, ihre Zeremonie zu stören. Betty Danet erkannte den Fremdling als ersten.

»Dort oben!« rief sie mit schriller Stimme aus. Im selben Augenblick hatte sie bereits eine magische Formel ausgestoßen, und ein gleißender Blitz zuckte aus der Kuppe ihres Zeigefingers. Die Entladung jagte in einen Felsvorsprung, sprengte ihn entzwei und gab die Gestalt eines Mannes frei, der sich dahinter verborgen hielt. Der erschrockene Japaner war zweifelsohne der Freund des eben verstorbenen Opfers.

»Keine Vernichtungsmagie!« fauchte Hugo Nowottny, doch der Schaden, den die vorschnelle Betty Danet angerichtet hatte, war nicht mehr zu beheben. Die losgesprengten Gesteinsbrocken prasselten Geschossen gleich auf den Versammlungsort nieder. Ein jeder, der der Magie fähig war, nutzte sie, um sich vor dem Felsschlag zu schützen – den anderen blieb nur übrig, sich in Dekkung zu begeben. Perez Lexas murmelte eine Formel und spannte einen unsichtbaren Schild über sich. Seine Frau hingegen war nicht schnell genug. Ehe sie ihren Spruch mit der letzten Silbe beenden konnte, drang ein Steinsplitter, durch die Magie Betty Danets aufgeladen, in ihre Kehle. Schwarzes, zähflüssiges Blut sprudelte daraus hervor. Die Hexe verdrehte ihre Augen und starb zuckend vor den Augen ihres Mannes. Im selben Moment flackerte eine der unzähligen Kerzen unruhig und erstickte schließlich.

Der Rest der Dämonen kam ohne Schaden davon. Unruhe breitete sich unter den Schwarzblütlern aus. Alles wurde hektisch und redete wie wild durcheinander, obwohl der Steinschlag vorüber war. Zwei der Mönche hatten Betty Danet gepackt und an eine Wand gestellt. Daniel Danet versuchte seine Clanangehörige zu schützen, doch Jen Jong baute sich vor dem Hexer auf und wob in der Luft einen Abwehrzauber, der Daniel vor eine unsichtbare Wand laufen ließ.

Angelina fauchte auf und wollte sich ungestüm in den Kampf werfen. Schon bildeten sich die Teufelshörner auf ihrer Stirn aus, doch ihr Vater Alessandro legte ihr einen Arm auf die Schulter und zog sie zurück. Auch Nowottny war viel zu besonnen und hielt sich im Hintergrund. Sollten sich die Heißsporne gegenseitig die Schädel einschlagen.

In diesem Moment jagte ein eisiger Luftzug durch die Grotte und ließ alle Dämonen frösteln. Sie hielten in ihrem Treiben inne und starrten allesamt wie hypnotisch zum Höhleneingang. Eine einzelne Gestalt hatte sich dort aus dem Nichts manifestiert. Sie war dürr, glich mehr einem Gerippe und hatte lange Finger, die an Spinnenbeine erinnerten. Der Kopf war oval, mit wirrem, schwarzen Haar, tiefen, dunklen Augen und buschigen Brauen. Blitzende Fangzähne hatten sich über die Lippen gelegt und die Haut des mittelgroßen Mannes war grau und verrunzelt. Alles in allem ein wahrlich abscheulicher Anblick. Der Ankömmling trug einen togaähnlichen Umhang, der bis zum Boden hinabreichte, darunter einen altmodischen Anzug. Es handelte sich dabei um keinen geringeren als Zakum, den Lordkanzler und dämonischen Archivar der Schwarzen Familie. Ein düsterer Dämon, steinalt und mächtig. Er hatte bereits unter Asmodi I. gedient, lange bevor Luguri sich selbst zum Oberhaupt der Schwarzen Familie krönte und damit allen Gesetzen der dunklen Gemeinschaft trotzte.

Zakum schritt durch die Reihen der Dämonen, warf einen flüchtigen Blick auf die tote Marcha Lexas, die in den Armen ihres trauernden Mannes lag. Dann wandte er sich Betty Danet zu.

»Du!«, zischte der Lordkanzler verächtlich. »Wie kannst du es wagen, während der Vorbereitung zu einem Sabbat vernichtende Magie einzusetzen?«

»Ich habe nur versucht, mich zu verteidigen!« kreischte Betty.

»Verteidigen?« höhnte Zakum. Er streckte eine Hand aus, und die spinnenartigen Finger strichen langsam über Betty Danets hübsches Gesicht. Angewidert wollte sich die Hexe abwenden, aber die beiden Mönche hielten sie unnachgiebig fest.

»Du hast gegen die Regeln der Schwarzen Familie verstoßen«, sagte der dunkle Archivar. »Schande über dich und deine Sippschaft.«

Betty preßte die Lippen fest aufeinander und schüttelte den Kopf. »Es... es war ein Unfall!«

Zakum gebot ihr mit einer herrischen Geste zu schweigen. Er wirbelte mit dem Umhang herum und kehrte an den Kopf der langen Tafel zurück.

»Wir werden den Fall Betty Danet später ausführlich behandeln und ein entsprechendes Urteil fällen, das den Statuten der Schwarzen Familie entspricht. Perez Lexas, tragen Sie Ihre Frau hinaus!«

Der noch ziemlich mitgenommene Südamerikaner folgte stumm der Aufforderung des Lordkanzlers. Zwei Dämonisierte entfernten die Überreste der toten Werwölfin. Danach gab Zakum Befehl, den Störenfried auszuspüren und herzuschaffen. In der Zwischenzeit begann der dunkle Archivar mit der Zeremonie. Das ganze Blut der Japanerin war in dem Pokal aufgefangen worden. Nun reichten die Mönche Zakum das Gefäß. Der Lordkanzler nippte an dem Kelch und reichte ihn danach rasch zu Templeton weiter. Dieser protzige Empfang war ganz und gar nicht nach seinem Geschmack, aber er ließ das Ritual den Gastgebern zuliebe über sich ergehen. Danach war Angelina an der Reihe. Sie benetzte ihre Lippen mit dem roten Lebenssaft der toten Japanerin, aber nach dem Vorfall in der Höhle wollte ihr das Elixier nicht so richtig munden. Ihr Vater indes trank in vollen Zügen. So wurde der Kelch reihum gereicht, bis der Anwalt zu Zakums Linken den Rest trank und ihn schließlich an einen der Mönche übergab.

Zakum klatschte in seine Hände. »Kommen wir zur Tagesordnung...«

Der Kloß in Toshiro Ishidas Kehle hatte die Ausmaße einer männlichen Faust angenommen. Er glaubte, daran ersticken zu müssen, würgte verzweifelt, doch er konnte sich nicht erbrechen. Die Schrecken, die er gerade noch erlebt hatte, lähmten seinen Verstand. Fassungslos starrte er in die Höhle hinab und konnte nicht begreifen, was dort geschehen war. Da hing der nackte Körper seiner Verlobten Minako, bleich wie ehedem, anmutig schön... und tot!

Die dunklen Gestalten in der Grotte waren für den Tod seiner Geliebten verantwortlich. Und er konnte sich beim besten Willen keinen Reim darauf machen, wie ihr Brustkorb von unsichtbarer Hand geöffnet worden war. Er sah nur ihre leichenblasse Gestalt, die vor Schmerz aufschrie – dann die Unmengen an Blut, die in Sekundenschnelle ihren Körper verließen. Kostbarer Lebenssaft! Einem Impuls folgend wäre Toshiro Ishida fast hinuntergesprungen, um das hervorsprudelnde Blut aufzufangen und in den Körper zurückzuführen, so unsinnig dies auch war. Doch statt dessen war sein Verstand nur zu einem kehligen Aufschrei fähig – einem Laut, der zu seinem Verderben führen sollte, denn just in diesem Moment fuhren die unten Versammelten herum und schauten zu ihm hinauf. Toshiro sah nur mit verschwommenem Blick, was dort geschah. Erst ein greller Blitz holte ihn in die Wirklichkeit zurück und machte ihm bewußt, in welcher Gefahr er selbst schwebte. Für die Dauer eines Sekundenbruchteils wollte es ihm gleichgültig sein, was mit ihm geschah, denn mit Minakos Tod war auch sein Leben sinnlos geworden – doch der nüchterne Verstand vertrieb die suiziden Gedanken und redete ihm ein, daß Minako keineswegs gewollt hätte, wenn er nun auch noch sein eigenes Leben fortwarf.

Gesteinssplitter prasselten auf ihn nieder und hinterließen blutige Schrammen in seinem Gesicht. Von der Explosionsdruckwelle wurde Toshiro zurückgeschleudert und gegen die hinter ihm liegende Wand gepreßt. Er stöhnte vor Schmerzen auf, als sich etwas Hartes in seinen Rücken bohrte. Für einen Augenblick blieb ihm die Luft weg, wohl aber vernahm er die Worte, die von unten aus der Grotte zu ihm hinaufwehten. Sie brüllten Anweisungen, daß man ihn schnappen sollte. Er wußte, daß er so wie Minako und all die anderen bedauernswerten Geschöpfe, die noch apathisch an den Seilen hingen, enden würde, wenn sie ihn erwischten. Ohne weiter zu zögern, sprang Toshiro Ishida auf die Knie und kroch den Gang zurück, den er hergekommen war. Sobald es die Höhlendecke zuließ, daß er wieder aufrecht gehen konnte, stemmte er sich hoch und rannte aus Leibeskräften weiter, als wäre der sprichwörtliche Teufel hinter ihm her, was bei näherer Betrachtung gar nicht mal so falsch war.

Instinktiv fand er den Weg wieder, den er gekommen war, doch sobald er den Höhlengang verließ und wieder in den Turm einkehrte, brach Dunkelheit über ihn herein. Vorhin hatte ihm das schwache Tageslicht, das durch die Turmöffnung hereinschien, geholfen, seinen Weg einigermaßen zu finden, aber mittlerweile war draußen die Sonne untergegangen. Toshiro biß sich auf die Lippen, machte auf dem Absatz kehrt und rannte in den ersten Gang hinaus. Von weither drangen Stimmen an seine Ohren. Ihn fröstelte. Die Häscher waren ihm auf der Spur. Es konnte nicht mehr lange dauern, bis sie ihn erreicht hatten. Vor allen Dingen kannten sie sich in diesen Gewölben besser aus als er und würden wissen, wo genau sie nach ihm zu suchen hatten.

Entschlossen langte Toshiro nach einer der brennenden Fakkeln und zog sie aus der Wandhalterung. Dann drehte er sich herum –

– und erstarrte!

Keine vier Schritt von ihm entfernt stand eine hochgewachsene Frau in einem langen Abendkleid. Ihr kupferfarbenes Haar glänzte matt im Schein des Fackellichts, und auf ihren blutroten Lippen lag ein anzügliches Lächeln. Ihre dunklen Augen schienen Toshiro bis tief auf den Grund seines Verstandes zu sehen, und von einem Moment auf den nächsten war er in ihren Bann geraten. Sie hauchte seinen Namen, und der Japaner fühlte sich schmerzhaft an Minakos Stimme erinnert, mit der ihn diese Frau vorhin hier heruntergelockt hatte.

»Komm zu mir, Toshiro...«

Der einschmeichelnde Klang ihrer Stimme verzauberte seine Sinne. Er vergaß die Gefahr, in der er schwebte, vollkommen und schloß sogar für eine Sekunde die Augen. Als er die Lider wieder hob, war es nicht die fremde Schönheit, sondern Minako Koyama, die da vor ihm stand. Toshiro schüttelte den Kopf und ging zwei Schritte vorwärts. Minako streckte ihm die Hände entgegen.

»Komm in meine Arme, Toshiro!« sagte sie mit zuckerweichem Klang in der Stimme.

O Minako... Geliebte Minako!

Der Wunsch, einfach in die Arme der Verlobten zu flüchten, wurde übermächtig. Nur noch zwei Meter trennen ihn von der verloren geglaubten Frau. Er setzte zum entscheidenden Schritt an und wollte sich einfach an Minako anlehnen, als plötzlich etwas die Illusion brutal zerschnitt.

Toshiro... Sie hatte ihn Toshiro genannt, nicht in der Koseform *Tosh.*

Vor Ishidas Augen erschien wieder das Bild der toten Minako, wie sie leblos und blutleer an dem Seil hing, den Bauch vom Brustkorb bis zum Nabel geöffnet, die Augen starr und leer. Toshiro schüttelte sich und damit auch das Trugbild ab, das die Fremde ihm suggeriert hatte. Die Züge Minakos verschwammen vor seinen Augen und machten wieder dem Bildnis der Fremden Platz. Doch auch sie hatte sich verändert. Ihre Miene war auf erschrekkende Weise entgleist und glich der eines Tieres mehr als der eines Menschen. In ihren Augen glomm ein rötliches Licht, und hauerartige Eckzähne hatten sich über ihre sinnlichen Lippen gestülpt. Die Finger der Frau waren zu Klauen mutiert, und insgesamt hatte sie eine gedungene Haltung angenommen.

Das Fauchen alarmierte Ishida.

Vampire! hämmerte es in seinem Schädel. Die Sage von blutsaugenden Kreaturen gab es auch in Japan... aber es war eben nur eine Sage. Angesichts des schrecklichen Todes von Minako, war Toshiros Verstand bereit, den Umstand, es hier mit einer Vampirin zu tun zu haben, zu akzeptieren. Die Dämonin sprang vor und wollte Ishida allein mit ihrer rohen Kraft niederringen, doch die antrainierten Reflexe übernahmen nun sein Handeln. Mit einem raschen Schritt trat er, soweit es der schmale Gang zuließ, beiseite. Die Vampirin war bereits vom Boden abgefedert und konnte ihren Sprung nicht mehr korrigieren. Sie fegte mit gebleckten Augzähnen an dem Japaner vorbei. Toshiro holte mit der Fackel aus und hieb ihr das brennende Holz von hinten auf den Kopf.

Die Vampirin stürzte zu Boden. Toshiro setzte nach und stach ihr die Fackel in den Nacken. Ein animalisches Gekreische erfüllte den Gang. Es roch nach verbranntem Fleisch, und ein dunkler Fleck malte sich auf der Haut der Dämonin ab. Vereinzelte Funken sprangen auf ihr langes Haar über, das sofort Feuer fing. Im Nu brannte ihr Schopf. Das Geschrei wurde lauter und hysterischer.

Toshiro wartete nicht ab, sondern drehte sich um und rannte mit vorgestreckter Fackel in den Turm des Klosters zurück. Hinter ihm gellten noch immer die Schreie der Vampirin. Er glaubte nicht, daß er sie außer Gefecht gesetzt hatte. In der japanischen Sage besaßen solche Geschöpfe der Nacht große Selbstheilungsfähigkeiten. Er atmete tief durch und fand seinen Weg zurück. Die Fackel spendete genügend Licht, um die Wendeltreppe zu finden, die ihn nach unten geführt hatte. Mit letzter Anstrengung rannte er nach oben, und als er die Hälfte der Strecke geschafft hatte, hörte er ihre Stimme!

»Ich kriege dich, Toshiro Ishida!«

Es war mehr ein Krächzen, erfüllt von Haß und dunkler Macht. Obwohl sie kaum mehr zu identifizieren war, erkannte Ishida in ihr die Stimme der Vampirin. Wie er vermutet hatte, mußte sie sich erholt haben und würde sich nun fürchterlich rächen. Er machte sich nichts vor. Trotz des großen Vorsprungs, den er herausgeschlagen hatte, würde ein solches Geschöpf ihm sicherlich an Geschwindigkeit, Kraft und Ausdauer überlegen sein.

Und vermutlich verfügt sie noch über andere Möglichkeiten, sinnierte er, als er ein leises Flügelschlagen von unten zu hören glaubte. Toshiro verdoppelte seine Bemühungen und hetzte schneller als zuvor die Stufen hinauf. Bald wurde ihm schwindelig, da die Treppe in einem immer enger werdenden Kreis nach oben führte. Alles drehte sich um ihn, und die Übelkeit setzte ihm arg zu – das ständige Gefühl des sich Übergebenmüssens wollte ihn mehr als einmal anhalten lassen, doch er schonte sich nicht und lief die Treppe höher hinauf, immer zwei Stufen auf einmal nehmend.

Schließlich erreichte er den kleinen Durchlaß, durch den er den Turm betreten hatte. Toshiro zwängte sich durch die Öffnung und atmete die kühle Abendluft ein. Tatsächlich war es draußen bereits dunkel, und die Sterne wurden von einer Wolkendecke verdeckt. Nur vereinzelt drang das Licht des aufgehenden Mondes durch die nebelartigen Schleier. Toshiro umrundete die Außenmauern des Turmes auf dem schmalen Sims und kletterte den selben Weg hinunter, den er zuvor hinaufgelangt war. Als er sicheren Boden unter seinen Füßen spürte, hielt er inne, lehnte gegen eine Wand und übergab sich. Er würgte die Reste des Mittagessens hinauf und kümmerte sich nicht darum, daß er wertvolle Zeit vergeudete. Das Flügelschlagen wurde lauter. Toshiro kam zur Besinnung, wischte sich den Mund am Ärmel seiner Jacke ab und rannte weiter.

Fort... nur fort!

Die Fackel noch immer in Händen haltend, fand er den kleinen Trampelpfad, der zur Hore Abbey führte. Er lief so schnell ihn seine Beine tragen konnten in Richtung Cashel, bezweifelte aber, daß er es noch lebend erreichen würde.

»Hey, Sie da!« rief jemand aus der Dunkelheit. Toshiro sah sich panisch um und erkannte nicht weit von sich entfernt die Umrisse einer menschlichen Gestalt. Wer aber sagte ihm, daß es nicht eines der Geschöpfe der Nacht war, das ihm hier auflauern wollte? Toshiro ging nicht drauf ein und rannte weiter.

»So warten Sie doch!« rief der Fremde wieder.

In diesem Moment tat sich direkt vor Toshiro Ishida der Boden auf. Ohne Vorwarnung entstand unter ihm ein Riß, der sich innerhalb von Sekundenbruchteilen zu einem gähnenden Loch ausbreitete und ihn einfach verschlang. Der Japaner spürte noch, wie er in eine haltlose Tiefe stürzte, merkte, wie ihm der Magen die Kehle hinaufkroch und ein erneutes Gefühl der Übelkeit ihn zu übermannen drohte. Doch dann senkte sich der Mantel der Bewußtlosigkeit über ihn und ersparte ihm den Schmerz des Aufschlags, der unweigerlich auf den Sturz folgen mußte...

6. Kapitel

Die Versammlung

Die nebligen Schleier krochen wie verwahrloste Geister durch die Gassen des kleinen irischen Städtchens Cashel. Es war später Nachmittag, als Dorian Hunter hier eintraf und sich ob der ungemütlichen Kühle den Kragen seines Mantels höher zog. Der Herbst hielt hier noch früher Einzug als drüben auf der englischen Insel.

Cashel lag etwa fünfzig Kilometer südwestlich von Kilkenny, zählte knapp dreitausend Einwohner und besaß als Wahrzeichen den berühmten Rock of Cashel. Es gab noch die eine oder andere Sehenswürdigkeit in der Nähe, doch Dorian war nicht auf eine Besichtigungstour aus. Dennoch interessierte ihn eine der Attraktionen besonders, nämlich die nahegelegene Hore Abbey. Da bald die Dunkelheit hereinbrechen würde, entschied sich Dorian dafür, zuerst ein Zimmer für die Nacht zu suchen. Zwar wollte er sich anschließend noch auf den Weg zu der Klosterruine machen, versprach sich jedoch nicht allzu viel davon, sie im Dunkeln erkunden zu wollen. Er ließ den Leihwagen in der Nähe der Town Hall stehen und blätterte gedankenverloren in einem Reiseführer herum, den er in Kilkenny erworben hatte. In der Main Street kam er zuerst am Cashel Palace Hotel vorbei. Es handelte sich dabei um ein elegantes Herrenhaus, dem Reiseführer nach in den 30er Jahren des 17. Jahrhunderts erbaut. Der Portier wies allerdings darauf hin, daß bereits alle Zimmer ausgebucht seien, als Dorian Einlaß begehrte. So versuchte er es in derselben Straße weiter unten. Dort gab es das Bailey's of Cashel, ein preiswertes Gästehaus, das Dorians Zweitkarte von Jeff Parkers Diner's-Konto nicht allzu stark belasten würde. Gerade als er die Pension betreten wollte, schwangen die Türen schon auf, und ein japanisches Pärchen kam Dorian entgegen. Die beiden jungen Touristen unterhielten sich angeregt und vermuteten kaum, daß hier jemand ihre Landessprache verstand, geschweige denn sprach. Sie hatten nur Augen für einander und machten Pläne, wohin sie als nächstes gehen wollten. Dabei fiel der Name Hore Abbey. Fast wären sie mit Dorian zusammengestoßen.

»Konnichiwa!« begrüßte sie Hunter auf Japanisch.

Die beiden jungen Leute hielten verdutzt inne und starrten Dorian einfach nur an.

»Verstehen Sie wirklich unsere Sprache?« fragte der Mann im Gegenzug, ohne dabei ins Englische zu wechseln.

Dorian grinste breit. »Ich habe ein paar Jahre in Japan gelebt«, erwiderte er wahrheitsgetreu, denn in seinem fünften Leben hatte Dorian als Tomotada dem Januskopf Olivaro in Japan gedient.

»Freut mich, Sie kennenzulernen«, sagte der Mann und schüttelte Dorian die Hand. »Ich bin Toshiro Ishida aus Kyoto und das ist meine Verlobte Minako Koyama.«

»Hunter«, entgegnete der Dämonenkiller. »Dorian Hunter. Ich habe gerade mitbekommen, daß Sie beabsichtigen, die Hore Abbey aufzusuchen?«

»Hai!« nickte Ishida eifrig. »Sie liegt hier ganz in der Nähe, und wir schaffen es noch vor Sonnenuntergang wieder zurück.«

»Seien Sie vorsichtig«, riet Dorian. »Meiden Sie den Ort lieber. Außerdem soll die Ruine sehr baufällig sein.«

In Wahrheit machte er sich nicht wirklich darüber Gedanken, ob einer der beiden seine Kletterkünste an den alten Felsgesteinen ausprobieren wollte, sondern mehr darüber, daß vielleicht schon Schwarzblütler vor Ort waren, um ihren Versammlungsort aufzusuchen. Der Gnom Oirbsen hatte Coco mitgeteilt, daß die Katakomben unter der Hore Abbey für den dämonischen Sabbat herhalten sollten. Dorian fragte sich, ob er Ishida und seine Verlobte wirklich gehen lassen sollte, denn auch Oirbsen war sich nicht sicher gewesen, wann genau die Versammlung dort stattfinden sollte. Es war aber nicht auszuschließen, daß jetzt schon Dämonen ihr Unwesen dort trieben. Vor allen Dingen würden sie sich vor dem Sabbat einige Opfer suchen, um mit ihnen ihre grausamen Spielchen zu treiben, sei es für rituelle Tötungen, zum Verspeisen oder sexuelle Ausschweifungen.

Dorian betrat den Vorraum des Bailey's of Cashel und begab sich direkt zum Tresen in dem schlicht eingerichteten Foyer. Ein dicker, rothaariger Ire hatte sich über ein Buch gebeugt und schien so darin vertieft zu sein, daß er Dorians Anwesenheit zuerst gar nicht bemerkte. Erst als dieser sich räusperte, ruckte der Kopf des Portiers hoch. Sein Gesicht lag im Halbdunkel der Leselampe verborgen, und auch sonst war die Beleuchtung im Foyer des Gasthauses recht gedämpft worden. Das mochte auf der einen Seite gemütlich wirken, allerdings kam es Dorian ein wenig unpassend vor.

»Ja bitte?« fragte der Ire in tiefem Baß.

»Ein Zimmer für die Nacht«, bat der Dämonenkiller, und damit keine Mißverständnisse aufkamen, schob er dem anderen gleich die Diner's Kreditkarte über die Theke.

Der Ire schluckte, nahm die Karte entgegen und begutachtete sie im Licht der Leselampe. Dabei konnte Dorian erstmals das sommersprossige, pausbäckige Gesicht des anderen sehen. Der Dicke grunzte etwas abfälliges auf Gälisch, was nur eine Bemerkung über Dorians englische Herkunft sein konnte.

»Tut mir leid«, sagte er dann in stark akzentuiertem Englisch. »Wir haben nur acht Zimmer, und die sind bereits alle belegt.«

Dabei sah der Ire Dorian direkt an, und der Dämonenkiller erkannte den starren Blick eines dämonisierten Opfers. Ohne ein weiteres Wort zu verlieren, nahm Hunter die Kreditkarte entgegen, schob sie in die Tasche zurück und verließ das Gasthaus. Er versuchte es danach in den anderen zwei Hotels. Während man ihn im Dundrum House Hotel genauso abblitzen ließ, verkündete der Mann hinter dem Tresen des Rectory House Hotels, daß Dorian Glück hatte und gerade ein Zimmer frei geworden sei. Der Dämonenkiller zögerte nicht und nahm sofort die Schlüssel entgegen. Merkwürdig daran war, daß er auch beim Portier des Dundrum House Hotels den starren Blick eines Dämonendieners festgestellt hatte, während der Mann der jetzigen Herberge nicht beeinflußt war.

Dorian bezog sein Zimmer, einen gemütlichen Raum mit gediegener Inneneinrichtung. Anschließend blickte er kurz aus dem Fenster zum schön gestalteten Garten, der das gesamte Gebäude umgab, hinunter. Ein friedliches Idyll, und doch war es bereits von Dämonen unterwandert, wie die Dämonisierten zeigten. Dorian sicherte sein Zimmer mit Abwehrrunen und Dämonenbannern ab, vergaß dabei auch nicht die Fenster. Danach packte er die notwendigsten Sachen zur Dämonenbekämpfung zusammen und verließ das Haus. Den Schlüssel gab er aus alter Gewohnheit nicht beim Portier ab, sondern behielt ihn bei sich.

Es dämmerte bereits, als er auf die Straße trat und sich eine Player's ansteckte. Trotz der Touristenattraktionen, sah man erstaunlich wenig Leute. Autos fuhren überhaupt nicht durch die Straßen. Dorian ließ den Wagen stehen und marschierte zu Fuß los. Ein unruhiges Gefühl beschlich ihn, als er die wenigen Leute, die er unterwegs traf, als Dämonendiener identifizierte. Offensichtlich hatten die Schwarzblütler sich den gesamten Ort untertan gemacht, um in Ruhe ihre Schwarze Messe zu zelebrieren. Kein Wunder, wenn tatsächlich alles, was Rang und Namen hatte, auf der Versammlung erschien.

Plötzlich riet Dorian eine innere Stimme, sich zu beeilen. Zwar hatte dieser Oirbsen nicht das Datum benennen können, an dem der Sabbat stattfand, aber dies hieß nicht, daß der heutige Tag von vornherein auszuschließen war. Irgendwie spürte Dorian, daß die Versammlung der Dämonen bereits im Gange war und er sich sputen mußte, wenn er davon noch etwas mitbekommen wollte.

Er hatte mittlerweile die Stadtgrenze erreicht. Die Hore Abbey lag nicht allzu weit von Cashel entfernt. Wenn er jetzt zurückging, um den Wagen zu holen, verlor er nur Zeit – zumal es laut Reiseführer ohnehin nur Fußwege zu der alten Klosterruine gab. Dorian verfiel in ein leichtes Jogging. Er nahm den Feldweg, der von Cashel aus direkt zur Ruine des alten Klosters führte. Inzwischen wurde es zunehmend dunkler, und er glaubte nicht, die Abbey noch vor Einbruch des Abends zu erreichen, geschweige denn die beiden Japaner einzuholen. Sein Instinkt riet ihm zur Vorsicht, als er eine weite Wiesenlandschaft betrat. Im Zwielicht waren nur die Umrisse von weit entfernten Bäumen, die Klosterruine selbst und einige an Hügel erinnernde Erdverwerfungen zu erkennen. Dorian verlangsamte seinen Lauf und atmete tief durch, um wieder zu Kräften zu kommen. Tatsächlich hob sich das Gemäuer der alten Abtei vom Horizont ab. Es war keine dreihundert Meter mehr entfernt. Dorian verließ den Pfad und bewegte sich über die Wiesen weiter auf die Abbey zu.

In der Nähe eines der Hügel hörte er plötzlich ein Schmatzen, dann ein Blöken. Neugierig schaltete er die mitgebrachte Taschenlampe ein und leuchtete auf den Boden. Das, was er als Hügel angesehen hatte, waren Kühe. Harmlose Kühe, aber das, was man mit ihnen angestellt hatte, war alles andere als harmlos. Das Vieh lag in seinem eigenen Blut, ihre Bäuche aufgeschlitzt, die Eingeweide herausgerissen und weggeschafft. Das Schmatzen und Blöken verebbte, als die letzte Kuh starb.

Dorian verzog das Gesicht. Früher hätte ihm der Anblick der toten Rinder vielleicht auf den Magen geschlagen, doch all die Jahre, die er nun schon gegen die Schwarze Familie kämpfte, hatten ihn gegen solche Bilder abgehärtet. Jetzt war er jedenfalls sicher, daß der Sabbat bereits begonnen hatte. Wahrscheinlich benutzten die Dämonen die Eingeweide der Kühe für irgendwelche perversen Praktiken während ihres Sabbats, oder um neue Zaubersprüche zu entwickeln. Dorian war genau aus diesem Grund hier, nämlich um herauszufinden, warum sich die Größten und Mächtigsten unter den Schwarzblütlern heute in der alten Klosterruine versammelten.

Der Dämonenkiller setzte seinen Weg fort. Bevor er jedoch die Hore Abbey erreichte, gewahrte er eine Gestalt in der Dunkelheit. Er hockte sich an den Wegesrand und verbarg sich hinter dem stinkenden Leichnam eines Rindes. Die Gestalt schien vor irgend etwas davonzulaufen. Immer wieder sah sie hinter sich, und als sie an Dorians Versteck vorbeikam, brach der bewölkte Himmel kurz auf, so daß Mondlicht auf das Gesicht des Fliehenden fiel. Dorian erkannte in ihm den Japaner Toshiro Ishida wieder.

»Hey, Sie da!« rief Dorian.

Der Japaner sah sich um und blickte in seine Richtung. Wahrscheinlich war es zu dunkel, daß er ihn erkannte und glaubte, nur einem weiteren Verfolger aufzusitzen, darum rannte er weiter.

»So warten Sie doch!« versuchte es Dorian erneut. Ishida rannte weiter, und dann geschah das Unfaßbare. Selbst der Dämonenkiller hielt unwillkürlich den Atem an, als sich von einem Moment auf den anderen der Boden unter Ishida auftat und ihn einfach wie ein hungriges Tier gierig verschlang. Dorian rannte auf die Stelle zu, um dem armen Teufel zu helfen, denn er vermutete eine plötzliche tektonische Verschiebung für diese Ursache, doch als er die Stelle, an der Ishida ins Erdreich gestürzt war, erreichte, war dort nicht der geringste Spalt, keine Öffnung zu sehen, in der der Japaner verschwunden sein könnte.

Dorian blieb verwundert stehen. Er knipste die Taschenlampe an und leuchtete den Weg ab. Schließlich bückte er sich und strich mit der Handfläche über den Lehm. Nicht die geringsten Risse waren mit bloßem Auge auszumachen. Dabei hatte Dorian von weitem deutlich den klaffenden Spalt gesehen, der Ishida verschluckt hatte. Zweifelsohne war hier Magie am Werk, oder aber der Japaner war durch irgend einen Umstand in ein Magnetfeld geraten und wegteleportiert worden.

Das läßt sich herausfinden, dachte Dorian.

Er zückte den Kommandostab und zog ihn auf die volle Länge aus. Mit dem spitzen Ende hielt er ihn gen Boden und konzentrierte sich auf etwaige Ausstrahlungen, die von der Erde ausgingen. Er spürte nicht die geringsten Anzeichen eines Magnetfeldes, konnte aber auch nicht direkt das Wirken von Schwarzer Magie lokalisieren, so daß auch der Dämonenkiller sich die Frage stellen mußte, was hier geschehen war.

Es gab eine Reihe von Vermutungen, die in seinem Hirn herumspukten, aber er kam nicht mehr dazu, ihnen nachzugehen, denn in diesem Augenblick begegnete er den Verfolgern des Japaners! Er erhob sich und sah ihnen geradewegs entgegen. Eine Fledermaus flog aus Richtung der Hore Abbey direkt auf ihn zu. Und über dem Boden hetzte ein Wolf hinterher. Der Dämonenkiller rüstete sich zum Kampf. Er wußte, daß er ein Risiko einging, ließ dennoch die Pistole im Schulterholster stecken, weil er unnötigen Lärm vermeiden wollte, der womöglich andere Schwarzblütler auf den Plan rief. Mit einem Griff zog er die gnostische Gemme, die er stets um den Hals trug unter seinem Hemd hervor, so daß sie offen für die beiden Dämonen sichtbar war.

Die Fledermaus war schneller heran als der Wolf. Sie flog schnurstracks auf Dorian zu und stürzte sich mit vorgestreckten Klauen auf ihn. Der Dämonenkiller war vorbereitet. Er wich mit einem schnellen Schritt seitwärts aus und stieß mit dem Kommandostab zu. Der fliegende Vampir rollte zur Seite und entging dem tödlichen Stoß. Er drehte ab und vollzog eine Schleife, um einen weiteren Angriff zu unternehmen. In diesem Moment war der Wolf bereits heran. Die Vampirfledermaus hatte dem Werdämon die notwendige Zeit verschafft, an Dorian heranzugelangen. Bevor der Dämonenkiller reagieren konnte, sprang der Vierbeiner vom Boden ab und warf sich mit seinem ganzen Gewicht gegen Dorian. Dieser wurde schlichtweg umgehauen. Im Sturz krallte sich Hunter im Fell des Tieres fest und stieß ihm die Fußspitzen in den Magen. Beide rollten wie ein Wollknäuel über den Boden und überschlugen sich zwei-, dreimal, ehe sie zum Liegen kamen. Dorian hatte den Kommandostab verloren, und der Wolf ging als Sieger hervor.

Triumphierend hockte er auf der Brust des Dämonenkillers und schnappte mit seinen scharfen Zähnen nach seinem Hals. Dorian wand sich hin und her, um den tödlichen Fängen zu entgehen. So oder so hatte er sich selbst in eine brenzlige Situation manövriert. Der Dämon in Wolfsgestalt war ihm an Kraft weit überlegen.

Erneut schnappte das Gebiß zu. Dorian rollte nach links, doch die Pranken des Tieres drückten ihn unnachgiebig zu Boden. Er spürte den warmen, fauligen Atem des Wolfs in seinem Gesicht. Die dornenartigen Zähne blitzten vor seinen Augen auf. Mit einem Geheul stieß die Schnauze des Wolfs zu. Dorian ließ sich zurücksinken, löste eine Hand aus dem Fell und griff sich an den Hals. Mit einer schnellen, ruckartigen Bewegung riß er sich den mystischen Halbedelstein herunter und rammte ihn zwischen die Zähne des Werdämons. Das Geheul des Wolfs brach abrupt ab. Seine Augen weiteten sich, und als wäre er gegen eine unsichtbare Wand geprallt, sprang er plötzlich rückwärts von Dorians Körper herunter. Das Tier winselte und spie den Stein aus, doch zwei der Reißzähne waren in der kristallinen Struktur der Gemme hängengeblieben.

Inzwischen hatte die Fledermaus ihre Runde beendet und setzte zu einem weiteren Angriff an. Diesmal konnte sich der Dämonenkiller keine Patzer erlauben. Er langte mit der Linken in die Tasche und zog gleichzeitig mit der rechten Hand die Pistole über Kreuz aus dem Schulterholster. Mit geübtem Griff löste er den Magazinverschluß, so daß der standardmäßig mit Pyrophorgeschossenen geladene Kolben aus dem Schaft fiel und zu Boden schepperte. Dorian schob ein anderes Magazin, das mit Eichenbolzen bestückt war, in das Griffstück der Waffe, zog den Spannschlitten zurück und entsicherte die Pistole. Sein Arm ruckte hoch, und noch im selben Moment war der Knall der entzündeten Treibladung zu hören. Wahrscheinlich hatte er damit auch den Rest der Dämonenhorde alarmiert, aber er mußte zusehen, daß er in erster Linie seine eigene Haut schützte.

Der Bolzen fegte auf die Fledermaus zu. Es war ohnehin schwierig in der herrschenden Dunkelheit einen präzisen Schuß auf ein fliegendes Objekt abzugeben, dazu erwies sich der Vampir als äußerst geschickt und drehte eine Schraube mit der er dem Geschoß in jedem Fall entging. Er tauchte unter einem zweiten Schuß hindurch, schien auf den Boden aufzuschlagen, kam jedoch im letzten Moment wieder hoch und griff Dorian flügelschlagend von unten her an. Die Klauen verfingen sich in der Brust des Dämonenkillers, und die scharfen Zähne wollten sich durch den Stoff der Jacke in seine Haut bohren, doch Dorian reagierte geistesgegenwärtig. Er wirbelte die Waffe herum, und der metallene Lauf erwischte die Fledermaus mit voller Wucht am Kopf. Es war mehr die Kraft, die in dem Schlag lag, als der tatsächliche Schmerz, die die Fledermaus von ihm löste und zu Boden schleuderte.

Der Wolf hatte sich erholt und sprang heran. Dorian gab einen ungezielten Schuß auf das Pelzwesen am Boden ab. Er vernahm ein Zischen und wußte, daß der Eichenbolzen den Vampir irgendwo getroffen haben mußte. Er hob die Waffe hoch und feuerte eine rasche Schußfolge auf den Wolf ab. Obwohl die Bolzen ihm überhaupt nichts anhaben konnten, schlug der Dämon mehrere Haken, um sich aus dem Ziel zu bringen – vermutlich eine reine Instinkthandlung, um nicht von möglichen Silbergeschossen niedergestreckt zu werden. Zwei der Bolzen bohrten sich in das graue Fell des Wolfsmenschen, und als dieser merkte, daß sie bei ihm keine Schmerzen verursachten, rannte er direkt auf den Dämonenkiller zu.

Dorian ging in die Hocke. Wieder ließ er das Magazin aus dem Schaft gleiten, griff nach dem ersten, das auf dem Feldweg lag und rammte es förmlich in den Griff der Desert Eagle. Der Wolf stellte sich auf die Hinterläufe und sprang. Wie ein grauer Ball flog er auf Dorian zu. Dieser zog den Abzug zurück und rollte sich gleichzeitig seitwärts weg. Ein Krachen, dann ein Zischen, als sich die Pyrophorkugel an der Luftreibung entzündete. Der grelle Feuerball erhellte die Dunkelheit wie eine Signalrakete. Für den Werwolf war es zu spät. Er sprang genau in den lodernden Tod hinein. Extreme Hitze und Feuer waren tödlich für die Dämonen. Das Flammengeschoß fraß sich in den Pelz, dann in das Fleisch des Wolfs hinein. In Sekundenschnelle stand der Schwarzblütler in Flammen, die rasch um sich griffen. Er hatte Zeit für einen schaurigen Todesschrei, ehe das Feuer seine Stimmbänder versengte. Dann kippte er um, zuckte wie wild auf dem Boden, und im Todeskampf verwandelte er sich in seine menschliche Gestalt zurück. Dorian ließ sich davon nicht beeindrucken, denn er wußte, daß dies kein Mensch war, auf dem der Wolfsfluch lastete, sondern ein Dämon, in dessen Adern schwarzes Blut floß. Das bewies allein der

Umstand, daß er seine Wolfsgestalt annehmen konnte, obwohl es kein Vollmond war.

Während der Werwolf sein Leben in den Flammen aushauchte, nahm Hunter sich die Zeit, nach dem Vampir Ausschau zu halten. Der Blutsauger lag keine drei Meter entfernt auf der Wiese. Auch er hatte seine menschliche Gestalt angenommen, und in seinem linken Auge steckte der Bolzen. Damit war sein Untergang zwar nicht besiegelt, aber er war vor Schmerz und Pein erst einmal ruhig gestellt worden. In wenigen Augenblicken würde er sich wieder erholen, und die dämonischen Selbstheilungskräfte würden das Auge wieder nachwachsen lassen. Dorian dachte aber nicht daran, es soweit kommen zu lassen. Er raffte sich auf, griff in seine Jackentasche und förderte einen etwa dreißig Zentimeter langen Eichenpflock zutage. Mit grimmiger Miene schritt er auf den Vampir zu. Zu seinem Erstaunen mußte er erkennen, daß es sich dabei um eine Frau handelte, der zuvor schon übel mitgespielt worden sein mußte. Ihre Haare waren bis auf die Kopfhaut heruntergebrannt, und überall auf der Haut hatten sich Brandblasen gebildet. Jemand war ihr mit Feuer kräftig auf den Leib gerückt. Sie stöhnte und atmete schwach. Der Bolzen in ihrem zerstörten Auge zischte und verflüssigte ihre Haut an der Stelle, an der er sie berührte.

»Stirb, Dämonenbraut!« knurrte Dorian und stieß ihr den Eichenpflock direkt zwischen die Brüste ins Herz. Die Vampirin bäumte sich einmal auf, sackte dann schlaff in sich zusammen und zerfiel augenblicklich zu Staub.

Dorian blickte sich zu dem Werwolf um. Die letzten Flammen der Pyrophorkugel erloschen und hinterließen ein unkenntliches Etwas, das nur aus Asche und Ruß bestand. Der Dämonenkiller atmete tief durch. Er hoffte inständig, daß die Schüsse keinen der anderen Schwarzblütler alarmiert hatten. Sie mochten laut genug gewesen sein, um bis nach Cashel zu hören zu sein, aber die dämonische Versammlung mußte tief unter der Erde stattfinden, da die Ruine der Hore Abbey derartig verfallen war, daß sie keinen einzigen geschlossenen Raum mehr bot – vom Turm einmal abgesehen.

Dorian klaubte seine Sachen auf, die er mit Hilfe der Taschenlampe wieder fand. Er nahm das halbleere Magazin mit den Eichenbolzen an sich und verstaute es ebenso wie den Kommandostab in seiner Jackentasche. Die gnostische Gemme wies Kratzer auf, die die Zähne des Werwolfs verursacht hatten. Sie war dadurch gänzlich unbrauchbar geworden, so daß er sie einfach liegenließ. Sein Hebammentäschchen hatte er im Hotel zurückgelassen. Darin befand sich eine Ersatzgemme. Nachdem er alles beisammen hatte, ließ er die Aschehäufchen der toten Dämonen einfach liegen und konzentrierte sich auf sein Ziel. Gerne hätte er gewußt, was mit dem Japaner Ishida geschehen war und wo sich seine Verlobte aufhielt. Die erste Frage konnte er nicht beantworten, doch wenn es um das Schicksal der Frau ging, vermutete Dorian, daß sie in die Fänge der Schwarzen Familie geraten war, da Ishida selbst vor den Dämonen geflohen war.

Der Dämonenkiller hielt auf das Kloster zu und verschwand im Schutz der Dunkelheit zwischen den Felsen. Es kostete ihn einige Mühe in der Finsternis den Eingang zu finden, da er die Taschenlampe vorsichtshalber ausgeschaltet ließ. Statt dessen spähte er durch den Kommandostab und benutzte ihn als Restlichtverstärker. Dorian verschwendete fast eine halbe Stunde, bis er sich endlich dazu durchrang, über die Felsengruppen nach oben zum Turm hinaufzuklettern, wo er schließlich auch den Durchlaß fand. Ohne zu zögern, stieg er in das Innere der Abtei und fand sich auf den obersten Stufen der Wendeltreppe nieder. Er lauschte in die Dunkelheit hinein, doch es waren nur die üblichen Geräusche der Nacht zu hören: Ferne Stimmen von Eulen und sonstigen Nachtvögeln sowie das leise Rauschen eines schwachen Windes, der den Turm umwehte.

Dorian kam nicht umhin, nun doch die Taschenlampe zu benutzen, da es hier zu finster für den Kommandostab war. Der grelle Kegel der Halogenlampe fraß sich durch den samtenen Mantel der Dunkelheit bis tief hinunter ins untere Gewölbe. Dorian erkannte, daß der Boden unter dem Turm aufgebrochen war und sich darunter ein weiterer Gang entlangwand, der wahrscheinlich nicht zur ursprünglichen Architektur des Klosters gehörte. Noch war nichts von dämonischen Aktivitäten zu sehen oder zu hören, was die Vermutung nahelegte, daß sie tief unter der Erde tatsächlich nichts von den lauten Schüssen vernommen hatten. Aber irgendwann würde ihnen das Fehlen der Vampirin und des Werwolfs auffallen, denn normalerweise hätte es den beiden Schwarzblütlern keine Probleme bereitet, Ishida zu stellen. Wenn sie nicht zurückkehrten, würde man sich dort unten bald Gedanken machen, deshalb mußte Dorian schnell handeln.

Mit eingeschalteter Lampe rannte er die Wendeltreppe hinunter. Das stellte sich als kein leichtes Unterfangen heraus, denn schon bald verlor er seinen Gleichgewichtssinn und fing an zu taumeln. Er mäßigte sein Tempo, und als er unten angekommen war, drehte sich um ihn alles. Dorian brauchte einige Sekunden, um wieder klar sehen zu können. Er spähte in einen Gang hinein und schaltete die Taschenlampe aus, als er das Fackellicht gewahrte, das den vor ihm liegenden Felsenkorridor ausleuchtete.

Sieht einladend aus, dachte er bei sich. Er wußte, daß er sich nun in die Höhle des Löwen begab. Wenn dies wirklich eine Großversammlung war, würden sich Dutzende von hochrangigen Dämonen in den Katakomben unter der Hore Abbey aufhalten. Falls er in ihre Hände geriet, war er verloren, also mußte er sehr vorsichtig sein. Dorian nahm die Pistole mit den Pyrophorgeschossen zur Hand und schlich sich leicht geduckt in den Gang hinein.

Noch immer spürte Angelina das Blut der toten Japanerin in ihrem Mund. Es schmeckte irgendwie schal. Nicht daß sie es in irgend einer Art und Weise verschmäht hätte, denn schließlich waren Teufel auch daran gewohnt, Menschenblut zu trinken.

Die Tagesordnung, die Zakum angesprochen hatte, beschränkte sich zuerst auf ein ausgiebiges Festmahl. Während die Vampire unter den Anwesenden literweise Blut schlürften, das ihnen in silbernen Pokalen von den Dämonendienern dargeboten wurde, besaßen die meisten anderen Dämonen völlig zivilisierte Tischmanieren. Die Hexer und auch die Teufel sowie Zakum selbst speisten rohes oder gebratenes Tierfleisch wie Schwein oder Rind, tranken dazu schweren, roten Wein und stopften sich allerlei Beilagen wie gebratene Kartoffeln und gekochtes Gemüse in die Wänste. Die geladenen Werwölfe hingegen waren nicht so kultiviert und konnten mit warmen Gerichten überhaupt nichts anfangen. Ihnen mundete frisches Menschenfleisch am Besten, und da sich die meisten Dämonen zu einer großen, weltumspannenden Familie zählten, waren sie tolerant genug, die Eigenarten der anderen zu akzeptieren. Zwei der an Seilen hängenden Gefangenen wurden heruntergelassen und von den Schwarzblütlern in Wolfsgestalt regelrecht zerfleischt und aufgefressen. Für die einzige Ghoul in der Höhle, die sich eher an Aas und bereits totem Fleisch labte, wurde der Leichnam der Japanerin Minako Koyama auf das Büfett gelegt. Mit Widerwillen betrachtete Angelina den Leichenschmaus, den Juanita Mouthino veranstaltete.

Einzig Perez Lexas hatte sich entschuldigen lassen und war mit der Leiche seiner Frau nach Wien zurückgekehrt, um die Totenfeier zu halten. Zuvor hatte er Konstantin Thurgau damit beauftragt, ihn über die Versammlung zu unterrichten, wenn er wieder nach Österreich zurückgekehrt war.

Nach dem Essen tischten die Dämonendiener ab. Für den einen oder anderen gab es noch einen Leckerbissen als Nachtisch, doch Angelina und einige andere lehnten dankend ab. Sie lehnte sich an ihren Vater an und flüsterte ihm etwas ins Ohr.

»Warum wird ein so großes Tamtam um die Versammlung gemacht?«

Alessandro Ciabatti zuckte die Schulter. »Offenbar gibt es derart Wichtiges zu besprechen, daß man einen geeigneten Moment abpassen will, um es für die Allgemeinheit rüberzubringen. Mir gefällt das auch nicht sonderlich. Aber uns bleibt wohl nichts anderes übrig, als abzuwarten, daß Zakum endlich die Katze aus dem Sack läßt.«

Die Katze aus dem Sack lassen, sinnierte Angelina und schaute ihre Schwester von der Seite her an. Ihr strenger Blick, den sie für außenstehende auftrug, lockerte sich ein wenig, und Angelina spürte sogar etwas wie Wärme und Zuneigung von Chiara ausgehen. Ein aufmunterndes Nicken folgte, dann wurde die Miene der anderen Teufelin wieder starr, und auch Angelina zwang sich, woanders hinzusehen.

Zakum erhob sich von dem thronartigen Stuhl und hielt seinen mit Wein gefüllten Pokal hoch. Dazu räusperte er sich mit seiner hohen, fisteligen Stimme, die jedoch durchdringend genug war, um alle anderen Anwesenden aufhorchen und in seine Richtung blicken zu lassen. Wieder war es, als krauche eine unsagbare Kälte durch die Reihen und ließ sogar die Dämonen frösteln. Zakums Augen leuchteten auf.

»Auf die Schwarze Familie!« sprach er laut aus. Ein zustimmendes Gemurmel schwoll an, und auch die anderen Schwarzblütler hoben ihre Becher und prosteten dem Lordkanzler zu.

Zakum schürzte die dünnen Lippen, stellte den Pokal ab und verschränkte die Arme hinter dem Rücken.

»Der Fall Betty Danet wird uns später beschäftigen«, erklärte der uralte Dämon. »Zuvor gibt es eine wichtige Angelegenheit, die nunmehr keinen Aufschub duldet. Wir Ihr alle wißt, hat sich die Vampirin Rebecca gegen unseren Fürsten der Finsternis gestellt und ihn offen herausgefordert. Die erfreuliche Mitteilung ist, daß Rebecca Manderley bei dieser Auseinandersetzung den Tod gefunden hat.«

Für einige Dämonen, vor allem den Vampiren unter den Anwesenden, war dies nichts Neues. Andere hingegen raunten sich überraschte Äußerungen zu.

Angelina verzog eine Miene. Sie hatte keine Sekunde daran gezweifelt, daß Rebecca den kürzeren ziehen würde. Auch wenn die Vampirin vom Blut des Skarabäus Toth gekostet und damit einen großen Teil seiner Magie übernommen hatte, war sie dem Erzdämon unterlegen gewesen.

Nicht einmal mich hättest du bezwingen können, du vampirische Kröte, dachte Angelina bei sich. *Geschieht dir recht so – Friede deiner Asche!*

Die Teufelin blickte in die Runde und musterte die anderen Vampire eingehender. Rebecca hatte gegen den Kodex der Schwarzen Familie verstoßen, indem sie das Blut eines anderen Schwarzblütlers trank. Blieb zu hoffen, daß nicht andere Blutsauger auf die gleiche Idee kamen, um dadurch ihre magischen Fähigkeiten zu erweitern. Rebecca war ein Präzedenzfall, denn zuvor war nicht erwiesen gewesen, ob das magische Potential eines Dämons tatsächlich durch sein Blut in den Körper eines anderen übertragen werden konnte. Aber Angelina machte sich darüber keine Gedanken, denn Luguri würde in solchen Fällen nur um so härter durchgreifen, falls es wieder jemand versuchen sollte.

Zakum fuhr mit seinen Ausführungen fort, als sich die allgemeine Unruhe gelegt hatte. »Leider ergab der Kampf zwischen Luguri und Rebecca ein Patt, denn auch unser Fürst der Finsternis kam bei dem Duell ums Leben.«

Totenstille erfüllte die Grotte, als der dämonische Archivar seinen Satz vollendet hatte. Alle hingen wie gebannt an den Lippen Zakums, waren vielleicht nicht einmal in der Lage, das Ausmaß seiner Worte vollständig zu begreifen. Niemand wagte diesmal zu sprechen, denn es oblag Luguris Stellvertreter, das Begonnene fortzuführen. Und dennoch fuhr jemand dazwischen.

»Lüge!« kreischte Angelina. Sie war so heftig aufgesprungen, daß ihr Stuhl zurückkippte und krachend auf dem steinernen Boden aufschlug.

Alessandro Ciabatti legte beschwichtigend eine Hand auf den Arm seiner Tochter, doch sie riß sich mit einer energischen Bewegung los. Allen war bekannt, daß die hübsche Teufelin die Mätresse Luguris war, und niemand stellte ihre Ansprüche in Frage.

»Du nennst mich einen Lügner?« sagte Zakum mit eiskalter, lauernder Stimme.

Angelina war aufgebracht genug, ihm die Stirn zu bieten, obwohl sie einen Vorgeschmack auf seine Macht bereits vor einiger Zeit in Andorra zu spüren bekommen hatte. Ohne mit der Wimper zu zucken, hatte er einige ihrer Untertanen zur Strecke gebracht. Wahrscheinlich bedurfte es der geballten Kraft ihrer Familie, dem Lordkanzler beizukommen. Doch Angelina dachte gar nicht daran, ihn hier und jetzt zu provozieren. Sie war intelligent genug, um ihr Spiel zu spielen, das kaum jemand zu durchschauen vermochte. Ja, Luguri war ihr Liebhaber gewesen, und wenn sie glaubhaft die trauernde Witwe darstellen wollte, mußte sie sich ein wenig gehen lassen – jedoch nicht zu weit, daß die Situation eskalierte. Liebe und echtes Verlangen waren niemals Bestandteil ihrer Beziehung zu Luguri gewesen. Natürlich hatte sie die sexuellen Kontakte genossen, aber in erster Linie war sie an seiner Seite, weil sie Ambitionen hatte, selbst einmal Fürstin der Finsternis zu werden. Luguris Tod war ihr nur recht und billig; allerdings kam er viel zu früh, was ihre eigenen Pläne ein wenig durcheinander brachte. Sie hatte ihn zuerst heiraten und anschließend eliminieren wollen, damit der Titel des Fürsten rechtmäßig auf sie überging. So aber war sie nur seine Mätresse ohne jegliche Ansprüche. Dennoch wollte sie ihre Show vor aller Augen abziehen, um vielleicht doch noch vor den Advokaten der Schwarzen Familie den richtigen Eindruck zu erwecken.

Schnaubend stierte sie den Lordkanzler an. Ihre Blicke versprühten ein loderndes Feuer, das scheinbar jeden Moment entfesselt werden konnte. Die anderen spürten deutlich, wie Magie zwischen Angelina und Zakum knisterte, und auch der dämonische Archivar hatte sich innerlich gespannt, um einen etwaigen Angriff der Teufelin zu begegnen. Er glaubte zwar nicht, daß sie mächtig genug war, ihn zu vernichten, aber gefährlich konnte sie ihm trotzdem werden.

»Ich frage noch einmal«, wiederholte der Lordkanzler betont langsam mit einer derartigen Gefährlichkeit in der Stimme, daß sich einige der anderen Dämonen ängstlich in ihren Stühlen duckten. »Du nennst mich einen Lügner?«

»Ich will Beweise sehen, daß Luguri wirklich tot ist!« wich Angelina der Konfrontation geschickt aus. »Rebecca war niemals mächtig genug, ihn zu vernichten. Wie soll ich glauben, was du sagst, Lordkanzler?«

Zakums Miene verzog sich. Er war nicht der Typ Dämon, der sich leicht in Rage versetzen ließ – allerdings galt es vor dieser Versammlung, sein Gesicht zu wahren. Ein maßregelnder Spruch, der Angelina zur Räson bringen sollte, lag ihm auf den Lippen, aber einer der Anwälte kam ihm zuvor.

»Ich halte hier fest, daß Sie, werte Signorina Ciabatti, keinen Anspruch darauf haben, sich hier so aufzuspielen«, klärte der Engländer Templeton auf. »Auf der anderen Seite kann ich Ihre Indisposition aber verstehen und muß darauf bestehen, daß uns der Lordkanzler Beweise für den Tod des Fürsten vorlegt.«

Zakum breitete die Hände aus, und im ersten Moment schien es so, als wolle er sie um Templetons Hals schließen, um ihn zu erwürgen. Doch dann huschte ein Lächeln über sein Gesicht, als er verkündete: »Ich bin der einzige Zeuge des Niedergangs von Luguri und Rebecca. Sie stellte ihm eine teuflische Falle und setzte ihn der Ausstrahlung von zwei Geistesgestörten aus. Luguri konnte Rebecca zur Strecke bringen, doch sein Verstand hatte darunter gelitten. Noch bevor ich einschreiten konnte, beendete er selbst sein Leben, weil er die Schmach und Schande nicht ertragen konnte.«

Angelina glaubte Zakum kein Wort, unterbrach ihn aber kein zweites Mal.

»Es gibt keine Überreste seines Körpers, die Beweisen könnten, daß der Fürst wirklich tot ist?« fragte der zweite Anwalt.

Zakum langte in seine weite Toga und förderte einen langen, vergilbten Zahn hervor. »Sein Körper wurde zu Asche, ein Schicksal, das viele unserer Art ereilt.«

Zustimmendes Gemurmel erhob sich.

»Das einzige, was nicht verbrannte, ist dieser Zahn, den Ihr alle als seinen einzigen Schneidezahn erkennen werdet.«

Nora Manning nickte heftig, und einige der anderen Dämonen riefen Bejahendes dazwischen. Angelina leckte sich über die Lippen. Sie zweifelte nicht daran, daß Luguri tot war; allerdings konnte sie sich noch immer nicht vorstellen, daß allein Rebecca dafür verantwortlich war. Wahrscheinlich hatte Zakum ein wenig nachgeholfen, um sich selbst auf den Thron der Schwarzen Familie zu setzen. Aber wenn er die Macht besaß, Luguri selbst in die Knie zu zwingen, warum hatte er dann nicht schon längst reagiert? Es hatte in der Vergangenheit genügend Möglichkeiten gegeben, einem Fürsten der Finsternis den Thron streitig zu machen – wer Luguri besiegen konnte, dem war auch ein Olivaro oder eine Hekate nicht gewachsen.

Der Notar Templeton räusperte sich. »Ihr werdet verstehen, daß wir Euch nicht sofort als den neuen Fürsten der Finsternis anerkennen können. Zuerst müssen einige Formalitäten...«

Zakum hob die Hand und brachte ihn zum Schweigen. Er umschlich den Tisch und legte den Zahn Luguris auf die Platte.

»Ihr glaubt, ich wolle von meiner Funktion als Lordkanzler Gebrauch machen und automatisch in der Rangfolge nach oben steigen, um Luguris Nachfolge anzutreten?« Die Teufelsfratze schien noch bleicher und ungesunder zu werden als sonst.

Angelina runzelte die Stirn und verfolgte jede Bewegung des dämonischen Archivars. Seine Worte erstaunten sie, und sie konnte sich einen Reim darauf machen, was er als nächstes sagen wollte – doch das würde keinen Sinn ergeben...

»Weit gefehlt, Gefolgschaft der Schwarzen Familie«, fuhr Zakum fort. »Mich gelüstet es nicht nach dem Thron des Fürsten der Finsternis. Es ist nicht meine Aufgabe, die Geschicke der Familie zu lenken.«

Er breitete wieder die Hände aus, setzte eine bekümmerte Miene auf und deutete dann auf sich selbst. »Ich bin nur ein alter, kränkelnder Dämon, der sich in die Einsamkeit der Gebirge geflüchtet hat. Viele von euch hätten mich nie zu Gesicht bekommen, wäre Luguri nicht von der fixen Idee besessen gewesen, mich zu seinem Lordkanzler zu ernennen. Ich ziehe es vor, das Archiv der Familie zu pflegen, ganz so, wie es mir unser Herr aufgetragen hat. Ein neues Oberhaupt soll aus euren Reihen gestellt werden.«

Aus euren Reihen, sinnierte Angelina, *wieso sagt er das so?*

Templeton faltete die Hände ineinander. »Also werden wir diese delikate Angelegenheit auf formellem Wege lösen müssen.«

»Eine Wahl?« fragte sein Amtskollege.

»Eine Wahl?« echote Zakum nachdenklich und ging zu seinem Platz vor Kopf der Tafel zurück. »Eine Wahl... ja, aber die Kandidaten sollten sich zuvor profilieren oder bereits profiliert haben. Wir können keine Schwächlinge und Nichtsnutze auf dem Thron dulden. Eine starke Hand muß her, eine Hand, die die Schwarze Familie in Luguris Sinn zu neuen Ufern führt.«

Im nächsten Moment herrschte ein heilloses Durcheinander. Alles sprach wie wild drauf los. Nur vereinzelt waren Gesprächsfetzen zu vernehmen, und sogar Angelinas Vater war in eine hitzige Diskussion mit Heinz Nowottny und Jen Jong vertieft.

Angelina rückte sich den Stuhl wieder zurecht und ließ sich darauf nieder. Aufmerksam beobachtete sie die anderen, allen voran Zakum, der einfach nur abwartend dort stand und in stoischer Gelassenheit auf den Ausgang der Unruhe wartete. Mehr als einmal fiel sein Blick auf die junge Teufelin, und er lächelte wissend.

Du willst den Thron...

Angelina schluckte, als sie die Stimme direkt in ihren Gedanken hörte. Unvermittelt blickte sie zu Zakum, doch die Worte waren eher sanft und beruhigend gewesen. Sie besann sich und ging auf das mentale Muster ein, das sich in ihrem Kopf widerspiegelte. Die Worte waren eine telepathische Botschaft ihrer Schwester gewesen. Angelina, selbst der Telepathie nicht fähig, dachte einfach zurück, in der Hoffnung, Chiara würde ihre Gedanken lesen, wenn sie sich nicht abschirmte.

So ist es.

Du mußt stark sein, kleine Schwester, kam die mentale Stimme Chiaras zurück. *Sieh nach vorn, beweise Mut und Kraft, dann wird der Erfolg auf deiner Seite sein.*

Wie um eine direkte Antwort auf die Worte ihrer Schwester zu geben, stemmte sich Angelina auf, schlüpfte aus dem Trenchcoat und sprang ansatzlos auf die Tischplatte. Augenblicklich verstummten die Diskussionen, und alle schauten die schöne Teufelin an, die in ihrem aufreizenden Netzbody und den schenkelhohen Stiefeln wie die fleischliche Sünde in Person wirkte.

»Große Taten wollt Ihr?« schrie Angelina in die Runde. »Wer vertrieb den Dämonenkiller, unseren größten Feind, aus Andorra und zerstörte seine jämmerliche Burg?«

»Ein Verdienst, der dir nicht allein gebührt«, räumte Zakum ein.

Angelina ging nicht darauf ein. »Und wer eroberte erst kürzlich die Jugendstilvilla in London und zwang den Dämonenkiller und seine Brut abermals zum Rückzug?«

Ein Aufatmen ging durch die Anwesenden, und Alessandro Ciabatti hämmerte mit seiner mächtigen Faust kraftvoll auf den Tisch, so daß er zu Zittern anfing. »Meine Tochter war es!«

Jen Jong und Konstantin Thurgau begannen zu applaudieren, und alsbald fielen ein Dutzend anderer Dämonen begeistert ein. Angelina badete sich im Licht des Beifalls, doch als ihr Blick auf die reserviert dreinschauende Schwester fiel, ermahnte sie sich selbst dazu, ihren Triumph erst auszukosten, wenn er denn einer geworden war.

»Ruhe!« Zakums Stimme war leise, schleichend, dennoch hörte sie jeder in der Grotte. Aus finsteren Augen musterte er die anderen Dämonen und schien sie kraft seines Blickes zum Schweigen bringen zu wollen. »Dieses unzivilisierte Gebrabbel bringt uns überhaupt nicht weiter. Templeton, erkläre es!«

Der Anwalt nickte. »Unser Lordkanzler hat recht. Es werden ordentliche Anhörungsverfahren stattfinden. Jeder Sippe steht es frei, einen Kandidaten für die Wahl zum neuen Fürsten der Finsternis zu stellen. Bei der Anhörung können die Taten eines jeden vorgebracht und erläutert werden. Wir werden sie sorgfältig studieren und in einem ausgeschriebenen Wahlverfahren vorbringen. Sich heute mit Taten zu brüsten, bringt Ihnen überhaupt nichts ein, Signorina Ciabatti.«

Angelina ballte die Hände zu Fäusten. Sie sog die Luft scharf ein, sprang dann vom Tisch und marschierte schnurstracks aus der Versammlungshöhle hinaus. Ihr Vater wollte sie zurückrufen, aber als er Chiaras Kopfschütteln sah, ließ er es bleiben.

Zakum klatschte in die Hände. »Damit wäre diese Angelegenheit vorerst geklärt. Bis zur Neuwahl werde ich selbstverständlich als kommissarischer Fürst der Finsternis amtieren – was aber keineswegs bedeutet, daß ich mich selbst zur Wahl stelle.«

Angelina blieb im Eingang zur Grotte stehen, wandte sich um und verschränkte die Arme vor der Brust. Sie nagte an ihrer Unterlippe und merkte dabei, daß ihre Eckzähne angewachsen waren und leicht in das weiche Fleisch eindrangen. Ein schwarzer Blutstropfen benetzte ihre Lippe. Sie leckte ihn mit der Zunge ab und verfolgte das weitere Geschehen aus der Entfernung mit. Der Tag war überhaupt nicht so verlaufen, wie sie es für sich geplant hatte. Durch Luguris frühen Tod waren ihre Pläne zunichte gemacht worden. Daß sie seine anerkannte Mätresse war, zählte vor den Juristen der Schwarzen Familie überhaupt nichts. Große Taten waren gefragt, aber reichte es aus, das Castillo Basajaun vernichtet und die Villa Dorian Hunters in London erobert zu haben? Die Dämonen wollten *wahre* Ergebnisse sehen. Andere Schwarzblütler mochten große Dinge für das Gemeinwohl der Familie vollbracht haben – wen interessierte es da schon, ob der Dämonenkiller nun von einem anderen Stützpunkt aus gegen die Dämonen vorging oder nicht? Auch der Tod einiger seiner Gefährten wog nicht soviel. Der Kopf des Dämonenkillers selbst aber würde die Advokaten überzeugen, daß dessen Überbringer der geeignete Nachfolger Luguris war. Vielleicht reichte es auch aus, die Zamis-Hexe zu liquidieren. Angelina rieb sich die Hände. Sie mußte unbedingt das vollenden, was sie angefangen hatte. So oder so, Dorian Hunter und Coco Zamis mußten durch ihre Hand sterben – nur so würde es ihr gelingen, die Paragraphenreiter der Schwarzen Familie auf ihre Seite zu bringen und sich den Weg auf den Thron zu ebnen.

»Bevor wir nun den appetitlichen Teil unserer Zusammenkunft einleiten«, sagte Zakum weiter und deutete dabei auf die hängenden Opfer, »müssen wir noch klären, welche Strafe wir über die widerspenstige Betty Danet verhängen. Mr. Templeton, was sagt das Gesetz?«

»Vernichtungsmagie auf einem Sabbat anzuwenden ist eine schwere Schandtat, die wir nicht so einfach hinnehmen können. Ein rechtmäßiger Fürst der Finsternis hätte die Befugnis, die Danet-Hexe in einen Freak zu verwandeln. Mit Verlaub, Herr Lordkanzler, diese Option steht Euch nicht zur Verfügung.«

Zakum machte eine wegwerfende Handbewegung.

»Miss Danet kann für die Dauer einiger Jahre unter einen Bann gestellt werden, es sei denn ein Bürge, der nicht aus der eigenen Familie stammt, tritt für sie ein...«

»Ich spreche für Betty Danet!«

Alles drehte sich völlig überrascht zu Angelina um, die aus dem

Schatten des Höhleneingangs getreten war und die Hand erhoben hatte. Sie zwinkerte ihrem ungläubig dreinblickenden Vater zu und blieb neben Zakum stehen.

»Du willst für sie sprechen?« fragte Zakum mißtrauisch.

»Was haben Sie zu sagen, Signorina Ciabatti?« wollte Templeton wissen.

Angelina blickte in die Runde. Sie begegnete dem Blick ihrer Schwester und hörte kurz darauf ihre telepathischen Gedanken.

Ich hoffe, du tust das Richtige, Schwesterherz!

Überlaß das ruhig mir, Chiara.

Laut sagte sie dann: »Betty Danet hat in England große Fürsprecher. Wir können uns nicht leisten, den Zorn oder Unwillen einer Menge Sippen auf uns zu ziehen!«

»Ha!« machte es vom Ende der Tafel her. »Es werden hauptsächlich Männer sein, die etwas gegen eine Verbannung haben. Dieses Flittchen ist doch hinter jedem Schwanz her, der ihr über den Weg läuft!«

Angelina giftete Juanita Mouthino an. Ihr lag gerade eine anzügliche Bemerkung über das Liebesleben von Ghouls auf den Lippen, aber Jen Jong kam ihr zuvor.

»Wie reden Sie über meine zukünftige Schwägerin?« fuhr der Holländer auf. »Mein Bruder Ruud hat Betty Danet einen Heiratsantrag gemacht, und demnächst ist eine Dämonenhochzeit geplant. Miß Abey wird das bestätigen können.«

Jong sah zu der englischen Vampirin hinüber. Sandy Abey nickte nur und bleckte dabei die Zähne in Richtung der Ghoul.

»Ich stelle hiermit Betty Danet unter meinen persönlichen Schutz!« Die Teufelin setzte ein kühles Lächeln auf. Dadurch, daß sie die Danet protegierte, zog sie zumindest zwei mächtige Sippen auf ihre Seite: die Danets und die Jongs. Wahrscheinlich waren ihr auch die Abeys wohlgesonnen, auch wenn sie Vampire verachtete.

»Wir erkennen Dein Wort an«, sagte Templeton und schaute in Zakums Richtung, um sich die Bestätigung des kommissarisch eingesetzten Oberhauptes der Schwarzen Familie einzuholen.

Der Lordkanzler knirschte mit den Zähnen, nickte dann aber.

»Betty Danet wird freigesprochen«, verkündete Templeton. »Und Angelina Ciabatti bürgt für ihre weiteren Taten. Sollte sich ein Vorfall wie dieser in nächster Zeit wiederholen, werden wir Signorina Ciabatti mit zur Rechenschaft ziehen.«

Einige der Anwesenden nickten anerkennend in Angelinas Richtung, doch als sie ihren Vater ansah, schüttelte der nur leicht den Kopf und setzte eine bedauernde Miene auf. Betty Danet wurde von zwei Mönchen hereingeführt, und als ihr die Sachlage erklärt wurde, starrte sie die Teufelin nur verdutzt an, ohne sich bei ihr zu bedanken.

Du wirst schon noch zu mir kommen, dachte Angelina bei sich.

Zakum läutete den festlichen Teil des Sabbats ein. Auf sein Zeichen hin wurden die letzten Opfer von den Mönchen heruntergelassen. Kurz darauf ging ein Johlen durch die dämonische Versammlung, als sich die Schwarzblütler die Kleider vom Leibe rissen und einige ihre wahre Gestalt offenbarten. Mit einem Heißhunger an sexuellen Gelüsten fielen sie übereinander und über die bereits nackten Opfer her.

Angelina zog sich zurück. Sie war zwar keine Kostverächterin, was den sexuellen Höhepunkt eines Sabbats anging, doch ihre Gedanken kreisten um die Nachfolge Luguris. Sie sah aus den Augenwinkeln, wie ihr Vater alle Tarnung fallenließ und als imposanter Teufel eines der unter dämonischem Bann stehenden Mädchen zu Boden riß und sich zwischen seine Beine drängte. Plötzlich erwachte es aus der apathischen Starre und schrie vor Schmerzen, als es das harte Glied in sich spürte, das sie brutal herannahm. Chiara hingegen verließ den Ort des Geschehens ebenso wie ihre Schwester. Doch sie gingen getrennte Wege. Besorgt blickte Angelina der anderen Teufelin hinterher. Sie wußte, daß ihre Schwester sich nichts aus dem sexuellen Treiben bei den Versammlungen machte. Auch wenn es untypisch war, wurde sie in ihrer Familie dafür nicht verachtet, denn jeder wußte, wie böse sie war, welchen finsteren, sadistischen Keim sie in sich trug. Nur gab es einen Makel, der nicht an die Öffentlichkeit gehörte, und je weniger Chiara an solchen ausschweifenden Zeremonien teilnahm, desto sicherer war es, daß ihr Familiengeheimnis gehütet blieb.

Einer der Mönche trat an Angelina heran, als sie die große Grotte verlassen hatte. Sein Gesicht lag im Schatten der Kapuze verborgen, und als er sprach, war seine Stimme kaum mehr denn ein Zischen.

»Einer der Diener aus Cashel will dich sprechen.«

Angelina zog eine Braue hoch, nickte dann aber und ließ sich von dem Mönchsdämon zu einer runzeligen Alten bringen, die in dem Städtchen Cashel wohnte. Vor der Versammlung waren die Dämonen über den Ort gekommen und hatten sich seine Bevölkerung untertan gemacht – einen großen Teil der Anwohner zumindest. Einige der Iren standen auch unter Angelinas Bann. Sie konnte sich daran erinnern, daß die Alte dazu gehörte.

»Was willst du?« herrschte sie die Frau mit dem starren Blick, der stets ins Leere gerichtet schien, an.

Die Irin verneigte sich vor ihr und fiel fast auf die Knie. Angelina packte sie bei den Schultern und zog sie hinauf.

»Sprich schon!« fauchte sie ungehalten.

»Verzeiht, Herrin«, ächzte die Alte. »Ihr habt mir aufgetragen, Euch zu informieren, wenn ich einen Mann sehen sollte, der zu einer von Euch ausgegebenen Beschreibung paßt.«

»Und?«

»Der, den Ihr Dämonenkiller nennt, hat sich heute Abend in Cashel einquartiert.«

Angelina konnte ihr Glück im ersten Moment nicht fassen. Natürlich hatte sie vermutet, daß Dorian Hunter irgendwie von dieser Versammlung erfahren könnte und sich auf den Weg hierher machte. Nun mußte sie nur noch die Gelegenheit nutzen und ihren Sieg einfordern – den Sieg über Dorian Hunter und den Thron der Schwarzen Familie!

Angelina ließ die Alte einfach stehen und machte sich auf den Weg, um ihren größten Feind aufzusuchen und zu stellen.

Er hatte genug gesehen und gehört. Vorsichtig zog sich Dorian Hunter von dem Felsvorsprung über der großen Höhle zurück. Er ahnte nicht, daß eben jenes niedrige Plateau zuvor schon Toshiro Ishida dazu gedient hatte, die Dämonenversammlung zu belauschen. Dorian kehrte auf demselben Weg zurück, auf dem er auch in die Höhle gelangt war. Die Schwarzblütler waren momentan viel zu sehr mit sich selbst und ihrer Orgie beschäftigt, als daß sie sich um ihn kümmerten. Nur zweimal mußte er einem der dämonischen Mönche ausweichen, die sich offensichtlich nicht an dem Sabbatritual beteiligten. Ungeschoren gelangte Dorian Hunter an die Oberfläche und kletterte die Ruinentrümmer der Hore Abbey hinunter. Er blickte sich um, konnte jedoch keine Anzeichen von Gefahr ausmachen und setzte seinen Weg fort in das Städtchen

Cashel. Unterwegs gelangte er noch einmal zu der Stelle, an der der Japaner einfach vom Erdboden verschluckt worden war. Noch immer konnte sich Dorian keinen Reim darauf machen, und irgend etwas in seinem Hinterkopf sagte ihm, daß nicht die Dämonen dahintersteckten, die den Mann verfolgt hatten, denn sie schienen ebenso erstaunt über sein Verschwinden gewesen zu sein wie Dorian selbst. Aber so sehr der Dämonenkiller die Stelle auch untersuchte, er konnte keinerlei Anhaltspunkte über den Verbleib des Japaners finden.

Mit gemischten Gefühlen marschierte er nach Cashel zurück und suchte dort seine Unterkunft auf. Er warf sich achtlos auf das Bett, machte sich nicht die Mühe, die Schuhe auszuziehen und verschränkte die Hände nachdenklich hinter den Kopf. Die Dämonen waren sich uneins. Sie hatten keinen Anführer mehr, und Zakum schien sich aus der Angelegenheit heraushalten zu wollen.

Um so besser, sinnierte Dorian. Er traute dem dämonischen Archivar einiges zu. Immerhin war er schon steinalt und hatte große Erfahrung im Umgang mit Magie. Die momentane Führungslosigkeit konnte durchaus einige Sippenunruhen auslösen. Machtkämpfe unter verschiedenen Dämonenclans waren zwar eine willkommene Abwechslung, bei der sich die Schwarzblütler gegenseitig dezimierten, aber nicht selten wurden auch Menschen versehentlich in die Auseinandersetzungen mit hineingezogen. Es gab noch eine andere Gefahr, die Dorian nicht aus dem Kopf wollte. Die Dämonen würden sich nun beweisen wollen – und was mochte ihnen besser zur Profilierung gereichen als der Kopf des Dämonenkillers?

Wer ihn zur Strecke brachte, hatte den Wettbewerb um die Thronfolge des Fürsten der Finsternis so gut wie gewonnen.

Er hatte allerdings schon so oft auf der Abschußliste der Schwarzen Familie gestanden, daß er deswegen keineswegs in Panik ausbrach. Während er nachgrübelte, was nun am besten zu tun sei, schreckte ihn plötzlich ein Geräusch auf dem Korridor auf.

Kurz darauf klopfte es an der Tür...

7. Kapitel

Und hört, ich sah einen Engel

Die Übelkeit pochte in seiner Kehle, und ein flaues Gefühl in seinem Magen zog ihm die Eingeweide zusammen. Er glaubte, jeden Moment innerlich explodieren zu müssen, und immer wieder schwappte eine Hitzewelle über ihm zusammen und trieb den Schweiß bächeweise aus seinen Poren. Das ganze Leben war im Bruchteil einer Sekunde an seinem inneren Auge vorbeigezogen, und dennoch hatte er nicht wirklich das Gefühl, daß dies sein Ende war – vielmehr erst der Anfang eines noch gräßlicheren Schicksals als jenes, das ihm gerade beschert wurde.

Toshiro Ishida krümmte sich auf der... ja, worauf eigentlich? Der Boden, auf dem er lag fühlte sich seltsam weich an, ganz anders als harter Stein, den er eigentlich erwartet hatte. Er versuchte sich an das zu erinnern, was geschehen war, mußte dabei jedoch feststellen, daß das Gefühl der Übelkeit nur stärker in ihm hochstieg. Es konnte nicht sein! Ein Alptraum, er mußte einer wahnwitzigen Halluzination erlegen sein, vermutlich ausgelöst durch die Schmerzen, die ihn quälten.

Aber was war wirklich geschehen? Toshiro erinnerte sich an einen Sturz aus großer Höhe. In seinem Traum hatte sich die Erde unter ihm aufgetan und ihn einfach in ihre dunklen Tiefen herabgerissen. Unvorstellbar! Aber was war real? Die Reise mit seiner geliebten Minako nach Irland?

Minako!

Der Gedanke an das junge Mädchen trieb ihm einen Stich in die Brust, und eine neue Schmerzenswelle übermannte ihn. Toshiro röchelte und spie seinen Mageninhalt aus. Der Geruch von Erbrochenem verbesserte die Situation um keinen Deut. In seinen Gedanken wirbelten die Bilder, die er für die Wahrheit hielt, wie wild durcheinander. Aber reflektierten sie die Wirklichkeit, oder waren sie nur Ausgeburten seiner eigenen, pervertierten Phantasie? Minako... tot! Von Monstren verschleppt, aufgeschlitzt und gefressen...

»Nein!«

Der Klang der eigenen Stimme erschreckte ihn. Er zuckte zusammen und beschwor dadurch nur noch größere Schmerzen herauf. Die Welle war so stark, daß er nicht einmal die Berührung auf seinem Arm spürte – anfangs zumindest nicht. Aber als jemand dicht neben ihm sprach, bemerkte er auch den sanften Druck.

»Beruhigen Sie sich«, sagte eine weiche Frauenstimme auf Englisch.

Toshiro versuchte die Schmerzen zu ignorieren und sich endlich zu orientieren. Noch immer hatte er die Augen geschlossen und gab sich den verfälschten Bildern in seinen Gedanken hin. Er strengte sich an, die Lider zu öffnen, mußte dabei feststellen, daß sie verklebt waren. Erst als sich etwas Kühles, Nasses über sein Gesicht legte, gelang es ihm zu blinzeln. Verschwommen nahm er seine Umgebung war und stellte fest, daß es noch immer dunkel war. Jemand entfernte den nassen Lappen. Die Feuchtigkeit hatte ihm gut getan und vertrieb ein wenig das flaue Gefühl im Magen.

»Ich weiß, es geht Ihnen miserabel«, sagte die Stimme wieder.

Toshiro Ishida fokussierte seinen Blick auf die verwaschenen Umrisse direkt vor seinem Gesicht. Als es ihm schließlich gelang, ein klares Bild zu bekommen, sah er eine attraktive Europäerin mit kurzem, blondem Haar, die sich über ihn gebeugt hatte und weiterhin seine Stirn mit dem feuchten Lappen abtupfte.

»Es mußte schnell gehen, und er war nicht in unmittelbarer Reichweite, deshalb verspüren Sie die Nachwirkungen des Transports ziemlich heftig«, erklärte die Frau, und als Toshiro sie nur unverständlich anstarrte, fügte sie hinzu: »So hat er es mir zumindest erklärt.«

Eine steile Falte bildete sich zwischen Toshiros Augenbrauen. Er wollte sich aufrichten, doch der Schmerz in seinem Bauch drängte ihn sofort wieder zurück auf den Boden. Er bewegte den Kopf leicht zur Seite, um zu erkennen, wo er sich überhaupt befand. Zu seinem Erstaunen mußte er sehen, daß er nicht irgendwo im Erdreich gelandet war, sondern im Schatten eines Baumes unter freiem Himmel lag. Das Rauschen von Wasser drang von weit her an seine Ohren, und ein paar Meter entfernt glaubte er Palmen und andere tropische Gewächse zu erkennen.

»Wo... wo sind wir?« fragte er schwach.

»Garinish Island«, erwiderte die blonde Frau mit einem Lächeln auf den Lippen und deutete auf die Unzahl von Pflanzen und Büschen, die sich vor ihrer beider Augen ausbreiteten. »Hübsch, nicht?«

Toshiro kramte in seinem Gedächtnis nach dem Ort, den ihm die Fremde gerade genannt hatte. Doch er konnte damit nichts anfangen und hakte noch einmal nach.

»Eine Insel im Südwesten Irlands«, teilte ihm die Frau geduldig mit. »Wir befinden uns in einem der schönsten Gärten Irlands. Durch den warmen Golfstrom wachsen hier vornehmlich subtropische Gewächse.«

Ishida brachte ein schwaches Grinsen zustande. »Aber... wie komme ich hierher? Ich war gerade noch in Cashel... meine Güte, das muß fast zweihundert Kilometer von hier entfernt liegen.«

»Sie haben recht. Das meinte ich vorhin damit, als ich Ihnen die unangenehmen Nebenwirkungen erklären wollte.«

Nun richtete sich Toshiro doch auf. Er krümmte sich kurz, als eine neuerliche Schmerzwelle ihn zu Boden pressen wollte, nahm aber alle Kraft zusammen und stemmte sich hoch. Erschöpft lehnte er sich gegen den Stamm des Baumes und blickte sich um. Er konnte erkennen, daß er sich auf einer Anhöhe befand, rings umgeben von Palmen, Bäumen und Sträuchern. Das Rauschen, das er vorhin wahrgenommen hatte, rührte von der nahen Meeresbrandung her. Er hatte von diesem Standpunkt aus einen atemberaubenden Blick auf das Meer, obwohl es dunkel war. Über dem Wasser lag ein seltsamer Glanz, der bis zu ihm leuchtete, so daß er sogar sehen konnte, wie sich das Wasser an den Klippen brach.

Zweihundert Kilometer, dachte Toshiro. *Aber ich bin doch in einen Erdspalt gefallen.*

Er löste sich von dem Anblick der See und fuhr zu der Frau herum. »Wer sind Sie?«

»Doktor Helena Riedberg«, antwortete die Frau. »Sie können mich aber Helena nennen.«

»Und wer hat mich hierher gebracht?« fragte der Japaner.

Helena grinste und streckte einen Arm zum Fuß des Gartens aus, von wo aus sich zwei Gestalten näherten. Toshiro starrte über den Weg hinweg und konnte die Neuankömmlinge gut erkennen, denn der Glanz des Meeres schien irgendwie auf sie übergesprungen zu sein und badete sie in demselben Licht. Zuerst glaubte er, es handele sich bei den beiden um Mann und Frau, doch als er die blondgelockte Person näher betrachtete, konnte er, obwohl er insgesamt sehr feminin wirkte, auch männliche Züge erkennen. Die beiden blieben keine zwei Meter vor Toshiro stehen, und voller Unglauben musterte er den Knaben, der dann doch wieder keiner war, als spiele die Natur einen schlechten Scherz und ließ ihn zwischen den Geschlechtern hin und her pendeln. Er wirkte auf keinen Fall wie ein Mann, der sich wie eine Frau kleidete, nicht einmal wie eine Frau, die in einem männlichen Körper gefangen war, sondern völlig anders: Wie Mann und Frau in *einer* Person. Toshiro schnappte nach Luft, als er die weiblichen Rundungen unter dem Hemdsstoff erkannte.

Auch wenn die zweite Gestalt zu einem Pferdeschwanz zusammengeknotete längere Haare besaß, war sie sofort als Mann zu identifizieren. Aber auch von ihm ging etwas aus, das Toshiro schon an dem blonden Jüngling faszinierte. Beide waren von einer Aura umgeben, die nicht sicht-, wohl aber *spür*bar war.

»Das sind Phillip«, Helena deutete auf den Hermaphroditen, »und Nathan Cardigan.«

Der Mann mit den rotblonden Haaren streckte Toshiro zur Begrüßung eine Hand hin, die der Japaner wortlos ergriff. Er öffnete die Lippen einen Spaltbreit, um seinen Namen zu nennen, doch zu seiner Überraschung sprach ihn Cardigan direkt an.

»Toshiro Ishida, ich bin erfreut, daß dein Weg zu mir geführt hat.«

In diesem Moment ging etwas auf Ishida über. Er fühlte zuerst ein Prickeln in der Handfläche, dann einen unglaublichen Strom, der seinen Arm hinauf wanderte und in Windeseile seinen gesamten Körper erfaßte. Toshiro glaubte, er bekäme einen Stromschlag, nur mit dem Unterschied, daß das, was auf ihn übergriff, sanft und belebend war. Als das angenehme Prickeln nachließ, waren seine Schmerzen wie weggeblasen. Er fühlte sich besser als je zuvor. Vergessen war sein Kummer. Der Tod seiner Verlobten war in weite Ferne gerückt, irgendwo noch in seinem Bewußtsein vorhanden, jedoch völlig bedeutungslos geworden. Wichtig war nunmehr nur noch das Ziel, das sie alle hatten – Helena, Phillip, Nathan und er, Toshiro Ishida. Er begann bei dem Gedanken zu lächeln. Fast wäre er auf die Knie gegangen und hätte Nathan dafür gedankt, daß er auserwählt worden war, doch das leichte Kopfschütteln des freundlichen Mannes mit dem Pferdeschwanz hielt ihn davon ab.

»Unsere Runde ist bald komplett«, sagte Nathan Cardigan und

legte einen Arm um Phillip.

Der Hermaphrodit blickte zu dem anderen auf und schmiegte sich an ihn. »Sieben werden es sein, die die Welt erlösen.«

Nathan nickte. »Sieben. Vier fehlen noch, doch sie werden zu uns kommen, nach und nach.«

Helena faßte Toshiro an die Hand und zog ihn mit sich.

»Komm, laß uns hinunter zum Strand gehen. Das Wasser ist warm.«

Toshiro warf einen fragenden Blick in Nathans Richtung. »Aber unsere Mission...?«

Wieder lächelte der Mann. »Geht nur. Wir haben noch genügend Zeit, bis sich das Schicksal der Welt erfüllt.«

Schon waren die beiden im Dickicht der Pflanzen verschwunden. Nathan Cardigan, so wie sich der *Schemen* nun nannte, strich zärtlich über Phillips Rücken und sah hinauf in die sternklare Nacht. Eine Weile stand er einfach so da und hing Gedanken an die Vergangenheit nach, Erinnerungen an seinen Untergang vor langer Zeit und seine Wiedererweckung vor einigen Wochen. Er hatte den Kontakt zu seiner Heimat verloren, aber er war auf eine alte Bekannte getroffen.

Feinde sind wir geworden. Sie paktiert mit den Schwarzen...

Das leise Geräusch eines sich öffnenden Reißverschlusses holte ihn in die Wirklichkeit zurück. Er blickte an sich herab und sah, wie Phillip ihm die enge Jeans öffnete und mit schlanken Fingern in die Hose griff. Ein zufriedener Ausdruck stahl sich auf Nathans Gesicht.

Die Wege des Herrn sind unergründlich, dachte er an einen Spruch der Menschen. *Und dieses Geschöpf scheint wahrlich von jenem gesandt worden zu sein, den die Sterblichen als ihren Herrn bezeichnen.*

Nathan ließ sich zu Boden sinken und zog Phillip mit sich. Ohne sein Zutun näherten sich die Lippen des Hermaphroditen seinen eigenen und verschlossen sie zu einem langen, liebevollen Kuß.

Mit zusammengebissenen Zähnen näherte sich Abi Flindt der Tür. Er machte nicht den Versuch, eines der Fenster zu öffnen, denn Nathaniels Warnung war eindringlich genug gewesen.

Aber er hat verdammt nochmal nicht von der Tür gesprochen!

Die ausgestreckte Rechte umfaßte den Drehknauf. Er fühlte sich seltsam warm an, obwohl die Luft draußen recht schneidig gewesen war. Abi zögerte einen Moment und langte mit der freien Hand nach seiner Waffe, die der vermeintliche *Engel* ihm gelassen hatte.

Was kann schon passieren? Schlimmstenfalls gerate ich wieder an seine wolfsartigen Kreaturen.

Mit einem Ruck zog Abi die Tür auf und prallte entsetzt zurück. Eine warme Brise wehte zu ihm herein. Die Landschaft draußen hatte sich vollkommen verändert. Das war nicht mehr der Mischwald in den er nahe der dänischen Grenze geraten war. Unter dem von Sternen übersäten Firmament sah er eine grasige Ebene vor einem Hügelpanorama.

»Verflucht nochmal...«

Abi setzte einen Schritt vor die Tür. Kaum daß er den Boden berührt hatte, fühlte er einen eisigen Luftzug in seinem Nacken, der den gemäßigten Temperaturen Hohn sprach. Auf einen Verdacht hin drehte er sich um und prallte abermals zurück! Das Haus, in dem er sich gerade noch aufgehalten hatte, war verschwunden – wie vom Erdboden verschluckt!

Flindt befand sich allein auf der Grasebene, mitten im Nirgendwo. Wäre das gleiche geschehen, wenn er eines der Fenster geöffnet hätte? Abi verscheuchte die Frage, denn die Antwort, die er sich selbst darauf gegeben hätte, wollte er gar nicht mehr wissen. Viel wichtiger war jetzt, überhaupt herauszufinden, wo er sich befand.

»Nichts leichter als das«, murmelte der Däne in sich hinein. Er überließ selten etwas dem Zufall, und bei seiner Dämonenjagd war er nicht sehr wählerisch, was seine Mittel anging – vor allen Dingen setzte er auch auf die technologische Seite, denn die Technik des ausgehenden 20. Jahrhunderts war der Ersatz für die Weiße Magie, die den Menschen über die Jahrtausende verlorengegangen war. Mit Technologie ließen sich die Dämonen seiner Meinung nach besser bekämpfen als mit althergeholten Formeln. Da Nathaniel, oder wie immer sich der *Engel* momentan nannte, ihm seinen Kampfgürtel gelassen hatte, konnte Abi sich diese Technologie zunutze machen. Er griff nach seinem Mobiltelefon, das sich in weit über siebzig Ländern der Erde automatisch in eines der Landesfunknetze einklinkte, um einen Auftragsdienst für Satellitennavigation anzurufen. Anhand seiner Funksignale würde man seine Position auf mehrere Kilometer genau bestimmen können.

Enttäuscht zog Abi die Lippen herunter, als er erkennen mußte, daß das Handy nicht funktionierte. Der Akku war leer, obwohl er ihn vor seinem Zusammentreffen mit Helena Riedberg aufgeladen hatte. Vermutlich hatte die magische Reise, die Nathaniel initiiert hatte, der Kraftquelle sämtliche Energie entzogen. Abi schaute auf seine Armbanduhr, doch auch das LCD-Display hatte seinen Geist aufgegeben.

Fluchend setzte er sich aufs Geratewohl in Marsch. Da er nicht wußte, in welchem Teil der Erde er sich befand, half es kaum, sich anhand der Sternenpositionen zu orientieren – vor allen Dingen dann nicht, wenn man überhaupt nicht in dieser Kunst bewandert war. Abi zog ziellos durch die lehmige Ebene und hielt auf die Hügelkette zu. Vielleicht konnte er von dort oben einen besseren Überblick erlangen und Einzelheiten erkennen, die ihm weiterhalfen.

Abi wanderte eine gute Stunde über das unwegsame Gelände bis er auf eine asphaltierte Straße traf. Sofort änderte er seinen Entschluß, weiterhin in Richtung der Berge zu gehen und folgte dem Straßenverlauf nach Norden – jedenfalls vermutete er aufgrund der am Himmel stehenden Mondsichel, daß es Norden war. Als er den ersten Durst und ein nagendes Hungergefühl verspürte, hatte Abi jegliches Zeitgefühl verloren. Es war früher Abend gewesen, als sie an der dänischen Grenze eingetroffen waren. Jetzt konnte es acht, aber genausogut drei Uhr in der Früh sein. Er wußte ja nicht einmal, ob es noch derselbe Tag war oder Nathaniel ihn gar in die Vergangenheit oder Zukunft geschleudert hatte. Flindts Gedanken rotierten.

Wahrscheinlich werde ich hier jämmerlich verrecken, dachte er und ließ sich am Straßenrand auf einem Findling nieder. Den Kopf in die Hände gestützt, grübelte er über seine miese Situation nach. War Nathan Cardigan alias Nathaniel eine Nummer zu groß für ihn? Nein, er hatte ihn mit lächerlichen Taschenspielertricks in ein zeitweiliges Aus manövriert, aber das hieß noch lange nicht, daß das Spiel für Abi zu Ende war.

»Zugegeben, er hat mehr drauf als andere«, murrte der Däne und schaute sich nochmals um. Was immer Nathaniel mit dem Haus und ihm angestellt hatte, er mußte sie über eine beachtliche Entfernung transportiert haben – das brachten nur die mächtigsten unter den Dämonen zustande. Damit war Nathaniel ein potentieller und würdiger Gegner für die Dämonen, allen voran ihrem Fürsten der Finsternis – nur schien dieser *Engel* davon wenig beeindruckt zu sein.

Noch einmal ließ sich Abi die Worte Nathaniels durch den Kopf gehen. Hatte er nicht davon gesprochen, daß bald gar nichts mehr Sinn machen würde, daß er Abi nur aus einer sentimentalen Geste heraus noch am Leben ließ?

Der Dämonenjäger schlug die rechte Faust klatschend in die geöffnete Linke. Er ahnte, daß eine zweite Begegnung mit Nathan Cardigan tödlich für ihn verlaufen würde. Soweit es den Anschein hatte, war der *Engel* nicht bereit, mit jemandem zusammenzuarbeiten, sondern verfolgte seine ganz eigenen Ziele. Und die Art, wie er von ihnen gesprochen hatte, mochte Abi überhaupt nicht gefallen.

Nichts wird mehr von Bedeutung sein...

»Verdammt, wer hat gesagt, daß er ein Engel ist?« rief Flindt laut aus, sprang auf und trat wütend in den Staub neben der Straße. Er ging weiter und verfiel nur wenig später in einen leichten Dauerlauf, den er aber nach zwei-, vielleicht dreihundert Metern abbrechen mußte, weil heftige Seitenstiche ihm arg zusetzten. Der Erschöpfung nahe beugte er sich vor und stützte sich auf seine Knie. Er hustete und röchelte, hielt sich die rechte Seite. Er zerbiß einen weiteren Fluch, bevor er ihn aussprechen konnte, und als er sich langsam aufrichtete, sah er das Straßenschild.

Es war aus Holz, verwittert, und die Schrift darauf war kaum mehr zu lesen. Abi schritt langsam darauf zu. Es war zu dunkel, um etwas erkennen zu können, so griff er instinktiv zur Mag-Lite, doch auch die Batterien der Taschenlampe waren durch den magischen Sprung Nathaniels unbrauchbar geworden. Als er direkt vor dem Schild stand, kramte er ein Feuerzeug aus dem Kampfgürtel, ließ es aufschnappen und hielt es hoch. Der schwache Schein wollte kaum Licht spenden. Abi konnte nicht den ganzen Namen auf dem Schild entziffern, aber das war auch nicht notwendig, denn das Wenige, das er lesen konnte, war eindeutig in gälischer Sprache geschrieben.

»Irland!« stieß er hervor. »Was zum Teufel soll ich in Irland?«

»Hast du etwas gegen diese Insel?«

Abi fuhr herum. Die Desert Eagle aus dem Holster zu ziehen und durchzuladen waren eins. Er legte auf die Gestalt an, die wie aus dem Nichts aufgetaucht zu sein schien. Ein Näherkommen hätte er doch bemerken müssen!

»Kommt ganz darauf an, wer mich danach fragt?« schnaubte Flindt. »Keine faulen Tricks, ich habe Pyrophorkugeln im Magazin, die rösten jeden noch so mächtigen Dämon!«

Der andere befand sich im Schatten, so daß Abi ihn nicht genau erkennen konnte. Seine Statur war eher klein, mehr war bei den herrschenden Lichtverhältnissen nicht auszumachen.

»Ein Dämon?« der andere lachte rauh auf. »Sehe ich etwa aus wie ein Dämon?«

»Ich weiß nicht, wie Sie aussehen, Mister«, fauchte Abi zurück. »Aber ich habe bereits erlebt, wie Dämonen sich in die verführerischsten Geschöpfe verwandelten, also versuchen Sie nicht, mich hereinzulegen.«

Der andere machte zwei Schritte auf Flindt zu und streckte dabei seine Hände mit nach oben gekehrten Handflächen weit von sich, um zu signalisieren, daß er unbewaffnet war. Im fahlen Licht der Mondsichel wirkte der Mann gespenstisch. Das polarisierte Licht warf die Runzeln in seinem zerknautschten Gesicht als harte Schatten zurück, die Abi ein unwirkliches Eigenleben vorgaukelten. Sein Gegenüber reichte ihm knapp bis zur Hüfte, und wenn es jemanden gab, der die Bezeichnung *Gnom* verdient hatte, dann wohl dieser Mann. Sein Gesicht spottete jeder Beschreibung, und Abi mußte unfreiwillig an einen Nußknacker denken.

»Wer zum Henker sind Sie?«

»Ein Freund«, erwiderte der andere lächelnd.

»Sie sind ein Magier!« schnappte Flindt. »Wie sonst hätten Sie sich in dieser Ödnis an mich an mich heranschleichen können?«

»Vielleicht saß ich die ganze Zeit dort drüben bei dem Findling, und sie haben mich einfach nicht bemerkt. Es ist sehr dunkel hier draußen.«

Abi sah den anderen schief an. Für einen Moment wollte er diese Möglichkeit sogar in Betracht ziehen, verwarf die Ausrede des Gnoms aber wieder. Er war sicher, daß er ihn nicht übersehen hatte – so erschöpft und unachtsam war er nun auch wieder nicht gewesen.

»Erzählen Sie das... wem auch immer«, knurrte Flindt zurück. »Sie sagen mir jetzt Ihren Namen, was Sie von mir wollen, und dann verschwinden Sie eiligst, ehe ich doch noch in Versuchung komme und Sie durchsiebe.«

»Ich dachte, Sie wollten mich in Brand stecken«, warf der Gnom ein.

»Drehen Sie mir nicht das Wort im Mund herum!«

»Schon gut, meinen Namen können Sie sowieso nicht aussprechen, denn er ist keltisch. Was Ihre zweite Frage betrifft, ich wollte Ihnen wieder auf den rechten Weg helfen.«

Abi runzelte die Stirn. »Sie wollen *was?*«

Der Gnom umschrieb die karge Gegend mit beiden Händen. »Nun, offensichtlich haben Sie sich verlaufen. Was sonst könnten Sie wohl zu Fuß und dreißig Meilen entfernt von jeder nennenswerten Ortschaft tun?«

Dreißig Meilen, dachte Abi. *Ich hätte mir die Hacken wundgelaufen. Aber dieser Knirps wird mir wohl kaum... es sei denn, er besitzt einen Wagen.* .

Aufmerksam blickte sich Abi um, doch soweit er erkennen konnte, war nirgends ein fahrbarer Untersatz zu sehen. Der Fremde wurde ihm unheimlich, und er war sich sicher, es mit einem Schwarzblütler zu tun zu haben. Doch was hinderte ihn daran, ihn einfach unschädlich zu machen? Warum erledigte er ihn nicht einfach, wie er es sonst auch mit Dämonen tat.

»Reden wir mal Klartext«, sagte Abi schließlich. »Was meinen Sie damit, mich wieder auf den rechten Weg bringen zu wollen?«

Der Gnom verschränkte die Arme hinter den Rücken und trippelte unruhig von einem Fuß auf den anderen. Immer wieder schaute er sich um, als erwarte er noch jemanden. Abi entging die Unruhe des anderen nicht – um so nervöser wurde er selbst dabei.

»Sagen wir einmal so«, meinte der Gnom, »wäre ich nicht gekommen, wären Sie die Straße bis zum Umfallen entlang marschiert. Entweder hätten Sie die Nacht hier draußen überlebt und irgendwann morgen am Rande der Erschöpfung das nächste Dorf erreicht, oder...«

Er machte eine vielsagende Geste und ließ den Satz unausgesprochen. Abi konnte sich gut ausmalen, was er damit andeuten wollte.

»Und nun kommen Sie ins Spiel«, warf der Däne mit einem ironischen Unterton in der Stimme ein.

Der Gnom grinste breit. »Ja. Und Sie sollten sich wirklich beeilen, meinen Vorschlag anzunehmen, denn einen günstigeren Moment als jetzt werden Sie nicht mehr abpassen können.«

Abi hob eine Braue. »Günstiger Moment? Wovon reden Sie?«

Der Gnom streckte eine Hand in Richtung der Berge aus. »Dorthin! Ihre ursprüngliche Idee war schon richtig, mein Freund. Gehen Sie in die Berge, schnurstracks diesen Weg, und Sie finden einen Weg aus dem Dilemma.«

Abi folgte dem ausgestreckten Arm des anderen. In seinem Kopf hämmerte es wie wild. *Eine Falle – das ist eine gottverdammte Falle! Schieß den Kerl über den Haufen und hau ab!*

Er wandte sich wieder dem Gnom zu –

– doch dieser war spurlos verschwunden!

Ungläubig blickte Flindt zu der Stelle, an dem der Nußknackertyp eben noch gestanden hatte. Er glaubte fast, die Begegnung nur geträumt zu haben, aber war dies alles vielleicht nur ein surrealer Traum? Befand er sich gar noch in dem Haus in Deutschland nahe der dänischen Grenze und wartete darauf, daß die Wirkung des Giftes, das Nathaniels Kreaturen ihm ins Blut gesetzt hatten, nachließ? Ja, so mußte es sein. Nichts von dem, was er hier erlebte, war wirklich. Er war gefangen in einem Traum.

Aber warum verspürte er dann diesen quälenden Durst und Hunger? Warum taten ihm die Beine vom Laufen weh – und warum wurde es mit jedem Augenblick kälter?

Abi sah auf die nutzlos gewordene Pistole, sicherte sie und ließ sie im Schulterholster verschwinden. Er drehte sich einmal um die Achse. Weit und breit keine Anzeichen menschlicher Zivilisation, von dem Straßenschild und dem schmalen asphaltierten Weg einmal abgesehen. Er befand sich in der Mitte zum Nirgendwo! Und wenn er annahm, daß dies kein Traum war und der Zwerg recht hatte, dann lag ein Fußweg von dreißig Meilen vor ihm, ehe er in ein Dorf gelangen konnte, wo er Nahrung, Wasser und Ruhe fand – wenn überhaupt!

Der Däne nagte an seiner Unterlippe. *Was habe ich schon zu verlieren? Vielleicht ist es doch nur ein Traum...*

Entschlossen verließ er die Straße und setzte seinen Weg in Richtung der Berge fort.

Der Aufstieg war steiler, als er erwartet hatte. Zuerst gab es eine Art Trampelpfad, der vom Fuß des Berges etwa fünfzig Meter hinaufreichte. Doch dann wurde es wesentlich schwieriger, durch die Felsen zu klettern. Mit Hilfe des Wurfankers und den spikebewährten Handschuhen schaffte er aber den gröbsten Weg. Nur die heraufziehende Müdigkeit machte ihm zu schaffen. Mehr als einmal rutschte er aus purer Unachtsamkeit ab, oder ihm drohten an der Felswand die Augen zuzufallen. Schließlich erreichte Abi ein Plateau, von dem aus ein weiterer Pfad direkt in die Berge hineinführte. Er blickte zurück und glaubte in der Ferne ein Licht zu sehen. Vermutlich war das die nächste Siedlung, von der der Gnom gesprochen hatte. Sie lag tatsächlich verdammt weit weg. Abi sah nach vorn und fragte sich, wer den Pfad mitten im Gebirge angelegt hatte, denn natürlichen Ursprungs war er gewiß nicht. Ohne zu zögern, diesmal aber weit umsichtiger, folgte er dem Weg und sah sich aufmerksam nach links und rechts um. Die Müdigkeit war für den Moment von ihm abgefallen, denn die mögliche Gefahr eines Hinterhaltes hatte seine Jägerinstinkte geweckt.

Einmal hielt er inne und preßte sich mit dem Rücken gegen die Felswand, die Hand am Griff der Waffe. Er hatte ein Geräusch gehört. Irgendwo prasselten Steine herunter. Vielleicht zehn Minuten vergingen. Das Geräusch wiederholte sich nicht, so daß Flindt annahm, irgendein Tier hätte es verursacht. So setzte er seinen Weg unbeirrbar fort. Fast wünschte er sich, sich näher mit den Lehren des Ninjutsu vertraut gemacht zu haben, denn die Schattenkrieger waren in der Lage, einige mentale Methoden anzuwenden, um Energie zu tanken. Aber die bloße Kleidung, die Abi trug, machte ihn noch lange nicht zu einem wahren Ninja.

Der Pfad schlängelte sich durch das Gebirge. Irgendwann war die Meeresbrandung zu hören, doch zu sehen bekam Abi den Ozean nicht. Statt dessen hielt er unvermittelt an, als er in einem kleinen Gebirgstal eine einsame Hütte entdeckte. Fast hätte er das Gebäude übersehen, wären da nicht Dampfschwaden aus einem Kamin aufgestiegen. Hinter den Fenstern war es dunkel.

Abi zog nun doch die Pistole und schlich sich geduckt an die Hütte heran. Aufmerksam spähte er nach allen Seiten, konnte jedoch nirgendwo etwas anderes außer Felsen ausmachen. Falls es ein Hinterhalt war, dann war er gut vorbereitet worden. Und gerade das machte ihm Sorgen, denn wer außer dem Gnom wußte schon, daß er sich hier befand?

Nathaniel – aber er wird wohl kaum dieses Spiel für dich inszeniert haben, um dich letztendlich doch noch umzunieten.

Ohne Probleme erreichte Abi die Hütte, umrundete das Haus einmal und stellte zufrieden fest, daß alles ruhig war. Wenn ihm nun noch Gefahr drohen sollte, dann höchstens aus dem Inneren. Er begab sich wieder zum Eingang. Durch die Fenster war nichts zu erkennen gewesen, da schwere Vorhänge die Sicht versperrten. Die Hütte selbst bestand hauptsächlich aus Holzbohlen – und sie war über und über mit magischen Schriftzeichen bedeckt. Im schwachen Licht der Sterne und des sichelförmigen Mondes konnte Abi sehen, daß es sich um Abwehrrunen handelte, die gegen Schwarze Magie schützten. Er wußte nicht, ob er das als gutes Zeichen deuten sollte, aber immerhin waren der oder die Bewohner der Hütte keine Dämonen und auch keine Verfechter der dunklen Seite magischer Kräfte. Ob sie damit zwangsläufig zu Flindts Freunden wurden, mußte sich erst noch zeigen.

Abi legte eine Hand auf die Klinke und drückte sie herunter. Die Tür knarrte leicht, als er sie nach innen aufschob. Der Schein von Kaminfeuer leuchtete den dahinterliegenden Wohnraum ein wenig aus. Im Halbdunkel sah Abi eine Sitzbank, zwei Sessel, einen hölzernen Tisch und einige Schränke. An einer anderen Wand war eine primitive Spüle untergebracht worden. Zwei Türen führten in weitere Räume.

Abi betrat die Hütte und spürte sofort einen starken Druck im Nacken. Plötzlich nahm das unsichtbare Gewicht zu und lastete schwer auf ihm. Er wurde förmlich zu Boden gedrückt. Abi ging in die Knie und ächzte. Er versuchte sich hochzustemmen, aber die Kraft, die ihn herunter preßte, war wesentlich stärker als er. Verzweifelt warf er einen Blick nach oben, doch da war nichts. Es schien, als hätte sich pure Luft massiv verdichtet und machte ihm nun das Leben schwer. Abi stieß eine Bannformel aus, um die magische Falle zu durchbrechen, doch nichts geschah.

»Ah, ein ungebetener Gast!« Die Stimme kam von jenseits einer der beiden Türen.

Flindt preßte die Zähne zusammen. Mittlerweile lag er völlig flach auf dem Boden und war nicht mehr in der Lage, einen Muskel zu bewegen.

Die Tür öffnete sich einen Spaltbreit. Dann schlüpfte jemand hindurch, doch Abi konnte nicht sehen, um wen es sich dabei handelte.

»Wen haben wir denn hier?« fragte die Stimme. Sie war männlich und vage vertraut.

Abi versuchte zu sprechen, und zu seinem Erstaunen gelang ihm das sogar. »Wer will das wissen?«

Er erntete ein schallendes Gelächter. »Ich stelle hier die Fragen, Freundchen! Wer schickt dich? Zakum?«

»Zakum?« halte Flindt nach. »Ich bin kein Dämon, du Narr.«

Der andere schwieg eine Weile. Da Abi nicht sehen konnte, was er tat, befürchtete er schon das Schlimmste. Doch da ließ unerwartet der Druck auf seinem Körper nach. Abi stöhnte auf. Seine Muskeln waren verspannt und schmerzten. Er richtete sich auf, aber als er sich vorwärts bewegen wollte, mußte er feststellen, daß er noch immer von einem unsichtbaren Feld gehalten wurde. Offensichtlich hatte der Bewohner der Hütte die magische Falle nur zu einem Teil gelockert. Zum ersten Mal erhaschte er einen Blick auf den anderen und pfiff überrascht durch die Zähne.

»Du?«

Der andere zog die Brauen hoch. Sein schwarzes Haar war schweißverklebt und fettig, und an seinem Dreitagebart hatte sich seit ihrer letzten Begegnung vor einigen Monaten nichts getan.

»Kennen wir uns?« fragte der Mann.

Abi mußte schmunzeln. Ja, sie kannten sich, und vielleicht war es ein Fehler gewesen, durchblicken zu lassen, daß sie es taten, denn der andere könnte sich nun an allem, das Abi ihm angetan hatte, rächen.

»Ja, wir sind in Andorra aufeinander gestoßen«, sagte Abi dennoch.

Der andere kniff die Augen zusammen, musterte den Dänen von oben bis unten, und als er die schwarze Ninja-Kleidung gewahrte, mischte sich plötzliche Erkenntnis in seinen Blick.

»Der Vollstrecker!« stieß Kieran Slattery hervor. »Der miese Bastard, der für meinen ganzen Schlamassel verantwortlich ist.«

Abi verzog den Mund. Er hatte befürchtet, daß der Ire so reagieren würde. Aber was hatte der Gnom damit zu tun? Handelte es sich tatsächlich um eine Falle, damit der Hexer sich an ihm, Flindt, rächen konnte? Oder steckte ein tieferer Sinn dahinter?

»So ist es«, gab Abi ungerührt von sich. »Und jetzt hast du mich wohl am Arsch.«

Slattery trat näher an den Dänen heran und blickte ihm direkt in die Augen. »Heute nicht inkognito hier?«

»Die Maske? Ich habe sie unterwegs verloren.«

»Der Held demaskiert«, kicherte der Hexer. »Wie schön, wie schön. Und was treibt dich zu mir... *Vollstrecker?* Willst du endlich für das büßen, was du mir angetan hast?«

»Ich war gerade in der Nähe und dachte mir, ich sage mal hallo – um der alten Bekanntschaft willen«, erwiderte Flindt trocken. Noch wußte er nicht, ob er in wirklicher Gefahr schwebte. Er hatte dem Magier übel mitgespielt, ihn aber am Leben gelassen – aber nur damit er der Rache des Lordkanzlers der Schwarzen Familie anheimfiel.

»Pah, Bekanntschaft«, grunzte Slattery. »Ich sollte dich in kleine Streifen schneiden und daraus eine Giftbrühe kochen.«

»Kann ich mir denken, daß du das vorhast. Dein Komplize hat mich ja wunderbar hergelockt.«

Ein Fragezeichen erschien auf Slattery Stirn. »Komplize? Von wem redest du? Ich bin allein hier draußen.«

Abi zuckte die Achseln. Er schilderte dem anderen von seiner Begegnung mit dem Gnom, nicht um einen freundschaftlichen Plauderton anzuschlagen, sondern um viel mehr Zeit zu gewinnen und sich zu überlegen, wie er die magische Falle überlisten konnte.

Als Flindt geendet hatte, rieb sich Slattery nachdenklich über den Bart.

»Hm... er wußte also, daß ich hier bin, sonst hätte er dich nicht in die Berge geschickt«, überlegte der Hexer laut. »Und der Beschreibung nach ist er kein Dämon. Ein Gnom... ein Gnom mit einem Nußknackergesicht. Es gibt eine irische Sage von dieser Gestalt. Sein Name ist Oirbsen, und deine Beschreibung trifft auf ihn zu. Aber warum schickt er dich zu mir? Was hast du überhaupt in Irland zu suchen?«

Abi seufzte. »Das ist eine etwas längere und komplizierte Geschichte.«

Slattery sah zum Boden hinunter und achtete auf die kleinen Bewegungen, die der Däne mit den Füßen vollführte. Er lächelte und sagte: »Du gibst nie auf, was? Gib dir keine Mühe – du versuchst Weiße Magie mit Abwehrformeln gegen Schwarze Magie zu bekämpfen. Das kann nicht klappen. Und ich wette, ein Dämonenjäger wie du wäre nie darauf gekommen, daß er einmal mit Weißer

Magie schachmatt gesetzt würde, ergo kennst du auch keine wirksame Verteidigung dagegen.«

Abi starrte den Hexer verblüfft an. »Weiße Magie? Ich... aber du...«

»Was blieb mir denn anderes übrig, hä?« schnauzte Kieran Slattery zurück. »Du hast mich gezwungen, gegen die Dämonen zu kämpfen. Ich war einer von Zakums menschlichen Hexern, mächtig genug, um in die Reihen der Schwarzblütler aufgenommen zu werden, doch du hast meine Karriere zerstört! Lange bevor ich mich der dunklen Seite zuwandte, praktizierte ich Weiße Magie, gelangte jedoch nie über simple Taschenspielertricks hinaus. Erst die verbündeten Dämonen und Schwarzmagier zeigten mir, wie ich mein Talent richtig einzusetzen vermag. Nun aber, da ich ein Ausgestoßener bin, muß ich mich wirksam gegen Schwarze Magie verteidigen können, also besann ich mich auf mein ursprüngliches Anliegen und kehrte zur Weißen Magie zurück.«

»Du warst nie wirklich böse«, folgerte Abi aus den Worten des Hexers. »Dir ging es nicht darum, Welten zu beherrschen, Menschen zu quälen... du warst nur darauf aus, mehr Erfahrung in Sachen Magie zu erlangen, egal zu welchem Preis.«

Kieran Slattery sah bekümmert zu Boden und nickte. Er machte eine unbestimmbare Geste, und kurz darauf ließ sämtlicher Druck, der noch auf Flindt lastete, nach. Der Dämonenjäger war wieder frei, doch nach den neuesten Erkenntnissen war er nicht mehr darauf aus, dem Hexer an die Gurgel zu springen. Dieser Gnom – Oirbsen, oder wie immer er auch hieß – mußte von dieser Wende in der Begegnung der beiden gewußt haben. Deshalb hatte er sie zusammengeführt.

»Also«, nahm Slattery den Faden von vorhin auf, »was führt dich nach Irland?«

Abi ging zu einem der Sessel hinüber und ließ sich erschöpft darauf nieder. Dann begann er zu erzählen. *Seine* Geschichte. Er berichtete Slattery davon, wie er zur Magischen Bruderschaft von Basajaun stieß, wie er seine Frau kennengelernt und schließlich an eine Vampirsippe verloren hatte. Er schilderte sein Leben als unerbittlicher Dämonenjäger, seinen Haß auf alles, was schwarzes Blut in sich trug – und er ließ auch nicht seine Differenzen mit Dorian Hunter aus, seinen Stimmungsumschwung, der allein dazu gedient hatte, um sich selbständig zu machen, sich von der Magischen Bruderschaft zu lösen. Er mußte etwas tun, etwas bewegen, nach seinen eigenen Vorstellungen und Plänen. Dazu brauchte er Dorian Hunter nicht, weder ihn noch einen der anderen, auch wenn sie einmal seine Freunde gewesen waren. So war er zum Vollstrecker geworden. Anschließend ging Abis Geschichte nahtlos in seinen Kontakt zu Helena Riedberg und Nathaniel über.

Mit wachsendem Interesse hörte Kieran Slattery geduldig zu, er hing dem Dänen förmlich an den Lippen, während er ihm von Zeit zu Zeit ein Glas mit frischem Quellwasser brachte.

»Und nun bin ich hier«, endete Abi Flindt.

Slattery schürzte die Lippen und ließ die Geschichte in Windeseile vor seinem geistigen Auge Revue passieren. Dann gönnte er sich selbst einen großen Schluck.

»Oirbsen will, daß wir zusammenarbeiten«, behauptete der Hexer dann. »Nicht umsonst hat er dich zu mir geführt. Vielleicht können wir gemeinsam diesen Nathaniel davon überzeugen, zusammen mit uns gegen die Schwarze Familie zu kämpfen.«

»Das macht wenig Sinn«, räumte Flindt ein. »Er hat davon gesprochen, mich zu töten. Verstehst du, ich will ihn auch finden, weil ich ahne, daß er irgend etwas Schreckliches plant. Vielleicht ist er gar nicht auf der Seite des Guten, sondern verfolgt seine eigenen dunklen Ziele, Engel hin oder her!«

»Was ist das für ein Bumerang, von dem du erzählt hast?« wollte Slattery wissen, ohne auf Abis Vermutung einzugehen.

»Ein altes Relikt des Weißmagiers Hermes Trismegistos – eine ziemlich mächtige Waffe, wenn man sie richtig einzusetzen weiß. Hunter vernichtete mit dem Bumerang Luguris Blutorgel. Man sagt, in den falschen Händen hätte er das Potential, die gesamte Erde in Schutt und Asche zu legen.«

Slattery schluckte. Die letzte Äußerung wollte ihm gar nicht gefallen. Der Bumerang in den Händen eines... eines *Engels.* Was konnte er damit vorhaben? Kieran war nicht der Typ, der sich Hals über Kopf in eine Schlacht warf, ja im Grunde genommen war er sogar eher zurückhaltend, ängstlich. Doch welche Alternativen hatte er? Wenn die Welt vernichtet wurde, würde auch er unter den Opfern sein – falls Nathaniel dies wirklich plante. Aber zu anderen Zwecken schien der Bumerang nie konstruiert worden zu sein. Vielleicht war er als letzte Notlösung von Trismegistos zurückgehalten worden, falls das Böse die absolute Oberhand zu gewinnen drohte. Auch wenn er gar nicht erst den Versuch machen wollte, gegen Nathaniel zu kämpfen, so mußte er dennoch sein Gewissen beruhigen, indem er herausfand, was der Engel wirklich plante.

Ohne Vorwarnung sprang Kieran auf und klaubte geschäftig einige Dinge aus den Schränken zusammen. Abi schaute dem Hexer einige Momente teilnahmslos zu.

»Was machst du da?«

»Ich bereite einen Lokalisierungszauber vor«, kommentierte Slattery. »Wir werden deinen Engel schon finden und herausbekommen, was er vorhat. Der Gedanke daran, was man mit dem Bumerang alles anstellen könnte, gibt mir keine Ruhe.«

»Mir auch nicht«, gestand Abi ein. »Also sind wir Partner?«

Slattery sah grinsend auf. »Wie du willst. Aber vergiß für die Dauer unserer Partnerschaft deine Vollstrecker-Masche.«

Nun grinste auch Flindt. Aufmerksam verfolgte er die Vorbereitungen des Hexers und vergaß darüber sogar seinen Hunger.

8. Kapitel

Kornkreise

Beim zweiten Mal wurde das Klopfen eindringlicher. Dorian stützte sich auf die Ellbogen und lauschte. Draußen auf dem Flur waren polternde Geräusche laut geworden. Er hörte Stimmen, scheinbar ein wirres Durcheinander.

Erneut klopfte es.

Dorian griff nach seiner Pistole und entsicherte sie. Gleichzeitig langte er nach dem Kommandostab und zog ihn mit den Zähnen auf die volle Länge aus.

»Wer ist da?«

»Machen Sie auf, schnell!« rief jemand. Panik schwang in seiner Stimme mit, und wieder hämmerte es gegen die Tür. Dorian schwang die Füße aus dem Bett. In diesem Moment wurde die Tür einfach aufgerissen. Auf der Schwelle stand der Gastwirt mit einem ungläubigen Blick. Doch dieser währte nur eine Sekunde, dann brachen die Augen, und ein Schwall Blut schoß ihm aus dem Mund. Der Mann fiel vornüber und schlug hart auf dem Boden auf. Dorian brauchte sich nicht mehr davon überzeugen, daß er tot war. In seinem Rücken klaffte eine schwere Wunde, hervorgerufen durch die Axt, die die Frau auf dem Flur in beiden Händen hielt. Soweit Dorian das beurteilen konnte, war es die Frau des Wirtes. In ihren Augen erkannte der Dämonenkiller ein irres Flakkern – ihr Blick war seltsam in sich gekehrt, und Dorian zweifelte keine Sekunde daran, daß sie unter dem Einfluß von Dämonen stand. Sie drehte den Kopf und starrte nun den Dämonenkiller an. Es gab keine Gefühlsregung in ihrem Blick, keinen Haß, keine Abscheu, keine Reue – nur wilde Entschlossenheit, eingeflüstert von einer dunklen Macht, die sogar kurzfristig die Dämonenbanner überwinden konnte, mit denen Dorian das Zimmer gesichert hatte.

Wie eine Furie sprang die Wirtin über den Leichnam ihres Mannes hinweg, hob die Axt hoch über den Kopf und stürzte sich mit einem lauten Schrei auf den Dämonenkiller. Dorian reagierte, ohne nachzudenken. Er zog den Abzug der Desert Eagle durch und verfolgte die kurze Flugbahn des Feuerballs, der in den Magen der Frau einschlug, sie durch die Wucht des Aufpralls stoppte, als wäre sie vor eine unsichtbare Wand gelaufen und dann mehrere Zentimeter in die Luft hob und gegen die hinter ihr liegende Tür warf. Das Pyrophorgeschoß wütete in ihrem Bauch, fraß sich binnen Sekundenbruchteilen durch ihr Fleisch und hinterließ ein mehr als faustgroßes Loch in ihrem Magen. Blut trat nicht aus der Wunde, denn alles, was die heiße Glut berührte, verdampfte sie sofort. Ein bestialischer Geruch von Verschmortem breitete sich im Zimmer der Herberge aus. Dorian rümpfte die Nase und hob schützend eine Hand vor die Augen, denn im nächsten Moment leckten Stichflammen aus der Frau und setzten sie vollkommen in Brand.

Dorian biß die Zähne zusammen. Das Fürchterliche an dem Anblick war, daß die Dämonisierte nicht einmal vor Schmerz schrie, sondern stumm ihr Schicksal ertrug – so sehr stand sie unter der Knute der Schwarzblütler. Wenn sie gekonnt hätte, hätte sie vermutlich zu einem weiteren Angriff angesetzt, da es keinen Schmerz gab, der sie daran hinderte, aber ihr Körper wurde innerhalb weniger Sekunden völlig zerstört. Das Feuer griff rasend schnell um sich und setzte auch das Mobiliar des Zimmers in Brand. Wenn Dorian mit heiler Haut hier herauskommen wollte, mußte er sich sputen! Er klaubte seine Sachen zusammen und hetzte an dem Flammenberg vorbei. Sengende Hitze schlug ihm entgegen, als er über den Leichnam des Wirtes hinwegsetzte und draußen auf dem Flur anlangte.

Geräusche, die er zuvor nur gedämpft wahrgenommen hatte, drangen nun laut an seine Ohren. Der Lärm eines Tumultes! Irgend etwas war in Cashel vorgefallen. Dorian lief den Gang entlang bis zur Treppe, die hinunter ins Foyer führte. Ein Poltern und Krachen drang zu ihm herauf. Er wandte sich zu dem kleinen Fenster um, das vom Gangende aus einen Blick nach draußen gewährte. Dorian spähte hinaus und glaubte seinen Augen nicht zu trauen. Das kleine, verschlafene Nest hatte sich in einen wahren Alptraum verwandelt. Offene Feuer waren ausgebrochen, Menschen liefen wie wild durcheinander, suchten ihr Heil in der Flucht vor den manischen Dämonisierten, die nun ohne Zurückhaltung aus ihren Löchern kamen und sich den normalen Leuten zeigten, um sie zu jagen.

Dorian hatte einen guten Überblick und suchte fieberhaft nach den Auslösern für die Gewalttaten. Irgend jemand aus der Schwarzen Familie mußte dahinter stecken. Der Dämonenkiller konnte niemanden erblicken, aber das Rectory House Hotel befand sich in einer Nebenstraße, weit ab vom Tagesgeschehen des Städtchens Cashel. Vermutlich hockten die Drahtzieher im Zentrum der Wirren selbst.

Dorian löste sich von dem chaotischen Anblick und rannte die Stufen des Hotel hinunter. In der Lounge beugte sich ein dämonisierter Mann über einen anderen Hotelgast. Der am Boden Liegende war bereits tot, so daß Dorian nichts mehr für ihn tun konnte. Er kümmerte sich auch nicht um den Diener, denn für diesen gab es genauso wenig Hilfe. Bisher war es nur in sehr seltenen Fällen gelungen, Dämonisierte aus den Klauen der Schwarzblütler zu befreien, und oft zerbrachen sie daran. Nur wenn der Dämon, der die Menschen beeinflußt hatte, selbst starb, fiel der Bann von ihnen ab, wobei, je nach Stärke der Beeinflussung, der Dämonisierte auch sterben konnte. Dorian besaß gewisse Skrupel, gegen die unschuldigen Dämonisierten zu kämpfen, doch wenn sein Leben bedroht war, zögerte er nicht, sich effektiv zur Wehr zu setzen, auch wenn dies bedeutete, Menschenleben zu opfern. Aber er war besser beraten, so wenig Aufmerksamkeit wie möglich auf sich zu lenken, denn einer ganzen Horde wild gewordener Dämonendiener vermochte auch er nichts entgegenzusetzen. Selbst die Möglichkeiten der Pyrophorgeschosse waren begrenzt.

Als er einen Fuß auf die Straße setzte, beschlich Dorian das dunkle Grauen. Bei seinem Blick aus dem Fenster hatte es nicht halb so schlimm ausgesehen, wie es wirklich war. Überall sammelten sich Leichen auf der Straße und den Gehwegen. Autos waren umgeworfen worden, Leute verstümmelt, und aus immer mehr Häusern züngelten goldgelbe Flammen, die die Dunkelheit zum Tag machten. Die Dämonendiener waren in der Unterzahl, doch sie hatten den schlichten Vorteil, daß ihnen auf herkömmlichem Wege nicht beizukommen war. Dorian sah, wie hier und dort Pistolen aufblitzten, um die wild gewordenen über den Haufen zu schießen, aber gewöhnliche Geschosse konnten den Dämonisierten nichts mehr anhaben. So lange keine lebensnotwendigen Organe verletzt wurden, staksten sie einfach weiter; und wurden sie dennoch zurückgeworfen, hielt sie das nur für einen Moment auf, ehe sich ihre Wunden mittels dunkler Magie, von der ihre Körper nun beseelt waren, wieder schlossen.

Die Hilfeschreie der Menschen gellten durch die Straße. Dorian nagte an seiner Unterlippe. Noch immer stand er im Hoteleingang, und als er sich gerade umwenden und in Richtung Main Street laufen wollte, wurde er von der Seite her angerempelt. Ein Mann, dem die nackte Angst ins Gesicht geschrieben stand, klammerte sich an ihm fest und zerrte ihn damit fast zu Boden.

»Bitte, Mister, helfen Sie mir!«

Dorian blickte über die Schulter des Mannes und sah zwei der Dämonisierten mit funkelnden Augen auf sich und den anderen zumarschieren. Bei dem einen handelte es sich um ein junges, rothaariges Mädchen, gerade mal sechzehn Jahre jung. Ihr Mitläufer war ein grobschlächtiger Typ mit vollem Bart und einem Paket Muskeln, die sich deutlich unter seinem Rolli abzeichneten. Das Mädchen hielt in jeder Hand ein langes Küchenmesser, während der Schrank von einem Mann eine Forke umklammerte. Der Fliehende zog immer heftiger an dem Dämonenkiller. Es war nur noch eine Frage der Zeit, ehe sich Dorian nicht mehr auf den Füßen halten konnte. Kurzentschlossen versuchte er die Arme des Mannes abzustreifen, doch dieser hatte sich so fest und mit der Kraft eines zu Tode Geängstigten in seine Jacke gekrallt, daß er ihn nicht mehr loswurde. Dorian atmete tief durch. Die Gegner waren bis auf sechs oder sieben Schritt herangekommen. Ihre Bewegungen waren langsam, schleppend, dennoch würden sie ihr Ziel erreichen, wenn Dorian nicht augenblicklich handelte.

Sein linker Ellbogen schoß vor und hämmerte gegen die Nase des Mannes. Mit einem Knacken brach das Nasenbein. Der Mann taumelte ächzend zur Seite und ließ Dorian endlich los. Erstaunt hielt er sich die Nase, starrte ungläubig auf das viele Blut in seinen Händen und wurde ohnmächtig.

Die Dämonendiener waren auf fünf Schritt herangekommen. Dorian hob die Pistole und zielte auf den Mann. Sein Blick fiel aber auf das Mädchen. Für die Dauer eines Gedanken machten sich Zweifel in ihm breit. War es richtig, das Leben des Kindes zu opfern, nur weil sie unter dämonischem Einfluß stand? Er schloß mit sich selbst einen Kompromiß, senkte den Lauf der Waffe und drückte ab. Ein ohrenbetäubender Knall durchschüttelte sein Trommelfell, als die Treibladung explodierte. Der Hall unterdrückte das zischende Geräusch, mit dem sich die Pyrophorpatrone an der Luftreibung selbst entzündete. Die Feuerkugel schlug in die Holzbohlen ein, die den Gehweg vor dem Hotel bildeten. Ein greller Blitz loderte vor den beiden Dämonisierten empor, sprengte die Bohlen auseinander und warf das Mädchen auf die Straße. Der Mann wurde von einer Flammenzunge erfaßt und brannte im nächsten Augenblick lichterloh.

Dorian fluchte, denn er hatte die beiden nur verscheuchen wollen. Jetzt aber war es zumindest für den Mann zu spät, während das Mädchen benommen am Straßenrand liegenblieb. Der Dämonenkiller hatte keine Zeit sich weiter um die Dinge zu kümmern. Er lief auf die Straße, blickte ständig um sich, um nicht Opfer eines weiteren Angriffs zu werden und erreichte bald darauf die Main Street. Hier sah es um keinen Deut besser aus. Dämonisierte liefen Amok und massakrierten jeden, den sie in die Finger bekommen konnten. Das friedliche Touristenstädtchen Cashel war in der Nacht zu einem Alptraum geworden, dem sich weder Reisende noch Einheimische entziehen konnten.

Hunters Blick fiel auf die kleine Polizeitstation, in der nur zwei Beamte Dienst taten. Einer von beiden lag mit seltsam verkrümmten Gliedern vor dem Revier auf der Straße – offensichtlich tot. Der zweite hatte sich hinter zwei Mülltonnen verschanzt und schoß sporadisch auf sich nähernde Dämonendiener. Daß er dabei hin und wieder auch einen normalen, fliehenden Menschen niederstreckte, schien ihn nicht sonderlich zu interessieren. Dorian sah, daß er in der freien Hand ein Handy hielt und verzweifelt immer wieder eine Nummer anwählte, bis er es wohl schließlich leid war und das Gerät wütend fortwarf. Er gab zwei Schüsse auf einen Mann ab, der sich ihm langsam und zielstrebig näherte. Die Kugeln verfingen sich in der Brust des Angreifers, trieben ihn zwei Meter zurück, ehe er rücklings zu Boden fiel. Doch da regte er sich schon wieder, stemmte sich hoch und begann mit einem weiteren Angriff. Irgendwann würde dem Polizisten die Munition ausgehen.

Dorian nahm ihm die Entscheidung ab, rannte über die Straße und jagte dem Dämonisierten von hinten den Kommandostab in zwischen die Schulterblätter. Anders als bei dem Feuer schien der Mann bei der fremden Magie doch Schmerzen zu verspüren, denn er heulte bestialisch auf, ehe er abermals zu Boden ging, zweimal zuckte und dann seinen Verletzungen erlag. Dorian zog den Stab aus dem Leib des Toten und lief die letzten Meter zur Barrikade. Beinahe wäre er selbst zur Zielscheibe des Uniformierten geworden, konnte ihm jedoch rechtzeitig Einhalt gebieten.

»Nicht, ich stehe auf Ihrer Seite!«

Der Constable entspannte sich ein wenig und senkte den Lauf des Revolvers. Wie beiläufig klappte er die Trommel aus und schob mit einem Speedloader gleich sechs neue Patronen hinein. Schnakkend rastete die Trommel wieder ein, und sofort gab der Constable einen Schuß auf eine vorbeilaufende Frau ab, die wohl auf der Flucht vor einem Dämonisierten war. Entsetzt sah Dorian, daß die Kugel ins Bein der Flüchtenden einschlug und damit ihr Entkommen jäh vereitelte. Der Dämonisierte warf sich über sie und würgte sie. Dorian konnte auf diese Entfernung nichts mit einem Pyrophorgeschoß ausrichten und die Zeit, um bis zu den beiden hinzulaufen, hatte er auch nicht.

»Warum haben Sie das getan?« herrschte er den Polizisten an.

Der starrte ihn nur verwundert an und meinte: »Meinen Sie, ich will hier krepieren? Alles ist aus den Fugen geraten. Meine besten Freunde haben versucht, mich umzubringen!«

Dorian schluckte hart. Der Mann war am Ende seiner körperlichen und geistigen Kräfte angelangt. Das, was er hier gesehen hatte, ging weit über seinen Verstand hinaus. Freunde hatten sich gegen ihn gewandt, und er mußte mit ansehen, wie sich die Leute der Stadt gegenseitig zerfleischten. Wem konnte er also noch trauen? Es gab für ihn keinen direkten Unterschied mehr zwischen Gut und Böse, Freund und Feind. Dorian begriff, daß er selbst unheimliches Glück gehabt hatte, daß dieser Mann ihn nicht wie einen Feind behandelte. Doch dieses Glück mußte nicht unbedingt von Dauer sein.

»Haben Sie Verstärkung herbeigerufen?« fragte Dorian.

»Die Leitungen sind tot!« gab der Polizist zurück. »Weder Festnetz noch Handy funktionieren, es ist wie verhext.«

Zur Unterstreichung seiner Worte flackerte in diesem Moment die Straßenbeleuchtung und fiel ganz aus. Auch die Lichter aus den Häusern erloschen von einer Sekunde auf die andere. Der Umstand, daß es dennoch nicht finster wie die Nacht wurde, verdankten sie den lodernden Feuern, die nun den gesamten Ort zu beherrschen schienen. Cashel verbrannte. Und es nahm alles und jeden mit sich. Wer nicht von Dämonisierten getötet wurde, starb unweigerlich in dem Flammenmeer, entweder durch das Feuer selbst oder durch Rauchvergiftung!

Dorian hob den Kommandostab über die Mülltonne und konzentrierte sich auf dessen Schwingungen. Er schlug schwach aus, als Dorian ihn einmal über die Straße schwenkte.

Ein Magnetfeld! dachte der Dämonenkiller. Ein schwaches zwar, aber immerhin bestand für ihn die Möglichkeit der Flucht. Dennoch wollte er herausfinden, wer hinter dem Gemetzel steckte. Er konnte sich nur denken, daß einer der Dämonen von seinen Dienern etwas über Dorians Aufenthalt in Cashel erfahren hatte. Er fluchte in sich hinein. Der Ausfall der Elektrizität und des Telefonnetzes bedeutete, daß die Dämonen starke Magie angewandt hatten, um eine magische Kuppel über Cashel zu errichten. Nichts und niemand konnte ihr auf konventionellem Wege entfliehen. Selbst die Menschen, die es aus der Stadt herausschafften, würden unweigerlich am unsichtbaren Kuppelrand scheitern.

Etwas sirrte heran. Dorian warf sich in Deckung und rief dem Constable eine Warnung zu, doch im nächsten Moment stöhnte dieser schon auf, als sich etwas in seinen Körper bohrte und ihn zurückwarf. Die toten Augen des Polizisten starrten Dorian vorwurfsvoll an, als wolle er ihn noch im Tode anklagen, ihn nicht eher gewarnt zu haben. In seiner Kehle steckte ein Wurfmesser, und dunkler Lebenssaft pulsierte schubweise aus der Wunde.

Dorian spähte über den Rand der Mülltonnen hinweg und sah zwei Männer ganz in seiner Nähe. Es machte keinen Sinn, es auf die diplomatische Art zu versuchen. Kurzentschlossen schnellte der Dämonenkiller hoch, zielte und feuerte. Mit einem Satz sprang er über die Mülltonnen hinweg und verfolgte nicht mehr die Flugbahn des Pyrophorgeschosses. Er hätte besser noch gewartet, denn bevor der Feuerball sein Ziel erreichte, flog ein weiteres Messer heran. Die scharfe Klinge bohrte sich in Dorians Rücken, prallte an einem Schulterknochen ab und durchtrennte eine Sehne. Er schrie auf, stolperte und fiel. Kraftlos ließ er die Pistole fallen. Der rechte Arm fühlte sich wie taub an, und eine glühende Hitze, die ihr Zentrum in der Schulter hatte, schoß direkt in sein Gehirn hinauf. Dorian biß die Zähne zusammen, konnte jedoch nicht vermeiden, daß Tränenflüssigkeit ihm die Sicht verschleierte. Er drehte sich halbwegs herum und suchte nach seinen Gegnern, erkannte in der Ferne jedoch nur zwei Flammenbündel.

Nicht aufgeben! ermahnte er sich selbst und richtete sich mühsam auf. Er verrenkte sich fast den Hals, als er versuchte, die Verletzung an der Schulter zu begutachten. Das Messer lag auf dem Boden, war nicht steckengeblieben. Sein Hemd und die Jacke hatten sich rot verfärbt, aber es blutete nicht so stark, wie er angenommen hatte. Wenn nur die Schmerzen nicht wären...

Dorian blickte sich nach der Pistole um, konnte sie jedoch nirgends finden. Da die Zeit drängte, hielt er sich nicht lange mit Suchen auf, begnügte sich mit dem Kommandostab als Waffe und rannte weiter. Am Ende der Main Street traf er dann auf die Verursacher des Chaos – und der Kommandostab gab prickelnd zu verstehen, daß sich Dorian in der Nähe des Magnetfeldes befand. Der Dämonenkiller suchte Schutz im Eingang eines Pubs. Er wartete ab und kniff mehrmals vor brennendem Schmerz die Augen zusammen. Als es sein Zustand zuließ, lugte er vorsichtig um die Ecke. Noch immer liefen die Menschen wie wild durcheinander. Schreie, Schüsse – das Knistern von Feuer! Ein eisiger Wind fegte über die Straße hinweg, fachte die Brände noch mehr an. Niemand konnte den Untergang des Städtchens mehr aufhalten – denn die magische Glocke verhinderte, daß Leute aus den Nachbarorten die Flammen sahen, die ansonsten wie ein Fanal des Schreckens den Nachthimmel über Südirland bis nach Kilkenny erleuchtet hätten. An das Eintreffen von Feuerwehr war also nicht zu denken.

Dorian schwenkte den Kommandostab. Das magische Utensil des Hermes Trismegistos verriet ihm, daß das Magnetfeld auf der gegenüberliegenden Straßenseite in einer Nebengasse lag. Es war wirklich schwach und würde wahrscheinlich einen Transport über zehn, vielleicht zwanzig Kilometer ermöglichen. Dorian preßte die Lippen aufeinander und sah wieder zum Straßenende hinüber, dort wo ein Schild darauf hinwies, daß man Cashel nun verlassen würde und herzlich willkommen wäre, es wieder zu besuchen.

Nie wieder zu besuchen, hallte es in Dorians Bewußtsein hämisch nach. Seine Augen verengten sich zu engen Schlitzen, als er zu erkennen versuchte, wer dort hinten residierte, aber ob der Schmerzen, die ihm die Messerwunde in der Schulter verursachte, konnte er die Widersacher nicht identifizieren. Er hob den Kommandostab und sah durch das verdickte Ende hindurch. Die Magie des Stabes ermöglichte es ihm, auch über größere Distanz wie durch ein Fernrohr zu schauen.

Sie waren zu dritt! Und sie waren sich ihrer Sache ziemlich sicher, denn sonst hätten sie es nicht gewagt, in ihrer wahren, dämonischen Gestalt aufzutreten. Zwei der Teufel schwebten von ihren ledernen Flügeln getragen knapp drei Meter über dem Boden und beobachteten das Unheil, das sie entfacht hatten. Ihre Augen glühten tiefrot, Flammen züngelten um ihre Körper, und ihre Schwänze peitschten durch die Luft.

Teufel! dachte Dorian verbittert. Sie waren die ärgsten Gegner, stark in Körperkraft und Magie. Kein Wunder, daß sich Menschen vor ihnen am meisten fürchteten, denn auch der, der in den Legenden als Satan benannt wurde und Herrscher der Finsternis war, wurde als Teufel dargestellt – wie recht die Menschen damit nur hatten, denn der erste Herrscher der Schwarzen Familie war Asmodi gewesen, durch und durch ein Teufel!

Dorian erhaschte durch den Kommandostab einen Blick auf den dritten von ihnen, der offensichtlich ihr Anführer war. Es handelte sich dabei um eine Frau, und auch sie verhehlte nicht ihr wahres Antlitz vor den fliehenden Leuten, auf das sie noch mehr in Panik gerieten, wenn sie dem grausamsten Schrecken, der in ihrer Vorstellung existierte, ansichtig wurden. Ihr Haar war lang, lockig und feuerrot. Dunkle Hörner bildeten sich aus ihrer Stirn heraus, und in ihren Augen glomm das gleiche unheilige Licht wie in denen ihrer beiden Kameraden. Ihre Flügel stand weit ab, der lange Schwanz zuckte ekstatisch, als sie mit zufriedenem Blick das Chaos betrachtete, das sie angezettelt hatte. Auch die aufreizenden weiblichen Formen, die nur durch einen hauchdünnen Netzbody und weiße, schenkelhohe Stiefel verhüllt wurden, konnten nicht über ihre satanischen Absichten hinwegtäuschen – es war Angelina, die Teufelin!

Ein eisiger Schauder kroch über Dorians Rücken, als er die hübsche Dämonin erkannte. Fast hätte er es sich denken können, daß sie hinter dieser groß angelegten Aktion steckte, denn von Olivaro wußte er, daß sie maßgeblich am Fall von Castillo Basajaun beteiligt gewesen war. Vermutlich hatte sie auch ihre Finger bei der Vertreibung aus der Baring Road im Spiel gehabt. Dorian faßte für sich innerhalb weniger Momente zusammen, was er über die Teufelin wußte. Sie war Luguris Mätresse...

Gewesen, korrigierte er sich, denn Luguri war nicht mehr.

Und sie besaß ein immenses magisches Machpotential – damit

war sie zu gefährlich, als daß Dorian sich ihr allein, verletzt und ohne brauchbaren Plan entgegenstellen würde. Außerdem zielte Angelinas Aktion in Cashel einzig und allein darauf ab, den Dämonenkiller aus der Reserve zu locken oder ihn gar durch die Diener der Schwarzblütlerin töten zu lassen.

Wenn ich entkommen kann, überläßt sie die Stadt sich selbst, dachte Dorian, *die magische Glocke verschwindet, und die Feuerwehr kann einrücken. Ich kann Cashel nur durch meine Flucht retten!*

Er maß die Entfernung zur gegenüberliegenden Seite – knapp zwölf Meter. Das Magnetfeld, das er registriert hatte, mochte vielleicht noch vier, fünf Meter in die Nebengasse hineinreichen. Aber die Schulterverletzung, die sich in diesem Augenblick durch einen neuerlichen Schub wieder schmerzhaft bemerkbar machte, würde es ihm nicht gerade leicht machen, den Weg zurückzulegen, ehe ihn die Dämonen entdeckten. Außerdem mußte er das Magnetfeld erst noch mit dem magischen Zirkel abstecken. Mit der Pyrophorpistole hätte er einige Verwirrung stiften können, so aber blieb ihm nur noch der Kommandostab.

Sobald er den Schutz des Pubeingangs verließ, würde er die Teufel auf sich aufmerksam machen. Wenn sie sahen, daß er die Flucht nach vorn ergriff, würden sie sich aus Cashel verziehen und die Menschen aus ihrem dämonischen Griff entlassen. Dorian setzte alles auf eine Karte. Er spannte sich und bereitete sich darauf vor, loszustürmen. In geduckter Haltung sah er um die Ecke, hob das verdickte Ende des Kommandostabes an den Mund und stieß eine magische Bannformel in Richtung der drei Dämonen aus. Durch die Magie des Hermons wurde der Spruch mehrfach verstärkt und traf die Gegner mit voller Gewalt. Angelina geriet ins Wanken, einer ihrer beiden Gefährten trudelte und stürzte ab, während sich der dritte mit wildem Flügelschlag in der Luft hielt. Dorian rannte los und spurtete über die Straße. Die folgenden Sekunden kamen ihm wie die längsten seines Lebens vor. Er hetzte über den Gehweg, brachte die ersten drei Schritte über die Straße hinter sich, als er Angelinas haßerfüllten Schrei hörte.

»Der Dämonenkiller!« fauchte sie. »Schnappt ihn, aber tötet ihn nicht!«

Dorian war versucht zur Seite zu blicken, doch er zwang sich selbst, sich durch nichts ablenken zu lassen, und das durfte er nicht, wollte er die andere Straßenseite lebend erreichen. Er hatte die

Hälfte des Weges hinter sich gebracht, als er doch noch gezwungen wurde in Angelinas Richtung zu sehen – nicht, daß er es gewollt hatte, aber der Ruck mit dem er plötzlich herumgeworfen wurde, war so stark, daß es ihn nicht mehr auf den Beinen hielt. Etwas schweres war gegen ihn geprallt und hatte ihn zu Boden geworfen. Er sah genau zu Angelina und ihren beiden Gefährten hinüber. Der Teufel, der vom Himmel gestürzt war, schien es am schlimmsten erwischt zu haben. Die durch den Kommandostab verstärkten Bannsprüche setzten ihm arg zu. Seine Haut war stellenweise verbrannt und glich einem dünnen Pergament, das sich nach und nach abschälte und bloßes, schwarzes und verfaultes Fleisch zurückließ. An seiner Miene konnte Dorian erkennen, daß der Dämon äußerst sauer auf ihn war. Angelina und der zweite Teufel waren unversehrt davongekommen.

Dorian richtete sich halb auf und schrie vor Schmerz, als ihn jemand an der verletzten Schulter packte und grob auf die Beine zerrte. Fast hätte er den Kommandostab fallenlassen, hielt sich jedoch krampfhaft an der Waffe des Hermon fest und stieß sie geistesgegenwärtig nach hinten. Etwas zischte häßlich auf, und als Dorian flüchtig einen Blick zur Seite warf, erkannte er einen Dämonisierten, der ihn ob der gerade zugefügten Wunde losließ. Der Dämonenkiller vergeudete keine weitere Zeit, denn die beiden männlichen Teufel setzten sich bereits in Bewegung – der eine näherte sich auf dem Luftweg, der andere, dessen Flügel von Dorians Bannspruch angesengt waren, lief zu Fuß los. Dorian vergeudete keine weitere Zeit und brachte die letzten Meter bis zur anderen Staßenseite hinter sich und lief, allen Schmerz in der Schulter ignorierend, in die schmale Gasse, die sich zwischen dem Post Office und einem Krämerladen auftat.

Beeil dich! Ausruhen kannst du dich nachher immer noch!

Der Dämonenkiller erreichte die Stelle, an der der Kommandostab die stärkste Ausstrahlung des Magnetfeldes registrierte. Dorian holte den magischen Zirkel aus der Jackentasche und begann mit seiner Arbeit, um das Feld fachgerecht abzustecken. Er wußte, daß er kaum noch Zeit dafür hatte, aber dies war die einzige Möglichkeit, um einen sicheren Transport zu gewährleisten. Als hätte das Schicksal seinen Hilferuf um mehr Zeit gehört und wolle ihn seine Flucht nun vereiteln, drang mächtiges Flügelrauschen an Dorians Ohren. Er blickte hoch und sah, wie einer der beiden

Teufel zur Landung ansetzte. Der Dämon bleckte die scharfen Reißzähne. In seinen Augen glühte pure Mordlust auf, doch Dorian erinnerte sich an Angelinas Worte. Sie wollte, daß sie ihn lebend brachten.

Damit sie sich selbst damit rühmen kann, dich umgebracht zu haben – nur so kann sie sich den Respekt innerhalb der Schwarzen Familie verdienen, um auf den Thron zu steigen.

»Gib auf!« fauchte der Teufel, schnippte mit den Fingern und hielt plötzlich einen langen Dreizack in den Händen. Seine flederartigen Flügel legte er eng an den Rücken an, und seine Bocksfüße machten eine Transformation zu menschlichen, in Stiefel gekleidete Füße durch, damit er besseren Halt auf dem asphaltierten Boden fand.

»Zur Hölle mit dir!« schnappte Dorian und stieß mit dem Kommandostab zu. Der Teufel war anscheinend auf den Angriff gefaßt gewesen und parierte mit dem Dreizack. Die Schulterbeschwerden machten sich wieder unangenehm bemerkbar, als ein Ruck durch Dorian fuhr. Er krümmte sich vor Schmerzen, und vor seinen Augen tanzten Funken. Lange würde er sich nicht mehr auf den Beinen halten können. Er mußte schnell handeln und dieses Duell sofort hinter sich bringen!

Der Teufel grinste hämisch, als er sah, daß der Dämonenkiller recht wackelig auf den Beinen war. »Fühlst du dein Ende nahen?«

»Verzieh dich!« knurrte Dorian und machte einen weiteren Ausfall, doch auch diesmal war der Dämon schnell genug, um den Kommandostab auf Distanz zu halten.

»Warum sollte ich dich schonen?« fragte der Teufel. »Wenn ich dich jetzt töte, gebührt mir die Ehre, den großen Dämonenkiller zur Strecke gebracht zu haben, und *ich* werde auf dem Thron der Schwarzen Familie...«

Weiter kam er nicht. Ein violetter Blitz aus heiterem Himmel röstete ihn ohne Vorwarnung. Der Körper des Dämons schien von innen heraus zu leuchten, fiel einfach in sich zusammen und verdampfte zu rieselnder Asche. Dorian sah den zweiten Teufel um die Ecke schlurfen. Zweifelsohne hatte er sich noch immer nicht von dem Bannspruch erholt, denn sein Leib war verheert. Von ihm stammte auch nicht der Vernichtungszauber, der seinen Gefährten auf dem Gewissen hatte.

»Verräter!« Angelinas Stimme kam scheinbar aus dem Nichts,

doch als Dorian aufblickte, gewahrte er die Teufelin auf dem Dach des Nachbarhauses. Mit grimmiger Miene fingerte der Dämonenkiller ein Kreidestück aus der Jackentasche, bückte sich und zog in aller Windeseile einen Kreis um sich – nicht perfekt, aber geschlossen. Hastig fügte er ein paar magische Symbole und Abwehrrunen hinzu. Nicht genug, um Teufeln wirklich Widerstand zu leisten, aber er brauchte auch nicht viel mehr als ein paar Sekunden. Weder Angelina noch der andere Teufel schienen es sehr eilig zu haben. Aus ihrer Sicht saß der Dämonenkiller in der sicheren Falle. Sie konnten nicht ahnen, über welche Möglichkeit der Reise er verfügte. Kaum einem der Dämonen war dies bekannt.

»Das rettet dich auch nicht mehr, Dämonenkiller!« keifte Angelina vom Dach aus. Sie machte einen Satz, schlug einmal mit den Flügeln und setzte sanft auf der Straße auf. In der Zwischenzeit machte sich Dorian weiter an dem magischen Zirkel zu schaffen, derweil der Teufel näher auf ihn zurückte. Als Hunter das Magnetfeld abgesteckt hatte, ließ er den Zirkel in der Jacke verschwinden und umklammerte den Kommandostab mit beiden Händen.

»Es ist zwecklos!« raunte ihm der Teufel zu und murmelte eine magische Beschwörungsformel, die den Kreidekreis augenblicklich hinfort wischte.

Dorian atmete tief durch und konzentrierte sich. Das Magnetfeld war zu schwach, um ihn zu einem gewünschten Ort zu transportieren, also ließ er sich einfach treiben und hoffte, daß es ihn weit genug von hier forttrug. Der Teufel schritt auf ihn zu, war nur noch zwei Schritt von ihm entfernt, als Dorian den Kommandostab mit der Spitze ins Zentrum des abgesteckten Magnetfeldes stieß und den unheimlichen Teleportationsvorgang vollzog. Während er das vertraute Ziehen in seinem Nacken verspürte, sah es für Angelina und den zweiten Teufel so aus, als wäre der Dämonenkiller von einem Moment zum anderen einfach aus der Wirklichkeit herausgeschnitten worden.

Ungläubig starrte der Teufel auf die Stelle, an der Dorian soeben noch gestanden hatte. Mit einem Fuß tastete er den Boden ab und wandte sich dann achselzuckend zu Angelina um. Die Dämonin fauchte und strich sich eine Strähne ihres roten Haars aus der Stirn.

»Ich wußte nicht, daß er ein Weißmagier ist«, gestand der Teufel ein.

»Ist er auch nicht«, murrte Angelina. »Er benutzt diesen Stab für seine jämmerlichen Tricks. Ich kann mir aber nicht vorstellen, daß er weit gekommen ist.«

»Wenden wir einen Lokalisierungszauber an«, schlug der Teufel vor. »Vielleicht finden wir ihn noch rechtzeitig.«

Angelina nickte. »Ja«, sie beschrieb einen weiten Bogen mit den Armen, als könne sie ganz Cashel umfassen, »aber nicht hier. Die Schwingungen des Todes würden unsere Beschwörung stören. Wir verlassen Cashel und überlassen die Stadt ihrem Schicksal.«

Mit diesen Worten verpuffte Angelina in einer Parfümwolke, während ihr Gefährte es ihr gleichtat, wohl aber einen schwefeligen Gestank hinterließ. Fast augenblicklich wurde Cashel von der magischen Glocke befreit, so daß man in den umliegenden Dörfern die Brände ausmachen konnte und die Feuerwehr verständigte. Es dauerte noch bis zu den frühen Morgenstunden, ehe auch die letzten Brandnester gelöscht worden waren. Nahezu die Hälfte der Stadtbevölkerung hatte ihr Leben gelassen, und die Dämonisierten waren nach Angelinas Verschwinden wieder zur Besinnung gekommen.

In den Schlagzeilen tags drauf hieß es, die Stadt Cashel wäre von einer Gruppe Satanisten heimgesucht worden, die harmlose Bürger meuchelten und die Brände entfacht hatten – warum aber auch angesehene Dorfbewohner unter den Sektierern waren, vermochte niemand zu sagen.

»Das kann doch wohl nicht normal sein!« hatte seine Frau Marie-Claire fluchend durch die Küche gerufen und dann den ganzen Bottich mit weißlichen Klumpen in den Ausguß geschüttet.

Ellis Kavanagh hatte nur ruhig daneben gestanden und zugesehen. Es war nie ratsam, Marie-Claire während eines ihrer Tobsuchtsanfälle zu unterbrechen. Doch der Grund, warum sie sich bereits am frühen Morgen dermaßen pikierte, interessierte ihn schon, so war er tatsächlich dazu übergegangen, seine Frau darauf anzusprechen.

»Was ist denn passiert?«

Als wäre es Antwort genug, hatte sie ihm den nunmehr leeren Bottich entgegengehalten und ihn zornig angefunkelt. Natürlich hatte er erkannt, daß die Milch sauer gewesen war, aber das kam hin und wieder vor. Als er es ihr sagte, wurde sie kreidebleich – ein Anzeichen, daß sie gleich ein schweres Donnerwetter ablassen würde.

»Natürlich kommt es mal vor, daß die Milch schlecht wird!« fauchte sie ihn an. »Aber nicht wenn ich die Kühe gerade erst frisch gemolken habe, und auch nicht bei allen fünf Kühen gleichzeitig, oder?«

Jetzt noch saß ihm der Schreck über die grauenhafte Motzerei in den Knochen, obwohl die Sache schon zwei Stunden zurücklag. Ellis war einfach aus dem Haus gegangen, hatte den Traktor angeworfen und war auf die Felder hinausgefahren. Eigentlich gab es hier nichts besonderes zu tun, und er hätte besser daran getan, einige Dinge im Haus zu erledigen, doch er wollte nur fort von *ihr*. Er wußte heute nicht mehr, warum er den Drachen überhaupt geheiratet hatte – sie war weder hübsch, noch reich. Ellis konnte von sich auch nicht behaupten, daß ihm eines der beiden Attribute zuzuschreiben war. Gut, er besaß einen kleinen Hof, dazu ein wenig Vieh und drei Kornfelder, die er bestellte, und die genug abwarfen, um gerade einmal zwei Personen durchfüttern zu können.

Es hatte sich einfach ergeben, war die Antwort, die er Freunden auf die Frage gab, warum er Marie-Claire geehelicht hatte. Ja, Freunde hatte er, und fast meinte er, sie würden mit ihm leiden, wenn er jeden Freitag am Stammtisch von seinem Kummer erzählte und ihnen sein Herz ausschüttete.

Nun befand sich Ellis Kavanagh am Rand eines seiner Kornfelder und atmete die frische, aber naßkalte Luft des irischen Septembers ein. Die Wolkenformation am Himmel verriet ihm, daß es bald regnen würde. Ihm sollte es recht sein. Alle Arbeit hier draußen war bereits getan, die diesjährige Ernte schon längst eingeholt. Mit Ausnahme einer besonderen Stelle auf seinem größten Feld. Ellis hatte seiner Frau nie davon erzählt – warum auch? Sie hätte ihm ohnedies nicht geglaubt. Marie-Claire hatte sich noch nie auf die Felder hinausgewagt.

Mit ein wenig Hoffnung dachte Ellis Kavanagh an seine unheimliche Begegnung vor ein paar Jahren zurück. So bedrückend das Erlebnis auch gewesen war, so sehr hatte es ihn daran erinnert, daß es weitaus höhere, vielleicht in mancher Hinsicht angenehmere Dinge in seinem Leben gab, als Marie-Claire – und damit konnte er die Gegenwart seiner Frau auch wieder ein bißchen besser ertragen.

Ellis warf den Motor des Traktors an und fuhr auf einem Feldweg tiefer ins Land hinein. Es gab hier keine Wälder und kaum Bäume, so daß man schon von weitem die Kornbüschel erkennen konnte, die nicht gemäht worden waren. Kavanagh schüttelte sich, als er sich dem Feld näherte. Deutlich sah er vor seinem geistigen Auge, wie das grelle Licht am Himmel aufgeflammt war, geradewegs auf sein Feld zuraste und den Boden verbrannte. Er hatte sich vor Furcht in die Hosen gemacht, war jedoch nicht in der Lage gewesen, davonzulaufen. Die Gefahr hatte ihn förmlich auf der Stelle festgenagelt, und so war er gezwungen gewesen, das nächtliche Schauspiel zu beobachten.

Er hatte *sie* gesehen... kleine, runzelige Gestalten, die um ein loderndes Feuer tanzten, schrill kicherten und dann übereinander herfielen. Schließlich war *er* aus dem Feuer getreten und hatte die Kreaturen einer nach der anderen zu sich geholt. Ellis mußte ohnmächtig geworden sein. Als er zu sich kam, war es hellichter Tag, und er lag am Rande des Feldes im Lehm. Er fragte sich bis heute, warum sie ihn verschont hatten, fand jedoch keine Antwort darauf. Fest aber stand für ihn, daß Wesen einer anderen Welt – Außerirdische – sein Kornfeld heimgesucht hatten. Als er zu der Stelle hinging, an der das Feuer gewütet hatte, war dort das Korn plattgewalzt und verbrannt. Die Verheerung bildete einen perfekten Kreis, und seit Jahren wuchs nichts neues mehr an jenem Ort nach. Mitunter ein Beweis dafür, daß Ellis Kavanagh nicht halluzinierte. Und es war sein ganz persönliches Geheimnis, denn von dieser Begegnung hatte er nicht einmal seinen Stammtischbrüdern erzählt. Niemand wußte von dem unheimlichen Kreis in der Mitte seines Feldes. Zwar hatte er von den Kornkreisen in Südengland gehört, doch er glaubte nicht, daß sie etwas mit seinem gemein haben könnten.

Ellis hielt den Traktor am Rand der noch bewachsenen Stelle an. Er hatte das Korn ebenfalls kreisförmig abgemäht, so daß nun fast mannshohe Büschel den eigentlichen Brandherd verdeckten und nur aus der Luft auszumachen waren. Der Motor erstarb. Ellis kletterte von dem Gefährt und stapfte ein paar Schritte auf das Korn zu, ehe er schweratmend stehenblieb.

Warum kommen sie nicht wieder? dachte er. In all den Jahren, in denen ihm Marie-Claire auf den Geist ging, hatte er sich gewünscht, die fremden Wesen würden hierher zurückkehren und ihn mitnehmen, wo immer sie auch herkamen. Alles war besser als die Hölle, die er mit seiner Frau durchlebte. Alles...

Kavanagh spähte durch den schmalen Pfad, den er im Kornfeld ausgespart hatte, damit man das Zentrum erreichen konnte, ohne die Halme platttreten zu müssen. Dieser Weg war etwa zehn Meter lang, der eigentliche Kreis maß fünf Meter, so daß das gesamte Kornfeld, daß er nicht niedergemäht hatte, einen Durchmesser von knapp dreißig Metern besaß.

Ellis stapfte zwei Schritte ins Kornfeld hinein und wurde von den mannshohen Halmen sofort verschluckt. Von einem Außenstehenden wäre er nicht mehr zu sehen gewesen – nur im Winter, wenn die noch stehenden Halme verwitterten, hatte er Sorge, daß jemand den Kreis entdecken konnte. Aber seit fünf Jahren war diese Sorge völlig unbegründet.

Eine Bewegung, ein Rascheln aus dem Korn ließ Ellis Kavanagh innehalten. Unwillkürlich hielt er den Atem an, und für eine Schrecksekunde schien sein Herz einen Schlag zu überspringen. War dort jemand? Ellis stand da wie angewurzelt, lauschte angestrengt, ob sich das Rascheln wiederholen würde, spähte durch den Gang, ob er die Bewegung erneut ausmachen konnte. Vielleicht bildete er es sich auch nur ein, doch ihm war, als wäre die Lufttemperatur von einem Moment auf den anderen um einige Grade gesunken. Unbeschreibliche Kälte wanderte durch seine alten Knochen und ließ ihn frösteln. Die Wolken am Himmel zogen sich noch dichter zusammen, und ein feiner Nieselregen kam auf.

Da sah Kavanagh die Gestalt. Sie stand am Rand des verbrannten Kreises und mußte gerade erst in sein Blickfeld getreten sein. Zuerst glaubte Ellis, es handele sich um eine Frau, weil die Gestalt einen grazilen Körperbau besaß, und die roten Haare waren zu einem langen Pferdeschwanz zusammengebunden. Doch als der Fremde sich einmal bewegte und dabei Ellis das Profil zuwandte, erkannte dieser seinen Irrtum. Es war definitiv ein Mann. Aber was hatte er auf dem Kornfeld verloren?

Kavanagh überwand seine anfängliche Furcht und gewann ein wenig seines schwindenden Selbstvertrauens zurück. Er gab sich einen Ruck und setzte seinen Weg zum Zentrum des Kreises fort, bis er auf die vom *außerirdischen* Feuer geschaffene Lichtung hinaustrat. Wenn der Fremde nicht an seinen Schritten erkannt hatte, daß sich ihm jemand näherte, dann mußte er spätestens jetzt sehen, daß er nicht mehr allein war. Dennoch blieb der Mann ruhig an seinem Platz stehen und machte nicht einmal Anstalten, in Kavanaghs Richtung zu sehen.

Mit zusammengekniffenen Augen kam der Landwirt näher und umrundete den Fremden, so daß dieser gezwungen war, ihn anzuschauen. Ellis Kavanagh spürte die Kälte, die von dem Mann ausging. Sie war greifbar nahe und schien sich in Ellis einnisten zu wollen. Seine Nackenhaare richteten sich auf, und plötzlich war sie wieder da, die kreatürliche Furcht.

Ohne, daß er wußte, was er tat, sank Ellis auf die Knie und senkte demütig den Kopf.

»Geht es Ihnen nicht gut, alter Mann?« fragte der Fremde mit sonorer Stimme.

Irgend etwas in dem Tonfall des anderen sagte Kavanagh, daß er sich gerade wie ein Volltrottel verhielt und sich der Lächerlichkeit preisgab. Wie hatte er annehmen können, daß *sie* zurückgekehrt waren. Der Fremde hatte nichts mit den Wesen, die dieses Kornfeld ruiniert hatten, zu tun. Wahrscheinlich nur ein Spaziergänger, den es zufällig hierher verschlagen hatte.

Kavanagh richtete sich wieder auf und tanzte unruhig von einem Fuß auf den anderen.

»Es geht schon wieder«, versuchte er sich herauszureden. Mochte der andere von ihm denken, was er wollte, Ellis war mit seiner Antwort durchaus zufrieden.

»Sie wissen, daß dies Privatbesitz ist«, erinnerte er den Fremden daran, wer hier eigentlich das Sagen hatte. »Was suchen Sie hier?«

Der Mann schürzte die Lippen. »Entschuldigen Sie, daß ich mich nicht vorgestellt habe. Mein Name ist Nathan Cardigan, und ich bin freiberuflicher Journalist, der sich mit außergewöhnlichen Landschaftsformen befaßt.«

Der Rothaarige reichte Kavanagh die Hand, und er kam nicht umhin, ihm ebenfalls seinen Namen zu sagen.

»Außergewöhnliche Landschaftsformen?« echote Ellis dann. »Was verstehen Sie denn darunter?«

Ein Lächeln zeichnete sich auf Cardigans Lippen ab. »Machen wir uns nichts vor, Mr. Kavanagh, aber Kornkreise, wie sie in England zu finden sind, sind nicht mit dem vergleichbar, was wir hier vor uns haben.« Er deutete auf die pechschwarze Erde, die mit Ruß und Asche beschichtet war, die auch der stärkste Wind nicht hatte fortwehen können.

»Versuchen Sie nicht, mich auf den Arm zu nehmen, Cardigan!« knurrte Kavanagh, der sich um sein Geheimnis betrogen sah. Was bildete sich dieser hochnäsige Reporter eigentlich ein? Daß er eine Story für wenig Taschengeld bekam? Ellis war nicht gewillt, irgend jemandem etwas von seiner Begegnung zu erzählen. Es ging nicht um Geld, und er wollte keineswegs als Irrer abgestempelt werden, aber das, was er vor fünf Jahren erlebt hatte, gehörte ihm... ihm ganz allein, und er würde es um nichts in der Welt mit jemandem teilen. Zumal er immer noch die Hoffnung hegte, jene Wesen würden zu ihm zurückkehren und ihn in ihre Welt mitnehmen.

Nathan Cardigan schritt durch die fahle Asche auf den Landwirt zu. Seine klaren, graublauen Augen ruhten fest auf ihm, stachen wie feine Lanzen in die Netzhäute des anderen. Ellis glaubte ein Kribbeln zu spüren und blinzelte verwirrt. Er hörte den Fremden etwas sagen, verstand jedoch nicht das geringste Wort. Irgendwann brach der Bann. Ellis rieb sich die Augen und schaute sich verdutzt um. Von Cardigan war nichts mehr zu sehen. Und im selben Moment, da er den Namen des Fremden gedacht hatte, war auch dieser aus seinem Gedächtnis getilgt.

Ellis Kavanagh verließ das Feld und fuhr mit dem Traktor nach Hause zurück. Er wußte, was zu tun war...

Alles was nach dem ziehenden Gefühl im Nacken blieb, war eine gewisse Desorientierung und der pochende Schmerz in der Schulter. Dorian Hunter ging automatisch in die Knie und keuchte vor Erschöpfung. Die Wunde machte ihm wieder zu schaffen. Er mußte sie irgendwie verbinden, ehe er sich eine Blutvergiftung zuzog.

Der Dämonenkiller biß die Zähne zusammen und versuchte sich zu orientieren. Das Magnetfeld, das er für den Sprung benutzt hatte, war nicht sehr stark gewesen, also konnte er nicht weit von Cashel in die Wirklichkeit zurückgebracht worden sein. Die Nachwirkungen des mystischen Transportes abschüttelnd, blickte er sich um und mußte feststellen, daß es bereits heller Tag war – Mittag, schätzte er. Da er noch nicht erlebt hatte, daß die Magnetfelder ihn auch durch die Zeit trugen, mußte er mehrere Stunden bewußtlos hier gelegen haben. Er befand sich auf einem weiten, abgeernteten Kornfeld unter einer einzelnen Linde.

Verflucht, die Wunde ist schlimmer, als ich angenommen habe, dachte er verbittert.

Er hatte zu lange geschlafen. Wer wußte schon, wie viele Dinge in der Zwischenzeit geschehen waren?

Dorian richtete sich mühselig auf. Augenblicklich nahm der pochende Schmerz in der Schulter zu. Er ignorierte ihn so gut es ging, hob den Kommandostab ans Auge und schaute hindurch. Durch die Magie des Hermon verstärkte sich seine Sicht um ein Vielfaches, und er erkannte weit entfernte Objekte, die ihm normalerweise verborgen geblieben wären. So sah Dorian den Hof in einigen hundert Metern Entfernung. Wahrscheinlich gehörte er dem Bauern, der das Feld bestellte, auf dem der Dämonenkiller erwacht war. Aber es gab noch etwas, das Dorian wahrnahm, sich aber nicht aus der Sicht durch den Kommandostab ergab. Das magische Utensil spürte etwas gänzlich anderes auf, eine Art Strahlung, eine Magie, die an diesem Ort präsent sein mußte.

Er entschied sich dagegen, erst den Bauernhof aufzusuchen, damit man ihm seine Wunde verband. Statt dessen schwenkte er den Kommandostab leicht und hielt inne, als dieser kräftiger in eine bestimmte Richtung ausschlug. Dorian setzte sich in Bewegung und ging schleppend querfeldein über die Felder. Er erreichte eine Anhöhe, die ihm die Sicht auf die dahinterliegende Umgebung verwehrt hatte. Als er deren Spitze erklommen hatte, gewahrte er nur weitere Felder. Er wollte sich schon abwenden, aber die Spitze des Kommandostabs schlug stärker in diese Richtung aus. Nochmals nutzte Dorian den Stab als Fernrohr und registrierte in nicht allzu weiter Ferne eine Ansammlung von Kornhalmen, die der ortsansässige Bauer nicht abgeerntet hatte. Der Kommandostab schlug unmißverständlich zum Korn hin aus.

Achselzuckend stapfte Dorian weiter. Irgendwann wurde ihm der Schmerz in der Schulter nur allzu deutlich bewußt und veranlaßte ihn mehr als einmal, sich kurz auszuruhen. Als er das Feld mit den kreisrund angepflanzten Halmen erreichte, erfaßte ihn ein plötzlicher Schwindel. Ein flaues Gefühl kroch langsam aber beständig von seinem Magen die Kehle hinauf, und seine Sicht verschleierte. Die letzten zwei Schritte taumelte er, ehe seine Beine nachgaben und er plump zu Boden fiel. Alles um ihn herum drehte sich, und das Letzte, das er bewußt wahrnahm, war ein Motorengeräusch. Dann nichts mehr...

»Ist ja richtig rührend!«

Die Stimme drang wie von weit her an Dorians Ohren. Er konnte die Worte nicht einordnen, aber das war auch nicht weiter von Belang. Wichtiger war, daß ihn jemand geweckt hatte.

Dorian schlug die Lider auf. Das Licht drang gedämpft in seine Pupillen, so daß sie keine Probleme hatten, sich anzupassen. Sofort erkannte er das rundliche, pausbäckige Gesicht, das ihn mit irgendwie besorgtem Blick ansah. Er brauchte zwei, drei Sekunden, um zu erkennen, daß es einer Frau in den Fünfzigern gehörte, und es von grauen, verfilzten Haaren eingerahmt wurde. Eine dicke Knollennase verunzierte das aufgedunsene Gesicht noch mehr. Dorian wandte den Kopf zur Seite und gewahrte einen Mann, ungefähr im gleichen Alter wie die Frau, der einen beachtlichen Bauch vor sich herschleppte.

»Na endlich wird er wach«, knurrte der Mann.

»Wie geht es Ihnen?« fragte die Frau eher fürsorglich.

Offenbar gefiel das dem Mann überhaupt nicht, denn er grunzte abfällig.

»Einigermaßen«, brachte Dorian hervor. »Wo bin ich?«

»Auf der Kavanagh-Farm«, erwiderte die Frau. »Mein Name ist Marie-Claire... das dort«, sie wies auf den Dicken, »ist mein Mann Ellis. Er hat sie drüben bei unseren Feldern gefunden. Sie sind bewußtlos gewesen und völlig erschöpft. Das ist auch kein Wunder bei Ihrer Verletzung. Sie müssen einiges an Blut verloren haben...«

»Laß gut sein!« schnappte Ellis und unterbrach damit den Redeschwall seiner Frau. »Ich kann mich nicht entsinnen, daß du dich je um *mich* so gekümmert hast.«

»Halt den Mund und hol frisches Wasser!« fauchte die Alte zurück.

Dem Mann lag wohl eine bissige Entgegnung auf den Lippen, doch er schluckte sie herunter und tat wie ihm geheißen.

»Wie haben Sie sich nur diese schreckliche Wunde geholt?« fragte Marie-Claire. »Sieht ja fast aus, als wären Sie von einem Tier angefallen worden.«

Dorian schloß kurz die Augen und versuchte sich in Windeseile eine Story zurechtzulegen. »Ich war unterwegs von... Cashel nach Thurles, als ich einem Spaziergänger begegnete, der einen Kampfhund auf mich hetzte. Irgendwie bin ich nochmal davongekommen, aber bei Ihrem Feld konnte ich nicht mehr weiter und habe mich einfach fallenlassen.«

Die Frau nickte verständnisvoll. Inzwischen kam Ellis mit frischem Wasser zurück. Marie-Claire tauchte einen Lappen hinein und wusch Dorian damit die Stirn ab.

»Sie hatten Fieber, aber jetzt ist es wieder gut.«

»Wie lange war ich weg?«

»Sie haben vier Stunden geschlafen«, erklärte Ellis. »Es ist bereits früher Abend.«

Dorian richtete sich auf, legte den Lappen beiseite und machte Anstalten, sich von der Liege zu wuchten, doch die stämmige Frau drückte ihn mit sanftem Nachdruck wieder zurück.

»Sie müssen sich schonen.«

»Ich habe keine Zeit dafür«, widersprach Dorian. So sehr er auch dankbar für die dargebotene Gastfreundschaft war, der energische Trieb in seinem Innern gewann allmählich wieder die Oberhand. Dorian war es nicht gewohnt, untätig herumzusitzen und sich bemuttern zu lassen. So schob er die Marie-Claires Hände beiseite und schwang sich von der Liege. Als er sich abrupt aufrichtete, schwindelte ihn wieder, doch er bekam es in den Griff. Zu seiner Überraschung war die Schulter beinahe schon fachmännisch verbunden worden. Er ging davon aus, daß Mrs. Kavanagh die Wunde auch ordnungsgemäß gesäubert hatte. Schmerzen verspürte er nicht mehr, nur noch einen dumpfen Druck, als würde das Blut unter dem Verband mit Hochdruck durch die Adern gespült, um eventuell hinterbliebene teuflische Keime auszumerzen.

»Ich kann mich noch erinnern, in der Nähe eines Kornfeldes zu Boden gegangen zu sein«, wandte sich Dorian an Ellis Kavanagh. »Merkwürdig, nur ein verschwindend geringer kreisförmiger Anteil schien nicht abgeerntet worden zu sein. Hat das irgend einen Grund?«

»Auf unserem Feld?« fragte Marie-Claire, ehe ihr Mann antworten konnte. »Völlig ausgeschlossen.«

Ellis nickte heftig. »Ja, Sie müssen sich getäuscht haben. Vielleicht haben Sie schon am Rande der Ohnmacht halluziniert.«

Die schnelle Rechtfertigung Kavanaghs machte Dorian stutzig, und er vermutete, daß der Mann etwas vor seiner Frau verschwieg. Anscheinend wußte sie nichts von dem Korn. Dorian hätte sich auch nicht in ihre familiären Angelegenheiten eingemischt, wäre da nicht der Ausschlag des Kommandostabes gewesen, der eindeutig magische Vorgänge innerhalb des Kornkreises signalisiert hatte. Zu gern wünschte sich Dorian seine gnostische Gemme herbei, um die beiden hypnotisieren zu können, doch der Halbedelstein war ihm abhanden gekommen, und der Ersatz lag noch immer in seinem Koffer, den er in Cashel zurückgelassen hatte. Nur sein Kommandostab war ihm noch geblieben.

»Ich danke Ihnen für Ihre Hilfe«, sagte Dorian und schickte sich an, zur Tür zu gehen.

»Aber Sie können noch nicht fort«, beharrte Marie-Claire. »Ihre Wunde kann wieder aufreißen. Außerdem müssen Sie sich stärken und brauchen Ruhe. Bleiben Sie wenigstens zum Abendessen und die Nacht über.«

»Nein!« erwiderte Dorian einfach und zog die Haustür auf, nachdem er die Diele durchquert hatte.

»So bring' ihn doch zur Vernunft!« keifte die Alte ihren Mann an.

Kavanagh beeilte sich Dorian einzuholen und lief schweratmend hinter ihm her.

»Warten Sie!«

Irgend etwas in Ellis' Stimme ließ den Dämonenkiller zögern. Er blieb stehen und ließ zu, daß sich der Landwirt zu ihm vorarbeitete.

»Ja?«

»Was haben Sie vor?« fragte Kavanagh.

»Ich wüßte nicht, was Sie das anginge«, sagte Dorian barsch.

Ellis holte ein schmuddeliges Taschentuch hervor und wischte sich über die schweißnasse Stirn. Er war sichtlich außer Atem, was seiner Fettleibigkeit zuzuschreiben war.

»Sie wollen zum Kornkreis zurück, nicht wahr?«

»Und wenn schon.«

Kavanagh schüttelte rasch den Kopf. »Das dürfen Sie nicht.«

Dorian zog eine Braue hoch. Jetzt war die Zeit gekommen, den Bauern aus der Reserve zu locken.

»Und wer will es mir verbieten?« fragte Dorian provozierend.

»Das ist mein Grund und Boden!« versuchte Kavanagh ein letztes Mal, sich durchzusetzen, doch der Dämonenkiller lächelte nur müde. Fast schon kameradschaftlich legte er dem Bauern einen Arm um die Schulter.

»Ich kann mir gut vorstellen, daß Sie nicht wollen, daß Ihre Frau irgend etwas von dem Feld erfährt«, sagte Dorian und schlug einen versöhnlichen Ton an. Er hatte sehr wohl erkannt, daß Ellis Kavanagh bei seiner Frau unterm Pantoffel stand und innerlich frohlockte, zumindest einen Teil seiner Persönlichkeit bewahrt zu haben, indem er ihr eine wichtige Entdeckung vorenthielt.

»Ja«, erwiderte Kavanagh nur.

»Aber es könnte enorm wichtig sein, daß ich davon erfahre«, ging Dorian weiter auf den Mann ein.

Jetzt runzelte Ellis die Stirn und trat einen Schritt zurück. »Wer sind Sie?«

Dorian machte eine entwaffnende Geste und versuchte eines seiner besten Lächeln, was ihm nur halbwegs gelang. »Na schön, ich gebe zu, daß ich nicht ganz aufrichtig war, als ich behauptete, nur ein Spaziergänger zu sein. Sagen wir so, ich beschäftige mich mit übernatürlichen Phänomenen...«

»Sie sind Reporter!« unterbrach ihn Ellis grob und spie dabei aus.

»Nein!« widersprach Dorian. »Nein, ich bin kein Reporter, sondern aus persönlichen Gründen an der Wahrheit interessiert. Verstehen Sie, meine Frau verstarb unter mysteriösen Umständen...«

»Sie meinen, es gibt ein Zusammenhang?« wollte Kavanagh wissen.

Dorian hatte ihn. Zwar sprachen sie womöglich nicht von derselben Sache, aber es ging dem Dämonenkiller nur darum, etwas über den Kornkreis zu erfahren. Deshalb spielte er einfach mit.

»Ja, bestimmt sogar. Und je mehr ich darüber für mich in Erfahrung bringe, desto eher können wir... die Welt warnen.«

Ellis kratzte sich nachdenklich am Kinn. Er schien hin und her zu wanken, und Dorian war sich nicht mehr sicher, ob er das Richtige gesagt hatte. Vielleicht wollte der Bauer gar nicht die Welt warnen, sondern das Geheimnis für sich behalten – welcher Natur es auch immer war.

»Ich... ich weiß nicht recht... Wie sind Sie überhaupt darauf gekommen?«

Dorian überlegte seine nächsten Schritte. Er mußte den Mann zum Reden bringen, wenn er erfahren wollte, warum der Kornkreis eine magische Ausstrahlung besaß.

»Hiermit«, sagte Dorian und deutete auf den zusammengeschobenen Kommandostab, »kann ich *sie* aufspüren.«

Ganz bewußt legte Dorian eine Betonung auf *sie*, in der Hoffnung, der Landwirt würde darauf ansprechen. Und tatsächlich war da plötzlich ein seltsames Leuchten in die Augen des anderen getreten, eine Mischung aus Verstehen und Furcht.

»Ehrlich?«

Dorian nickte. »Eine Art Wünschelrute. Und sie hat mich zu Ihrem Kornkreis geführt.«

Ellis Kavanagh schluckte sichtlich. Schließlich gab er sich geschlagen und erfüllte Dorians Wunsch, ihn zum Kornkreis zu begleiten. Es war schon dunkel, als sie mit dem Traktor die Stelle erreichten, an der Hunter bewußtlos geworden war. Der Bauer hatte Vorsorge getroffen und zwei Handscheinwerfer sowie eine Magnesiumfackel mitgenommen. Der Nieselregen hatte an Kraft zugenommen, und noch ehe sie vom überdachten Traktor aus das Zentrum des Kornkreises erreicht hatten, waren beide bis auf die Haut durchnäßt.

Dorian ließ den Halogenscheinwerfer kreisen und begutachtete die verbrannte Erde, indem er in die Hocke ging und mit einer Hand über den Ruß strich.

»Wie lange ist das jetzt her?« fragte er Kavanagh.

»Annähernd fünf Jahre.«

»Seit fünf Jahren wächst hier nichts mehr? Und der Ruß und die Asche sind nicht verschwunden?«

Kavanagh beteuerte, daß seit jenem schicksalträchtigen Tag noch alles so belassen war, wie es sich zugetragen hatte.

»Niemand wird mir das glauben«, sagte Ellis. »Deshalb habe ich es niemandem erzählt. Außerdem hege ich die Hoffnung, daß *sie* eines Tages wiederkehren...«

Dorian wandte den Kopf. »Sie wollen wirklich, daß diese Monster zurückkommen?«

Ellis hielt abrupt inne. »Monster? Aber es sind freundliche Wesen von anderen Sternen, die... Ah, ich verstehe – ihre Frau. Sie ist vielleicht gar nicht umgekommen, sondern nur mit *ihnen* gegangen...«

Dorian stand auf und sah den anderen durchdringend an. Kavanagh war tatsächlich dem Glauben verfallen, ein außerirdisches Raumschiff wäre für die Verbrennungen seines Feldes verantwortlich. Inzwischen hatte der Dämonenkiller mit Hilfe des Kommandostabes herausgefunden, daß die Ursache ein starkes magisches Feuer war. Und als Kavanagh von seiner Begegnung von vor fünf Jahren berichtete, zählte Hunter zwei und zwei zusammen.

»Mr. Kavanagh, was immer sie hier gesehen haben... es war keine UFO-Landung!«

»Ich wußte, daß Sie mir nicht glauben würden!« fauchte Ellis. »Sie halten mich für einen Spinner, wollten mich nur aushorchen. Für wen arbeiten Sie wirklich, reden Sie schon!«

Seine Stimme schwang ins Hysterische über, und bevor er sich selbst zu etwas hinreißen konnte, was er später bereuen konnte, fiel ihm Dorian ins Wort.

»Ruhe, verdammt! Es ist viel schlimmer, als Sie glauben, Kavanagh! Sie sind Zeuge eines Hexensabbats geworden. Diese Kreaturen, die Sie gesehen haben, waren keine Außerirdischen, sondern Dämonen, die sich hier mit dem Fürsten der Finsternis vereinigt haben. Und das Feuer, das Ihren Boden verbrannt und unfruchtbar gemacht hat, kam geradewegs aus der Hölle!«

Ungläubig blickte Ellis Kavanagh den Dämonenkiller an, als zweifele er jetzt an dessen Verstand. Kaum merklich schüttelte er den Kopf, ließ seinen Blick zwischen Dorian und der verbrannten Erde hin und her pendeln, ehe er schließlich hervorstieß: »Sie sind ja vollkommen übergeschnappt! Und ich dachte, ich wäre der Irre... mein Gott, verschwinden Sie besser, bevor ich...«

»Bevor Sie *was?*« wollte Dorian wissen, als Kavanagh nicht weitersprach.

Ohne Vorwarnung ging ein Ruck durch den Bauern. Er drehte sich abrupt um und lief den Weg zum Traktor zurück, ließ Dorian einfach im Regen stehen. Kurz darauf war das Motorengeräusch zu hören, das sich alsbald immer weiter entfernte. Dorian wunderte sich über die seltsame Wandlung, und angesichts der Tatsache, daß er sich inmitten eines Magieherdes befand, schrieb er diesem auch das mysteriöse Tun des Landwirtes zu.

Eigentlich war sein Auftrag in Irland beendet, und er sollte zusehen, daß er wieder nach Hause kam, um Coco und die anderen zu informieren. Aber seine Neugierde war geweckt, seit ihn der Kommandostab hierher geführt hatte.

Dorian begab sich in die Mitte des schwarzen Runds und spürte, wie der Kommandostab heftiger zu vibrieren begann. Er entzündete die Magnesiumfackel und trieb sie in den Boden. Sofort wurde es taghell in der Reichweite des Fackellichtes. Dorian untersuchte die Mitte des Kreises genauer und entdeckte eine kleine Vertiefung. Er nahm den Kommandostab und wollte das Loch mit dem spitzen Ende genauer untersuchen, als schon eine unsichtbare Kraft an dem magischen Gerät zog und ihn selbständig in die Bodenöffnung sog, ohne daß Dorian es verhindern konnte.

Und es blieb nicht ohne Folgen!

Der Boden begann leicht zu beben. Von einem Augenblick auf den nächsten wechselte der Nieselregen in einen wahren Sturzbach über, so daß Dorian meinte, direkt unter einer Dusche zu stehen. Ein eisiger Wind fegte über das Feld, ließ den Dämonenkiller zittern und verdammte ihn zu einer Bewegungsunfähigkeit, hervorgerufen durch eine Art Kältestarre. Dorian drehte den Kopf so gut es ging und mußte mit ansehen, wie das Korn um den Kreis innerhalb weniger Sekundenbruchteile einfach verdorrte und abstarb. Die Halme knickten ab, wurden schwarz und teilweise von Schimmelpilz überwuchert. Eine Böe warf Dorian zu Boden, trieb ihn von dem Zentrum des Kreises und damit auch von seinem Kommandostab fort.

Genau über dem Loch im Boden begann die Luft zu flirren. Nur undeutlich war die dahinterliegende Landschaft zu erkennen, soweit sie vom Fackellicht erhellt wurde. Und dann geschah das Unfaßbare. Aus dem Flimmern schälte sich eine Gestalt. Im ersten Moment glaubte Dorian zu phantasieren, denn der Mann, der zielstrebig auf ihn zuschritt wirkte so normal, wie er nur sein konnte. Er trug Jeans, festes Schuhwerk und ein T-Shirt. Sein rötlichblondes Haar hatte er im Nacken zu einem Pferdeschwanz zusammengebunden, und das einzig Ungewöhnliche an ihm war, daß er trotz des starken Regenschauers nicht naß zu werden schien.

Genau vor Dorian, der noch immer benommen und frierend auf dem Boden lag, blieb er stehen und hielt ihm eine Hand entgegen, um ihm aufzuhelfen. Dorian blieb nichts anderes übrig, als sie zu ergreifen, wollte er erfahren, was hier vor sich ging. Die eisige Kälte des Windes raubte ihm jegliche Handlungsfreiheit. Als er die Hand des Fremden ergriff, spürte er etwas wie einen warmen Funken auf sich übergehen. Die Kälte verschwand, als wäre sie nie dagewesen, und wohltuende Wärme füllte Dorians Körper aus.

Ihre Blicke begegneten sich. Die graublauen Augen versprachen Sicherheit und Geborgenheit. Sie würden ihn aus dieser Umgebung fortschaffen, an einen anderen, warmen und trockenen Ort – nach Hause!

Nur am Rande bemerkte Dorian, daß sich sein Denken veränderte und er schier dem Fremden verfiel. Er geriet in seinen Einfluß, ohne sich dagegen wehren zu können.

»Guten Abend, Dorian«, sprach der Mann sanft. »Ich bin Nathaniel!«

Beim Tempel des Hermon! war Dorians letzter Gedanke, ehe ihn nur noch die Güte des Engels umnebelte, all seine Zweifel erstickte und ihn zu einem Werkzeug machte. Die beiden schritten auf die flirrende, wabernde Luft zu und traten hinein. Ein letztes Mal schaute Dorian zurück und gewahrte den Kommandostab, der noch immer im Zentrum der verbrannten Erde steckte. Doch es kümmerte ihn nicht. Er brauchte ihn nicht mehr.

Als sie durch das Portal getreten waren, nahmen die Beben ab, der Regen hörte auf und der eisige Wind verebbte. Schlagartig erlosch die Magnesiumfackel. Die Nacht tauchte den Ort in tiefe Dunkelheit... beinahe zumindest, denn ein feines Leuchten umgab den eigenartig geformten Stab, der aus dem Loch inmitten des Kornkreises ragte.

9. Kapitel

Alannah

Das Kreischen von exotischen Vögeln, das ferne Knurren von wilden Tieren und das Rauschen der Meeresbrandung waren überall gegenwärtig auf der kleinen Insel, irgendwo in der Südsee. Fernab jeglicher Zivilisation lag dieses Eiland, und es war das wahre Paradies für einen Aussteiger wie Jesus Emilio Gonzalves. Keine Umweltverschmutzung, sauberes Trinkwasser in den Bergquellen und reichlich Nahrung in jeglicher Form. Was wollte jemand, der von allem, was der routinierte Alltag mit sich brachte, die Schnauze gestrichen voll hatte, mehr?

Keine Kriege, kein Verbrechen, nur Leben pur! Das war es, was Emilio – er *haßte* seinen ersten Vornamen – seit langem ersehnte. Fort von México City, fort von über acht Millionen Menschen, von denen über die Hälfte am Hungertuch nagten und in der Gosse lebten. Schon lange hatte er einfach alles hinwerfen wollen, seinen Job, seine Familie, doch immer wieder hatte er sich ins Gewissen reden lassen.

Nun nicht mehr! Er hatte all seine Ersparnisse in eine Überlebensausrüstung investiert, dann auf einem Frachtschiff in die Südsee angeheuert und war letztendlich mit einem kleinen, gekauften Motorboot hier gelandet – einer Insel, die zu klein war, um auf irgendeiner Karte verzeichnet zu sein. Weit weg von jeglicher Fluglinie, ein zu unbedeutendes Fleckchen, als daß es von Spionagesatelliten beobachtet werden könnte. Das war die Freiheit!

Er hatte seiner Familie – Frau und zwei Kinder hinterließ er – einen Abschiedsbrief und ein wenig Geld dagelassen. Wohin er gegangen war, wußte niemand. Schon längst hatte er gespürt, daß er nicht mehr ins Familienleben, nicht mehr in den Alltag paßte. Die Flucht in die Einsamkeit war das einzige, was ihn vor einem geistigen Kollaps bewahren konnte. Wahrscheinlich würden Psychiater das genaue Gegenteil behaupten, nämlich daß er schon längst durchgeknallt war, wenn er für das Leben auf einer Insel seine Familie im Stich ließ und seinen Beruf als leitender Angestellter einer Lebensmittelkette einfach wegwarf für... ja, wofür eigentlich?

Ein Leben in Freiheit! sagte sich Emilio Gonzalves selbst.

Er war vor vier Tagen hier eingetroffen und hatte sich schon bestens mit seiner neuen Heimat vertraut gemacht. Es gab alles, was er zum Leben brauchte im Überfluß, und er hatte alle Zeit der Welt, sich die Umgebung anzusehen. Natürlich konnte er in den ersten Tagen nicht auf einige Errungenschaften der Menschheit verzichten, wenn er in der Wildnis überleben wollte. So hatte er sich ausreichend mit Medikamenten eingedeckt, die die ärgsten Krankheiten bekämpfen konnten. Auch ein Einmannzelt hatte er mitgenommen, das ihm bei Regenfall Unterschlupf gewähren sollte, zumindest so lange, bis er sich selbst eine Hütte gebaut hatte. Er war nicht unbedingt ein Naturfetischist und mußte sich selbst beweisen, zu welchen Taten er fähig war – er dachte eher in praktischen Bahnen, und es war für ihn kein Problem, Bäume mit einer dieselbetriebenen Kettensäge zu fällen, um eine Unterkunft zu errichten.

Aber das alles hatte noch Zeit. Zuerst wollte er seine Freiheit genießen, so als mache er einen ausgedehnten Urlaub. Dafür würde auch das Zelt erst einmal genügen. Gonzalves machte sich auch nichts vor, was die Beschaffung von fleischlicher Nahrung anbetraf. Er traute sich nicht zu, Wild mit Speer oder Pfeil und Bogen zu erlegen – so hatte er sich ein Präzisionsgewehr mit mehreren tausend Schuß Munition besorgt und ein ausreichendes Übungstraining absolviert, ehe er hierher aufgebrochen war. In den letzten Tagen war er nicht unbedingt erpicht darauf gewesen, seine erworbenen Zielkünste an lebenden Tieren auszuprobieren und hatte sich mit auf den Bäumen und in Sträuchern wachsenden Beeren und Zitrusfrüchten begnügt.

Vitaminreich und gesund, hatte er sich dabei eingeredet.

Doch Ananas und Beeren hingen ihm bald schon zum Hals heraus, und das hartnäckige Knurren in seinem Magen erinnerte ihn daran, daß heute Fleisch auf dem Speiseplan stand. Bevor er sein Wild jagte, richtete Emilio Gonzalves eine Feuerstelle nahe des Zeltes her. Auch hierbei griff er auf gekaufte Dinge wie Anzünder und Grillgestell zurück. Man gönnte sich ja sonst nichts.

Als er endlich alles erledigt hatte, war es bereits Mittag. Gonzalves griff nach dem Gewehr und lud das Magazin. Er verließ den Strand, an dem er das Zelt errichtet hatte, und marschierte landeinwärts.

Sein Weg führte über eine Düne direkt in den dschungelähnlichen Wald hinein. Mit einer Machete bahnte er sich einen Pfad durch das Gestrüpp und die unzähligen Farne. Natürliche Wege schien der Regenwald nicht zu haben.

Emilio sah sich aufmerksam um, doch die Pflanzen wuchsen teilweise so dicht beieinander, daß er kaum mehr als ein paar Meter weit schauen konnte. So würde er nie Tiere ausmachen – er mußte sich irgendwo auf die Lauer legen. Aber vielleicht gab es von weiter oben eher die Möglichkeit, seine Beute zu beobachten. So stieg er weiter auf und kämpfte sich mühselig durch den Urwald. Schweißgebadet erreichte er schließlich eine Lichtung von der aus tatsächlich ein Pfad zu den Bergen hinauf führte. Überrascht und neugierig geworden folgte Emilio dem Weg. Unterwegs hielt er mehrmals an und trank fast die Hälfte seines Wasservorrats aus. Er hoffte, daß er auch hier im Gebirge auf eine Süßwasserquelle stieß.

Der Weg schlängelte sich noch eine geraume Zeit durch den Dschungel und mündete schließlich vor einer Bergwand. Emilio konnte sich nicht des Gedankens erwehren, daß der Pfad künstlich angelegt worden war.

Vielleicht bin ich doch nicht der Erste, der diese Insel betreten hat, sinnierte er und entschloß sich, falls er tatsächlich auf Spuren anderer Menschen stoßen sollte, und seien es nur Eingeborene, sofort kehrtzumachen und sich eine andere Insel zu suchen.

Neben dem Bergmassiv reichte der Pfad weiter hinauf und bog dann links ab. Emilio verzog den Mund, gab sich aber einen Ruck und wollte zumindest noch herausfinden, was hinter dieser Biegung lag. Er legte die letzten zwanzig Meter zurück und war überrascht, auf den Eingang zu einer Höhle zu stoßen. Interessiert ging er näher heran und nahm die mitgebrachte Taschenlampe vom Gürtel. Als er die ersten Schritte in die Höhle gesetzt hatte, stellte er fest, daß das künstliche Licht gar nicht notwendig war, da irgend eine fluoreszierende Substanz von den Wänden strahlte und ausreichend Licht spendete, um zumindest den Weg zu sehen. Die stickige und feuchte Luft wollte Emilio zuerst veranlassen, wieder zurückzugehen, doch die Neugierde obsiegte. Der niedrige Gang wand sich tiefer in den Fels hinein und mündete in eine größere Grotte. Auch hier war es seltsam hell, so daß Emilio sofort erkennen konnte, in eine Sackgasse geraten zu sein. Doch er erkannte noch mehr...

Die Frau war in schwarzes, enges Leder gekleidet, das bei der kleinsten Bewegung knirschte. Sie hockte in der Mitte der Grotte auf dem Boden und betrachtete nachdenklich ein Häufchen Asche, wie es fein durch ihre behandschuhten Finger zu Boden rieselte. Als die letzte Flocke ihre Hand verlassen hatte, zog eine leichte Brise auf. Irritiert schaute sich Gonzalves um, konnte aber keinen Auslöser für den aufkeimenden Wind ausmachen. Der Aschestaub wehte in alle Richtungen davon.

Emilio interessierte in diesem Moment aber gar nicht mehr, woher die Böe kam und was die Frau allein auf einer so verlassenen Insel zu suchen hatte. Alles, was seinen Blick ausfüllte, war das weibliche Wesen selbst. Mit seinen Augen zog er ihre hinreißenden Formen nach. Ihre Haut war tiefbraun, dunkler noch als seine. Und die langen, schwarzen Haare fielen lockig bis weit auf ihren Rücken. Als sie ihren Kopf zu ihm wandte, erkannte er, daß sie negrider Abstammung war, wenn auch ihre Nase schmaler und zierlicher war, als man es sonst bei diesem Typ vermutete. Als sich ihre Blicke trafen, fühlte Emilio ein schwaches Prickeln in seinen Augen. Dann war ihm, als tauche etwas von außen durch seine Pupillen in seinen Körper, seine Gedanken.

Das war der Augenblick, an dem Jesus Emilio Gonzalves zu einem reinen Beobachter wurde. Er konnte nichts von dem, was um ihn und *mit* ihm geschah, noch steuern. Wie eine willenlose Marionette stand er am Eingang der kleinen Grotte, unfähig, sich auch nur in irgend einer Weise zu bewegen. Emilio wußte selbst nicht, wie ihm geschah – aber noch gab es keinen Grund zur Beunruhigung.

Die farbige Frau erhob sich und stolzierte hüftschwingend auf den mexikanischen Aussteiger zu. Ihr Blick wich dabei für keine Sekunde von seinen Augen, und je näher sie kam, desto unwohler fühlte sich Emilio plötzlich. Von der Frau ging eine unbekannte Ausstrahlung aus, etwas, das Gonzalves nie zuvor in seinem Leben gespürt hatte. Und jetzt war es einfach da. Unerklärlich!

Das Kribbeln in seinen Augen nahm zu, und mit einem Mal verschleierte sich seine Sicht. Nebelgespinste huschten vor seinen Augen her, bläuliche und violette Fäden tanzten auf und ab und schienen zu der Fremden hinüberzugleiten. Fasziniert beobachtete Emilio für eine kurze Weile das Spektakel.

Dann kam der Schmerz!

Aus dem leichten Kribbeln wurde ein glühendes Stechen. Er versuchte zu blinzeln, die Lider ganz zu schließen, aber die Motorik seines Körpers ließ dies nicht zu. Er war in den Bann der Fremden geraten, und nur sie konnte für all dies verantwortlich sein. Alles in Emilio schrie danach, sich abzuwenden und davonzulaufen, aber sein Leib gehorchte einfach nicht mehr. So mußte er untätig mit ansehen, wie die Frau ihn erreichte. Das Brennen in den Augen trieb ihm die Tränen ins Gesicht. Nur noch verschwommen nahm er sein Gegenüber wahr.

Gran dios, ayuda! dachte Emilio und wurde sich mit einem Mal bewußt, daß er sich besser eine andere Insel ausgesucht hätte.

Die Fremde legte ihre Hände auf seine Schultern und zog ihn zu sich heran. Gonzalves hatte das Gefühl, als würden ihm die Augen platzen, doch dann nahm die Hitze, die sich bis in sein Hirn fortgepflanzt hatte, plötzlich ab. Die Schlieren zogen an seinen Augen vorbei, und sein Blick klärte sich wieder. Er sah das Lächeln der Frau, wollte es instinktiv erwidern, aber sein Körper gehorchte noch immer nicht seinen gedanklichen Wünschen.

Die Frau zog ihn noch näher und beugte sich gleichzeitig vor. Ihre Nasenspitzen berührten sich fast. Emilio hatte nicht den blassesten Schimmer auf was sie hinaus wollte, noch konnte er sich erklären, woher das Brennen in seinen Augen rührte, oder ob er sich dies alles nur eingebildet hatte. Überrascht sah er, wie die Fremde ihren Kopf schräg legte, und schon fanden ihre Lippen die seinen. Emilio fühlte kaltes Fleisch an seinem Mund. Das Prikkeln, das zuvor seine Augen malträtiert hatte, fuhr nun über seine Lippen. Sein Mund zuckte. Für einen Moment spürte er, wie seine Knie nachgaben, doch bevor er fallen konnte, hielt ihn die Frau und löste sich schmatzend von ihm. Ihre dunklen, geheimnisvollen Augen sahen ihn durchdringend an.

»Qué me está sucediendo?« fragte er in seiner Heimatsprache, *Was geschieht mit mir?*

Er konnte sich nicht vorstellen, daß diese exotische Schönheit spanisch sprach, aber mit anderen Mitteln konnte er sich nicht ausdrücken. Zu seinem Erstaunen antwortete sie ihm in seiner Muttersprache!

»Su vida para el míos!« *Dein Leben für meines...*

Emilio runzelte die Stirn. Zuerst verstand er nicht, was sie damit ausdrücken wollte und glaubte, sie habe das Spanisch falsch angewandt, doch der Moment der Erkenntnis folgte unmittelbar darauf. Die Fremde preßte abermals ihre Lippen auf die seinen, diesmal ungestümer, verlangender, fordernder. Das Kribbeln setzte sofort ein. Emilio schwindelte, wurde schwächer, und als er den Sog spürte, mit dem all seine Lebenskraft samt dem, was die Menschen als Geist oder Seele betrachteten, aus seinem Leib gespült wurde, erkannte er den Sinn der Worte.

Dein Leben für meines.

Der erschlaffte Körper des Mexikaners fiel schwerfällig zu Boden. Er wirkte ausgemergelt, und seine vorher noch gesunde, braune Haut, hatte sich in einen aschfahlen Teint gewandelt, geradezu als hätte dieser Leib nie zuvor Leben in sich beherbergt, als wäre selbst das Fleisch mit seinen Millionen organischer Zellen nie lebendig gewesen.

Alannah schenkte dem Toten nicht einen Blick. Er hatte seinen Zweck erfüllt und ihr das gegeben, wozu die beiden Aschedämonen nicht in der Lage gewesen waren: Lebensenergie!

Nachdem der Fürst der Finsternis ihren Auftrag mit der Überreichung und Vernichtung des *Diz* als beendet betrachtete, hatte Luguri sie wieder zu der Gefängnisinsel bringen lassen und ihr die beiden Aschedämonen als Bewacher auf den Hals gehetzt. Der Erzdämon ging davon aus, daß sie noch immer des Lebens müde war und lieber sterben wollte, doch er hatte die Rechnung ohne den Wirt gemacht. Alannah war auf jemanden getroffen, der wie sie war. Damit war sie nicht mehr das einzige Wesen ihrer Art auf dieser weiten Welt. Das Zusammentreffen mit Nathaniel hatte neue Lebensgeister in ihr geweckt. Jahrtausende hatte sie allein und von ihrem Volk verlassen auf der Erde gelebt, war melancholisch geworden und hatte das Leben selbst bedauert. Aber Nathaniels Erscheinen hatte alles verändert, dem Trübsal ein Ende bereitet. Nun waren sie zu zweit, konnten wieder etwas bewegen – die Einsamkeit war zu Ende!

O Nathaniel, ich dachte du wärst bei dem Angriff auf Sodom und Gomorrha umgekommen. Hätte ich nur geahnt, daß du weiterlebst, ich hätte alles versucht, um dir zu helfen!

Freundschaft war es, die sie verband, eine Freundschaft, die alle, die wie sie waren, miteinander teilten. So war es gleichgültig, *wen* sie wiedergefunden hatte. Allein die Tatsache, daß noch jemand anderes von ihrem Volk unter den Menschen weilte, war ausschlaggebend. Zusammen fanden sie vielleicht einen Weg, in ihre Heimat zurückzukehren, die Pforten zu anderen Welten erneut aufzustoßen...

Alannah streckte sich und verließ die Grotte durch den einzigen Zugang. Draußen auf dem Felsplateau schaute sie sich um und sog gierig die frische Meeresbrise ein, die vom nahen Ufer bis hierhin herüberwehte.

»Ja«, sagte sie laut, »zusammen kehren wir heim!«

So erfreulich der Gedanke auch war, er stimmte sie traurig, denn durch Luguri hatte Alannah erfahren, was Nathaniel mit der Welt plante. Er wollte die Erde auslöschen und neu erschaffen, nach dem Bildnis des Paradieses, das in den Köpfen der *Angisi* herumspukte, einem Zustand, den sie in ihrer Heimat herbeigeführt hatten. Früher hätte Alannah Nathaniel dafür verurteilt, überhaupt an solch eine Möglichkeit zu denken. Aber die Jahrtausende der Einsamkeit und die Gegenwart des finsteren Luguri hatten ihr neue Wege aufgezeigt. Gut und Böse, das waren Werte, die jeder selbst für sich festlegte, so wie es auch die *Angisi* getan hatten. Was zählte davon noch, hier und jetzt?

Sie schlenderte den steinernen Weg nach unten, nahm jedoch eine andere Abzweigung als die, über die Emilio Gonzalves hergekommen war, und erreichte so nach wenigen Minuten den Strand, ohne den Umweg durch den Dschungel gehen zu müssen. Im feinen, fast schneeweißen Sand blieb sie stehen und schürzte die Lippen.

So friedlich... doch der Schein trügt. Du bist eine verkommene und verdorbene Welt.

Sie wußte nicht, woher die feindseligen Gedanken kamen. Das einzige, das sie mit Sicherheit sagen konnte, war, daß sie von nun an *leben* wollte. Die Resignation, die noch vor wenigen Tagen ihr Bewußtsein ausgefüllt hatte, war wie fortgeblasen. Jahrtausende der Einsamkeit waren vorbei. Es war an der Zeit, zu neuen Taten aufzubrechen und das Heft über die Geschicke dieser Welt an sich zu reißen.

Zusammen mit Nathaniel, sagte sich Alannah. *Wir werden das alles wieder richten.*

Sie schlug sich mit der Faust in die geöffnete Linke und preßte die Lippen grimmig aufeinander. Der Thron des Fürsten der Finsternis lag quasi in greifbarer Nähe. Luguri war zu schwach, um der geballten Macht zweier *Angisi* etwas entgegensetzen zu können. Alannah erschrak über sich selbst und brachte ihre Eroberungsgedanken zum Schweigen. Zuerst einmal mußte sie Nathaniel finden und ihn von seinem wahnwitzigen Plan, den Planeten zu vernichten, abbringen, ihm zeigen, daß sie noch auf seiner Seite stand und seine Freundin war.

»Bei Khartu'un!« rief sie aus und verschwand in einer gleißenden Lichterscheinung.

10. Kapitel

Teuflische Spiele

Das zischende Geräusch war kaum wahrnehmbar, und auch der begleitende Geruch verflog rasch im beständig dahinwehenden Wind. Der Nieselregen hatte aufgehört, doch dafür war der Ackerboden um so schlammiger und rutschiger geworden. Wie aus dem sprichwörtlichen Nichts trat eine Frau auf das Feld hinaus. Einem heimlichen Beobachter wäre dies äußerst seltsam vorgekommen, denn es gab im Umkreis von hundert Metern nicht das geringste Versteck, in dem sie sich hätte verbergen können. Sie war einfach da, wie aus einer fremden Dimension in die Wirklichkeit materialisiert. Aber es gab diesen heimlichen Beobachter nicht, so daß es die Frau auch nicht kümmern mußte, ob jemand ihre Ankunft bemerkt hatte, oder nicht.

Wie so oft hatte sich Angelina Ciabatti einen beigefarbenen Trenchcoat übergeworfen, um ihre bevorzugte sexy Kleidung darunter zu verbergen. Sie hatte nie viel Aufhebens um Mode gemacht, sondern trug gemeinhin das, was ihr am besten gefiel und ihrem Naturell entsprach. Ihre weißen Stiefel waren rasch verschmutzt, als sie die ersten Schritte durch den Matsch angetreten hatte. Es hätte sie kaum Mühe gekostet, mittels Magie über dem Boden zu schweben und sich auf diese Art fortzubewegen, aber genauso wenig Aufwand war nötig, um das Schuhwerk später zu reinigen. So stiefelte sie einige Minuten durch den vom Regen aufgeweichten Schlamm der abgeernteten Felder, bis sie auf einem Hügelkamm eine einzelne Gestalt ausmachte. Ein Lächeln huschte über ihre Züge. Angelina nickte sich kurz selbst zu und beeilte sich, den Hügel hinaufzugehen. Oben angekommen stand sie ihrer Schwester Chiara gegenüber, wie immer äußerlich verschlossen.

»Warum machst du so ein Geheimnis um unser Treffen?« fragte Angelina geradewegs heraus.

Die schöne Dämonin, die ihre Schwester um über einen Kopf überragte, drehte sich langsam um. Ihre Miene war starr, wie aus Stein gehauen, doch in ihren Augen glomm ein winziger Funke Wärme, der jedoch ausschließlich Angelina galt, zu der sie größte

Zuneigung verspürte. Angelina sog den stummen Gruß förmlich in sich auf und klammerte sich daran fest. Zu lange schon war sie von ihrer Familie fort gewesen, und dennoch war sie stets willkommen.

Zur Antwort auf die Frage ihrer Schwester streckte Chiara einen Arm aus und deutete vom Hügel hinunter auf einen kleinen Bauernhof.

Bevor ich mit Vater wieder nach Italien reise, wollte ich dir noch einen Gefallen tun, kleine Schwester.

Angelina hob eine Braue und folgte dem Fingerzeig. Sie nutzte ihre Magie, um die Sicht heranzuzoomen und zu erkennen, was so besonderes an dieser Farm war, aber ihre Kräfte konnten das Gemäuer nicht durchdringen. Die Teufelin keuchte und schaute wieder ihre ältere Schwester an.

Ich sehe, du hast es bemerkt. Der Dämonenkiller war hier. Ich konnte seine Spur verfolgen, während du in Cashel noch damit beschäftigt warst, deine Diener zu strafen.

Ein tadelnder Unterton schwang in den telepathisch übermittelten Gedanken mit. Chiara hatte also erfahren, daß Angelina einen Teufel umgebracht hatte, weil er sie verraten wollte. Ihren zweiten Begleiter hatte sie deshalb erst gar nicht mitgenommen, als sie über die Kristallkugel von ihrer Schwester gerufen worden war. Der Sieg über den Dämonenkiller und damit über den Thron der Schwarzen Familie sollte ihr allein gehören. Daß Chiara keine Ambitionen hatte, wußte sie. Ihre Familie gehörte zwar dem Bund der Dämonen an, hatte sich aber nie in dessen Geschicke eingemischt, sondern kochte ihr eigenes Süppchen im heimischen Florenz.

»Wenn man den Thron will, herrschen andere Gesetze, Schwester!« verteidigte sich Angelina.

Bemüh dich nicht um Rechtfertigung. Luguri hat deinen Verstand benebelt und deinen Hunger nach Macht geweckt. Aber deswegen bin ich nicht besorgt, denn das ist der Lauf der Dinge. Und ich würde mir nichts sehnlicher wünschen, als eine Ciabatti auf dem Thron der Schwarzen Familie.

Angelina nickte und blickte wieder zu dem Bauernhof. »Du sagst, der Dämonenkiller war hier. Ich kann aber nirgends Banner entdecken, die diese magische Abschirmung hervorrufen.«

Der Dämonenkiller hat dies auch nicht getan. Greif weiter hinaus und versuche die Art der Magie zu erkennen, die gegen unsere eigene wirkt.

Die jüngere Schwester atmete tief durch und machte mit beiden Händen einige Gesten in der Luft, sprach dazu eine Formel in längst vergessener Sprache und ließ den Zauber wirken. Sie ächzte unter der Heftigkeit des Widerstands. Weder Schwarze noch Weiße Magie schützten das Innere des Bauernhofs, sondern etwas gänzlich anderes, das Angelina noch nie zuvor zu spüren bekommen hatte.

»Was zur Hölle ist das?«

Nun war es Chiara, die lächelte, nicht viel, aber das minimale Verziehen ihrer Mundwinkel mußte in ihrem Fall schon wie ein Gelächter auf andere wirken.

Finde es heraus, kleine Schwester. Und bring uns den Kopf des Dämonenkillers, damit ich schon bald mein Haupt vor der neuen Fürstin der Finsternis verneigen kann.

Schwefelgeruch zog in Angelinas Nase, als die andere Teufelin ohne weitere Vorwarnung verschwunden war. Allein machte sie sich auf den Weg zu dem Bauernhof, der auf unerklärlichem Weg vor magischer Beobachtung geschützt worden war. Konnte sie ihn überhaupt betreten, oder ging der Schutz gar so weit, daß er alles Dämonische fernhielt?

»Ich werde es gleich herausfinden«, murmelte Angelina sich selbst zu.

Sie stapfte durch den Schlamm. Spritzer beschmutzten nicht nur die Stiefel, sondern auch den hellen Mantel. Die Teufelin benötigte eine gute Viertelstunde, ehe sie das Feld hinter sich gelassen hatte und am Rande des Anwesens stand. Angelina tastete sich vorsichtig vorwärts und blieb vor der Gartenumzäunung stehen. Die fremde Magie war jetzt körperlich spürbar, wie ein feines Kriseln, das sich über ihre Haut zog, nur oberflächlich zwar, aber dennoch gegenwärtig. Angelina wollte kein Risiko eingehen. Ein rascher Spruch flog über ihre Lippen, und augenblicklich hielt sie ein Stück Kreide in den Händen. Der Boden, auf dem sie stand, trocknete in Sekundenbruchteilen unter ihrem magischen Einfluß, so daß die Kreide ihre Spuren auf ihm hinterließ, als sich die Teufelin bückte und einen Kreis um sich herum zeichnete. Schwarzmagische Abwehrsymbole zierten bald das Innere des Rundes. Angelina öffnete ihren Mantel und ließ ihn zu Boden gleiten. Nur mit Netzbody und Stiefeln bekleidet hockte sie sich im Schneidersitz nieder. Sie schloß ihre Augen und vertiefte sich in einen magischen Singsang. Ihre Aufmerksamkeit galt dem fremden Zauber. Eine halbe Stunde verbrachte sie mit ihrer Beschwörung, doch sie erhielt nicht den geringsten Anhaltspunkt über den Ursprung der fremden Magie. Auf der anderen Seite aber gab es anscheinend auch nichts, das ihr schaden könnte. Die Abschirmung hatte einzig und allein den Zweck, etwas vor den *magischen* Augen anderer zu verbergen.

Angelina erhob sich, klaubte den Mantel auf und warf ihn sich über. Sie verwischte die Spuren des Kreidekreises mit den Füßen und schritt zögernd durch das niedrige Zauntor, das zum Vorgarten des Hauptgebäudes führte. Noch immer lag das Kriseln in der Luft, als wäre die Atmosphäre magisch aufgeladen, aber Angelina erkannte keinerlei Anzeichen von wirklicher Gefahr. So gab sie sich dann doch einen Ruck und trat bis an die Tür heran. Ein kleines Namensschild wies den Bauernhof als das Anwesen der Kavanaghs aus. Angelina streckte eine Hand vor und tastete sich mit ihrem Geist hinaus. Nur ihre Gedanken berührten das Klopfeisen, hoben es mit Hilfe der Magie leicht an und ließen es dann gegen das Holz der Tür prallen. Angelina wiederholte den Vorgang zweimal in rascher Folge. Nach wenigen Augenblicken gewahrte sie schlurfende Schritte von jenseits der Wände. Die Tür knarrte, als sie langsam aufgezogen wurde und ein älterer Mann der Kopf herausstreckte.

»Was wollen Sie?« fragte er schroff.

Angelinas magische Fühler waren schon vorgestreckt und wollten in den Verstand des anderen eindringen, als sie auf eine weitere Barriere stieß. Irgend jemand bewahrte diesen Alten davor, von jemandem hypnotisch beeinflußt zu werden. Für den Bruchteil einer Sekunde war Angelina versucht, dieses Hindernis zu durchbrechen, um zu erfahren, was hier gespielt wurde – allerdings konnte die fremde Kraft mächtiger als sie sein, und sie verspürte nicht die geringste Lust, sich einem Geisteskranken auszusetzen, der ihrer dämonischen Natur zuwider war und ihr durch seine zersetzenden Gedankenströme gefährlich werden konnte.

So sehr sie es auch verabscheute, sich auf das Niveau eines Menschen herabzubegeben, machte sie gute Miene zum bösen Spiel und ließ sich in ein Gespräch verwickeln. Ihre finstere Miene verschwand von allein, und sie setzte das bezauberndste Lächeln auf, das ihr in dieser Situation gerade noch gelang.

»Guten Tag, Mr. Kavanagh«, sagte sie und machte gleichzeitig einen Schritt nach vorn. »Ich bin dort drüben mit meinem Auto liegen geblieben. Können Sie mir eventuell Starthilfe gewähren?«

Ellis Kavanagh verzog die Mundwinkel. »Das geht nicht!«

»Warum denn nicht?« Angelina legte den Kopf schräg und setzte eine flehende Miene auf. Wenn sie ihn schon nicht magisch beeinflussen konnte, dann wollte sie dennoch ihre weiblichen Reize zur Geltung bringen und den Mann betören. Wie zufällig schlug sie dabei ihren Mantel, den sie nicht wieder zugeknöpft hatte, auf, so daß der Bauer einen Blick auf ihre hohen Stiefel und den Body erhaschte, der mehr zeigte, als er verhüllte. Tatsächlich zeigte diese Maßnahme Wirkung, als Kavanagh mit einem Mal Stielaugen bekam. Ihm war seine Anspannung an den mahlenden Wangenknochen anzusehen. Er warf einen verstohlenen Blick zurück ins Haus, schob sich dann vor die Tür und ließ sie hinter sich ins Schloß fallen.

»Wo steht denn Ihr Wagen?« fragte Ellis.

»Dort vorn, hinter dem Hügel auf der anderen Seite des Feldes«, erklärte sie.

Sein Blick taxierte die schmutzige Kleidung. »Und da sind Sie den ganzen Weg über das Feld marschiert?«

»Ja, mir blieb ja keine andere Wahl.«

Wie zufällig berührte Kavanagh sie und erschrak. »Sie sind ja ganz verkühlt. Kommen Sie, Sie müssen sich ein wenig aufwärmen, bevor Sie weiterfahren!«

Angelina kostete ungewollt ihren Triumph aus. Die Kälte, die von ihr ausging, hatte nichts mit dem naßkalten Wetter zu tun, sondern spiegelte ihre dunkle, dämonische Seite wider – aber das brauchte Kavanagh nicht zu wissen.

Noch nicht, korrigierte sich Angelina in Gedanken.

Zweifellos war Kavanagh zuvor nicht gewillt gewesen, sie mit ins Haus zu lassen, doch jetzt hatte er selbst den Ausschlag dazu gegeben. Kurz vor der Haustür zögerte er, und Angelina merkte, daß es ihm gar nicht recht war, sie mit hineinzunehmen, doch als sein Blick nochmals durch den Schlitz des Mantels auf die prallen Brüste fiel, verwarf er wohl alle seine Bedenken und stieß die Tür auf. Er schritt hinein, ging zwei Meter durch eine Diele und bedeutete der Teufelin, ihm zu folgen.

Angelina verharrte kurz vor der Schwelle. Sie war sich nicht sicher, ob ihr die fremde Magie tatsächlich nichts anhaben konnte. Schließlich riskierte sie es und trat über die Schwelle. Nichts geschah. Nichts Magisches jedenfalls, dafür meldete sich einer ihrer rein körperlichen Sinne, der aufgrund ihrer teuflischen Natur um ein Vielfaches besser funktionierte als der eines Menschen.

Der Gestank von erkaltetem Blut ließ sie die Nase rümpfen. Angelina streckte ihre geistigen Fühler aus und stellte fest, daß sie innerhalb des Gebäudes Magie anwenden konnte. Demnach diente die Abschirmung einzig und allein der Abwehr gegen Spionage von außen. Auf magischen Schwingen trieb Angelinas Bewußtsein durch das Haus, während ihr Körper dem Bauern in die Wohnstube folgte. Sie huschte durch die untere Etage, fand am Ende der Diele eine Treppe, die nach oben führte. Der Geruch des Blutes ging von dort aus, also schlüpfte Angelinas Geist die Stufen hinauf und gelangte ins Schlafzimmer der Kavanaghs. Sie war keinesfalls schockiert über das, was sie dort vorfand, dazu war sie zu sehr Dämonin, aber sie war neugierig genug, sich die Frage zu stellen, was einen Mann dazu veranlaßte, seine Frau derart bestialisch zuzurichten...

Zwischenspiel

Das polternde Auf und Ab, verursacht durch die hohen Absätze, die mit festen Schritten auf dem Parkettboden hin und her stakten, ging Trevor Sullivan nach einer Weile auf die Nerven. Wie schon in der Jugendstilvilla, hatte er die *Mystery Press* im Kellergeschoß des neuen Hauses in Südengland untergebracht und widmete sich nun dem Studium neu hereingekommener Nachrichten. Doch Cocos Unruhe war nicht sehr förderlich für seine Arbeit. Seit Stunden schon rannte sie wie rastlos im Zimmer über ihm hin und her, weil sich Dorian Hunter noch immer nicht aus Irland zurückgemeldet hatte. Zweimal hatte Trevor bereits nach ihr gesehen und versucht, sie zu beruhigen, aber sie hatte ihn einfach abgewimmelt. Auch Hojos und Fentons Bemühungen war nicht angeschlagen.

Mittlerweile war die Nervosität der Hexe auch auf ihren Sohn Martin übergegangen, und der sonst so stille Bursche hatte sich offen mit Tirso angelegt. Bevor die Situation eskalierte, war Fenton eingeschritten und hatte die beiden Jungen auf ihre Zimmer geschickt.

Trevor biß sich auf die Lippe und legte das Fax, das er soeben erhalten hatte, beiseite.

»So kann ich nicht arbeiten«, fluchte er zerknirscht. Dann stand er auf, lief die Treppe nach oben und stürmte, ohne zuvor anzuklopfen, in Cocos Zimmer.

»Coco, hätten Sie vielleicht die Güte, sich für wenigstens eine Stunde hinzusetzen und ruhig zu sein?«

Coco wirbelte herum und starrte Sullivan giftig an. »Wie bitte?«

»Dieser Lärm bereitet mir Kopfschmerzen!« Er deutete auf ihre Schuhe. »Ich kann mich dabei auch nicht konzentrieren.«

Coco stemmte die Hände in die Hüften. »Es ist ja auch nicht Ihr Mann, der da verschollen ist.«

Sie vergaß offensichtlich die Tatsache, daß sie und Dorian nicht verheiratet waren, aber das spielte in der momentanen Situation auch keine Rolle.

Trevor ließ sich nicht einschüchtern, sondern trat im Gegenteil die Offensive an. Er machte den letzten Schritt über die Schwelle und stand nun ganz provokativ vor ihr.

»Jetzt hören Sie mal zu«, fauchte er, lauter als vorher. »Dorian Hunter ist auch mein Freund, falls Sie das vergessen haben. Und natürlich machen wir uns Sorgen, daß er sich seit einigen Tagen nicht mehr gemeldet hat. Aber auf der anderen Seite ist er Profi genug, daß er gut selbst auf sich aufpassen kann. Vielleicht ist er in einer Situation, in der er es sich nicht leisten kann, Kontakt zu uns aufzunehmen!«

»Spekulationen!« schnappte Coco Zamis, machte zwei schnelle Sätze und war bei Trevor angelangt, bevor er überhaupt wußte, was geschah. Sie hob anklagend einen Finger.

»Rian ist in die sprichwörtliche Höhle des Löwen gegangen. Eine Dämonenversammlung in solch großem Stil ist etwas, in das wir uns noch nicht hineingewagt haben. Es gibt tausend Möglichkeiten, daß man ihn aufgespürt, gefoltert und getötet hat. Und ich kann keine ruhige Minute finden, ehe ich nicht Gewißheit habe, daß bei ihm alles in Ordnung ist.«

Trevor seufzte. »Coco, er wird sich schon noch melden, glauben Sie mir!«

»Wann denn?« fragte die Zamis-Hexe zurück, obwohl sie wußte, daß Sullivan ihr diese Frage wohl kaum würde beantworten können. Beinahe hilflos zuckte er deshalb die Achseln.

»Sehen Sie?« sagte sie lauernd. »Wir können gar nicht sicher sein. Vielleicht steckt er bis zum Hals in Schwierigkeiten, und nur wir können ihm noch helfen.«

Sullivan hob die Brauen. »Was haben Sie vor? Wollen Sie etwa nach Irland und ihn suchen?«

»Oh, stellen Sie sich vor, Trevor, genau das hatte ich im Sinn!«

»Sie wissen doch gar nicht, wo Sie anfangen sollen...«, warf Sullivan ein.

»Ich bin eine Hexe, schon vergessen?«

Trevor preßte die Lippen aufeinander. Es war ausgemachter Schwachsinn, jetzt nach Irland aufzubrechen, selbst wenn Hunter etwas zugestoßen sein sollte, würden sie schlimmstenfalls selbst mit hineingezogen. Zwar kannten sie seinen letzten Aufenthaltsort, aber wenn ihn die Dämonen wirklich erledigt haben sollten, hatten sie seine Spuren längst beseitigt, denn die Versammlung sollte mittlerweile vorüber sein. Irgendwie mußte Trevor Coco davon abbringen, ihren Sturkopf durchzusetzen und selbst nach Irland aufzubrechen. Das hätte Hunter unter keinen Umständen gewollt, sonst hätte er seine Geliebte von vornherein mitgenommen. Aber gerade in der gegenwärtigen Situation, in der sie mit dem unzureichend geschützten Übergangsstützpunkt waren, wollte Hunter seinen Sohn nicht allein und schutzlos wissen – und echten Schutz konnte der Junge nur in der Gegenwart seiner Mutter haben.

»Und was wird aus Martin?« fragte Trevor deshalb. An ihrer verzerrten Miene erkannte er sofort, daß er einen wunden Punkt getroffen hatte. Wahrscheinlich war ihr Sohn der einzige Grund, warum sie nicht schon längst aufgebrochen war. Sullivan versuchte dort anzusetzen.

»Hören Sie, warten wir noch ein, zwei Tage. Wenn wir dann noch immer nichts von Dorian gehört haben, dann werden wir nach ihm suchen, und zwar mit einem Plan und genügend Kampfkraft, um einer Horde Dämonen zu begegnen. Bis dahin können wir uns auch überlegen, was wir mit Martin und Tirso machen. Außerdem verständigen wir vorsorglich Unga, der uns sicher sofort helfen wird.«

Coco sah über den Vorschlag nicht sehr glücklich aus, aber es schien besser zu sein, als Hals über Kopf die Flucht nach vorn antreten zu wollen. In erster Linie mußte sie an Martin denken, denn es war auch Dorians Wille gewesen, daß ihr Sohn nicht allein zurückblieb.

»Na schön«, murrte sie. »Rufen Sie Unga an und sagen Sie ihm, er soll in zwei Tagen hierherspringen, falls er nichts Gegenteiliges von uns hört. Dann wird er Martin und Tirso mit nach Island nehmen, während ich nach Irland aufbreche!«

»Sie allein?« hakte Trevor ungehalten nach. »Das wäre äußerst unvernünftig...«

»Quatsch!« unterbrach ihn Coco sofort. »Wenn es eine bedrohliche Situation gibt, aus der Dorian allein nicht herauskommt, kann sie auch für mich und jeden anderen des Teams gefährlich werden. Sollte es wirklich so schlimm stehen, dann will ich nicht, daß wir *alle* blind in eine Falle laufen und unser Leben lassen, sondern mich nur allein dem Risiko stellen.«

»Die Logik hat etwas für sich«, gestand Sullivan ein. »Aber auf der anderen Seite...«

Coco lächelte dünn, schritt an Sullivan vorbei und ließ ihn einfach stehen. Der Leiter der *Mystery Press* schnaubte, murmelte etwas in sich hinein und zog sich dann in den Keller zurück. Zumindest hatte er zwei Tage gewonnen, an denen Coco nichts Unvernünftiges tat und wenigstens den Lärm, der durch ihr rastloses Auf und Ab verursacht wurde, abstellte. Und mit ein wenig Glück meldete sich Dorian Hunter innerhalb der nächsten zwei Tage, und der Spuk hatte ein Ende.

Trevor ahnte, daß er sich selbst belog, wenn er diese Hoffnung hegte. Ein ungutes Gefühl beschlich ihn, als er in die Räume der *Mystery Press* zurückkehrte und sich dem Fax widmete. Trotz der Ruhe konnte er sich noch immer nicht auf dessen Inhalt konzentrieren.

Während Angelina auf dem gammeligen Sofa Platz nahm, hing ihr magischer Geist noch immer über dem ehelichen Bett der Kavanaghs. Zwischen all dem getrockneten Blut, das die weißen Laken durchtränkt hatte, lag die verstümmelte Leiche von Marie-Claire Kavanagh. Tote Augen starrten anklagend zur Decke empor, doch niemand würde mehr die Worte hören, die Marie-Claire kurz vor ihrem Ableben auf den Lippen gelegen hatten.

Angelina zog sich wieder zurück und kehrte heim in ihren dämonischen Leib. Ihr Blick wanderte über das ärmliche Mobiliar, und sie erkannte, daß die Kavanaghs im Jahr gerade einmal genug erwirtschafteten, um über die Runden zu kommen. Normalerweise interessierte es sie nicht, was die Menschen untereinander trieben. Kavanagh war ein Mörder – na und? Es gab vielleicht hunderte von Gründen, warum er seine Frau zur Strecke gebracht hatte, und daß er sie regelrecht in Häppchen gehackt hatte, mochte irgendwo auch noch erklärbar sein. Rätselhaft war aber, warum irgend jemand, der eine unbekannte Magie anwandte, dieses Haus magisch abschirmte, damit niemand aus der Ferne einen Einblick erhalten konnte.

Die junge Teufelin lehnte sich zurück, und als sie den gierigen Blick des Alten registrierte, schloß sie den Mantel. Ihr war nicht nach Sex zumute, schon gar nicht mit diesem senilen, psychopathischen Trottel.

Naja, so ganz geistesgestört kann er nicht sein, sonst wäre ich sicherlich nicht mehr hier...

Kavanagh hatte ihr gegenüber in einem Ohrensessel Platz genommen und machte keineswegs Anstalten, ihr eine Decke zu bringen oder ein heißes Getränk zuzubereiten. Offenbar war er nur ihren Reizen erlegen und versuchte bei ihr zum Zug zu kommen.

Nach dem, was er mit seiner Frau getan hat, dachte Angelina.

»Wo ist Ihre Frau?« versuchte sie ein Gespräch in Gang zu setzen.

Ein Zucken ging durch Ellis Kavanagh, und er wirkte für einen Moment wie ein Lausbube, den man auf frischer Tat ertappt hatte.

»Wie kommen Sie darauf, daß ich verheiratet bin?« fragte er zurück.

Angelina verzog die Mundwinkel. Dies konnte entweder ein sehr langes oder ein sehr kurzes Gespräch werden. Pech für Kavanagh, daß die junge Teufelin nicht zu den geduldigsten Dämonen gehörte. Sie sprang vom Sofa auf, griff dem Mann mit einer Hand an die Kehle und drückte zu.

»Für wie blöd hältst du mich eigentlich, du Wurm?« knurrte sie.

Kavanagh war zu überrascht, als daß er auf die Schnelle etwas erwidern konnte. Die unbändige Kraft, die der jungen, zierlichen Frau innewohnte, war ihr äußerlich nicht anzusehen. Er brauchte drei, vier Sekunden, ehe er überhaupt merkte, daß seine Füße knapp zehn Zentimeter über dem Boden baumelten und die Frau ihn mit nur einer Hand hochgehievt hatte. Eine weitere Sekunde darauf registrierte er, daß er keine Luft mehr bekam, weil sich ihre Finger wie Stahlklammern in seinen Hals verkrallt hatten.

Krallen! dachte Kavanagh. Ja, es fühlte sich an, als hätte ein wildes Tier seine Krallen in sein Fleisch gestoßen und wolle ihn nun wie eine Beute reißen.

»Warum hast du deine Frau umgebracht und zerstückelt?«

Sie weiß es! Sie weiß alles! Großer Gott, ich hätte nicht so lange warten sollen. Warum hab ich nicht auf ihn gehört und alles schnell hinter mich gebracht. Er hat mich davor gewarnt, daß eine wie sie auftauchen würde...

Der Schwindel, den er kurzzeitig spürte, rührte von dem kurzen Wirbel durch die Luft her. Dann wurde er durch den harten Schrank gestoppt. Ellis hörte den Aufprall, bevor er ihn selbst mit voller Wucht spürte. Seine Gefühle schienen sich erst zeitverzögert im Hirn zu melden. Das Holz, das mit voller Wucht in seinen Rükken getrieben wurde, raubte ihm den Atem auf gänzlich andere Art und Weise als der Würgegriff zuvor.

»Eigentlich interessiert es mich einen Dreck, warum du dein fettes Weib ermordet hast!« schrie Angelina ihn an. »Vielleicht war sie für dich alten Bock nicht mehr gut genug im Bett, ist mir auch egal. Ich will auch nicht wissen, warum du sie in kleine Appetithäppchen geschnitten hast. Alles, was ich erfahren will, ist, wer diesen magischen Schirm um dein Haus gelegt hat?«

Ellis hob die Lider und sah das Monstrum direkt vor sich. Nein, sie war keine zierliche Frau mehr, nur Trug und Schein. Er sah das Ungeheuer, die Bestie, die sie in Wirklichkeit war. Der Engel hatte recht behalten – die Welt war verdammt. Kreaturen der Finsternis wüteten auf ihr, gaukelten den Menschen Scheinexistenzen vor, unterwanderten sie. Das Böse regierte überall, und die Stunde des Untergangs war gekommen. Nur Er konnte noch helfen, doch Er war fort und hatte nur einen Seiner Boten zurückgelassen: Nathaniel, den Engel.

»Wer war es?« Die Stimme des Monstrums schlug über. Oh, wie hatte sie sich verwandelt, dieses rothaarige, hübsche Mädchen, das ihn in Versuchung führen wollte, ihn mit ihren Reizen betörte. Was war aus ihr geworden? Vor ihm stand der Alptraum aller Gläubigen, das was die Hölle beherrschte und das Fegefeuer auf Erden brachte: ein Teufel in Person.

Nur das weibliche Gegenstück! schoß es Kavanagh in den Sinn.

Das Weib hatte sich verwandelt, zeigte sein wahres Gesicht. Dunkle Hörner wuchsen ihm aus der Stirn, die Augen glühten rot und spiegelten das Feuer der Hölle wider. Klauen wie die Pranken eines Löwen zierten seine Hände, und wenn es sprach und den Mund öffnete, entblößte es scharfe Reißzähne wie jene untoten Monstren, die sich Vampire nannten. Feuer züngelte über Haut der Teufelin, und sie schien inmitten eines Flammenkreises zu stehen. Ellis spürte die unerträgliche Hitze. Sein Atem setzte aus, der Schweiß schoß ihm aus den Poren, und am liebsten hätte er alles, was er am Leib trug, von sich gerissen und wäre hinaus in den kühlen Morgen geflohen.

Welche Ironie, dachte er. *Die Kreaturen der Nacht holen dich bei Tag...*

»Zum letzten Mal!« brüllte Angelina. Der Zorn stand ihr buchstäblich ins Gesicht geschrieben. Ihre attraktiven Züge entgleisten zu einer abscheulichen Fratze des Grauens. Das Feuer, das Kavanagh sah, war echt, denn die Teufelin war in ihrem heißen Element, und vor Wut brach die Magie aus ihr hervor und setzte alles in einen unbewußt beschworenen Brand, mit herkömmlichen Flammen nicht zu vergleichen.

»Die Antwort...«, japste Kavanagh. »Liegt draußen auf... dem Feld...«

»Wo?« herrschte sie ihn an und hob eine krallenbewehrte Hand.

»Beim Kreis... beim Kornkreis...«

Angelinas Augen verengten sich zu Schlitzen. Sie spie Flammen vor Kavanagh aus und ließ die erhobene Hand auf seine Kehle heruntersausen. Die spitzen Krallen blitzten im Feuerschein auf und verkündeten das Ende des Bauern, aber ehe sie ihn erreichten, wurde sein Körper plötzlich durchscheinend. Angelinas Klaue fegte ins Leere, und als sie sich wieder gefangen hatte und zum zweiten Angriff ansetzen wollte, war Ellis Kavanagh verschwunden.

Das Knistern der Flammen war auch draußen auf dem Feld noch zu hören. Angelina hatte sich nicht die Mühe gemacht, das Feuer zu löschen, obwohl sie dazu in der Lage gewesen wäre. So verbrannten Haus und Hof und auch die Leiche von Marie-Claire Kavanagh. Noch immer wußte Angelina nicht, warum der Bauer seine Frau hingerichtet hatte, und sie glaubte auch nicht, die Antwort hier draußen zu finden.

Natürlich hatte sie sich Gedanken darüber gemacht, wie Ellis Kavanagh so einfach verschwinden konnte. Aber die richtigen Schlüsse daraus zu ziehen, war angesichts der seltsamen Schutzbarriere um das Haus nicht schwer. Angelina hatte bereits einen ersten Verdacht, wer dahinter stecken könnte, doch sie konnte sich beim besten Willen nicht vorstellen, warum. Sie hoffte, bei dem Kornkreis, den Kavanagh angesprochen hatte, Antworten zu finden.

Der Himmel hatte sich weiter zugezogen, als ahne er, daß finstere Mächte unter ihm ihr Unwesen trieben. Angelina kümmerten solche Naturschauspiele nicht – sie hatte nie versucht, sie mit Schicksalsfügungen oder Omen in Verbindung zu bringen. Auch als der Regen wieder einsetzte, ging sie schnurstracks ihres Weges und machte sich nicht einmal die Mühe, das kühle Naß auf magischem Wege zu absorbieren. Im Nu war sie durchnäßt, und ihr langes, rotes Haar klebte auf der Haut.

Angelina erreichte die Ausläufer eines weiteren Feldes und fand dort das, wovon Kavanagh gesprochen hatte: Inmitten des abgeernteten Feldes blieb ein kreisrunder Ausschnitt an Korn zurück, in dessen Innerem wiederum alles plattgewalzt war. Angelina kniff die Augen zusammen, denn schon aus der Ferne konnte sie erkennen, daß etwas mit dem Feld nicht stimmte. Das umliegende Korn war ausgedörrt, wie verschimmelt und pechschwarz. Nun machte sie doch von ihren dämonischen Fähigkeiten Gebrauch und überwand die letzten zweihundert Meter mit einem Sprung ins Zentrum des Kornkreises. Als sie dort ankam, fiel ihr Blick sofort auf den kleinen Stab, der in der Mitte des Rundes im Boden steckte.

»Da sieh mal einer an«, murmelte sie in sich hinein, trat an den Stab heran und ging vor ihm in die Hocke. Unzweifelhaft war dies der Kommandostab des Dämonenkillers. Angelina hatte ihn schon zu Gesicht bekommen. Unter den Dämonen war nicht bekannt, woher die magische Waffe kam und über welches Potential sie verfügte. Angelina lächelte. Damit war sie ihrem Sieg einen Schritt näher, denn wenn sie den Kommandostab an sich brachte, hatte sie den Dämonenkiller um einen gewaltigen Vorteil beraubt. Allein dieser Fang mochte sie im Ansehen der Schwarzen Familie nach oben katapultieren. Allerdings blieb die quälende Frage, wo sich der Dämonenkiller versteckte und warum er seine Waffe allein zurückgelassen hatte.

Angelina zuckte die Achseln und streckte eine Hand aus. In dem Moment, da sie den Kommandostab berührte, entlud sich ein violetter Blitz aus dem unbekannten Material, fuhr in den Leib der Teufelin und hob sie mit Wucht in die Luft. Die schöne Dämonin schrie gepeinigt auf, als magische Entladungen um ihren Körper züngelten und ihre Haut verbrannten. Das Haar stand in Flammen, und ungewollt wuchsen ihre Flügel zu mächtigen, ledernen Schwingen. Sie versuchte verzweifelt ihren Flug zu stabilisieren, doch noch immer wütete die unheimliche Macht des Blitzes in ihr und verwehrte ihr jegliche Kontrolle. Dreißig, vierzig Meter wirbelte sie durch die Luft, überschlug sich und knallte dann hart auf dem schlammigen Boden des Feldes auf. Knackend brachen ihre Flügel. Angelinas Schrei war verstummt, der Aufprall hatte das Bewußtsein geraubt.

11. Kapitel

Kenneth Hardings Ende

Das Leben hätte so schön sein können – schön und ungefährlich. Er hatte alles, was er zum Leben brauchte, und das im Überfluß. So mußte sich jemand im Paradies fühlen...

Im Paradies? überlegte Ken Harding. *Nein, reich, wohlhabend... aber das Paradies ist es bestimmt nicht.*

Er hatte eine große Villa, wurde von seinen *Freunden* finanziell unterstützt und brauchte sich nicht zu beschweren, daß ihm etwas fehlte. Dazu gehörte auch eine schöne Frau, die in ihn vernarrt war.

Was kein Wunder ist, sagte sich Harding, während er sich prüfend im Spiegel des Badezimmers musterte. Er war von jeher der Typ gewesen, auf den die Frauen flogen. Sonnengebräunt, muskulös, attraktiv. Die Frauen liebten ihn... zumindest für ein, zwei Nächte, bis sie herausfanden, daß er kein Geld besaß. Beruflich hatte er es bisher nicht weit gebracht. Seine Fahrerjobs endeten immer in den unpassendsten Situationen und beschafften ihm auch nicht das notwendige Kleingeld, um hübsche Mädchen bei Laune zu halten. Das hatte sich mittlerweile geändert, obwohl er die Sache noch nicht ausgekostet hatte. Seit er in der Hayward-Villa eingezogen war, hatte er das Grundstück noch nicht verlassen. Vermutlich war *sie* einer der Gründe gewesen, weshalb er hier hockte und einfach das ruhige Leben genoß. Seine Gedanken schweiften zu der schönen Jasmine McEntri, und als er in den Spiegel sah, erblickte er ihr von einem schwarzen Pagenschnitt eingerahmtes Gesicht. Sie lächelte ihm zu, sie begehrte ihn...

Ken Harding blinzelte, und das Bild Jasmines wich seinem eigenen. Im Grunde genommen hatte er noch nie ihr Spiegelbild zu sehen bekommen, denn sie war...

Eine Vampirin! Der Gedanke fuhr wie ein kleiner Stich in sein Hirn. Manchmal wachte er morgens schweißgebadet auf und fragte sich allen ernstes, worauf und vor allen Dingen *mit wem* er sich da eingelassen hatte. Er war ein nüchtern denkender Mensch gewesen, bis die Mächte des Grauens ihn besucht und sein Leben für immer verändert hatten. Fortan stand er unter der Obhut der finsteren Teufelin Angelina und erfüllte mit seiner Anwesenheit in der Baring Road ihren perfiden Plan, den Dämonenkiller stückweise zu schlagen. Angelina hatte ihm die Hölle, aber auch den ekstatischen Himmel auf Erden bereitet. Er stand in ihrem Bann, aber sie hielt die Zügel locker, so daß er sich einen großen Teil seiner Freiheit bewahrt hatte.

Da sich Angelina eine Zeitlang nicht hatte blicken lassen, hatte er sich an Jasmine herangemacht. Und sie spielte mit, erwiderte seine Zuneigung, forderte ihn bei ihren dunklen, sexuellen Phantasien immer wieder heraus. Und es gab ein Tabu, das sie nicht brach – nie hatte sie versucht, sein Blut zu trinken, denn sie wußte, daß er unter Angelinas Schutz stand und die Teufelin es nicht dulden würde, wenn man ihr vorgriff.

Mit zerknautschter Miene reckte Ken den Hals und beschaute die beiden Male auf seiner Haut. Kleine, verkrustete Punkte, die von zwei messerscharfen Zähnen herrührten. Doch es war nicht Jasmine gewesen, die ihn gebissen hatte, sondern ihre häßliche, abstoßende Schwester Carina.

Carina!

Haßerfüllt dachte er an die ekelige Vampirin, die ihn hypnotisiert und gezwungen hatte, mit ihm zu schlafen. Bisher war es nur einmal vorgekommen, aber das hatte auch gereicht. Carina hatte Ken alle Erinnerungen an dieses Erlebnis belassen, und jedesmal, wenn er an sie dachte, schäumte er vor Wut und konnte sich nicht vorstellen, es wirklich mit ihr getrieben zu haben. Nachdem er am nächsten Morgen aufgewacht war, hatte er die beiden Male an seinem Hals entdeckt und sofort die richtigen Schlüsse gezogen. Natürlich konnte er sie nicht vor Jasmine verbergen, doch sie hatte ihn nie darauf angesprochen.

Und Carina hat nie einen neuen Versuch unternommen, mein Blut zu nehmen.

Er wußte nicht, ob Jasmine ihre Schwester zur Rechenschaft gezogen hatte – wenn es so etwas überhaupt unter Dämonen gab. Jedenfalls hatte sich seine Lage seitdem zu seinen Gunsten verändert. Carina ließ ihn in Ruhe, und er genoß das Zusammensein mit Jasmine.

Ken wusch sich das Gesicht und schlüpfte in frische Kleider. Jasmine hatte inzwischen ein paar Dämonendiener in der Villa einquartiert, die für den Haushalt und Kens leibliches Wohl sorgten. Ihm mangelte es an nichts, und er hatte keinen Grund, sich zu beklagen.

Als er angezogen aus dem Bad trat, öffnete sich die Tür zum Schlafzimmer, das er mit Jasmine teilte. Einer der Diener kam herein und starrte Ken Harding mit maskenhaftem Blick an. Die Augen waren leer, die Gesichtszüge starr wie bei einer Wachsfigur, und im ersten Augenblick sah es so aus, als wäre dieser Mann auch nichts anderes, sondern nur einem Kabinett von Puppen und Mumien entsprungen. Harding fröstelte. Er war sich bewußt, daß aus ihm auch so eine schaurige Marionette hätte werden können, wenn Angelina gewollt hätte.

Fragend sah er den Dämonisierten an. »Was ist?«

»Die Herrin wünscht Sie sofort zu sehen.«

Harding nickte und folgte dem Dämonendiener nach unten in die Wohnräume. Für ein paar Tage hatte die Villa wie leergefegt ausgesehen, da der Dämonenkiller und seine Truppe ihre Habe kistenweise herausgeschafft hatten. Jasmine hatte dafür gesorgt, daß fehlende Gegenstände durch obskure Trophäen ersetzt worden waren. Schrumpfköpfe, Bilder mit Weltuntergangsszenarien und allerlei magische Reliquien, die Jasmine und ihre Schwester im Laufe ihres langen Lebens schon erbeutet hatten, zierten nun Wände, Regale und Tische der Jugendstilvilla.

Harding betrat den Salon, und der Dämonendiener, der ihn hinuntergeleitet hatte, zog sich zurück. Carina räkelte sich in einem Ohrensessel und bedachte ihn mit einem abfälligen Blick. Als er ihn auf dieselbe Art erwiderte, sah sie woanders hin. Jasmine stand vor dem Kamin und wirkte irgendwie beunruhigt. Ken ging auf die Vampirin zu und hauchte ihr einen Kuß auf die Wange, doch sie schien dies nicht einmal zu bemerken. Ihr Blick war in die Ferne gerichtet, abwesend.

»Was ist denn los?« fragte Ken.

»Halt den Schnabel!« fauchte Carina bissig. »Oder hat dir jemand erlaubt zu sprechen?«

Ken drehte sich zornig zu der Dämonin um und hob drohend eine Faust, doch bevor er sich zu einer unbedachten Tat hinreißen ließ, legte ihm Jasmine McEntri von hinten eine Hand auf die Schulter und hielt ihn zurück.

»Laß gut sein«, meinte sie leise. »Und du hörst auf, ihn anzustacheln.«

Carinas Blick verfinsterte sich, aber sie enthielt sich eines Kommentars.

»Also, was ist geschehen?« fragte Ken noch einmal.

»Zakum hat sich gerade über die Kristallkugel angekündigt«, erwiderte Jasmine.

Ken zog die Brauen hoch. Er hatte diesen Namen bereits vernommen, maß ihm allerdings keine große Bedeutung bei.

»Und was will er?« wollte Ken wissen.

In Jasmines Blick trat ein Ausdruck von Sorge, wie er ihn bei ihr noch nie gesehen hatte.

»Das hat er nicht gesagt... und gerade das beunruhigt mich. Zakum ist der Lordkanzler der Schwarzen Familie. Wir haben gestern vom Tod des Fürsten der Finsternis erfahren. Man hat Zakum das kommissarische Amt für diesen Posten übertragen, bis man einen würdigen Nachfolger für Luguri gefunden hat. Aber wenn Zakum als erste Amtshandlung nichts Besseres im Sinn hat, als uns zu besuchen, dann schwant mir Schlimmes.«

In diesem Moment läutete es an der Tür, und sowohl Jasmine, als auch Carina zuckten zusammen.

»Er ist da«, flüsterte die häßliche Schwester der Vampirin.

Ken wandte sich ab, verließ den Salon und ging zur Tür im Foyer der Villa. Bevor ein herbeieilender Dämonendiener öffnen konnte, gebot Ken ihm, sich zurückzuhalten und aktivierte den Überwachungsmonitor, der an einige Kameras an der Außenmauer angeschlossen war. Vor dem schmiedeeisernen Tor der Jugendstilvilla stand ein älterer, gutsituierter Herr im Nadelstreifenanzug und mit tief ins Gesicht gezogenem Hut. Unterm Arm trug er eine Aktentasche.

»Ja bitte?« sprach Ken Harding ins Mikrofon der Wechselsprechanlage.

»Mein Name ist Zacharias Akum, ich habe einen Termin mit Miß McEntri.«

Harding schauderte, als er die Bedeutung des Namens verstand. Offensichtlicher konnte sich Zakum nicht ausweisen. Sollten sich Jasmines Befürchtungen als wahr herausstellen und von diesem Dämon eine Gefahr für sie alle ausgehen? Ken konnte sich kaum vorstellen, daß jemand ihren Erfolg, den sie in London gegen den Dämonenkiller verbuchen konnten, zunichte machen wollte. Er fragte sich nur, warum Angelina sich nicht blicken ließ.

Harding drückte den Türöffner und beobachtete auf dem Monitor die Ankunft von Zacharias Akum. Auf elektrischem Wege fuhr das schmiedeeiserne Tor beiseite und gab den Weg frei. Als der Mann im Nadelstreifenanzug über die imaginäre Schwelle schritt, ging plötzlich eine Verwandlung mit ihm vor. Harding starrte auf das Unfaßbare, und eine eisige Hand legte sich um seine Kehle und drückte unnachgiebig zu. Er trat zwei Schritte zurück und glotzte fassungslos auf dic Transformation, die auf dem Bildschirm vonstatten ging. Der gutgekleidete Fremde verwandelte sich. Zuerst verblaßte sein teurer Anzug und machte einem togaähnlichen Mantel Platz. Die Gestalt schrumpfte ein wenig, seine Züge entgleisten, und das Gesicht verwandelte sich in eine greise, von Falten übersäte Fratze, wie sie häßlicher nicht sein konnte.

Zakum machte einen Sprung zur Seite und brachte sich damit außer Sichtweise zufällig vorbeigehender Passanten, die diese grausige Metamorphose unweigerlich mitbekommen hätten. Der Lordkanzler war denselben magischen Gesetzen unterworfen wie die anderen Dämonen auch. Sobald er die magielose Zone hinter der Mauer des Grundstücks betreten hatte, verflog jeglicher Zauber, und er konnte seine Tarngestalt nicht länger aufrecht erhalten.

Harding schluckte, als er den entfernten Fluch des Dämons vernahm und schaltete hastig den Monitor aus. Danach öffnete er die Tür und rief den beiden Vampirinnen im Salon zu, daß ihr Gast eingetroffen sei. Kurz darauf, gesellten sich Jasmine und Carina zu ihm. Beide wahrten eine gewisse Distanz zu Harding, geradezu als wollten sie Zakum vermitteln, daß er nicht wirklich zu ihnen gehörte und sie sich nicht mit Menschen abgaben.

Inzwischen hatte Zakum den geschlängelten Weg zur Villa passiert und betrat nun die Stufen zum Eingang. Aus der Nähe wirkte der dämonische Archivar noch unheimlicher auf Ken Harding, als zuvor auf dem Monitor.

Zakum stand im Eingang, musterte zuerst Harding, dann die beiden vampirischen Schwestern.

»Es ist also wahr«, stellte er trocken fest.

»Wir grüßen dich, Lordkanzler«, erwiderte Jasmine. »Was führt dich zu uns, so kurz nachdem man dich in den Stand des Fürsten der...«

»Schweig«, zischelte Zakum leise, betrat das Foyer und schlug mit einer beiläufigen Geste die Tür hinter sich zu. Er schritt an Ken vorbei, dem ein übelriechender Gestank in die Nase wehte und ihm dabei den Magen umdrehte. Unwillkürlich versuchte Ken, sich zu entfernen, aber Carina verstellte ihm mit einem hastigen Schritt den Weg und deutete auf den Salon, in den Jasmine den Lordkanzler führte.

»Setzt euch!« sagte Zakum mit einem Unterton in der Stimme, der keinen Widerspruch zuließ. Die beiden Vampirinnen und auch Harding folgten der Aufforderung, ohne zu zögern. Obwohl bar jeder Magie, besaß der Dämon noch immer eine mächtige Präsenz, die ihn augenblicklich unheimlich und eindrucksvoll erscheinen ließ, was nicht allein an seinem grausigen Erscheinungsbild lag.

»Das ist also die berüchtigte Jugendstilvilla, in der der Dämonenkiller jahrelang hauste und von der aus er gegen uns operierte.«

»Richtig!« fiel ihm Carina ins Wort, doch der Blick Zakums, der sie wie eine Lanze traf, ließ sie zusammenzucken.

Zakum fuhr sich mit der Zunge über die Lippen, schloß kurz die Augen und sog die Luft tief in sich ein. »Keine Magie...«, murmelte er. »Nicht ein einziger Funke.«

»So ist es«, wagte Jasmine zu sagen, als der Lordkanzler eine Weile schwieg. Er maß ihrem Urteil jedoch keine Bedeutung bei, denn wie die meisten Vampire, verfügte Jasmine nur über latente magische Fähigkeiten, die sie gerade einmal dazu befähigte, die Transformation zur Fledermaus durchzuführen und ihre Augzähne wachsen zu lassen. Sie konnte nicht wissen und verstehen, *was* und *wieviel* dem alten Dämon in dem Moment, da er das Tor hinter sich gelassen hatte, fehlte – einfach weggenommen worden war.

»Wertlos«, kam er zu einer Schlußfolgerung. »Diese Villa, das gesamte Grundstück ist wertlos. Sowohl für uns als auch für den Dämonenkiller.«

Zakum drehte sich zum Kamin um und kehrte den anderen so den Rücken zu. Er machte eine Kunstpause und wußte, daß seine Worte auf die anderen wirken würden. Die drei sahen sich an und ahnten in dem Moment, daß ihre Anwesenheit vom Lordkanzler nicht geduldet wurde. Niemand wagte zu widersprechen.

»Angelina hat einen Sieg errungen und etwas erobert, das der Dämonenkiller längst für sich abgeschrieben hat«, sagte Zakum, und seine Stimme war gefährlich leise geworden. »Er plant nicht einmal hierher zurückzukehren, denn seine Banner funktionieren nicht. Jeder Schwarzblütler könnte das Gelände ungeschoren betreten und ihn und seine Bande auch ohne Magie meucheln. Angelina hat ihm diese Villa nicht weggenommen, er hat sie ihr sogar überlassen.«

Langsam, in Hardings Augen *unendlich* langsam, wandte Zakum sich um und blickte ihm direkt in die Augen. Der Blick wanderte bis tief hinunter in Kens Eingeweide. Er wußte, warum er sich unwohl fühlte, und ihm schwante, daß nun der große Moment in seinem Leben kam...

Abzutreten, verhöhnte ihn eine innere Stimme. Er wußte, daß sie die Wahrheit sprach. Alles in ihm drängte danach, einfach aufzuspringen und zu fliehen. Aber wo sollte er hin? Sobald er draußen das Tor passiert hatte, würden sie ihn mittels ihrer Magie finden. Ken kam die wahnwitzige Idee, einfach im Haus zu bleiben und Zakum anzugreifen. Ohne seine Magie war er nicht so stark und konnte vielleicht überwältigt, gar getötet werden. Harding schätzte seine Chancen gegen den ungleich kleineren Dämon ein, der über keinerlei nennenswerte Körperkraft zu verfügen schien.

Was war mit den Vampirinnen? Mit ihnen mußte er auch rechnen, auch mit dem Fall, daß Jasmine auf Zakums Seite stehen würde. Konnte er mit allen dreien fertig werden? Seine Gedanken überschlugen sich, und ehe er eine klare Entscheidung treffen konnte, stand Zakum direkt vor ihm und beugte sich zu ihm herab. Ken duckte sich und preßte sich tiefer in die Polster des Sessels. Fauliger Atem schlug ihm entgegen. Sein Magen rebellierte, und er fühlte sich jetzt schon mehr gepeinigt denn je.

»Und dann schleppt sie dieses Menschlein hier herein, als ob wir unsere Probleme nicht alleine lösen könnten«, sagte Zakum mit seiner Fistelstimme. »Wir können solchen Abschaum wie dich nicht dulden.«

Ken faßte allen Mut zusammen und versuchte, dem Lordkanzler die Stirn zu bieten. »Abschaum? Hast du heute schon mal in den Spiegel geguckt, du häßliche Ausgeburt der Hölle?«

Jasmine sog hörbar die Luft ein, hielt sich jedoch zurück. Zakum jedenfalls ließ sich durch diese Worte nicht aus der Ruhe bringen.

»Hast du Angst, Menschlein?«

Die Hand mit den spindeldürren Fingern schwebte vor Hardings

Augen. Sein Blick fiel auf die krallenartigen Nägel, die sicher in der Lage waren, ihm die Kehle zu zerfetzen.

Und sie taten es...

Zakum wischte sich das Blut am Stoffbezug des Ohrensessels ab. Der Körper von Ken Harding sackte in sich zusammen. Sein Blick war fragend, unverständlich, überrascht – ehe er brach. Carina wurde unruhig, als der Schwall Blut aus der Aorta sprudelte, doch bevor sie sich auf ihn stürzen konnte, hielt ihre Schwester sie zurück, die noch immer ungläubig auf den Leichnam Ken Harding stierte.

»Soviel dazu«, kommentierte Zakum.

Niemand wagte einen Einwand vorzubringen. Sicher hätte Angelina Zakums Tat nicht gutgeheißen, aber wer war schon Angelina im Vergleich zum Lordkanzler und kommissarischem Oberhaupt der Schwarzen Familie?

Jasmine nagte an ihrer Unterlippe, so daß sich die spitzen Eckzähne darüber stülpten. Auch sie war dem Geruch des warmen Menschenblutes erlegen und hätte liebend gerne von dem sinnlos dahinfließenden Lebenselixier gekostet, trotz des Entsetzens, das sie gepackt hatte, als sie mit ansehen mußte, wie rücksichtslos Zakum Hardings Lebenslicht ausgelöscht hatte. Nicht, daß sie selbst Skrupel besessen hatte, aber zum einen hatte Angelina verboten, diesen Mann zu schädigen und zum anderen war er Jasmine nicht unsympathisch gewesen... sexuell gesehen, denn so etwas wie Liebe kannte eine Vampirin nicht.

Dennoch stand Jasmine auf und gesellte sich, respektvollen Abstand wahrend, in Zakums Nähe.

»Was sollen wir Deiner Meinung nach tun?« Ihr Blick fiel auf den toten Harding, dessen Augen noch immer geöffnet waren und anklagend ins Leere starrten.

»Ihr werdet diese Villa verlassen«, entschied der Lordkanzler. »Sie bringt uns weder Vor- noch Nachteile. Wie ich hörte haben unsere Anwälte Templeton und Cramer ihre Finger im Spiel gehabt. Sie sollen sich um die Angelegenheit kümmern und die Villa verkaufen.«

Jasmine nickte. Dann winkte sie ihrer Schwester zu.

»Du hast den Lordkanzler gehört. Packen wir unsere Sachen!«

Zakum sah den beiden Vampirinnen hinterher, wie sie die Treppe zum oberen Geschoß hinaufgingen.

»Und schafft die Dämonisierten unauffällig beiseite!«

Dann drehte er sich um, ließ ein letztes Mal seinen Blick durch die Räume kreisen und verließ die Villa. Die magielose Leere, die sich in seinem Verstand breitgemacht hatte, war unerträglich geworden. Angelina war schlau genug, Vampire hier einzunisten, denn sie spürten die Abwesenheit magischer Elemente am wenigsten. Eilig überquerte Zakum den sich bis zum Tor in Schlangenlinien windenden Kiesweg und paßte dann einen günstigen Moment ab, um durch die Pforte zu schlüpfen. Augenblicklich wurde er von dem Strom der Magie berührt und erfüllt. Er seufzte leise auf, kostete das befreiende Gefühl aber nicht aus, sondern aktivierte seine Kräfte, um wieder die Tarngestalt des Zacharias Akum zu erschaffen.

Sechs Stunden nach Zakums Auftritt war die Jugendstilvilla wie leergefegt. Eine dunkle Limousine mit getönten Scheiben fuhr vor. Jasmine McEntri hatte den Dämonisierten befohlen, sich an einem Sammelpunkt einzufinden. Danach hatten ihre Schwester und sie Hardings Leiche in einen Sack verfrachtet und verstauten diesen nun im großen Kofferraum des Wagens. Anschließend stiegen die beiden ungleichen Schwestern ebenfalls ein und fuhren los.

Jasmine sah zurück und bedauerte für einen Moment, daß es ihr verwehrt worden war, in dieser Villa weiter zu residieren. Aber nur für einen Moment... denn das Leben ging weiter.

12. Kapitel

Die Offenbarung des Engels

Alles wirkte irgendwie verschwommen. Der Blick, die Gedanken, die Gefühle. Nichts schien real, und dennoch war es so klar, wie es sonst nicht sein konnte. Nebelschleier tanzten vor seinen Augen, wirbelten in seinem Hirn, sagten ihm, daß alles, was sein Entführer tat, richtig war und nicht in Frage gestellt werden durfte. Aber da waren auch jene Gedanken, die an seinem Tun zweifelten, träge Gedanken aus seinem *anderen* Bewußtsein, jenem, das er als Dorian Hunter kannte.

Er fand sich in einem Gartenparadies wieder, das er von Fotos her kannte: Garinish Island. Alles wirkte schön, sauber, frisch. So war die Welt, wie sie sein sollte, nicht durchwirkt vom Bösen, von Kriegen, Verbrechen, Krankheiten und Umweltverschmutzung...

Das sind nicht meine Gedanken! flüsterte etwas tief in seinem Unterbewußtsein. *Ich bin Dorian Hunter, der Dämonenkiller, und ich werde diesen Wahnsinn nicht unterstützen.*

Sein Kopf wanderte hoch zu den palmenartigen Gewächsen. Ihre Äste raschelten im leisen Wind. Vögel zwitscherten ihre Lieder, und das Sonnenlicht brach sich an den Blättern und fiel sanft auf den Boden.

So kann es überall sein, auf der ganzen Welt. Schön, anmutig, edel. Das Paradies, der Garten Eden, wie er in der Bibel beschrieben wird. Und kein Leid, keine Gefahren. Ist es nicht das, was ihr Menschen euch herbeisehnt?

Dorian merkte, daß es nicht seine Gedanken waren, die ihm einzureden versuchten, daß alles in Ordnung wäre. *Er* war hier, sein Entführer, jener Mann, der sich Nathaniel nannte. Dorian sah sich um, konnte aber außer dem satten Grün nirgends eine Menschenseele erkennen. Allmählich merkte er, wie seine eigene Natur über den fremden Einfluß obsiegte. Er war nicht so einfach zu manipulieren, und augenscheinlich wollte Nathaniel den klaren, wachen Verstand seiner *Opfer* beibehalten. Er beabsichtigte, ihnen den freien Willen und ihr Urteilsvermögen zu belassen, das unterschied seine Methode von dem hypnotischen Bann eines Dämons. Aber damit kam er bei Dorian nicht durch, denn durch seine eigene dämonische Natur und den jahrelangen Umgang mit magischen Abwehrpraktiken war er nicht so leicht zu beeinflussen wie andere Menschen.

Warum bist du nur so unkooperativ?

»Weil ich mich weigere, dabei mitzuhelfen, deinen Weltuntergang herbeizuführen!« sprach Dorian laut aus. »Los, zeig dich!«

An Nathaniels statt erschienen wie aus dem Nichts gänzlich andere Personen. Eine blonde Frau, ein Japaner, der Landwirt Ellis Kavanagh und Phillip.

Dorians Gesicht erhellte sich ein wenig, als er den Hermaphroditen erblickte. Er sprang auf ihn zu und schloß ihn in seine Arme, doch der Junge erwiderte die herzliche Geste nicht, sondern starrte wie üblich nur ins Nichts.

»Was geht hier vor sich, Phillip, was hat das zu bedeuten?«

Der Hermaphrodit antwortete nicht. Erst als Dorian ihn an den Schultern packte und schüttelte, sagte er: »Der Kreis schließt sich. Alle Zeichen sind gesetzt. Frieden wird kommen.«

»Verflucht«, knurrte Dorian und wollte abermals auf Phillip einreden, aber da wurde er von der blonden Frau aufgehalten.

»Warten Sie!« warnte sie ihn eindringlich. »Er wird Ihnen nicht mehr sagen.«

Dorian runzelte die Stirn. »So? Wird er nicht? Aber Sie... was ist mit Ihnen? Wollen Sie mir verraten, was hier gespielt wird?«

»Ich denke, das wird *Er* schon von selbst tun«, erwiderte sie. »Uns hat er es schließlich auch gesagt, und wenn er Sie hierher gebracht hat, dann sind Sie einer der Sieben!«

»Der Sieben?« hakte Dorian nach.

»Auch das wird *Er* Ihnen bald erklären«, antwortete Kavanagh anstelle der Frau.

»Und wer sind Sie?« fragte der Dämonenkiller und deutete dabei auf die anderen.

»Toshiro Ishida«, meldete sich der Japaner, und Dorian erkannte in ihm den Mann, den er schon in Cashel getroffen hatte, und der vor der Hore Abbey spurlos verschwunden war, als ihm ein Werwolf und eine Vampirin auf den Fersen waren.

»Ich bin Helena Riedberg«, stellte sich die Blondine vor.

Dorian pfiff durch die Zähne. »Die Archäologin?«

Nun war sie verblüfft. Anscheinend wußte sie nicht, wen Nathaniel noch angeschleppt hatte. »Sie kennen mich?«

Er bot ihr die Hand und stellte sich ebenfalls vor. »Ja, mein Freund Unga erzählte mir von Ihnen. Sie waren in London, als ich mich in Wien aufhielt.«

Helena nickte.

»Sie haben *ihn* nach London gebracht«, erinnerte sich Dorian. »Kein Wunder, daß er Sie auserwählt hat. Aber nach welchen Kriterien ist er vorgegangen?«

»Das weiß nur *Er* allein.«

Dorian schaute in die Runde. Fünf Menschen, wie sie verschiedener nicht sein konnten, aus jeder Altersgruppe, unterschiedlicher Nationalität – was konnte Nathaniel im Sinn haben? Und hatte Helena Riedberg nicht von sieben Leuten gesprochen? Wer fehlte noch in der Runde?

»Mr. Hunter«, sprach der Japaner ihn an. »Können Sie sich vorstellen, morgen schon in einer völlig anderen Welt zu erwachen?«

»Einer Welt ohne Sorgen, ohne Kriege«, fuhr Ellis Kavanagh fort.

»Und ohne Dämonen«, ergänzte Helena Riedberg

»Mit Licht und Wärme.«

Der letzte Satz stammte von Phillip. Dorian musterte den Hermaphrodit. Er hatte sich sehr verändert, seit er ihn das letzte Mal gesehen hatte. Zu viel Weiblichkeit beherrschte sein Aussehen, und jetzt befand sich in seinem Blick eine nie gekannte Klarheit, ganz so, als befände sich sein Geist in diesem Moment wirklich voll und ganz im Hier und Jetzt, nicht Lichtjahre entfernt in unerfindlichen Sphären, die nie ein Mensch geschaut hat.

»Und Nathaniel will den Richter spielen?« warf Dorian ein.

»Habe ich nicht alles Recht dazu?«

Die Stimme war hinter dem Dämonenkiller aufgeklungen. Dorian schwang herum und gewahrte denjenigen, den sie alle als *Engel* bezeichneten. Noch immer konnte sich Dorian nicht damit abfinden, daß es Wesen wie Engel gab. Aber wie jeder, so mußte auch Nathaniel eine Geschichte haben, und der Dämonenkiller war begierig darauf, diese zu hören.

Wie bei ihrer ersten Begegnung auf dem Kornfeld unterschied sich Nathaniel äußerlich durch nichts von einem Menschen. Er trug noch immer abgewetzte Jeans, das T-Shirt und die schulterlangen, rotblonden Haare waren zu einem Pferdeschwanz im Nakken zusammengebunden.

»Ich weiß nicht, was Sie sich überhaupt denken«, warf Dorian ein. »Wer gibt Ihnen das Recht über die Menschheit zu urteilen und ihre Geschicke nach Ihrem Gutdünken zu leiten?«

Nathaniel grinste breit, ging auf Dorian zu, legte ihm einen Arm um die Schulter und zog ihn beiseite, fort von den anderen. Dorian wollte die Hand des anderen abstreifen, aber in dieser Beziehung erlahmte sein Wille mit einem Mal.

»Glauben Sie wirklich, Mr. Hunter, daß ich mich zu irgend einer Tat rechtfertigen muß? Aber seien Sie versichert, ich stehe auf der Seite des Guten.«

Dorian wandte den Kopf in Nathaniels Richtung. »Gut? Durch Ihre Schuld ist ein Mann gestorben!«

»Sie meinen Ihren Archäologenfreund Hans Altmann?« fragte Nathaniel irgendwie amüsiert. »Er ist nicht das einzige Opfer geblieben.«[2]

Er drehte sich zusammen mit Dorian zu den anderen um und deutete mit einem ausgestreckten Arm auf den Iren Ellis Kavanagh. »Er hat seine Frau auf bestialische Weise ermordet, weil ich ihm meinen Willen aufgezwungen habe. Gut und Böse sind Grundstrukturen einer jeden Gesellschaft. Das, was Sie als gut kennzeichnen, ist bei den Aborigines vielleicht ein Verbrechen oder in den Scheichtümern des Oman eine Todsünde. Eine Sache, eine Tat ist nur gut oder böse, weil wir sie dazu machen, Mr. Hunter. Und mein Volk hat eine vollkommen andere Vorstellung von dem Gedankengitter, daß Sie als Gut und Böse bezeichnen.«

Dorian spitzte die Ohren. »Ihr Volk?«

Die Vorstellung, daß es noch mehr Verrückte von der Art Nathaniels geben könnte, machte den Dämonenkiller nicht gerade glücklich. Allerdings hatte Trevor ihm schon berichtet, daß eine Frau, die wie dieser *Engel* war, in der Jugendstilvilla gewütet hatte. Zumindest zwei von ihnen gab es.

»Kommen Sie.«

Er zog Dorian mit sich und entfernte sich von Phillip, Helena, Toshiro und Ellis, bis sie gerade noch in Reichweite waren und beinahe von einer Hecke verdeckt wurden. Dann machte Nathaniel eine unbestimmbare Handbewegung, woraufhin sich eine hölzerne Parkbank materialisierte, die vorher nicht dort gestanden hatte. Der Engel bedeutete Dorian, Platz zu nehmen, ging mit gutem Beispiel voran und setzte sich als erster.

Dorian verzog die Mundwinkel, ließ sich dann jedoch auch auf der Bank nieder. Er hatte kaum bemerkt, daß ihr Weg angestiegen war, aber von hier aus hatte er einen wesentlich besseren Überblick über die gesamte Insel, als vorhin. Er konnte das Meer sehen, und auch die trüben Wolken, die sich überall zusammengebraut hatten. Draußen auf See regnete es in Strömen, und der Dämonenkiller war sich sicher, daß es auch über ihnen regnete, nur ließ Nathaniel es mit Hilfe seiner Magie nicht zu, daß sie naß wurden.

»Sie haben sich gefragt, wer ich bin, woher ich komme«, mutmaßte Nathaniel, obwohl Dorian glaubte, daß er die Antwort aus seinen Gedanken gelesen hatte.

»Richtig«, knurrte Dorian. »Und Sie haben tatsächlich die Güte, es mir zu verraten?«

Wieder lächelte der Engel.

Er sieht gar nicht böse aus..., dachte Dorian, schalt sich aber in derselben Sekunde einen Narren, denn Schein und Sein waren so unterschiedlich wie Tag und Nacht – die Dämonen machten da keine Ausnahme, warum sollte es dieser Mann tun?

»Normalerweise erfülle ich die Menschen mit meinem Wesen, Mr. Hunter«, erklärte der Engel. »Ich offenbare mich ihnen auf einem mentalen Weg, der sie alles wissen und verstehen läßt, was mich ausmacht. Sie widerstehen mir aber. Da ich Sie für mich gewinnen will und nicht versuche, Sie zu brechen, werde ich Ihnen meine Geschichte auf verbalem Weg mitteilen.«

»Schießen Sie los«, forderte Dorian. »Und erzählen Sie mir keine Ammenmärchen, denn ich bin schon weit herumgekommen.«

Nathaniel nickte. »Ich weiß, wie alt das Bewußtsein des Barons Nicolas de Conde ist, Mr. Hunter.«

Er weiß alles, dachte Dorian. *Aber weiß ich alles, um ihn verurteilen zu können? Er will die Welt zerstören und neu erschaffen, so lautete damals die Botschaft, die auch Helena Riedberg in der Jugendstilvilla hinterließ. Aber kenne ich seine Beweggründe, um wirklich* gegen *sein Vorhaben sein zu können?*

Er kannte die Antwort auf seine stummen Fragen selbst nicht. Ihm blieb nichts anderes übrig, als Nathaniel zuzuhören, um die Hintergründe seines Plans zu erfahren.

Der vermeintliche Engel lehnte sich zurück und begann zu erzählen.

Welten, unendlich viele Welten, alle dicht beieinander und doch so weit entfernt. Allein die Vorstellung wollte damals meinen Verstand sprengen, und so hinterfragte ich den Umstand nicht weiter. Am Anfang zumindest nicht, als kleiner Junge. Für mich gab es nur eines – Khartu'un. Meine Heimat, die *eine* Welt, die für mich reellen Bestand hatte und auch heute noch hat.

Khartu'un ist ein strahlendes Paradies, unvorstellbar für alle, die es nie erblickt haben. Eine Welt voller Wunder, und als ich die ersten bewußten Gedanken formen konnte, hielt ich sie für die einzige Welt im ganzen Universum, deshalb blieb sie für mich bis heute die *eine* Welt, der Ursprung aller anderen. Meine Erinnerungen an Khartu'un sind noch so frisch, als wäre ich erst gestern dort gewesen, obwohl ich bereits über tausend Jahre in einem Kokon tief unter der Erde geruht habe.

In Khartu'un zu leben bedeutet, mit der Magie aufzuwachsen, denn Magie ist dort so wichtig und präsent, wie in anderen Welten die Luft zum Atmen. Meine Welt ist nicht einfach ein Planet, sondern eine vielschichtige Ebene, jenseits der Erfahrung aller Menschen. Sie gliedert sich in fünf Sphären, die unterschiedlich aufgebaut und gänzlich andere Bedeutungen haben. Ich wurde damals, wie jeder von uns in die erste Sphäre geboren, die wir *Mutter der Welten* nennen. Sie gleicht der Erde, weist viele verschiedene Landschaftsformen auf. Weite Wiesen reihen sich aneinander, Felder, Berge, Ozeane und Wälder – ein Mensch würde sich dort jederzeit heimisch fühlen. Zumindest landschaftlich gesehen. Aber er käme nicht mit der Magie zurecht. Überall herrscht sie, und wer sie nicht nutzen kann, ist hoffnungslos verloren.

Mein Volk ist an sich schon recht langlebig. Wir zählen unser Alter nicht in Jahren, aber am Maßstab der Menschen gemessen, können wir fünf- bis sechshundert Jahre alt werden. Diejenigen jedenfalls, die ihr Leben lang auf der *Mutter der Welten* bleiben und nicht nach höheren Zielen und größerer Erkenntnis in der Magie streben. So wie ich.

Im Alter von zweihundert Jahren hatte ich meine Jugendzeit längst hinter mir gelassen und übte mich in der Großen Schule, wo die magischen Künste gelehrt wurden. Mein Vater und meine Mutter waren besorgt, daß ich sie bald verlassen könnte. Sie waren einfache Magier, die ihr Leben lebten und ihr Interesse, sich weiterzubilden, schon in jungen Jahren verloren hatten. Als ich in der Großen Schule von den anderen Sphären erfuhr, siegte meine Neugier, und ich wollte sie alle erkunden. Nur wer die Magie richtig beherrschte und die entsprechenden Formeln meisterte, konnte die Pforte zur zweiten Ebene öffnen, um sie zu betreten und für immer die *Mutter der Welten* zu verlassen.

Ich ging, ohne Abschied von meinen Eltern zu nehmen. Eines Tages, hatte ich die Reife erreicht, genug gelernt, um die notwendigen Beschwörungen durchzuführen. Es verlief gänzlich unspektakulär. Ich beherrschte die Magie und öffnete ein Portal, schlüpfte einfach hindurch und befand mich in der *Dunkelzone der Läuterung.* Von dem Moment an wünschte ich, ich hätte es nicht getan. Die Sphäre war düster und grau, schien nur aus Nebelschwaden zu bestehen. Ich irrte eine Zeitlang dahin, ehe ich auf Gleichgesinnte traf, die wie ich die *Mutter der Welten* überwunden hatten. Ich wußte um die drei Ebenen, die danach kamen, und mein Ziel, auch ein Meister der letzten Sphäre zu werden, wurde durch die endlosen Ebenen in der *Dunkelzone der Läuterung* versperrt. Das Gefühl für Raum und Zeit wich aus mir. Und zum ersten Mal in meinem Leben war ich nicht auf Nahrung angewiesen. Zwar besaß ich noch meinen Körper, aber ich merkte bald, daß ich weder Hunger noch Durst verspürte. Offenbar wurde ich durch die pure Magie am Leben gehalten.

Irgendwann, es mag hundert irdischer Jahre gedauert haben, war ich in der Lage, ein weiteres Portal zu öffnen. Die Lehren der Großen Schule wußten nur, daß es eine *Sphäre der Illusionen* gab, aber niemand hatte sich so recht etwas darunter vorstellen können, mich eingeschlossen.

Als ich sie betrat, wurde alles anders. Mein Körper hörte auf zu existieren. Ich weiß bis heute nicht, ob er starb oder einfach verging. Was blieb, waren bloße Gedanken, eingefangen in einem schillernden, virtuellen Traum von ganz Khartu'un. Ich fand heraus, daß alle Gedanken, die jemals auf unserer Welt gedacht worden waren sich in der *Sphäre der Illusion* manifestierten und eine Realität schufen, die ständig im Wandel war, wie ein gewaltiger Mahlstrom um sich selbst wirbelte und alles in eine unsagbare Tiefe sog, wenn man ihr nicht widerstand. Glücklicherweise war die Magie in dieser Ebene zugänglicher, und nach relativ kurzer Zeit meisterte ich meinen weiteren Weg und verschaffte mir Zugang zur vierten Sphäre, dem *Fuß der Götter.* Während ich in der *Sphäre der Illusion* keinen anderen meines Volkes getroffen hatte, wimmelte es im *Fuß der Götter* quasi von Leuten – zwar nicht in der Masse, wie in der untersten Sphäre, aber immerhin genug, um sich endlich wieder in Gesellschaft zu befinden.

Hier traf ich Alannah, die erst vor zwei Jahren die *Sphäre der Illusion* hinter sich gebracht hatte. Sie zeigte mir die neue Welt, die ich nun nicht für mich allein entdecken mußte. Die vierte Sphäre war gigantisch, aber sie barg auch Gefahren. Das Leben spielte sich in riesigen Bäumen ab, wo man nur hinsah schaute man auf immergrünes Blatt- und Astwerk. Die mächtigen Stämme der gewaltigen Bäume sollen weit über tausend Meter in die Tiefe reichen und danach kommt nichts mehr. Es gibt keinen Boden. Wer einmal abrutschte und in die Tiefe fiel, verschwand für immer. Wohin, das hatte nie jemand in Erfahrung gebracht – jedenfalls nicht während meines Aufenthalts im *Fuß der Götter.*

In der vierten Sphäre lernte ich wesentlich mehr, als in meinem ganzen Leben zuvor. Ich besaß wieder einen Körper, machte weitere Erfahrung in der Magie und wurde von Tag zu Tag stärker. Hier erfuhr ich das erste Mal von anderen Welten, die jenseits unserer existierten und in die man auf den Schwingen der Magie gelangen konnte. Und ich hörte von den *Schwarzen,* dämonischen Wesen, die in einer dieser Parallelwelten lebten. Sie waren zu diesem Zeitpunkt gerade dabei, sich auf einer Welt namens Erde einzunisten und sich deren Bewohner untertan zu machen. Ich kümmerte mich nicht weiter darum, denn mein Bestreben galt immer noch dem Umgang mit der Magie, und so konzentrierte ich alle Zeit, die mir zur Verfügung stand auf mein Studium. Obwohl Alannah schon zwei Jahre länger in der vierten Sphäre weilte, holte ich sie ein, und gemeinsam erklommen wir die letzten Stufen zur fünften Sphäre, dem *Born der Magie.*

Niemand von den anderen hatte auch nur eine entfernte Vorstellung, was uns erwarten würde. Ich hatte die Erfahrung gemacht, schon wesentlich länger zu leben, als es der allgemeinen Erwartung der ersten Sphäre entsprach. Vielleicht zählte ich neunhundert oder gar tausend Jahre, als ich zusammen mit Alannah eine Beschwörung zelebrierte, die uns ein Tor zum *Born der Magie* öffnete. Unsere Körper glosten und verbrannten in magischem Feuer. Wieder einmal machte ich eine Veränderung durch, verwandelte meinen Leib in eine lichte Gestalt, die von den *Schwarzen* als *Schemen* bezeichnet wurde. Uns wurde erst später klar, daß wir das geschafft hatten, was bisher wenigen vergönnt war, denn es gab eine festgesetzte Zahl für die Bewohner des *Borns der Magie.* Nicht mehr und nicht weniger als zwölf sollten im Pantheon von Khartu'un herrschen. Und wir hatten das Glück, daß gerade zwei von denen, die sich selbst *Angisi* nennen, verschieden waren und so für Alannah und mich Platz gemacht hatten. Die fünfte Ebene Khartu'uns war reine Magie. Jeder Gedanke manifestierte sich, und wir hätten ein Recht gehabt, uns Götter zu nennen, bei aller Macht mit der wir gesegnet waren. Und wir hatten eine Aufgabe zu erfüllen. Unsere Welt mußte beschützt werden, vor Kräften, die genauso mächtig waren, wie wir.

So wurde ich einer von ihnen. Und während wir im *Fuß der Götter* nur von den *Schwarzen* sprachen, wurden sie von den *Angisi* bekämpft. Sie kümmerten sich um sie und wollten ihre Ausbreitung auf der Erde verhindern. Stellenweise traten die *Schemen* selbst auf der Erde auf, und ihre Bewohner sahen in ihnen die Sendboten ihres Gottes – seine Engel!

Das ist alles so lange her. Ich habe schier endlos geschlafen, seit mich die *Schwarzen* in Sodom und Gomorrha gestellt haben. Das Böse war hier besonders stark. Dämonen hatten sich eingenistet und die beiden Städte mit ihrem finsteren Odem infiziert. Die gesamte Bevölkerung schien so zu werden wie sie. Es war einer der größten von uns auf Erden geplanten Schläge, als wir unsere Magie einsetzten und Feuer, Pech und Schwefel vom Himmel regnen ließen, die alles vernichteten. Mich eingeschlossen, denn ich weilte im Augenblick des Untergangs inmitten der Stadt. Aber ich überlebte.

Ich weiß nicht, was in der Zwischenzeit mit meiner Heimat Khartu'un geschehen ist, doch der Rückweg dorthin ist versperrt. So kann ich nur unserem ursprünglichen Plan folgen, diejenige, die ihr Dämonen nennt, vom Antlitz der Erde zu tilgen. Doch ihre Zahl ist zu groß, zu unüberschaubar geworden. Deshalb und nur deshalb muß diese Welt sterben, um neu aufzuerstehen...

Selten hatte Dorian so gebannt an den Lippen eines anderen gehangen. Natürlich hatte er sich vorher schon ausgemalt, daß noch weitere Welten neben der Januswelt und der Erde bestehen könnten, aber er hatte nicht geglaubt, daß er je mehr darüber erfahren könnte. Nun stand er einem Bewohner aus einer anderen Dimension leibhaftig gegenüber und hatte zugleich eine Erklärung für den Engelmythos gefunden.

Die wichtigste Erkenntnis war für ihn aber, daß es ein weiteres, vorher unbekanntes Machtpotential gab, das bei richtiger Anwendung ein wertvoller Verbündeter gegen die Schwarze Familie war oder aber der Untergang von allem bedeuten konnte. Skeptisch sah er Nathaniel an und schüttelte dann den Kopf.

»Faszinierende Story«, kommentierte Dorian. »Aber ich bleibe weiterhin der Meinung, daß Sie nicht das Recht haben, über diese Welt zu entscheiden.«

»Haben Sie Angst vor dem Ende, Dorian Hunter?« fragte Nathaniel. »Ist es das, wovor Sie sich fürchten, obwohl ihr Menschen eure Welt doch schon zugrunde gerichtet habt? Gebt ihr noch zehn, zwanzig Jahre, und ihr würdet das, was ich jetzt vorhabe irgendwann selbst besorgen – mit dem Unterschied, daß danach nichts mehr kommt.«

»Wir haben immer unser Schicksal gemeistert, und es wird ein Tag der Wende kommen«, räumte Dorian ein. »Sie können nicht einfach daherkommen, Prognosen erstellen und behaupten, dieser Planet würde in einigen Jahrzehnten eh zugrunde gehen. Dann warten Sie doch ab, warten Sie zwanzig Jahre, und wenn es dann tatsächlich das Ende bedeutet, können Sie noch immer eingreifen. Zwanzig Jahre bedeuten nach Ihrem Lebensstandard überhaupt nichts, aber für Milliarden von Menschen sind zwanzig Jahre eine Ewigkeit, die ihnen ein zufriedenes Leben bescheren kann. Diese Zeitspanne macht ein Viertel unseres Lebens aus, verstehen Sie? Für Sie macht es doch keinen Unterschied, ob Sie diese Welt jetzt auslöschen oder in aller Seelenruhe darauf warten, daß sie es selbst tut!«

Die letzten Worte hatte Dorian förmlich herausgeschrien. Er war aufgesprungen und gestikulierte wild. Beinahe wünschte er sich, irgendeine Waffe dabei zu haben, um dem Wahnsinn ein Ende zu bereiten und Nathaniel zur Strecke zu bringen. So sehr er auch hoffte, ihn auf seine Seite ziehen und für seine Sache gewinnen zu können, so gefährlich war der Mann auch für die Existenz der Welt. Er wollte Ankläger, Richter und Vollstrecker in einer Person spielen, und damit war er um keinen Deut besser als die Dämonen.

Hunter beobachtete den *Angisus* genau. Nathaniel schürzte die Lippen und sah zum Meer hinaus. Dachte er nach? War er sich darüber im klaren, welche Verantwortung er auf sich nehmen wollte? Interessierte es ihn überhaupt?

Schließlich wandte sich Nathaniel wieder Dorian zu und verzog die Lippen zu einem dünnen Lächeln.

»Interessanter Aspekt, Mr. Hunter«, gestand er ein. »Und dennoch werden Sie mich nicht umstimmen können.«

Er ist zu anders, erkannte Dorian. *Dieser Mann nimmt für sich selbst heraus, ein höheres Wesen zu sein. Gottgleich. Vielleicht ist er in gewisser Hinsicht wie Hermes Trismegistos, nur konsequenter in seinem Entschluß.*

»Dann haben wir alles verloren«, raunte Dorian, drehte sich um und ging zu den anderen zurück, ohne sich noch einmal zu Nathaniel umzudrehen. Er hielt vor Phillip an und betrachtete den Hermaphrodit eine Weile.

»Hat er nur deinen Verstand verkorkst, oder ist es das, was wir die ganze Zeit über unwissentlich beherbergt haben? Bist auch du nur ein mißratenes Wesen, das dem Drang der Vernichtung folgt?«

»Er ist etwas Besonderes«, mischte sich Nathaniel ein. »Nur sehr selten werden Wesen wie er geboren, nicht Mann, nicht Frau, nicht Mensch, nicht Dämon. Der Begriff Hermaphrodit ist nicht einmal treffend, denn es gibt Dutzende, die wie er mit zwei Geschlechtern zur Welt gekommen sind. Wichtig sind aber nur diejenigen, die auch von ihrem Verstand her Zwitterwesen sind und geistig zwischen dieser und anderer Realitäten hin und her pendeln.«

»Aber er weiß doch gar nicht, was er tut, wenn er Ihren Wahnwitz unterstützt.«

»Oh doch, Dorian, das weiß ich sehr wohl!« Diesmal hatte Phillip selbst gesprochen, und zwar in einer Klarheit, die er nie zuvor bei ihm erlebt hatte.

Der Dämonenkiller sah den jungen Zwitter prüfend an. »Was hat er mit dir gemacht? Deinen Verstand umgekrempelt?«

Phillip lächelte, und es war das Lächeln einer verführerischen Frau. Sämtliche männliche Aspekte hatten sich zurückgebildet.

»Nein, das hat er nicht«, erwiderte er/sie. »Ich bin allein nicht in der Lage, meinen Zustand in einer der vielen Welten dauerhaft zu manifestieren. Nathaniel gibt mir die Kraft dies zu tun und jeden möglichen Zustand anzunehmen.«

»Jeden möglichen Zustand?« fragte Dorian.

Phillip nickte. »Ob Mann, ob Frau... ob Mensch, ob Dämon...«

Gut oder Böse, vollendete Dorian den Satz. Er preßte die Lippen aufeinander. War er der einzige, der noch normal dachte und verhindern wollte, daß eine ganze Welt starb? Er mußte versuchen, die anderen wachzurütteln. Der *Angisus* hatte zwar gesagt, sie handelten aus freiem Willen, aber wer konnte schon kontrollieren, inwieweit er seine Opfer beeinflußte. Als Dorian abermals zu Phillip sah, war dessen Blick entrückt und in eine unvorstellbare Ferne gerichtet. Zweifelsohne war auch Nathaniel nicht in der Lage, Phillips Zustand permanent zu manifestieren.

Dorian schaute zu Helena Riedberg, dann deutete er auf die beiden Männer. »Und ihr? Wollt ihr auch tatenlos zusehen, wie der Wahnsinn seinen Lauf nimmt und die Erde vernichtet wird. Was hat er euch dafür versprochen? Ewiges Leben? Das Paradies?«

»Den Tod«, sagte Helena Riedberg.

Dorian prallte entsetzt zurück. Die nüchterne Antwort, die ihr so glatt über die Lippen ging, als wäre es etwas Alltägliches, fuhr ihm durch Mark und Bein. Was war nur in die Leute gefahren? Für Dorian stand fest, daß es sich um eine geistige Manipulation handelte. Niemand konnte wirklich aus freien Stücken so denken.

»Ist es das was ihr wollt?« wollte Dorian wissen und sprach in einem leisen, fast andächtigen Ton, als hätte er eine Saite angeschlagen, die selbst ihm heilig war, der er schon unzählige Male wiedergeboren worden war. »Wollen Sie wirklich sterben, Dr. Riedberg? Und Sie, Ishida-san... Mr. Kavanagh? Wollt ihr euer Leben sinnlos fortwerfen für den perversen Plan eines Mannes, der nicht einmal von dieser Welt ist? Warum habt ihr euch dann nicht gleich den Dämonen zum Fraß hingeworfen?«

»Sie verstehen das falsch, Mr. Hunter«, warf Ellis Kavanagh ein. »Wir sind nicht auserwählt worden, damit wir in eine neue, bessere Welt einziehen können. Wir sind auserwählt, weil wir bereit sind, uns für eine bessere Welt zu opfern, damit andere Generationen es lebenswerter haben.«

Der Dämonenkiller schlug die Hände über dem Kopf zusammen. »Mein Gott, das ist ja schlimmer als der härteste Sektenkram!« Er drehte sich auf dem Absatz um und wäre beinahe gestolpert und gegen Nathaniel gestoßen, der sich hinter ihm aufgebaut hatte.

Verständnislos und kopfschüttelnd blickte er den *Angisus* an. Er war versucht, ihm an die Gurgel zu springen und ihn zu würgen. Nur mit Mühe beherrschte er sich, weil ein winziger übrig gebliebener Funke seines Verstandes ihm sagte, daß es zwecklos war, mit bloßen Händen auf ein Wesen wie Nathaniel loszugehen.

»Recht haben Sie, Hunter«, nickte der *Schemen. Es ist sinnlos mich zu bekämpfen.*

Dorian kniff die Augen zusammen. »Und wofür sollen diese Leute«, er zeigte auf Helena, Toshiro, Ellis und Phillip, »herhalten. Warum müssen sie ihr Leben hier geben, anstatt wie alle anderen bei der Zerstörung der Welt zu sterben.«

»Oh, es werden nicht alle sterben«, erwiderte Nathaniel. »Ich werde gute Menschen, die nicht vom bösen Keim der *Schwarzen* infiziert sind, hinüberretten in die neue Welt. Aber um einen Planeten zu vernichten und wieder aufzubauen, ist ein gewaltiges Magiepotential vonnöten.«

Dorian hob die Brauen. *Dieser Kerl hat gar nicht die Macht dazu, sein Ziel zu erreichen...*

Doch, die habe ich! hallte Nathaniels mentale Stimme in seinen Gedanken wider.

»Ich kann es mir erlauben, vor Ihnen meine Schwäche einzugestehen, Mr. Hunter. Durch die Abnabelung von Khartu'un habe ich einen Teil meiner Kräfte eingebüßt und zudem hat man mir meine magische Waffe, den *Diz* entwendet. Aber ich stieß auf etwas, das mein Potential um ein tausendfaches verstärken wird. Dies hier...«

Nathaniel öffnete die ausgestreckte Hand, und kurz darauf manifestierte sich in ihr ein Bumerang – *der* Bumerang, wie Dorian ächzend erkannte.

Die Gedanken des Dämonenkillers wirbelten. Niemand hatte je die volle Leistungskraft des magischen Bumerangs von Hermes Trismegistos ausloten können. Wie auch, denn es hieß er könne die gesamte Welt zerstören.

»Sie Narr!« stöhnte Dorian. »Sie meinen es ernst.«

»Haben Sie je an mir gezweifelt, Hunter?«

»Vielleicht... ich weiß es nicht.« Niedergeschlagen ließ Dorian die Schulter hängen. Er atmete tief durch und entspannte sich. Für einen Außenstehenden mochte es aussehen, als hätte er alle

Segel gestreckt und sich seinem unabwendbaren Schicksal ergeben. In Wahrheit aber wandte er eine Suggestionstechnik an, um seine Gedanken vor Nathaniel abzuschotten.

Ich muß warten. Momentan kann ich nichts tun. Vielleicht fällt mir später etwas ein.

Dazu mußte er wissen, was der *Angisus* genau vorhatte. Offenbar war er in der Lage, den magischen Bumerang zu aktivieren und ihn auch so zu steuern, daß er zu voller Kapazität auffuhr.

»Und was spielen diese Menschen für eine Rolle?«

Nathaniel hob die Schultern. »Auch ich muß mich den Gesetzen der Magie unterwerfen und eine Beschwörung durchführen. Ich brauche die Energien einiger Menschen und Utensilien. Der Bumerang reicht aus, um die Welt zu vernichten, doch ich muß einen Schutzkokon errichten, um nicht selbst dabei getötet zu werden. Der Kornkreis, den Sie auf Kavanaghs Feld gesehen haben, wird der Ausgangspunkt sein. Er ist durch eine Schwarze Messe magisch aufgeladen worden. Ihr Kommandostab wird den Schild errichten, der mich vor der Explosion bewahrt, und er wird gleichzeitig die Energien der Auserwählten bündeln und auf mich übertragen, damit ich die neue Welt schaffen kann.«

Dorian sah zu den Leuten, und gleichzeitig erklärte ihm Nathaniel bereitwillig, nach welchen Kriterien er seine Wahl getroffen hatte.

Sieben Menschen sollten es sein, die den Kreis schlossen. Ein Wesen, daß zwischen den Welten schwebt und Energie höherer Sphären kanalisiert und auf Nathaniel überleiten konnte. Eine Frau, die den Samen eines *Angisus* in sich trug. Jemand, der erst kürzlich einen schmerzlichen Verlust erfuhr und unsagbaren Haß auf die Dämonen hatte. Jemand, der dem Willen des *Angisus* bedingungslos ergeben war und große Schuld auf sich lud.

Der Reihe nach blickte Dorian Phillip, Helena Riedberg, Toshiro Ishida und Ellis Kavanagh an.

»Weiß sie es?« fragte er halblaut den *Schemen.*

»Nein«, erwiderte Nathaniel sachlich. »Es gab keinen körperlichen Kontakt.«

Helena schien zu merken, daß über sie gesprochen wurde, aber sie mischte sich nicht ein.

»Und ich?« wollte Dorian wissen. »Welche Rolle übernehme ich?«

»Die des Mannes, der sein Leben dem Tod allen Bösen gewidmet hat, dem Tod der Dämonen.«

»Wir sind erst zu fünft, wo sind die anderen beiden?«

»Es fehlt noch ein dunkler Hexer, der die Finsternis überwunden hat und nun die Weiße Magie praktiziert. – Und unglücklicherweise weilt der siebte Erwählte nicht mehr unter den Lebenden.«

»Wer war er?«

»Der Gegenpol«, sagte Nathaniel knapp.

Auf Dorians fragenden Blick hin erklärte er: »Es gibt immer einen Gegenpol. Die finsterste Macht auf Erden, der Fürst der Finsternis.«

»Luguri?«

»Ja.«

Dorian lachte laut auf. »Sie glauben, Sie hätten ihn in ihren Bann schlagen können?«

Der eiskalte Blick des Engels traf ihn und ließ ihn abrupt verstummen.

Ja, bei Khartu'un! Ich hätte ihn wie eine Fliege zwischen meinen Fingern zerquetschen können!

Die mentale Wucht der fremden Gedanken riß die von Dorian erzeugte Barriere nieder. Er fühlte die fremde Präsenz deutlich in seinem Hirn und krümmte sich vor Schmerz. Ein heftiges Feuer tobte in seinem Kopf. Ihm war, als blähe sein Gehirn sich auf und dränge von innen gegen die viel zu klein geratenen Schädelplatten. Der Druck war so stark, daß Dorian glaubte, den Verstand zu verlieren. Seine Gedanken waren leer, und nur noch der stechende Schmerz füllte ihn aus. Er ließ sich auf die Knie fallen und rollte über den Boden.

»Warte!«

Undeutlich identifzierte Dorian den Ruf als Phillips Stimme. Tatsächlich ließ der Druck nach, doch es war zu spät. Dunkelheit empfing ihn und betäubte ihn endgültig.

Nathaniel preßte die Zähne zusammen und stierte auf den bewußtlosen Dämonenkiller. Er hatte seinem Zorn freien Lauf gelassen, obwohl er es nicht wollte. Hunter hatte einen wunden Punkt getroffen, denn Luguris Fehlen in der Runde der Auserwählten konnte seinen Plan gefährden, aber dies brauchte niemand zu wissen.

Er gab Helena und Ishida einen Wink. Sie packten den Dämonenkiller und hievten ihn auf eine Bank.

»Der Moment ist nah«, sinnierte Nathaniel. »Gebt ihm Wasser und seht, daß er wieder auf die Beine kommt. Wir fangen bald mit der Beschwörung an.«

Helena Riedberg sah zu der Stelle, an der der *Angisus* gerade noch gestanden hatte, aber er war fort. Insgeheim fragte sie sich, worüber er und der Dämonenkiller gesprochen hatten. Vielleicht konnte sie Antworten von Hunter erfahren, sobald er wieder bei Bewußtsein war. Das drückende Gefühl, daß etwas ganz und gar nicht stimmte wie vorgesehen, lastete plötzlich auf ihr. Aber es war nur ein Gefühl, und sie wußte nicht woher es kam.

Ein Rumoren in ihrem Bauch irritierte sie. Sie schaute kurz an sich herab, zuckte dann mit den Achseln und kümmerte sich weiter um Dorian.

13. Kapitel

Von Hexern und Teufeln

Nicht allein die Hektik stand Kieran Slattery ins Gesicht geschrieben, sondern auch die Angst über das gemeinsame Vorhaben. Aufmerksam beobachtete Abi Flindt, wie der junge Hexer zwischen seinen aufgebauten magischen Utensilien hin und her hastete. Seine Stirn war schweißüberströmt, die Augen flackerten wie irr. Mehr als einmal war er während seiner Vorbereitungen einfach stehengeblieben und hatte den Dänen beschworen, von ihrem Plan abzulassen, aber Flindt war beharrlich gewesen.

Slattery hatte diverse Tinkturen gebraut und zwei magische Kreise in der Mitte des Wohnraumes seiner Berghütte auf den Boden gezeichnet. Nacheinander beschriftete er mit einem Kreidestück die äußeren und inneren Linien mit magischen Symbolen und träufelte anschließend mit einem dünnen Pinsel das Gebräu darauf. Immer wieder murmelte er leise Formeln, die Abi nicht verstehen konnte. Hin und wieder zischte es, und beißender Rauch stieg über einem Symbol auf, das von der Tinktur berührt worden war. Dadurch war die Luft in dem Wohnraum stickig geworden, so daß Abi bereits zweimal einen Hustenanfall bekommen hatte, aber Slattery dachte nicht daran, ein Fenster zu öffnen. Ein gelblicher Dunst hatte sich im Zimmer verbreitet, und von Stunde zu Stunde verlor Abi mehr den Überblick und glaubte nicht mehr daran, daß der Hexer wirklich Erfolg haben könnte.

Abi lugte vorsichtig vor, als Slattery hinter einem Schrank verschwunden war. Dabei trat er fast in den ersten Kreidekreis, erhielt einen elektrischen Schlag und wurde zurückgestoßen. Der Däne fluchte, und Slattery kam grinsend hinter dem Schrank hervor. In seinen Händen hielt er zwei Pergamentrollen, die er nun auf dem Boden ausbreitete.

»Ich sagte doch, du sollst nicht herumschnüffeln«, kommentierte der Hexer.

»Das liegt daran, daß ich dir nicht so ganz traue«, knurrte Abi zurück.

Slattery sah auf und machte einen bestürzten Eindruck. »Jetzt bin ich aber zutiefst gekränkt. Was hat denn dein Vertrauen in mich zum Wanken gebracht?«

»Hör auf, mich so dumm anzuquatschen«, fauchte Flindt. »Seit vier Stunden werkelst du schon hier herum und hast es zu nichts weiter gebracht, als ein paar Kreidekreise auf dem Boden zu ziehen und ekelige Substanzen zusammenzubrauen – das hätte ich auch noch allein gekonnt.«

Kieran Slattery hatte einen seltsamen Sarkasmus an den Tag gelegt, von dem Flindt vermutete, daß er aus nackter Angst geboren war. Zum einen fürchtete er noch immer seine Entdeckung durch Zakum, und zum anderen war da eine gewisse Furcht vor dem, was sie erwartete, wenn sie auf Nathaniel trafen.

»Ich habe dir von vornherein gesagt, daß ich eine gewisse Zeit benötige, um alles vorzubereiten«, verteidigte sich Slattery. »Wenn ich mir nur den kleinsten Fehler erlaube, könnte uns die Anwendung des Zaubers in Stücke reißen.«

»Ich dachte, es wäre ein simpler Lokalisierungszauber«, sagte Abi.

»Simpel?« echote Kieran Slattery, und seine Stimme überschlug sich dabei. »Verdammt, wir wollen keinen Ghoul oder Vampir aufspüren, sondern ein Wesen, das jemandem wie Luguri oder Zakum in nichts nachsteht, kapiert? Und dabei ist das bloße *Aufspüren* schon gefährlich genug, daß ich an eine Beschwörung gar nicht zu denken vermag. Aber ich bin ohnehin fertig – komm, wir fangen jetzt an!«

Slattery griff abermals in den Schrank und zog eine fußballgroße Kristallkugel hervor, die er auf einem dreibeinigen Ständer in die Mitte des kleineren Kreidekreises plazierte. Der eiserne Ständer war hoch genug, daß die Kugel nun auf Augenhöhe lag. Dann schritt Kieran über die Kreidelinie des zweiten Kreises und bedeutete Abi mit einem Wink, es ihm gleichzutun.

Der Däne zuckte die Achseln, warf prüfend einen Blick auf die Pistole, die er noch bei sich trug und trat dann ebenfalls in den Kreis.

»Keine Zicken«, raunte er dem Hexer zu, doch der grinste nur.

»Wenn ich dir schaden wollte, hätte ich es längst tun können. Wann begreift dein naiver Verstand endlich, daß ich auf deiner Seite stehe?«

»Sobald du deine Klappe hältst und herausfindest, wo sich dieser verfluchte Engel befindet!« schnappte Abi.

»Wie du meinst«, konnte sich Slattery nicht verkneifen, das letzte Wort zu haben.

Der Hexer sog scharf die verbrauchte Luft ein, schloß die Augen und streckte die Arme vor. Lange Zeit passierte nichts, und wäre die Situation nicht ernst gewesen, hätte Abi vermutet, daß Slattery im Stehen eingeschlafen wäre. Aber die Adern an seinen Schläfen pulsierten, hinter seinen Lidern flackerte etwas, und sein gesamter Körper stand irgendwie unter einer inneren Anspannung. Schließlich teilten sich die Lippen des Hexers und entließen einen Schwall fauligen, nach Schwefel und Methan riechenden Atem. Abi zog die Stirn kraus und hielt sich die Nase zu. Der Gestank mußte bereits mit dem Zauber zusammenhängen, denn er war Abi vorhin noch nicht aufgefallen, als er mit dem Hexer gesprochen hatte.

Slattery begann, leise Worte auszustoßen, die sich zu einer harmonischen Melodie formten. Gleichzeitig stieg leichter Dampf aus seinem Mund und wehte langsam zu der Kristallkugel hinüber. Abi beobachtete, wie die rauchigen Gase die Kugel umhüllten, bis ihre Schlieren den durchsichtigen Kristall komplett verdeckten. Dann tauchten sie hinein und füllten das Innere mit ihren Schwaden und einer milchigen Substanz auf. Inzwischen war der Atem des Hexers heftiger geworden. Er sprach Worte in einer unbekannten Sprache und vollführte wild anmutende Gesten mit den vorgestreckten Händen.

Zuerst schaute Abi Flindt fasziniert zu und war von dem Rauchszenario beeindruckt, daß sich endlich etwas rührte, doch als nach einer Viertelstunde nichts anderes geschah, ließ sein Interesse rapide nach. Noch immer stand Slattery einfach da, schrieb unsichtbare Symbole in die Luft und preßte stoßweise seine magischen Formeln hervor. Der Rauch in der Kugel waberte unablässig, aber sonst tat sich rein gar nichts.

Flindt wartete, sah hin und wieder auf die Uhr, wo die Sekunden nur zähflüssig dahinrannen. Fünfzehn weitere Minuten darauf konnte er sich einen bissigen Kommentar nicht verkneifen, ohne zu ahnen, was er damit anrichtete.

»Vielleicht haben wir Jungfrauenblut vergessen«, witzelte er.

In diesem Moment ruckte Slattery Kopf herum, die Lider weit aufgerissen und Flindt mit einem zornigen Blick strafend. Doch dann spiegelte sich nacktes Entsetzen auf den Zügen des Magiers wider, und alles, was er noch hervorbringen konnte, war ein ermattetes Ächzen, ehe die Welt einen Purzelbaum schlug und in einem scheinbaren Chaos verging.

Die Kristallkugel zerplatzte mit einem ohrenbetäubenden Knall, der Abi fast das Trommelfell zerriß. Slattery packte ihn bei den Schultern, schrie ihm etwas zu, das er allerdings nicht verstehen konnte – ja, er konnte rein gar nichts mehr hören, außer einem leisen Fiepen, das wie von weit her kam. Noch wußte Abi nicht, was geschehen war, erst als Slattery ihn kräftig durchschüttelte und immer wieder wie panisch zum zweiten Kreis hinübersah, folgte der Däne seinem Blick.

Noch immer hingen die Stücke der Kristallkugel in der Luft und stoben wie in Zeitlupe in alle Richtungen davon. Abi verfolgte das gespenstische Szenario, während er weiterhin taub auf beiden Ohren war und nicht das geringste Geräusch hören konnte. Die wabernden Schlieren krochen mit beängstigender Langsamkeit aus dem zerplatzten Gefäß. Abi wandte sich um und schrie Slattery an.

»Was ist passiert?«

Er wußte nicht einmal, ob der andere ihn hören könnte. Vielleicht hatte die Explosion auch ihn taub werden lassen. Der Hexer schien aber etwas zu antworten, deutete immer wieder auf die zerplatzende Kugel und beschrieb mit seinen Händen eine allumfassende Geste. In seinem Blick loderte der Funke eines Wahnsinnigen und pure Furcht vor dem, was geschehen war oder noch kommen sollte.

Irgendwie reimte sich Abi zusammen, die Katastrophe ausgelöst zu haben, als er mit seiner spitzen Bemerkung die Konzentration des Hexers störte und dabei den Zauber, den er gewoben hatte, tiefgreifend manipulierte. Nun war es zu spät, um irgend etwas rückgängig zu machen. Aber Flindt konnte noch immer nicht die Panik in Slatterys Blick verstehen. Die Kristallkugel war zerplatzt und...

Der Donner war lauter als die vorhergehende Explosion, und dieses Mal *konnte* er ihn hören. Ein tiefes Rumoren drang aus dem Erdreich, ließ den Boden erzittern und fegte sowohl Slattery als auch Abi aus dem Kreidekreis. Die Realität brach über beide wie ein gewaltiger Hammer herein, der sie zu Boden schmetterte. Das

Chaos war perfekt. Wenn vorher noch die Zeit stillzustehen schien, so bewegte sie sich nun mit scheinbar doppelter Geschwindigkeit. Ein zweiter Knall, dann das irrsinnige Heranrasen der Kristallsplitter, die mit einem Zischen und Klimpern in alle möglichen Gegenstände schlugen, im Holz der Hüttenwand stecken blieben, Gläser entzwei sprengten und wie tödliche Geschosse kreuz und quer durch das Zimmer sirrten. Abi bekam den Ernst gleich in der ersten Sekunde mit, als er mehrere dumpfe Einschläge in seinem Körper spürte. Der Schmerz kam erst viel später. Auch Slattery trug zwei, drei Blessuren davon, ehe er sich auf seine Magie besann und sich mit einem unsichtbaren Schild schützte.

Abi keuchte und hechtete zu Boden. Der Spuk dauerte noch Sekundenbruchteile, doch die Wucht und Schärfe der Kristallsplitter hinterließen einen Ort der Verwüstung. Abi atmete flach. Er wußte nicht einmal, ob er seinen Ohren trauen und schon wieder aufstehen konnte, als der Krach vorüber war. Er hob seinen Kopf kurz hoch und sah in die leeren Augen Slatterys. Der Magier lag unweit von ihm mit bebenden Lippen, immer wieder ein und dieselbe Formel wiederholend. Abi stützte sich auf seine Hände und drückte sich nach oben. Die Kristallsplitter der zerborstenen Kugel hatten ganze Arbeit geleistet. Kaum etwas von dem Zimmer war heil geblieben, alles zerstört, als wäre eine Bombe explodiert. Der Vergleich hinkte nicht einmal, denn die Verwüstung der Hütte war nur ein müdes Vorspiel zu dem gewesen, was folgen sollte, denn noch immer hing der wabernden Nebel, der in die Kugel eingedrungen war, mitten in der Luft und streckte seine milchigen Finger in alle Richtungen aus.

»Verflucht, was ist jetzt?« stieß Abi hervor.

»Du Narr«, keuchte Kieran Slattery. »Wir sind verloren, weil du deinen dummen Spruch bringen mußtest!«

Abi machte eine abwehrende Handbewegung. »Ja, ja, schon gut, aber *was* ist das?«

»Woher soll ich das wissen?« fauchte Slattery. »Man kann Fehler bei Beschwörungen nie richtig einschätzen!«

Die schleierhaften Arme krochen über den Boden die Wände hinauf, glitten durch die Luft, und alles, was sie berührten, setzte Schimmel an und verfaulte in Sekundenschnelle. Die Hauswand bröckelte ab, ein Stuhl fiel in sich zusammen, und als sie ein schrilles Quieken hörten, konnte Abi mit ansehen, wie eine Maus aus ihrem Loch gekrochen kam, von einem der Geistfinger berührt wurde und innerhalb eines Lidschlags austrocknete und zu Staub zerfiel.

»Wir müssen hier raus!« zischte Abi.

»Fragt sich nur wie?« gab Kieran zurück und deutete auf die Tür, den einzigen Ausgang aus der Hütte. Der Nebel hatte sich davor eingenistet und versperrte ihnen damit die Fluchtmöglichkeit.

Abi fluchte. »In den magischen Kreis!«

Er wollte gerade vorspringen, als ein milchiger Arm über den Boden huschte und den Kreidestaub beiseite wischte.

»Gute Idee«, kommentierte Slattery.

»Verdammt, bring' uns hier raus!« brüllte Abi nun.

Die Hütte zerfiel mehr und mehr. Eine Wand zerfaserte komplett in sich selbst und gab den Blick nach draußen frei. Doch der Nebel blieb davor hängen, so daß die beiden auf diesem Weg auch nicht fliehen konnten.

»Wie denn? Ich weiß nicht mal, mit was wir es zu tun haben!«

»Das ist *seine* Magie«, schnappte Abi. »Diese Archäologin hat mir davon erzählt, wie ein Arbeiter bei den Ausgrabungen in Sekunden gealtert ist. Alles zerfällt, weil dieser Nebel die Uhr wahnsinnig schnell vordreht!«

Die beiden wichen zur einzigen Wand zurück, die noch nicht vom Nebel befallen war. Unglücklicherweise gab es an ihr weder eine Tür, die zum Nebenraum führte, noch ein Fenster. Abi fuhr sich mit dem Arm über die Stirn. Seine Hand war eiskalt, und dennoch schwitzte er wie im Hochsommer. In seiner Verzweiflung zog er die Pistole und gab einen Schuß mit Pyrophorladung ab. Zischend jagte der Flammenball auf die wabernde Formation zu, fegte in sie hinein und...

...erlosch.

»Verdammt, die Zeit schreitet im Nebel so rasch voran, daß selbst das Feuer erstickt wird.«

»Warte, ich versuche etwas!« sagte Kieran, wob einen Zauber in die Luft und sprach eine Formel dazu. Der Nebelarm, der sich von links ihrer Position näherte, glitt auf die Wand zu und berührte sie. Auch von rechts tanzte ein Schleier heran und kroch über das Holz. Augenblick setzte der Alterungsprozeß ein, überzog das Holz in Sekunden mit grünem Schimmel, ließ es dann völlig austrocknen und zerfaserte die einzelnen Bohlen.

»Verflucht, du hast es nur noch schlimmer gemacht«, klagte Abi. »Wir sind umzingelt!«

»Klappe, wir müssen durch die Wand brechen«, sagte Kieran. »Sie zerbricht links und rechts, und hier in der Mitte fängt der Prozeß auch schon an. Los schieß!«

Abi verstand. Er trat zwei Schritte zurück und legte auf die Mitte der Wand an. Die Pyrophorkugel schlug heiß in das ausgetrocknete Holz ein und setzte es sofort in Brand. Die Flammen verzehrten das Material, rissen es nieder, und mit einem Mal war der Weg nach draußen frei.

»Rasch!« rief Kieran und sprang durch die Flammen hindurch ins Freie. Abi folgte ihm eine halbe Sekunde darauf, hechtete über den Felsboden und rollte sich sauber über die Schulter ab. Als er aufkam und zurückschaute, erkannte er, daß sie keinen Augenblick zu früh gehandelt hatten, denn der Nebel füllte nun die gesamte Hütte aus. Nur wenige Sekunden später fiel auch die letzte Wand dem Alterungsprozeß zum Opfer, und das marode Gebäude krachte wie ein Kartenhaus in sich zusammen.

»Trautes Heim, Glück allein«, meinte Abi seinen Senf dazugeben zu müssen und erntete dafür einen giftigen Blick von Slattery.

»Schon gut«, beruhigte der Däne. »War's das jetzt?«

»Vergiß es! Der Mann will sich nicht aufspüren lassen, und nur wegen deiner bescheuerten Idee habe ich mein Zuhause verloren...«

»*Meine* Idee? Wer wollte denn einen Lokalisierungszauber anwenden?« widersprach Abi. »Und außerdem...«

Er hielt unvermittelt inne, als er aus den Augenwinkeln eine Regung wahrnahm. Alarmiert wandte er den Kopf und gewahrte tastende Nebelarme, die aus dem zusammengefallenen Haus direkt auf ihn und Slattery zukrochen, allerdings mit einem Tempo, das ihre vorherigen Bewegungen Lügen strafte. Im Nu hatten sie die beiden erreicht, berührten sie und zogen sie in einen Strudel der Verdammnis.

Abi wußte nicht, was er erwartet hatte. Wie fühlte es sich an, in einem Sekundenbruchteil um Jahrzehnte zu altern? Merkte man es überhaupt, oder war der Vorgang mit entsetzlichen Qualen verbunden? Er sollte es nicht erfahren – noch nicht.

Seine Sicht verschwamm, als er in den dichten Nebel eintauchte. Er meinte zu schweben, oder durch eine dickflüssige, zähe Substanz zu schwimmen und in einen unnachgiebigen Sog zu geraten, der ihn tiefer hinab zog. Seine Lungen füllten sich mit dem Rauch und erschwerten ihm das Atmen. Immer tiefer wurde er hinunter gezogen, bis auf den Grund von... ja, wovon eigentlich? In Gedanken verglich er seine Irrfahrt mit dem Ertrinken. Als hätte ihn eine starke Strömung gepackt, die ihn zum Boden des Ozeans hinabriß.

Dann flog er. Wirbelte um seine Achse, überschlug sich und spürte einen harten Aufprall, der ihm die Luft aus den Lungen trieb. Sein Brustbein schmerzte, und erst jetzt peinigte ihn der Schmerz, der durch die Kristallsplitter verursacht worden war. Sein Körper war eine einzige Schmerzzone. Es gab keinen Bereich, der ihm nicht wehtat.

O Gott, das ist das Ende!

Er röchelte. Ein Kloß hatte sich in seinem Hals breitgemacht, und kroch seine Kehle hinauf, bis er würgte und sich erbrach. Vor seinen Augen tanzten Tausende von Sternen, und alles drehte sich, als reite er immer noch auf dem Sog, der ihn in die unergründlichen Schlünde des Nichts katapultierte. Zeit war bedeutungslos geworden... das Leben ebenso. Er wußte nicht, was mit ihm geschah. Warum war er noch bei Bewußtsein? Wann hörte es endlich auf und setzte allem ein Ende? Sie hatten doch gesehen, wie rapide alles gealtert war, warum dauerte es so lange? Oder war noch gar keine Sekunde vergangen, seit der Nebel ihn berührt hatte?

Noch immer drehte sich alles, auch als sein Körper von einem heftigen Beben gepackt und durchgerüttelt wurde. Wieder kam ihm der Mageninhalt hoch. Der Gestank von Erbrochenem kriselte in seiner Nase. Er schmeckte Blut auf seiner Zunge.

»Komm endlich zu dir!«

Was zum...? Hatte er tatsächlich eine Stimme gehört? Im Fluß der Zeit? Vielleicht konnte er gar nicht davon ausgehen, in den Strudel der rapiden Alterung hineingeraten zu sein. Alles, was er fühlte, hörte und schmeckte schien real zu sein. Möglicherweise eine Halluzination angesichts des nahen Todes.

Die Augen... du mußt die Augen öffnen!

Krampfhaft bemühte er sich, die Lider zu heben. Erst im dritten Anlauf gelang es ihm mit äußerster Willensanstrengung. Er blickte auf ein graues Tuch. Alles, war grau... still, leblos. Keine

Bewegung, nur eine weite, dunkle, farblose graue Fläche. Abi brauchte eine geschlagene Minute, um zu erkennen, daß es der Himmel war, auf den er schaute. Spätestens als der erste Regentropfen in sein Gesicht plätscherte, wurde er sich bewußt, daß er noch nicht tot war. Dann beugte sich Slattery über ihn und grinste unter seinem Dreitagebart hervor.

»Unkraut vergeht nicht, was?« spottete der Hexer. »Vielleicht sollte ich nachhelfen, denn du hast uns ganz schön reingeritten!«

»Was ist passiert?« wollte Abi wissen. Seine eigene Stimme klang ihm fremd in den Ohren, wie von weit her. Er hatte dieses Kratzen im Hals, und die unterschiedlichsten Geschmacksrichtungen zwischen saurem Erbrochenem bis hin zum metallischen Blut. Wenn er schluckte, tat ihm der Hals weh, ganz abgesehen von allen anderen Schmerzen, die ihn plagten.

»Weiß ich nicht«, erwiderte Kieran Slattery. »Jedenfalls mußten wir nicht das gleiche erdulden wie meine Hütte.«

»Und was ist mir dir?«

»Alter Hexertrick«, wehrte der Ire ab.

»Schönen Dank, daß du mich geschützt hast«, fügte Abi ironisch hinzu. »Ich bin anscheinend der einzige, der was abbekommen hat.«

»Dummheit muß bestraft werden«, gab Kieran lakonisch von sich. Dann faßte er Flindt unter den Kopf und hob ihn leicht an, so daß er erstmals einen Blick auf ihre Umgebung werfen konnte.

Sie befanden sich nicht mehr in den Bergen nahe der untergegangenen Hütte, sondern auf einem schlammigen Feld. Der Himmel öffnete sich und entließ einen wahren Platzregen, der den ohnehin schon aufgeweichten Boden nahezu unbegehbar machte.

»Wie lange war ich weg?«

»Zehn Minuten«, sagte Slattery. »Ich hab die Umgebung ein wenig sondiert. Zwei Kilometer von hier, dort hinter dem Hügel gibt's einen Bauernhof.«

»Dann laß uns da hingehen«, schlug Abi schwach vor. »Ich kann ein heißes Bad und 'ne Mütze voll Schlaf gut gebrauchen. Vor allen Dingen wird's dort trockener sein.«

Kieran verzog einen Mundwinkel. »Daraus wird nichts. Der Hof ist total abgebrannt.«

»Na toll. Was jetzt; bleiben wir im Regen, bis wir aufgeweicht sind?«

Der Hexer zuckte die Achseln. »Keine Ahnung. Ich weiß ja nicht einmal, wo wir uns genau befinden. Aber in der Nähe des Hofes befindet sich ein Traktor mit einem Schutzdach. Wenn er funktioniert haben wir einen funktionsfähigen, fahrbaren Untersatz und können das nächste Dorf erreichen.«

»Oh, richtig typisch für einen Hexer!«

»Auch meinen Kräften sind Grenzen gesetzt, Flindt«, belehrte Slattery. »Ich kann nicht nach Gutdünken hin und her teleportieren.«

Er half Abi auf die Beine. Als der Däne stand, war er bis zu den Knöcheln im Schlamm eingesunken. Das Schwindelgefühl war verschwunden, doch die blutenden Blessuren, das Hämmern in seinem Kopf und der Druck in seinem Rücken machten ihm schwer zu schaffen.

»Ich pack's nicht«, keuchte der Dämonenjäger.

Kieran seufzte, wirbelte mit seinen Händen durch die Luft und murmelte eine Beschwörung. Abi wollte gerade zu einem Spruch ansetzen, als sein Kopf frei wurde. Der Druck in seinem Rücken wich einem tauben Gefühl, nur noch die Risse in seiner Haut, wo ihn die Splitter getroffen hatten, schmerzten.

»Du bist ja doch zu gebrauchen«, feixte Flindt. »Vielleicht werden wir noch einmal ein gutes Team.«

»Gott bewahre«, schnaubte Kieran. »Falls wir das hier überstehen, trennen sich unsere Wege. Oder bist du immer noch versessen darauf, mir Zakum auf den Hals zu hetzen?«

»Nein, und jetzt hör auf mit diesem alten Scheiß!«

Der Hexer bot ihm seine Hilfe an, und auf dessen Schultern gestützt wateten sie durch den tiefen Schlamm über das Feld. Der Regen wurde heftiger. Hier und da zuckte ein Blitz über den Himmel, und lauter Donner ließ die Erde erzittern. Total durchgeweicht und erschöpft erreichten sie den Hof, den Kieran entdeckt hatte. Dabei hatte der Magier nicht übertrieben. Von dem Hauptgebäude und den Stallungen waren nur noch ausgebrannte, verkohlte Gerüste übrig. Wahrscheinlich wären auch diese heruntergebrannt worden, wenn der Regen das Feuer nicht zuvor gelöscht hätte. Wie versprochen stand auf der Rückseite eine Zugmaschine mit einer Überdachung. Die beiden ungleichen Gefährten kletterten zum Führerhaus hinauf, öffneten die Tür und zwängten sich hinein. Der enge Raum war nur für einen Fahrer ausgelegt, so daß sie sich den abgewetzten Sitz teilen mußten.

»Und jetzt?« fragte Abi. »Wir sitzen im trockenen und sind dennoch ganz naß. Keine Handtücher, keine Kleidung. Jetzt wäre ein passender Spruch gerade richtig.«

»Spar dir deine Witze«, fauchte Kieran und fuhr sich durchs nasse, klebrige Haar. »Rück ein bißchen rüber!«

Er drängte Abi weiter in die Ecke, so daß dieser sich reichlich eingepfercht vorkam. Flindt wollte gerade protestieren, aber da hatte Kieran schon den Motor gestartet. Der Traktor ächzte und bockte und spie eine pechschwarze Rauchwolke aus dem Auspuffrohr aus. Vorsichtig legte der Hexer den Gang ein und gab langsam Gas. Tatsächlich fuhr das Gefährt an und rollte über den schlammigen Boden.

»Wenigstens etwas«, kommentierte Abi. »Sobald wir das nächste Dorf erreicht haben und ein wenig bei Trost sind, sollten wir uns Gedanken machen, was eigentlich geschehen ist.«

»Das mache ich schon die ganze Zeit über«, behauptete Kieran. »Und du wirst es nicht glauben, aber wir stecken in einer größeren Scheiße, als du es dir überhaupt nur vorstellen kannst.«

»Wie meinst du das?«

Kieran ließ das Lenkrad los, danach das Gaspedal. Der Traktor blieb aber nicht stehen, sondern fuhr weiter, scheinbar einen vorbestimmten Weg entlang, denn das Lenkrad drehte sich zuweilen wie von Geisterhand bewegt.

»Ich hab ein ungutes Gefühl bei der Sache«, sprach Abi aus, was sie beide dachten.

»Die Tür läßt sich nicht mehr öffnen«, sagte Kieran, als den Hebel zog. »Jemand hat uns magisch eingeschlossen und lenkt den Traktor wie mit einer Fernbedienung.«

»Nathaniel?« fragte Abi. »Er hat uns sicherlich auch hergebracht.«

Slattery schüttelte den Kopf. »Möglich, es war seine Magie, die uns auf das Feld geschleudert hat. Aber dieses Vehikel lenkt jemand anderes.«

»Wer?«

Der Hexer streckte den Arm aus und deutete durch die Windschutzscheibe auf eine einsame Gestalt, die auf der Hügelkuppe des Feldes im Matsch stand. Während Abi noch Mühe hatte, sie über die Entfernung zu erkennen, benutzte Slattery seine Magie und stöhnte unheilvoll auf.

»Angelina!« preßte er hervor.

Das Bild hatte sich in sein Bewußtsein eingebrannt, und es vergingen nur wenige Nächte, in denen ihn nicht der Alptraum einholte, der ihm vor Augen führte, wie klein und schwächlich er im Grunde war. Ein Verräter mußte gerichtet werden, soviel stand fest – und in der Schwarzen Familie war diese Tatsache heilig. Ja, er hatte sie verraten, indem er mit dem dänischen Dämonenjäger paktiert und die Aktionen der Schwarzblütler sabotiert hatte. Aus reiner Gutmütigkeit hatte er gar Dorian Hunter und seinen Freunden in Andorra zur Flucht verholfen, um erst dann zu fliehen und auf die Rache Zakums zu warten.

Das war das erste Mal, als ihn der Nachtmahr eingeholt hatte. Angelina war ihm aufgelauert, hatte ihn becirct und ihm anschließend den Kopf von den Schultern geschlagen. Selbst dann noch war er in dem Traum bei vollem Bewußtsein und mußte mit ansehen, wie sie ihn musterte, seinen Kopf in Händen hielt und ihm eintrichterte, daß ein Verräter wie er es war es nicht besser verdient hatte.

Immer wieder hatte er sich eingeredet, daß es nur ein Traum war, der durch seine eigenen überspannten Nerven erzeugt wurde. Aus nackter Angst vor der schönen Teufelin, die er, genauso wie Zakum, mit seinen Taten hereingelegt hatte. Und nun... nun war sie hier, wartete auf ihn, lauerte ihm auf, um das zu beenden, was ihm der Alp prophezeit hatte.

Das Schnacken des Pistolenschlittens holte Kieran Slattery in die Gegenwart zurück. Verstört blickte er zu Seite und gewahrte Abis grimmiges Gesicht, daß sich auf die Gestalt dort draußen fixiert hatte.

»Was... was hast du vor?«

»Ich werde diese Hure umbringen!«

»Das kannst du nicht...«

Abi fuhr herum. »Und wie ich das kann! Wer sollte mich aufhalten, du etwa?«

»Sie ist Luguris Mätresse und eine mächtige Dämonin!«

»Tot ist sie gleich!« Abi griff in seine Tasche und preßte die

Zähne zusammen, als er dabei eine seiner Wunden berührte. Schließlich förderte er ein Dämonenbanner zutage, warf es gegen die Sichtscheibe, hob im selben Augenblick die Waffe und krümmte den Finger um den Abzug.

»Nicht! Wir verbrennen!« schrie Kieran Slattery panisch.

Der Dämonenbanner prallte gegen die Scheibe, sofort darauf krachte die Pistole, und eine Silberkugel durchschlug den Banner, dann das Glas. Die Windschutzscheibe zerplatzte in einem harmlosen Splitterregen und sofort peitschte den beiden Wind und Regen ins Gesicht. Abi sprang vor, hievte sich durch das geborstene Fenster und rollte zur Seite von der Motorhaube des Traktors. Er rutschte ab und landete im Matsch.

Slattery war vor Überraschung wie erstarrt. Ungläubig blickte er durch das Führerhaus und verfolgte, wie der Traktor noch immer in Angelinas Richtung fuhr. Die Teufelin schien nicht im mindesten beeindruckt über Flindts Aktion.

Komm zu mir, Verräter!

Ein eisiger Schauer lief seinen Rücken herunter, dabei konnte er nicht einmal sagen, ob er tatsächlich den mentalen Ruf der Dämonin gehört hatte oder es sich nur um seine eigenen Gedanken handelte. Jedenfalls gaben die Worte den Ausschlag, daß sich Slattery zur Besinnung rief. Umständlich kletterte er aus dem Gefährt und ließ sich während der Fahrt herunterfallen. Er bremste seinen Aufprall mit einem magischen Stoß. Der Traktor fuhr noch zehn Meter, ehe Angelina endlich reagierte. Ein sengender Blitz fuhr in den Motor der Zugmaschine und sprengte sie in einer gleißenden Explosion auseinander.

Kieran wurde von der Druckwelle zu Boden geschmettert und landete dicht neben Abi im Schlamm.

»Bleib unten«, warnte der Däne und zielte mit vorgestreckten Händen auf die Teufelin. Er nutzte die Flammen des brennenden Traktors als Deckung und schoß. Die einschlagenden Kugeln peitschten den nassen Lehm vor Angelinas Füßen auf, doch keine traf.

Abi verschoß das ganze Magazin, ehe Kieran die Kraft fand, eine Hand auf den Arm des Dänen zu legen und langsam mit dem Kopf zu schütteln.

»Sie... sie wehrt sie ab!« sagte der Hexer schwach.

Abi rollte sich fluchend auf den Rücken, entließ das Magazin aus dem Griffstück und rammte das alte mit Pyrophorkugeln hinein.

»Lenk sie ab!«

»Wie denn?«

»Bist du der Magier oder ich?« Mit diesen Worten kam Flindt auf die Füße und rannte auf die Dämonin zu.

Kieran seufzte, besann sich dann aber und konzentrierte sich auf seine Fähigkeiten. Ein weiterer Blitz jagte über das Feld. Abi warf sich zu Boden, rollte nach rechts, während der Lichtfinger über ihn hinweg raste und sich nun Slattery als Ziel aussuchte. Kurz bevor er einschlug malte der Hexer eine Rune in die Luft und stieß einen knappen Befehl aus. Das Unmögliche wurde wahr. Mitten im Flug wurde der Blitz abgelenkt und fegte zu seinem Ursprung zurück.

Angelina gestikulierte heftig, doch das Licht war schneller. Ihr blieb gerade noch Zeit für eine Abwehrbewegung, da schlug das grelle Lichtbündel in ihren Körper ein. Eine farbenprächtige Kaskade erhellte den trüben Himmel. Funken stoben auseinander und prasselten zu Boden. Der Leib der Teufelin segelte hoch durch die Luft, während ihre gebrochenen Flügel träge herabhingen und nicht in der Lage waren, den Sturz abzufangen. Angelina prallte in den Matsch und blieb zuckend liegen. Abi sah indes seine Chance, legte an und drückte zweimal ab. Zischend entflammten die Pyrophorkugeln und flitzten auf die angeschlagene Teufelin zu.

»Stirb, Dämonenhure!« rief Flindt, um im selben Moment vor Schmerz aufzuschreien. Nicht die Blessuren, nicht die gebrochenen Rippen, sondern die urgewaltige Kraft eines sengenden Feuers, das über seinem Körper wütete, ließ ihn allen Schmerz hinausbrüllen. Er sank in die Knie, rollte sich über den Schlamm, um die Flammen zu ersticken.

Ungläubig starrte Kieran Slattery das Flammenbündel an. Gerade eben noch hatte er die Flugbahn der Pyrophorgeschosse beobachtet, als sie plötzlich grundlos erloschen. Dann hatte das wahnsinnige Gebrüll Flindts seine Aufmerksamkeit auf sich gelenkt. Der Däne stand in Flammen.

»Wie zum...?« Kieran stemmte sich hoch. Trotz des Regenstroms erlosch das Feuer nicht, und da auch Flindt die Flammen durch seine Wälzerei nicht ersticken konnte, konstatierte Slattery, daß es sich um ein magisches Feuer handelte. Aber wie hatte Angelina das fertiggebracht, wo sie doch sichtlich geschwächt...

»Hilf mir, Hexer!« kreischte Abi.

Slattery rief eine komplizierte Formel auf, doch noch ehe er sie beenden konnte, erhielt er einen heftigen Schlag in den Rücken, der ihm die Sprache verschlug. Die letzte Silbe blieb unausgesprochen, dafür taumelte er über das Feld, stolperte und fiel der Länge nach hin. Ein Zischen kündete davon, daß die Flammen erloschen, wenn Slattery auch nicht verstand, warum. Stöhnend drehte er sich herum. Sein erster Blick fiel auf Abi Flindt, der völlig reglos dalag. Seine Kleidung und auch die Haut schwelte, war vollkommen verkohlt. Das Gesicht war blasenübersät, und das Feuer hatte ihm die Haare vom Kopf gesengt und das rohe Fleisch offengelegt. Kieran robbte zu dem Gefährten und fühlte seinen Puls. Noch lebte er, aber in diesem Zustand würde er nur noch Minuten aushalten können. Nicht einmal die besten Mediziner der Welt mochten diese Verbrennungen heilen. Die Flammen hatten seine Haut vollkommen zerstört, so daß sie als Organ nicht mehr den notwendigen Sauerstoff fördern konnte, den der menschliche Organismus zum Überleben benötigte.

»Es... tut mir leid«, flüsterte Kieran Slattery und ergab sich ebenfalls seinem Schicksal.

Er drehte sich um und wollte Angelina anbrüllen, daß sie auch ihn tötete, doch dort stand nicht die Teufelin, sondern eine ihm vollkommen fremde Frau mit dunklem Teint, ganz in Schwarz gekleidet.

Die Spur, die sie verfolgte, hatte Alannah nach Irland geführt, hin zu diesem mysteriösen Kornfeld. Mit ihrer Magie hatte sie es eingehend untersucht und festgestellt, daß es eine magische Energiequelle enthielt. Zudem steckte in der Mitte ein Stab, der ebenfalls Magie abstrahlte. Nach ihrer Überprüfung zog sie sich von dem Kornkreis zurück und beließ alles so, wie sie es vorgefunden hatte. Sie hatte Zeit und würde einfach abwarten, was weiter geschah – und daß etwas geschehen würde, war für sie sicher. Nathaniel würde kommen, um das in die Wege zu leiten, was er geplant hatte: Die Vernichtung dieser Welt!

Es würde hier stattfinden, dessen war sich Alannah sicher. Sie brauchte einfach nur geduldig abzuwarten. Mit Hilfe ihrer Magie öffnete sie eine Falte in der Realität und versteckte sich darin, unsichtbar für die Augen von Menschen und der Magie der Dämonen. Ihre Geduld wurde bald schon belohnt, als die Teufelin auftauchte, die sie schon in Luguris Vulkanfeste getroffen hatte. Sie schien auch sehr an dem Kornkreis interessiert zu sein und mußte eine schmerzhafte Erfahrung machen, als sie von einem Blitz niedergestreckt wurde. Alannah kümmerte sich nicht um sie, sondern wartete weiter ab. Irgendwann würde *er* schon erscheinen, und dann kam ihre Zeit.

Sie wußte nicht, welche Rolle der Hexer und der Sterbliche innehatten, klar war nur, daß etwas Großes und Gewaltiges im Gang war. Anscheinend strömte alles zum Kornkreis, vielleicht aus unterschiedlichen Motiven. Alannah mußte herausfinden, was es damit auf sich hatte. Mit ihrer Macht war es eine Kleinigkeit, die Gedanken der anderen zu absorbieren. So erfuhr sie, daß die Teufelin eigentlich nur hinter einem ihrer Gegner namens Dorian Hunter hergewesen war und zufällig über den Kornkreis stolperte. Slattery und Flindt hingegen wollten Nathaniel unschädlich machen. Die *Angisi* lächelte amüsiert. Sie beschloß in ihrem Versteck auszuharren, als eine unerwartete Wendung eintrat.

Der Hexer und der Sterbliche gerieten an die Teufelin. Alannah wußte selbst nicht, warum sie die drei nicht einfach ihrem Schicksal überließ. Einer inneren Eingebung folgend verließ sie ihr Versteck und griff in den Kampf ein. Die Pyrophorgeschosse hätten Angelina vernichtet, hätte die *Angisi* sie nicht zuvor gelöscht. Nun lagen die drei Kontrahenten vor ihr im Matsch.

Die Teufelin mit gebrochenen Flügeln und verkohlter Haut, der Mensch am Rande des Todes, vom Feuer verzehrt, und der Magier nur erschöpft und zornig.

Alannah hockte sich nieder und strich über Flindts Körper. Seine Atmung stabilisierte sich.

»Er wird ein wenig länger leben«, sagte sie zu Slattery. »Bis ich entschieden habe, was ich mit euch anstelle.«

Kieran schluckte. »Wer bist du?«

»Das spielt keine Rolle, Hexer...« Sie hielt inne und lauschte. Ihre Sinne wurden von einer Präsenz überflutet, die sie das letzte Mal in London erspürt hatte. *Er* kam. Nathaniel war hier, zusammen mit seinen Vasallen, die den Untergang einleiten sollten. Alannah wandte sich zu dem Hügel um, hinter dem der Kornkreis lag. Entschlossen stapfte sie darauf zu, ohne noch einen Gedanken an ihre Gefangenen zu verschwenden.

14. Kapitel

Schattendasein

Durst!

Der erste bewußte Gedanke sickerte träge durch die Nervenbahnen seines Hirns. Die Welt um ihn herum schien sich für immer verabschiedet zu haben, und dennoch konnte er seinen Körper fühlen und feststellen, daß er am Leben war. Erinnerungen an das, was zuvor geschehen war, lagen in einem diffusen Nebel auf der anderen Seite seines Bewußtseins. Vielleicht würde er an sie herankommen. Vielleicht...

Eine Weile lag er einfach da, machte sich nicht die Mühe, sich zu erinnern, sondern ließ sich einfach treiben. Absolute Stille hüllte ihn ein. Stille und Dunkelheit. Sein Leben war gescheitert, soviel wußte er.

Durst!

Das Verlangen in ihm quälte ihn. Seine Kehle – sofern er denn noch eine besaß – war wie ausgedörrt. Aber die Art von Durst, die er verspürte, rührte nicht nur von dem trockenen Gefühl in seinem Mund und Hals her, sondern hatte ihren Ursprung viel tiefer in seinem Magen. Einem Durstgefühl konnte man widerstehen, nicht auf Dauer zwar, aber immerhin für eine gewissen Zeit. Diesem hier nicht. Er hatte das Gefühl, als bedeute es etwas Essentielles, und wenn er nicht bald trank, würde er sterben.

Bin ich nicht längst tot? Seine eigenen Gedanken schienen ihn zu verhöhnen. Wie konnte er tot sein, da er doch atmete, dachte und fühlte?

In einem übertragenden Sinn, du Idiot! Greif hinaus zu der anderen Seite und hole dir deine Erinnerungen wieder.

Er schlug die Augen auf. Ganz dunkel war es gar nicht. Ein leicht rötlicher Schimmer zog an seinen Augen vorbei, so daß er zumindest die Decke des Raumes, in dem er lag, sehen konnte. Irgendwo knackte es. Sein Gehör funktionierte also auch. Warum sollte er sich dann nicht bewegen können? Kaum, daß er den Gedanken zu Ende gedacht hatte, hob er einen Arm in die Höhe, dann den zweiten, und schon richtete sich sein Oberkörper auf. Mit prüfendem Blick spähte er ins Dunkel hinein. Der rötliche Schimmer war überall gegenwärtig, doch er konnte nicht ausmachen, woher das Licht kam – es schien einfach da zu sein. Nicht, daß es ihn wirklich beunruhigte. Das, was ihn nervös machte, war die Erkenntnis, *wo* er zu sich gekommen war!

Langsam senkte er den Kopf und erkannte das Behältnis, in dem lag. Zweifelsohne handelte es sich dabei um einen Sarg.

Eisige Kälte kroch über seine Haut, doch die feinen Härchen richteten sich nicht wie gewöhnlich auf. Er bekam auch keine Gänsehaut. Was war nur los mit ihm? Und wer erlaubte sich so einen makabren Scherz, ihn in einen Sarg zu betten? Oder war er gar selbst hineingestiegen, nachdem er sich wieder hoffnungslos betrunken hatte? Die Fragen pochten in seinem Verstand, und er wußte, daß er nur hinausgreifen mußte, um jenseits der Nebelwand, die seine Erinnerungen verdeckte, Antworten zu bekommen. Aber er fürchtete sich vor dem, was er dort entdecken würde, deshalb tat er es nicht. Vorerst nicht.

Mit beiden Händen stützte er sich vom Rand des Sarges ab, schwang die Beine über die Kante und landete auf kaltem Boden. Er sah an sich herab und stellte fest, daß er barfuß war, nur mit einem luftigen, weißen Hemd bekleidet. Die Kälte an seinen Füßen war zwar präsent, aber sie machte ihm nichts aus. Er tapste über den Betonboden und wandte sich einem kleinen Fenster zu, das jedoch knapp unter der Decke lag, so daß er es nicht erreichen konnte. Da änderte er sein Vorhaben und ging zu der einzigen Tür. Als er die Klinke herunterdrückte, gab sie nach, und die Tür schwang nach außen auf. Er spähte hinaus und sah einen Korridor, der nach links und rechts führte. Auch hier war das rötliche Leuchten gegenwärtig, so daß er keine Schwierigkeiten hatte, sich zu orientieren. Doch er konnte noch immer keine Lampen oder andere Lichtquellen ausmachen.

Spontan wandte er sich nach links, schritt den Gang entlang und gelangte an eine Treppe, die nach oben führte. Davor befand sich zu rechter Hand eine Flügeltür. Ohne zu zögern, stieß er sie auf und hielt den Atem an. Hinter der Pforte lag ein dreimal so großer Raum wie der, den er gerade verlassen hatte. Am hinteren Ende standen einige Schränke mit Vitrinen und Schubfächern, davor befanden sich acht lange Tische nebeneinander aufgereiht. Allesamt waren sie mit dünnen Laken abgedeckt, aber die Formen, die sich darunter abzeichneten, ließen nur einen untrügerischen Schluß zu: Er befand sich in einer Leichenhalle!

Hörbar sog er die Luft ein und schmeckte den Moder, der hier gegenwärtig war. Er wollte gar nicht wissen, wer die Toten waren, noch wie er selbst hierher gelangt war. Nur hinaus wollte er. Entschlossen kehrte er um und schritt die Treppe hinauf.

Du mußt trinken!

Wieder meldete sich das unbeschreibliche Durstgefühl in ihm, und je länger er zögerte und sich nicht das holte, wonach sein Körper verlangte, um so schwächer wurde er. Ja, er mußte zu Kräften kommen, wenn er weiterleben wollte.

Die Treppe endete an einer eisernen Tür. Auch sie war nicht verschlossen. Dahinter lag die Eingangshalle zum Leichenschauhaus – jedenfalls vermutete er, daß er sich in einem solchen befand. Er ging zu dem Ausgang, drehte den Knauf der Tür und zog sie auf. Eine grelle Flut stach in seine Augen. Sofort schlug er die Tür zu, doch ein beißender Schmerz auf seiner Haut und das Zischen, wie von ätzender Flüssigkeit verursacht, füllte sein ganzes Denken aus.

Was ist geschehen?

Im nachhinein betrachtet war es draußen nicht einmal sonderlich hell gewesen, sondern eher trübes Wetter. Aber warum zeigte sein Körper eine solch starke Reaktion. War er über Nacht lichtempfindlich geworden? Ungläubig blickte er auf seine Arme. Auf der blassen Haut hatten sich kleine Brandblasen gebildet, die bereits zu jucken begannen.

Habe ich je eine so helle Haut besessen? fragte er sich, als ein Gedankenblitz durch seinen Verstand zuckte.

»Was tun Sie da?«

Er wirbelte herum. Keine fünf Meter von ihm entfernt stand ein Uniformierter mit Schlüsselbund in der Hand, zweifellos der Hausmeister oder ein Wachmann. Als der Mann noch einen Schritt näher trat und ihn mit leicht zusammengekniffenen Augen musterte, weiteten sich seine Pupillen mit einem Mal, und die Kinnlade klappte herunter.

»Großer Gott, Sie sind... Sie sind...«

Weiter kam er nicht. Einem plötzlichen Instinkt folgend sprang der Mann im Totenhemd vor, packte den Wächter bei den Schultern und drückte ihn zu Boden. Ein unnatürliches Ziehen hatte sich in seinem Mund ausgebreitet. Er erinnerte sich an einen ähnlichen dumpfen Schmerz, als ihm die Weisheitszähne wuchsen. Doch diesmal war es anders, ganz anders. Die Eckzähne des Oberkiefers stülpten sich über seine Unterlippe. Während seine Gedanken noch rotierten und sich verzweifelt fragten, was wirklich mit ihm vorging, hatte er schon zugeschlagen. Die Augzähne durchstießen die dünnen Hautschichten und gruben sich in das weiche, warme Fleisch am Hals des Mannes. Sie trafen sofort das Gesuchte – die Hauptschlagader. Als die Aorta durchstoßen war, spritzte das Blut in sein Gesicht und nach allen Seiten. Er senkte die Zähne noch etwas tiefer und umschloß die Wunde fest mit seinen Lippen, ehe ein natürlicher Instinkt dafür sorgte, daß er das herauspulsierende Blut zu schlürfen begann.

Das war es gewesen, wonach sein Körper verlangt und was seinen unbändigen Durst ausgelöst hatte. Blut... menschliches Blut. Seine Sinne schwanden im ekstatischen Rausch des Genußes. Er trank wie ein Besessener. Die gesamte Welt, die Zeit, alles um ihn herum verschmolz zu diesem einen Augenblick. Er konnte nicht aufhören, saugte immer weiter und fühlte, wie das rote Elixier seinen Körper belebte, ihn stärkte, über alle Maßen hinaus. Erst als der letzte Tropfen der Körperflüssigkeit die Blutbahnen verlassen hatte und der Leib des Mannes längst schlaff in seinen Armen hing, löste er seine blutverschmierten Lippen vom Hals. Mit einem schmatzenden Geräusch traten die spitzen Eckzähne aus der Wunde. Achtlos ließ er den Toten fallen und sank neben ihm zu Boden.

Was ist aus mir geworden?

Alles war voller Blut. Der Boden, sein weißes Hemd, die Hände. Er bemerkte die Veränderung in seiner Mundhöhle erst, als sich die Reißzähne schon wieder zurückgezogen hatten. Aber er war gesättigt und fühlte sich kräftiger – und auch mächtiger – als je zuvor.

Greif hinaus, öffne das Tor, um deine Erinnerungen zurückzuholen!

Und er tat es. Die Fülle an Informationen schlug schier über seinem Bewußtsein zusammen, drohte ihn zu erdrücken, da er alles auf einmal wissen wollte. Er lag keuchend am Boden, neben dem toten Wächter – und er wußte, wer er war.

Ken Harding holte tief Luft. Die Erkenntnis, zu einem Vampir geworden zu sein, setzte ihm arg zu, obgleich es im Vorfeld die logische Konsequenz gewesen war. Carina hatte ihn gebissen und ihren Keim übertragen. Dieser begann zu wirken, wenn das Opfer verstarb.

Zakum! Er hat mich umgebracht... und nun bin ich tot!

Auf einen Verdacht hin hob er die Hand an die Kehle und betastete seine Haut. Noch deutlich hatte er das Bild von Zakums Klauen vor Augen, die ihn mit einer einzigen Bewegung den Hals aufgerissen hatten. Die Wunde existierte nicht mehr, nicht einmal Narben waren zurückgeblieben.

Ja, er hatte mit den Dämonen paktiert, aber immer noch sein Menschsein behalten – glaubte er zumindest. Doch was war er jetzt? Ein Blutsauger, der, im Gegensatz zu den vampirischen Dämonen, nur bei Nacht leben konnte, weil ihn das Tageslicht verbrannte. Ken vergrub den Kopf in die blutverschmierten Hände. War es nicht besser, wirklich tot zu sein, als dieses elendige Dasein zu fristen?

Eine geraume Zeit hockte er einfach da und ergab sich seinem Schicksal. Er spielte mit dem Gedanken, sein Leben selbst zu beenden, doch der vampirische Keim, der sich in seinem Blut verankert hatte, setzte seinen Selbsterhaltungstrieb in Gang. So mußte sich Ken Harding wohl oder übel damit abfinden, vom Regen in die Traufe geraten zu sein.

Nun stehst du auf der Seite des Bösen, bist ein Monster, ein Ausgestoßener... aber du hast auch Macht über Menschen, kannst sie bezwingen, alles haben was du willst...

Beim näheren Nachdenken war sein Zustand vielleicht gar nicht so schlecht. Zwar konnte er nur des Nachts aktiv werden, aber er war unsterblich geworden. Der Traum eines jeden Menschen war Wirklichkeit für ihn, solange er einige Regeln beachtete, um sein vampirisches Leben zu bewahren. Er würde nicht mehr altern, Krankheiten konnten ihm nichts anhaben, und normale Verletzungen regenerierte der Keim in ihm. Das Leben würde sich grundlegend verändern. Er brauchte sich niemandem unterzuordnen, konnte seine eigene Vampirsippe gründen, und all die Schönheiten dieser Erde würden ihm zu Füßen liegen.

Aber zuvor mußte er noch eine Kleinigkeit erledigen, nämlich jene strafen und büßen lassen, die ihm das angetan hatten.

Carina! Jasmine!

Sie wußten doch, was mit ihm geschehen würde, als Zakum ihn

umgebracht hatte. Warum hatten sie ihn auch noch verstoßen und in die Leichenhalle gebracht, statt ihn bei sich zu beherbergen, ihn in ihre Familie aufzunehmen? Sie hatten ihn abschieben wollen. Wäre er erst einmal unter der Erde gewesen, hätte er keine Möglichkeit gehabt, seinem Sarggefängnis zu entkommen und wäre qualvoll verdurstet.

Harding ballte die Hände zu Fäusten. Büßen würden sie. Er würde sich endgültig von ihnen lösen, die Ketten aufsprengen und sich aus dem eisernen Griff der Vampirinnen befreien.

In der Zeit, in der er auf die Dunkelheit wartete, entkleidete er den toten Wachmann, reinigte seine Uniform im Waschraum und streifte sich die Kleidung über. Zwar war sie ein wenig zu klein, doch sie würde ausreichen, bis er etwas Passenderes gefunden hatte. Bevor er sich nach Sonnenuntergang aus dem Gebäude schlich, drehte er dem Wächter das Gesicht auf den Rücken, damit dieser später nicht wieder erwachte. Die Kenntnisse und Informationen, wie er vorzugehen hatte, lieferte ihm der Keim, der nun sein ganzes Leben ausfüllte.

Harding schlich sich aus der Leichenhalle und konnte nun zum ersten Mal seine Umgebung in Augenschein nehmen. Er befand sich auf einem Friedhof, noch immer in London. Aber wo sollte er mit seiner Suche nach den Vampirschwestern beginnen? Noch ehe er die Frage in Gedanken zu Ende formuliert hatte, wußte er bereits eine Antwort darauf. Offenbar war er auf irgend einem mysteriösen Wege noch mit Carina verbunden, da sie es war, die ihm ihren Keim eingepflanzt hatte. Ohne näher darüber nachzudenken, transformierte sein Körper in ein kleines, pelziges Geschöpf, das flügelschlagend in die Nacht aufstieg und zielsicher seinen Weg suchte, um Rache zu verüben.

Ken sammelte während des Fluges Eindrücke über seine neue Existenz. Er genoß das Dahintreiben, den freien Flug und die Wahrnehmung mit den Sinnen einer Fledermaus. Mehrmals änderte er die Richtung, als er von einer inneren Eingebung umgeleitet wurde. Dann endlich erreichte er das Anwesen, daß die Vampirinnen schon bewohnt hatten, ehe sie die Jugendstilvilla für sich beanspruchten. Er tauchte aus den Wolken herab und landete auf dem Sims eines geöffneten Fensters. Rasch huschte er hinein und verwandelte sich in einen Menschen zurück, als hätte er sein Leben lang nichts anderes getan. Ken drehte sich um und blickte zurück. Die Erfahrung des Fluges war etwas gewesen, das vollkommen neu und fremd für ihn war, und auf der anderen Seite doch so vertraut. Er begann bereits, sein neues Dasein als Kreatur der Nacht zu genießen.

Mit Sinnen, die nur einem Vampir zugänglich waren, tastete er hinaus und spürte seinesgleichen auf. Sie waren hier... Jasmine... Carina... und der Butler, die letzten Überlebenden ihrer Sippe. Vor einigen Wochen hatte der Dämonenkiller drei ihrer Schwestern umgebracht. Die männlichen Sippenangehörigen, zwei Brüder und der Vater, waren vor zwei Jahren auf tragische Weise umgekommen – auch das verriet ihm der Keim, der in seinen Adern durch das Blut pulsierte.

Er mußte Schritt für Schritt vorgehen, wollte er sich nicht selbst in Gefahr bringen. Zwar konnten die beiden Dämoninnen auch tagsüber das Haus verlassen, aber ihr bevorzugtes Jagdrevier war die Nacht, die gerade erst hereingebrochen war. Harding beschloß, sie im Morgengrauen zur Strecke zu bringen, nämlich dann, wenn sie von ihrer Jagd heimgekehrt waren, vollgefressen mit menschlichem Blut, gesättigt und träge, sich in Sicherheit wähnend. Er blieb in dem kleinen unbewohnten Zimmer und wartete. Bald schon spürte er nur noch die Anwesenheit des Butlers, von dem er wußte, daß er kein Dämon, sondern ein Vampiropfer wie er selbst war. Ken hockte sich auf den Boden und wartete.

Irgendwann in den frühen Morgenstunden ließ ihn ein Poltern aufhorchen. Unten im Haus wurde die Tür geöffnet. Gesprächsfetzen, von denen er nichts verstand, klangen auf. Die Schwestern waren zurückgekehrt, und nun hatte der Butler zwei Stunden Zeit, sich auf die Pirsch zu begeben, ehe es hell wurde und er im Tageslicht schmoren würde. Aus ihrer gemeinsamen Zeit in der Jugendstilvilla wußte Ken, daß sich die Schwestern nun hinlegten und bis Mittag schliefen. Er würde sie im Schlaf überraschen.

Eine weitere halbe Stunde wartete er, dann zog er die Vorhänge am Fenster zu und wagte sich aus dem Zimmer hinaus auf den Gang. Er befand sich in der ersten Etage, auf der auch die Schlafzimmer untergebracht waren.

Zuerst Carina! dachte er. Sein Vampirsinn eilte ihm voraus. Die geistigen Fühler tasteten die einzelnen Räume ab, bis er vor seinem geistigen Auge die gesuchte Vampirin fand. Leise schlich er sich den Korridor entlang und hielt vor ihrer Tür. Erneut griff er mit seinen Sinnen hinaus, drang durch die Wand und sah Carina schlafend in ihrem breiten Himmelbett. Ken legte die Hand auf die Klinke und spürte das kalte Metall intensiver als je zuvor. Langsam, unendlich langsam drückte er den Öffner nach unten. Die Zeit schien für einen Moment einzufrieren. Er hielt den Atem an, schob die Tür auf und setzte einen Fuß über die Schwelle. Sein neu gewonnener Sinn warnte ihn vor etwaigen magischen Fallen, doch die Tage, die er zusammen mit den Schwestern in der Jugendstilvilla verbracht hatte, zeigte ihm, daß sie sich sicher wähnten und nicht auf Fallen und Schutz angewiesen waren.

Carina lag da wie tot. Sie hatte ihre Hände über der Brust gefaltet, und ihr Brustkorb hob und senkte sich nur minimal. Ken wußte, daß sie die ganze Nacht so zubringen würde, ohne sich einmal im Bett herumzuwälzen, wie es bei Menschen die Regel war. Er schluckte, als er daran dachte, daß auch seine Schlafgewohnheiten sich ändern würden.

Leise schlich er sich an die Seite des Bettes heran, verhielt kurz davor, um die häßliche Frau anzusehen.

Er beugte sich vor und überwand seinen Widerwillen, die Dämonin in irgend einer Form zu berühren, oder gar zu beißen. Augenblicklich setzte die Metamorphose in seinem Mund ein, und die Augzähne wuchsen zu dolchscharfen Reißern.

Da meldete sich wieder das Wissen, das ihm vom Keim zugänglich gemacht wurde. *Kein Dämon darf vom Blut eines anderen kosten. Aber das ist kein Gesetz der Magie, sondern der Schwarzen Familie*, erinnerte sich Harding. *Und ich gehöre dieser Familie nicht an!*

Zielsicher rammte er die Augzähne in den Hals der Vampirin. Diesmal ging er geschickter vor und schloß sofort die Lippen über die Einstichmale und begann schon zu saugen, ehe der erste Tropfen Blut seine Zähne netzte. Ein Aufbäumen ging durch die Vampirin. Sie riß ihre Augen auf und erfaßte die Situation dank ihres Überlebensinstinktes. Sie packte Harding an den Schultern und wollte ihn von sich stoßen, doch er war stärker und preßte sie nur um so tiefer in die Laken. Da spürte er ihre Hände an seinen Ohren. Die eine wanderte hoch zu seinem Hinterkopf, während die andere sich tastend unters Kinn schieben wollte.

Sie will dir das Genick brechen! schoß es ihm elektrisierend in den

Sinn. Harding wußte, daß er nicht locker lassen durfte. Er mußte ihr binnen kürzester Zeit so viel Blut wie möglich abzapfen. Mit jedem Tropfen würde die Vampirin schwächer werden, und er erstarkte. Während er weiter saugte, packte er die Hand, die fast sein Kinn erreicht hatte und verdrehte sie in eine unnatürliche Position. Die Dämonin stöhnte auf. Harding warf sich mit seinem ganzen Gewicht über sie und löste sich nun doch schmatzend von ihrem Hals. Aber er überließ nichts dem Zufall. Zwar hatte sich seine Kraft durch den Keim vervielfacht, aber er war nur ein Opfer des Dämons, während in den Adern der Vampirin schwarzes Blut floß, das sie zu einer überlegenden Gegnerin machte. Mit beiden Fäusten schlug er ihr kraftvoll ins Gesicht, zweimal, dreimal, dann knackte es häßlich, als die Nase der ohnehin schon verunstalteten Vampirin brach. Mit einem raschen Stoß bog er ihr Kinn weit nach oben und drückte ihr den Kopf in den Nacken. Die Wunde, die er ihr am Hals zugefügt hatte, verschloß sich bereits wieder – zum einen durch Carinas Selbstheilungskräfte und zum anderen durch das Enzym, das der Vampirkeim in die Male gepflanzt hatte.

»Du kannst nicht hier sein!« röchelte sie, während Ken ihren Kopf weiter nach hinten drückte. Sie fuchtelte wie wild mit den Armen und bockte, als könne sie ihn abschütteln, doch Harding ging kein Risiko ein. Er packte eine Hand, verdrehte sie und senkte seine Zähne in die Pulsadern. Er hörte das Knacken nicht, sondern war nur erstaunt, als er mit einem Mal kein bitteres, schwarzes Blut mehr im Mund verspürte, sondern trockenen Staub, der langsam aus seiner Hand rieselte.

»Mist«, fluchte Harding. Der Druck auf ihren Kopf war zu stark gewesen. Wahrscheinlich hatte er im Rausch des Saugens noch fester zugedrückt, bis der Zerreißpunkt übersprungen wurde und die Nackenwirbel brachen. Er spie den Staub aus, stand auf und taumelte wie trunken. Das schwarze Blut schmeckte nicht, war fast ungenießbar, und dennoch hatte es ihm etwas gegeben, das er vorher nicht gehabt hatte. Ken Harding fühlte sich gestärkter als von dem Blut, das er von dem Wächter getrunken hatte. Und da war noch etwas in ihm, von dem er aber nicht mit Bestimmtheit sagen konnte, was es ausgelöst hatte.

Er besann sich auf seine ursprüngliche Mission und verließ Carinas Zimmer. Auf dem Flur blieb er stehen und horchte in sich hinein. Als er sicher war, daß sich Jasmine nicht rührte, begab er sich zu ihrem Zimmer, das zwei Türen weiter lag. Wieder bemühte er seinen Vampirsinn, doch bevor er die Wand damit durchdringen konnte, wurde bereits die Tür aufgerissen, und ein Schatten sprang ihn an, trieb ihn gegen die Korridorwand und attackierte ihn mit klauenbewehrten Händen.

Jasmine war wie eine Furie. Sie mußte den Tod ihrer Schwester wahrgenommen haben und dadurch erwacht sein. Nun schäumte unbändige Wut in ihrem Gesicht. Ihre Augen glühten in einem tiefen Rot, die Fänge schnappten nach Ken, während die zu Krallen mutierten Finger eine klaffende Wunde in seine Brust rissen. Ken machte die schmerzhafte Erfahrung, daß auch Untote Pein verspüren konnten. Zwar nicht so heftig wie ein Mensch, aber dennoch stark genug, um ihn in seiner Konzentration und Kraft zu schwächen. Unkontrolliert versuchte er die Schläge der Vampirin abzuwehren und nutzte gleichzeitig einen Fuß zum Angriff. Mit einem Ruck trat er Jasmine zwischen die Beine. Als sie nicht reagierte, sondern mit unverminderter Wucht weiter auf ihn eindrosch, trat er ein weiteres Mal zu, ließ sich gleichzeitig fallen und bekam ihr Standbein so zu fassen, daß er sie mit einem schnellen Stoß aus dem Gleichgewicht bringen konnte. Während Jasmine mit den Armen ruderte und dann doch rücklings auf dem Boden aufschlug, sprang Ken hoch und fiel die Vampirin an. Er biß wahllos an mehreren Stellen durch ihr Nachtgewand. Dann setzte er sich auf ihren Bauch und drückte ihre Arme auf den Boden. Sie zappelte unter ihm, schnappte nach seinen Handgelenken, doch er war schlau genug, sie außer Reichweite ihrer Kopfbewegungen zu halten.

»Aus jetzt!« herrschte er sie an.

Er glaubte es kaum, aber die Dämonin hielt tatsächlich für einen Moment inne und giftete ihn mit einem kalten Blick aus ihren glühenden Augen an.

»Wie kommst du hierher?« kreischte sie.

»Geradewegs aus der Leichenhalle, in die ihr mich verfrachtet habt!« knurrte er wütend zurück. »Du wußtest ganz genau, daß ich als Vampir auferstehen würde. Warum hast du mich abgeschoben?«

»Warum hätte ich dich länger dulden sollen?«

»Ich dachte, da wäre wenigstens ein bißchen Zuneigung gewesen...«

»Zuneigung?« Jasmine lachte rauh auf. »Du warst ein Spielzeug, mehr nicht!«

In diesem Moment brüllte Ken Harding seinen Zorn heraus, ließ eine Hand der Vampirin los und stieß blitzschnell mit seinen zu Klauen mutierten Fingern zu. Wie ein Berserker zerfetzte er ihr die Kehle. Schwarzes Blut spritzte ihm ins Gesicht, doch er merkte es nicht einmal. Immer wieder schlug er zu, nahm auch die andere Hand zur Hilfe, bis er nur noch ins Leere stieß, da er den Kopf der Vampirin vom Rumpf getrennt hatte und sie augenblicklich zu feiner Asche zusammenfiel.

Ken keuchte angestrengt und hockte eine Weile im Staub. Erst das Geräusch von draußen, rief ihn wieder zur Besinnung zurück.

Der Butler, raste es durch sein Hirn. Er sprang auf. War denn schon so viel Zeit vergangen? Oder kam er heute früher zurück?

Harding hastete zur Tür. Wenn er schon dabei war, wollte er Klarschiff machen und niemanden von der Brut, der später Rache verüben konnte, am Leben lassen. Er verschanzte sich hinter der Tür und wartete, bis er das Rascheln eines Schlüsselbundes auf der anderen Seite der Wand vernahm. Kens Körper war angespannt, bereit zuzuschlagen. Ein Schlüssel wurde ins Schloß gesteckt und gedreht. Leicht knarrend öffnete sich die Tür und ließ kalte Luft von draußen herein. Harding hörte schlurfende Schritte, dann sah er ein Bein und handelte.

Mit aller Wucht stieß er die Tür zu, so daß der Butler halb im Rahmen hängen blieb und ihm der Brustkorb eingequetscht wurde. Ken drückte noch zweimal zu, riß dann die Tür auf, packte den taumelnden Mann und zog ihn ins Innere des Hauses. Das Überraschungsmoment war auf seiner Seite gewesen, er wollte kurzen Prozeß machen und dem anderen das Genick brechen, ehe dieser überhaupt erst wußte, wie ihm geschah. Doch Harding hatte zu wenig Nahkampferfahrung, wie sich nun herausstellte. Der Butler war alles andere als ein seniler Dämonendiener, sondern selbst Vampiropfer und Harding in Kampfkraft ebenbürtig, wenn nicht sogar überlegen. Er wand sich in Kens Griff und befreite sich, indem er sich zu Boden fallen ließ und sich wegrollte. Blitzschnell kam er wieder auf die Beine und hatte sich noch im Sprung verwandelt.

Ken Harding stand ihm in dieser Beziehung in nichts nach. Die beiden Vampire sprangen einander an, hieben mit ihren Klauen zu, fingen sich tiefe Wunden ein und verausgabten sich sinnlos. Harding wußte nicht, wie lange sie rangelten, doch am Ende standen sie sich völlig erschöpft gegenüber, jeder vom eigenen und dem Blut des anderen überströmt und aus unzähligen Kratz-, Hieb- und Bißwunden blutend. Obwohl der Butler äußerlich wie ein Dreißigjähriger wirkte und von athletischer Statur war, schien er geschwächter als Ken zu sein.

Vielleicht liegt es an dem schwarzen Blut, daß ich von Carina trank, vermutete Harding.

»Ergib dich!« fauchte er den anderen an, doch die Aufforderung mußte für einen Außenstehenden eher lächerlich wirken, konnte er doch selbst kaum noch stehen.

»Niemals!« stieß der Butler hervor. »Wo sind die Herrinnen?«

Harding setzte ein überlegenes Grinsen auf. »Da, wo du auch bald sein wirst – in der Vampirhölle!«

Die Augen des Butlers weiteten sich. Bisher hatte er nicht geahnt, daß Jasmine und Carina tot sein könnten. Die neue Erkenntnis lähmte ihn, und Harding nutzte die Chance, machte einen Satz und sprang den Gegner an. Die beiden landeten auf dem Boden, überschlugen sich zusammen wie ein rollendes Wollknäuel und wurden von dem Treppenabsatz, der ins obere Stockwerk führte, gestoppt. Unglücklicherweise war es Harding, der die Treppenstufe ins Kreuz bekam und einen stechenden Schmerz verspürte, der ihn für wertvolle Augenblicke bewegungsunfähig machte.

Doch der Butler handelte vollkommen irrational. Statt zum alles entscheidenden Schlag auszuholen, ließ er von Ken ab und suchte das Weite. Er rannte auf die Eingangstür zu. Offenbar wollte er erst zu Kräften kommen, ehe er sich Harding ein weiteres Mal entgegenstellte.

Ken richtete sich halb auf und zuckte erschrocken zusammen. Hinter den Vorhängen war es hell geworden, und ein einzelner Sonnenstrahl verirrte sich auf dem Fußboden, als er einen Spalt im schweren Stoff für sich entdeckt hatte. Der Butler rannte geradewegs in sein Verderben, denn bei ihrem Kampf hatten sie vollkommen die Zeit vergessen. Es war bereits früher Morgen.

Mit einem Ruck zog der Vampir die Tür auf, prallte wie von einer unsichtbaren Wand zurück und stand augenblicklich in Flammen. Es zischte und dampfte. Der Vampir schrie und fiel rückwärts ins Haus zurück, blieb nahe einem Fenster an einem Vorhang hängen und setzte ihn in Brand. Dann sackte er in sich zusammen, zuckend... sterbend.

Harding grinste, doch das Grinsen gefror ihm auf dem Gesicht, als er erkannte, was der Butler noch in seinem Tod angerichtet hatte. Die Vorhänge brannten wie Zunder. Flammen griffen um sich, schneller als Harding es mit bloßem Auge verfolgen konnte. Der Weg nach draußen war versperrt. Er mußte nach oben, aber was dann? Das ganze Haus würde binnen weniger Augenblicke in Flammen stehen, und er konnte nicht hinaus, wollte er nicht auf die gleiche Art und Weise wie der Butler geröstet werden.

Ken raffte sich auf und hetzte die Treppenstufen hinauf. Überall an den Fenstern waren die Vorhänge zugezogen, damit sich der nichtdämonische Butler auch tagsüber im Haus bewegen konnte. Harding erreichte den oberen Flur. Panik brach in ihm aus. Er hatte sein Ziel erreicht, sollte er jetzt auf so profane Weise selbst sterben? Das wollte er nicht wahrhaben, aber welche Alternative besaß er schon. Aus war der Traum davon, sein vampirisches Dasein zu akzeptieren, die Unsterblichkeit zu genießen und eine eigene Sippe zu gründen.

Er rannte über den Korridor, suchte das Zimmer auf, durch das er ins Innere des Hauses gedrungen war, schloß hinter sich die Tür und verkroch sich in eine Ecke. Dann wartete er – wartete auf das Feuer, daß sich irgendwann bis hier herauf durchgefressen hatte und ihn mit verbrennen würde. Er hockte auf dem Boden, hatte die Beine an die Brust gezogen und die Arme darüber geschlungen. Nach einer Weile schwelte der erste Rauch unter den Türritzen hindurch, dann spürte er die Hitze des Bodens auf dem er saß. Die Flammen arbeiteten sich bereits durch das Holz des Hauses. Draußen klangen Sirenen von Feuerwehrwagen und Polizei auf. Für eine Sekunde hegte er die vage Hoffnung, daß sie das Feuer rechtzeitig löschen konnten und er im Keller Unterschlupf finden würde, bis die Nacht hereinbrach, doch als die ersten Flammen durch die Tür und den Boden leckten, begrub er seine Wünsche wieder. Der Rauch war beißend geworden, aber er konnte ihm nichts anhaben. Das Feuer selbst sehr wohl. Instinktiv stand er auf, als die Flammen näher und näher rückten.

»So nicht!« sagte er, drehte sich um und glaubte, einen schnelleren Tod finden zu können, wenn er sich dem Tageslicht aussetzte. Er riß die Vorhänge beiseite, kniff die Augen fest zusammen und wartete auf den Schmerz. Vorsorglich schrie er auf und merkte erst nach Sekunden, daß er noch gar nicht brannte. Verstohlen blinzelte er durchs Fenster. Die Sonne war hinter einigen Wolken verschwunden, aber es war hellichter Tag. Warum verbrannte er nicht? Er blickte hinter sich. Kaum zwei Meter von ihm entfernt wütete das Feuer, und die sengende Hitze kräuselte bereits seine Haare.

»Das kannst du hinterher klären«, murmelte er, zog den Vorhang ganz auf und öffnete das Fenster. Frische Luft wehte ihm entgegen, dann ergab er sich der Transformation in den kleinen, pelzigen Körper einer Fledermaus. Er mußte die Augen schließen, da das helle Tageslicht in ihnen brannte, aber in dieser Form besaß er noch einen anderen Sinn, der ihn leiten konnte. Harding stieß einen Sonarschrei aus und flatterte mit kräftigen Flügelschlägen durch das Fenster in den Tag hinaus. Zuerst irrte er durch die Luft, da es für ihn ungewohnt war, den Ultraschallschrei zu benutzen, doch als er das Wie herausgefunden hatte, schlug er einen Kurs zu einer vertrauten Umgebung ein und hakte für sich die Begegnung mit den Vampiren ab.

15. Kapitel

Weltenvernichter

Heftiger Regen war das Erste, das Dorian Hunter spürte, als der unheimliche Transport beendet war. Zusammen mit Phillip, Helena Riedberg, Toshiro Ishida und Ellis Kavanagh trat er aus einer Falte der Realität und fand sich auf dem Feld der Kavanaghs wieder. In der Nähe lag der Kornkreis, den der Bauer nicht abgemäht, sondern in seinem ursprünglichen Zustand belassen hatte – nach dem teuflischen Sabbat, den Dämonen dort abgehalten hatten.

Der Boden unter seinen Füßen war schlammig, so daß er bis über die Knöchel einsank und Mühe hatte, die Füße wieder anzuheben. Die Luft war deutlich kühler, als unter der magischen Schutzglocke auf Garinish Island, und der Regen trug sein übriges dazu, daß Dorian fröstelte.

Als letzter trat Nathaniel aus dem Spalt im Gefüge der Wirklichkeit, reckte die Arme gen Himmel und öffnete den Mund, als wolle er ein paar der Regentropfen, die im Übermaß vorhanden waren, für sich auffangen. Nur einen Augenblick darauf hörte es schlagartig auf zu regnen. Dorian zog beeindruckt eine Braue hoch.

»Im Wetterkanal wären Sie der Star«, kommentierte er sarkastisch.

Nathaniel blickte zu Dorian hinüber. »Auf die Presse und das Fernsehen verzichte ich gerne. Das, was über die Menschen kommen wird, geschieht lautlos und völlig unspektakulär. In wenigen Stunden schon wird diese Erde nicht mehr so sein, wie Sie sie jetzt kennen, Mr. Hunter. Allerdings werden Sie die neue Welt auch nicht mehr erleben.«

Dorian preßte die Lippen aufeinander und zuckte gleichzeitig die Achseln.

Auf einen Wink Nathaniels hin setzten sich die anderen in Bewegung und marschierten auf den Kornkreis zu. Der Boden unter Dorians Füßen trocknete innerhalb weniger Momente. Wieder einmal ließ der *Angisus* seine Magie wirken. Dorian fragte sich, warum er so verschwenderisch damit umging. War er wirklich so mächtig und unerschöpflich, daß er kompromißlosen Raubbau mit seinem Energiehaushalt treiben konnte, ohne Einbußen erleiden zu müssen? Der Dämonenkiller konnte sich gut vorstellen, daß die Vernichtung und Neuerschaffung der Welt vollste Aufmerksamkeit und ein Höchstmaß an magischem Potential erforderte, und Nathaniel hatte selbst berichtet, daß er durch die fehlende Verbindung nach Khartu'un geschwächt war.

Die Gruppe erreichte den Kornkreis und schlenderte hintereinander durch die schmale Passage, bis sie das Zentrum erreichten. Noch immer steckte der Kommandostab in der Mitte des verbrannten Kreises. Wortlos stellten sich Helena, Kavanagh und der Japaner ringförmig um den Kommandostab auf. Als Nathaniel bemerkte, daß Dorian zurückblieb, streckte er eine Hand aus.

»Darf ich bitten?«

Der Dämonenkiller wollte sich weigern, da erfaßte ihn eine unsichtbare Kraft und zog an seinen Armen. Er stolperte vorwärts und kam erst zum Stehen, als er den ihm zugedachten Platz am Rand des Kreises erreichte. Inzwischen hatte auch Phillip seine Position eingenommen.

Nathaniel begab sich in die Mitte des Kreises, berührte kurz das Ende des Kommandostabs und ließ es in einem seltsam grünlich fluoreszierenden Licht aufglimmen. Dann griff er nach hinten und zog den magischen Bumerang des Hermes Trismegistos hervor. Er machte eine unscheinbare Geste über die beiden Enden der Waffe. Dorian beobachtete ganz genau, was der *Schemen* tat, doch es hatte nichts mit dem gemein, was Olivaro angestellt hatte, um den Bumerang zu aktivieren.

Olivaro! dachte der Dämonenkiller. *Nie ist er da, wenn man ihn braucht!*

Ein tiefes Summen erfüllte mit einem Mal das freie Gelände. Das Geräusch schwang so niederfrequent, daß es sich unangenehm in Dorians Eingeweiden bemerkbar machte. Der Bumerang war nun aktiv und damit zum gefährlichsten Machtinstrument geworden, das die Erde je gesehen hatte. Nathaniel legte das magische Utensil vor den Kommandostab in den Lehm. Anschließend kniete er sich selbst nieder und murmelte unverständliche Worte.

Dorian hütete sich, allzu intensiv zu denken. Es war ihm schon einmal gelungen, seine Absichten vor Nathaniel zu verbergen. Nur wenn der andere mit Macht in seinen Geist eindrang, konnte er den mentalen Schild nicht aufrecht erhalten. Während der Engel in seiner Meditation versunken war, konnte dies der günstigste Zeitpunkt für einen Angriff werden. Dorian blickte zu den anderen hinüber. Auf ihre Hilfe konnte er nicht zählen, obwohl Phillip vielleicht sogar das Potential besessen hätte, dem *Angisus* gefährlich zu werden. Er mußte es allein versuchen. Prüfend versuchte er sich, von seiner jetzigen Position wegzubewegen. Er hob einen Fuß und setzte ihn einen Schritt nach vorn wieder ab. Es gelang!

Dorian fuhr sich mit der Zunge über die Lippen und begann, sich dem Engel, der ihm den Rücken zukehrte, zu nähern. Sein Blick suchte Phillip, der mit geschlossenen Augen – wie alle anderen auch – seelenruhig dastand und auf weitere Anweisungen Nathaniels wartete. Dorian ging vorsichtig weiter, stets bemüht, kein verräterisches Geräusch zu verursachen. Aber würde er sich wirklich unbemerkt dem *Schemen* nähern können – und wenn ja, was sollte dann geschehen? Sein Blick fiel auf den Kommandostab und Bumerang, beides mächtige, magische Gegenstände, und Unga hatte ihm erzählt, daß der Kommandostab den anderen *Angisus*, gegen den Nathaniel in der Jugendstilvilla gekämpft hatte, verletzt hatte.

Der Dämonenkiller hielt den Atem an. Er mußte blitzschnell handeln, über die Schulter des Engels greifen, den Kommandostab aus der Erde ziehen und ihn Nathaniel in den Leib stoßen. Zuviele Faktoren, die das Vorhaben zum Scheitern verurteilten. Und so kam es auch!

»Sie können mich nicht aufhalten, Dorian Hunter«, sagte Nathaniel.

Dorian prallte gegen eine unsichtbare Wand, wurde wieder zurückgeschoben, bis er erneut an seinem angestammten Platz stand. Nathaniel wandte den Kopf in seine Richtung und lächelte, was Dorian nur um so wütender machte. Bisher hatte er immer einen Ausweg aus einer mißlichen Lage gefunden, doch diesmal schien er einem übermächtigen Wesen auf Gedeih und Verderb ausgeliefert zu sein. Gegen Nathaniel besaß er nicht die geringste Chance, und gerade diese Erkenntnis nagte an ihm, der er doch schon Asmodi, den sprichwörtlichen Teufel besiegt hatte. Resignation war ihm ein Fremdwort, und so überlegte er fieberhaft weiter, welche Schritte er unternehmen konnte, um den vermeintlichen Engel zu stoppen.

Noch während Dorian nachgrübelte, erhob sich Nathaniel und verließ den Kreis. Der Dämonenkiller blickte dem fremden Wesen hinterher und wunderte sich über nichts mehr.

Vielleicht macht er sich gleich aus dem Staub, dachte Dorian. Sein Blick fiel auf den Kommandostab, der nun herrenlos und nur wenige Meter von ihm entfernt im Boden steckte. Doch diesmal vermochte er sich nicht zu bewegen. Die Magie Nathaniels hielt ihn fest.

Er hätte geglaubt, sich in Dorian Hunter getäuscht zu haben, wenn dieser nicht wirklich einen Angriff auf ihn verübt hätte. Aber Nathaniel war vorbereitet. Hunter meinte noch immer, er könnte seine Gedanken vor einem *Angisus* abschirmen – sollte er dies glauben.

Nathaniel versenkte sich wieder in sein Gebet, nachdem er Dorian in die Schranken verwiesen hatte. Seine Gedanken kreisten um die bevorstehende Aufgabe. Am meisten beunruhigte ihn, daß er noch nicht alle Auserwählten beisammen hatte. Er fühlte sich zwar stark genug, die Mission allein durchzuführen, doch er hätte sie gerne als Verstärkung im Rücken gehabt; für den Fall der Fälle.

Das unablässige, tiefe Brummen des aktivierten Bumerangs erinnerte ihn daran, daß Eile geboten war. Gerade, als er die erste Phase seines Plans umsetzen wollte, spürte er ein schwaches Kräuseln im Bereich seiner Magie. Er hielt inne und streckte seine mentalen Fühler kreisförmig aus, um zu sehen, wer die Unruhe erzeugt hatte. Dann stutzte er.

Es gibt immer wieder Dinge, die auch jemanden wie mich überraschen, dachte er, stand auf und schritt aus dem Kornkreis über das Feld. Sein Weg führte einen sanft ansteigenden Hügel hinauf, und als er dessen Spitze erreichte, sah er mit eigenen Augen, was ihm seine Geistfühler zuvor schon angekündigt hatten.

»Die Teile des Puzzles fügen sich Schritt für Schritt zusammen«, sinnierte der *Schemen.* Auf der anderen Seite des Hügels stand die Gefährtin, mit der er die letzte Sphäre Khartu'uns erreicht hatte, die wie er zu einem *Angisus* geworden war. Er spürte es allein an ihrer Ausstrahlung, nicht an ihrem Äußeren, denn das hatte sich verändert, wie seines auch. Aber durch den Mantel des menschlichen Fleisches, erblickte er ihre wahre Gestalt, ihren Schemenkörper und erkannte in ihr jene Frau, die er vor unendlich langer Zeit am *Fuß der Götter* getroffen und kennengelernt hatte.

»Alannah!« stieß Nathaniel hervor und riskierte einen kurzen magischen Sprung von der Hügelspitze hinunter bis zu seinem Fuß. Er musterte die scheinbar junge Frau fasziniert. Als sie noch menschlich war und er sie in der vierten Sphäre Khartu'uns getroffen hatte, war ihr Haar schon schwarz gewesen, nicht aber ihre Haut. Und sie hatte ein Faible für helle Kleidung gehabt, nicht dieses schwarze Leder.

»Du hast dich verändert«, gestand er ein.

Alannah blickte ihn kühl an. »Du auch.«

Er hielt ihr in einer entwaffnenden Geste die geöffneten Handflächen hin. »Was ist geschehen in all der Zeit?«

»Weißt du es wirklich nicht?« fragte sie zurück, umrundete Nathaniel und strich dabei leicht über seine Schulter. »Ich hielt dich für tot, als die *Schwarzen* dich in Sodom geholt haben. Aber wie konnte ich nur annehmen, daß jemand wie du die totale Vernichtung der Städte nicht überlebt.«

Nathaniel drehte sich zu ihr herum, streifte ihre Hand von seiner Schulter und hielt sie fest.

»Ich war fast tot«, erklärte er. »Der *Diz* hatte einen Kokon um mich gewoben und mich über die Jahrtausende beschützt. Aber warum sind die anderen fort, warum ist das Portal nach Khartu'un verschlossen und weshalb bist du noch hier?«

Alannah entzog sich seinem Griff und trat einen Schritt zurück. Sie verschränkte die Arme vor dem ledernen Brustpanzer und seufzte.

»Jene, die aus dem Zentrum kommen, haben nicht geduldet, daß wir ihre schwarzblütigen Vasallen in Sodom und Gomorrha ausradiert haben. Eine erbitterte Schlacht entbrannte, doch sie fand auf einer anderen Ebene statt, so daß diese Welt hier davon verschont blieb. Wir unterlagen und mußten uns zurückziehen. Unser Plan war, bis nach Khartu'un vorzustoßen und hinter uns alle Verbindungen zu anderen Dimensionen zu kappen, damit uns das Zentrum nicht heimsuchen konnte.«

Nathaniel schaute betrübt drein. Er konnte sich nicht vorstellen, daß die stolzen *Angisi* zu Feiglingen geworden waren. Zwar hatte er selbst noch keinen Kontakt zum Zentrum gehabt, aber es lag nicht in der Natur seines Volkes aufzugeben, auch wenn der Kampf noch so hoffnungslos war.

»Und warum bist du dann noch hier?« wollte er von der Farbigen wissen.

»Ich sollte den Rückzug decken und war die letzte, die durch das Portal nach Khartu'un treten sollte. Aber ich geriet in einen Hinterhalt, und bevor die *Schwarzen* mich zurückhalten konnten, versiegelte ich die letzte Pforte zu unserer Heimat, damit die unseren sicher waren. Die *Schwarzen* töten mich jedoch nicht, sondern hielten mich über mehr als tausend Jahre gefangen...«

Nathaniel preßte die Lippen aufeinander. Ihr Schicksal wog noch schlimmer als sein eigenes. Während er über lange Zeit ohne Bewußtsein war und einfach nur durch eine Leere trieb, hatte Alannah über tausend Jahre untätig, aber zweifellos bei Sinnen in ihrem Gefängnis zugebracht. Es wunderte ihn, daß sie nicht sprichwörtlich vor Langeweile gestorben war nach all dieser Zeit. Doch nun war sie hier, bei ihm, und gemeinsam konnten sie viel mehr bewegen als er allein. Zusammen mit ihr würde er die neue Weltordnung einleiten, wie geplant. Doch eine Sorge blieb.

»Du hast mich in London angegriffen«, erinnerte er sie.

Alannah senkte den Kopf und berichtete ihm von seiner Begegnung mit Luguri und ihre Beweggründe, den anderen *Angisus* zu töten.

»Ich wußte allerdings nicht, daß *du* es warst«, gestand sie. »Wie konnte ich auch, da ich dich in Sodom sterben sah, vor über tausend Jahren. Es war schwer genug für mich, die Entscheidung herbeizuzwingen, einen der unseren zu töten, aber ich konnte dich nicht umbringen, denn uns verband so viel schon am *Fuß der Götter.*«

Nathaniel lächelte. »Und nun bist du zu mir zurückgekehrt, hast deinen Lebenswillen wiedergefunden und wirst mir beistehen in meinem Vorhaben, die Welt neu zu ordnen und alle Dämonen aus ihr zu tilgen.«

Alannahs Blick verfinsterte sich, als Nathaniel diese Worte sprach. Er nahm ihre innere Anspannung nicht wahr, war geblendet von seinen eigenen Plänen und zog gar nicht in Betracht, daß die ehemalige Gefährtin nicht mitspielen würde.

»Es reicht!« fauchte sie, und ein Stich fuhr in Nathaniels Herz, als er ihre schneidenden Worte vernahm und abrupt innehielt.

Irritiert blickte er sie an und erkannte endlich den Zorn in ihren Augen.

»Was ist?«

»Du darfst diese Welt nicht vernichten«, sagte sie. »Sie ist nicht dein. Niemand von Khartu'un gab dir das Recht dazu, mit einer fremden Welt zu verfahren, wie es dir beliebt!«

»Alannah, sieh dich doch um! Diese Welt ist zersetzt vom Bösen. Die *Schwarzen*, die sich Dämonen nennen, haben sie und ihre Bevölkerung unterwandert. In wenigen Jahrzehnten haben sie entweder die Macht über den Planeten übernommen, oder die Menschheit hat sich selbst zugrunde gerichtet. Das Böse muß ausgetilgt werden, und nur jemand von unserem Stamm hat die Mittel dazu.«

»Das entscheidest nicht du!« sprach Alannah dazwischen.

»Kümmern dich etwa die Menschen, die es nicht besser verdient haben?« fragte Nathaniel. »Ich werde die reinen und guten unter ihnen retten und sie in eine bessere Welt setzen, wie wir es schon so oft versucht haben. Die Sintflut, die die Erde überkam, erinnerst du dich, Alannah? Es waren unsere Leute, die sie schickten, um die Teufel und Dämonen auszulöschen und einen Neubeginn zu schaffen.«

Alannah legte den Kopf schräg. »Es sind nicht die Menschen, die mich kümmern«, sagte sie leise. »Nicht mehr...«

»Aber...?«

Ohne Vorwarnung streckte sie die Hände vor und stieß sie vor Nathaniels Brust, ohne daß sie ihn wirklich berührte. Der Engel taumelte, verlor das Gleichgewicht und fiel zu Boden. Kaum, daß er den auf magische Weise getrockneten Lehm berührte, verflüssigte sich dieser und nahm ihn auf. Innerhalb weniger Lidschläge versank Nathaniel im Erdreich, bis nur noch eine einzige Hand herausguckte.

»Du hast es noch immer nicht verstanden, nicht wahr, Nathaniel?« rief Alannah. »Ich stehe nicht mehr auf der Seite dessen, was du als *gut* bezeichnest. Mein Leben hat sich in den letzten tausend Jahren grundlegend verändert. Ich habe resigniert, war bereit, mich selbst aufzugeben, doch dann kam Luguri und weckte den Durst in mir – den Durst zum Überleben, den Durst nach Macht. Aber mein Weltbild korrumpierte durch Luguris Einfluß, meine über ein Millennium brachliegende Gefühlswelt, meine

Einstellung und Unterscheidungskraft, all meine Wertvorstellungen und Gesinnungen wurden durcheinandergewirbelt, und heraus kam das, was ich nun bin – ein gefallener, ein Schwarzer Engel!«

Nathaniel hielt die Illusion der aus der Erde herausschauenden Hand aufrecht, während er sich schon außerhalb der Reichweite Alannahs gebracht hatte. Ihre Worte indes hörte er sehr wohl, und sie schockten ihn. Einmal mehr mußte er begreifen lernen, wie die Zeit jemanden in ungezählten Spannen verändern konnte, aus gut böse machte... Aber er durfte jetzt keine Rücksicht auf seine ehemalige Gefährtin nehmen. Sie war zum Feind übergelaufen. Vielleicht hätte er sie in ermüdenden Diskussionen doch noch auf seine Seite ziehen können, aber soviel Zeit hatte er nicht mehr. Die Beschwörung zur Vernichtung der Welt war begonnen worden, und der magische Bumerang lag noch immer aktiviert im Zentrum des Energiekreises, den Nathaniel erwählt hatte. Wenn er sich auf einen Kampf mit Alannah einließ, würden seine Kräfte nur unnötig geschwächt, und er konnte nicht mit absoluter Sicherheit ausschließen, daß er gar unterlag. Er mußte den Schwarzen Engel, wie sie sich nannte, schnell und effektiv ausschalten. So bemühte er seine Magie, streckte die Hand aus und *rief* den magischen Bumerang zu sich. Wie ein Geschoß wirbelte die Waffe des Hermon nur eine Sekunde später heran und landete direkt in Nathaniels geöffneter Hand.

Der *Angisus* materialisierte sich zehn Schritt von Alannah entfernt, die noch immer auf seine aus dem Boden ragende Hand starrte, bis er sie verblassen ließ. Alannah erkannte, daß sie einem magischen Trick aufgesessen war und ahnte, in welcher Gefahr sie schwebte. Sie wirbelte herum, doch Nathaniel hatte den Bumerang bereits geschleudert. Das tiefe Brummen schwoll zu einem ohrenbetäubenden Kreischen an. Alannah versuchte erst gar nicht, ihre Magie einzusetzen – jeder Zauber wäre zu spät gekommen. In einem Reflex warf sie sich aus der Flugbahn, war jedoch nicht schnell genug. Der Bumerang streifte sie an der Schulter, flog über sein Ziel hinaus und drehte dann eine Kurve, um in Nathaniels Hand zurückzukehren. Fasziniert beobachtete er, was die mächtige Waffe mit seiner Gegnerin angerichtet hatte.

Alannah lag auf dem Boden und wand sich in Krämpfen und Schmerzen. Ihr Körper wurde transparent und verlor zusehends an Konsistenz. Immer mehr schälte sich ihre wahre Gestalt daraus hervor – ein schemenhaftes, durchscheinendes, amorphes Wesen, das nicht von dieser Welt war. Alannahs transparenter Leib zerfloß förmlich vor Nathaniels Augen. Teilweise bröckelten kleine Substanzen von ihr ab und sickerten in den Feldboden ein. Zurück blieben weißlich schimmernde Flecken, die den Lehm spröde werden ließen und ihn aufbrachen.

Nathaniel wandte sich ab und wollte eben wieder zum Kornkreis zurückgehen, als er weitere Präsenzen wahrnahm, die sich jedoch von den Ausstrahlungen Alannahs grundlegend unterschieden. Er atmete zufrieden auf, als er erkannte, um wen es sich dabei handelte. Auch diesmal legte er den Weg zu Fuß zurück, um mentale Energien zu sparen. Unweit der Stelle, an der er mit Alannah gekämpft hatte, fand er zwei einsame Gestalten hinter einem wilden Strauch vor. Etwa zwanzig Meter von ihnen entfernt lag ein dritter Körper, und eine Schleifspur, die quer durch den Matsch führte, deutete an, daß sich die beiden anderen bis hierher geschleppt hatten.

Nathaniel grinste, als er den Magier erblickte. »Es scheint, daß mein Plan doch noch aufgeht.«

»Sie sind Nathaniel«, stellte Kieran Slattery sachlich fest.

»Richtig, und du wirst mir bei meinem Vorhaben assistieren – der Hexer, der den dunklen Pfad verlassen hat.«

Nun war es nicht mehr ganz so übel. Mit Slattery und Hunter besaß er sechs der Auserwählten. Auf Luguri konnte er gut und gerne verzichten. Er schaute zu der anderen Gestalt hinüber und erkannte, um wen es sich handelte. Aber die Dämonin war wehr- und machtlos. Sie würde ihm nicht weiterhelfen können. So mußte er sich mit Slattery begnügen.

»Komm!« forderte Nathaniel den Hexer auf und reichte ihm eine Hand.

Kieran ergriff sie zögernd. »Was ist mit...«

...*ihm?* hatte er fragen wollen, doch als er die Hand des Engels berührte, ging eine geheimnisvolle Kraft auf ihn über, die ihn zwar nicht direkt in den Bann des *Schemen* schlug, aber dennoch erkennen ließ, daß alles, was notwendig war, getan werden mußte, um der Welt zu einem besseren Dasein zu verhelfen. Widerspruchslos ging Kieran voraus in Richtung des Kornkreises, wo er sich in den Ring der bereits wartenden Auserwählten einreihte.

Nathaniels Blick verharrte auf dem verkohlten Körper Abi Flindts, der nur durch Alannahs Eingreifen vom Erstickungstod bewahrt wurde.

»Sie haben sich als hartnäckiger erwiesen, als ich dachte, Flindt«, sagte der *Angisus.* »Sehen Sie sich nun an, wie erbärmlich Sie im Dreck liegen, nur von fremder Magie am Leben erhalten, weil ihre Haut so stark verbrannt ist, daß sie keinen Sauerstoff mehr aufnehmen kann, und sich in ihren Lungen giftige Gase gesammelt haben. Hätten Sie sich nicht eingemischt, wäre Ihr Tod weit weniger schmerzhaft gewesen. So aber...«

Nathaniel drehte sich um. Bevor er gehen konnte, bäumte sich Abi Flindt ein wenig auf und stieß mit letzter Kraft hervor: »Verpissen Sie sich!«

»Mut oder Torheit, Flindt?« fragte Nathaniel, schnippte mit den Fingern und ging zum Kornkreis zurück.

Was immer der *Schemen* bewirkt hatte, Abi spürte einen Moment darauf keine Schmerzen mehr. An seinem äußeren Zustand hatte sich nichts geändert. Noch immer war seine Haut schwarz und verkohlt, mit durchschimmernden rosa Fleischpartien. Nathaniels Kraft hatte ihm einen großen Teil seiner Erschöpfung genommen und anscheinend das Atmen noch mehr erleichtert, als Alannah es vorgehabt hatte. Mühselig richtete sich Abi auf. Er war noch zu schwach, um auf beiden Beinen zu stehen, so zog er sich schwerfällig auf allen vieren zum Hügel hinauf, um zu sehen, was auf der anderen Seite getrieben wurde.

Der Zauberspruch kam flüsternd über Angelinas Lippen. Er war nur schwach, das Beste, was sie in ihrer augenblicklichen Verfassung zustande brachte, aber zumindest linderte er das heftige Brennen, von dem ihr dämonischer Leib besessen war, seit die Pyrophorkugeln sie getroffen hatten. Sie wäre in Flammen aufgegangen, hätte die fremde Frau sie nicht davor bewahrt. Angelina war zu schwach gewesen, um sich zu bewegen, aber bewußtlos war sie keineswegs, und so hatte sie das Gespräch zwischen Alannah und Nathaniel Wort für Wort mitbekommen.

Der weibliche *Schemen,* den sie zusammen mit Luguri befreit hatte, stand offensichtlich auf ihrer Seite, denn auch ihr lag nichts daran, die Welt in Schutt und Asche zu legen, wie es dieser

Nathaniel vorhatte.

Und sie hat dich vor dem sicheren Tod gerettet, dachte die Teufelin. Aus den Augenwinkeln hatte sie den kurzen Kampf beobachtet und dabei den magischen Bumerang des Hermes Trismegistos wiedererkannt, von dem Luguri ihr berichtet hatte. Alannah war geschlagen, und Angelina wußte, daß sie etwas unternehmen mußte, bevor der vom Wahnsinn getriebene *Angisus* sein Vorhaben in die Tat umsetzte. Aber wie? Selbst bei vollem Einsatz ihrer Macht glaubte sie nicht, dem Engel die Stirn bieten zu können. Luguri war tot, und Zakum außer Reichweite – vermutlich wäre ein komplettes Aufgebot der stärksten Hexer der Schwarzen Familie notwendig gewesen, um Nathaniel zu stoppen.

Alannah! Sie war die einzige, die noch etwas retten konnte. War sie wirklich so leicht zu besiegen gewesen? Der Bumerang hatte sie nur gestreift... nein, sie durfte noch nicht tot sein!

Träge drehte sich die Teufelin auf den Bauch und hörte das gräßliche Knacken ihrer ohnehin schon mehrfach gebrochenen Flügel.

Aber es blieb ihr keine Zeit, ihrem eigenen Schicksal nachzutrauern. Sie mußte sich beeilen, wenn sie Schlimmeres vermeiden wollte. Unbeholfen schleppte sie sich auf allen vieren zu der milchigen Substanz hinüber, die langsam aber sicher im Feldboden versickerte. Angelina wußte nicht einmal, ob es noch eine Möglichkeit gab, Alannah zu retten. Aber der Schwarze Engel war momentan ihre einzige Hoffnung.

Der immer schwächer glimmende Schemenkörper war bis zur Hälfte im Erdreich verschwunden, und immer wieder lösten sich Tropfen von ihm, rannen einige Zentimeter weit fort und versackten ebenfalls. Angelina hatte die ersten Ausläufer des sterbenden Engels erreicht. Vorsichtig streckte sie eine Hand vor und berührte die milchige Substanz, die als Restspur zurückgeblieben war. Sofort zuckte sie zurück, als habe sie sich verbrannt.

Säure! schoß es ihr in den Sinn. Verwundert betrachtete sie ihre Fingerkuppe, die sich vor ihren Augen aufzulösen begann – so lange, bis die geschwächten Selbstheilungskräfte der Dämonin aktiv wurden, und den Hautschaden regenerierten, jedoch mit einer zähen Langsamkeit, die Angelina daran erinnerte, wie stark sie angeschlagen war. Niedergeschlagen blickte sie zu dem transparenten Leib des Schwarzen Engels hinüber. Sie wußte nicht, was sie tun sollte. Einen Menschen hätte sie kurz vor seinem Tod mit ihrer Magie wiederbeleben können, aber bei diesem Wesen besaß sie nicht einmal einen Ansatzpunkt, um ihre Kräfte wirken zu lassen. Jeder falsche Spruch konnte sich als fatal erweisen und das Ende Alannahs noch beschleunigen.

Während Angelina resignierend die Schultern hängen ließ, tat sich zu ihren Füßen etwas. Die weitgehend verflüssigte Masse der nunmehr nur noch amorphen Schemengestalt begann zu blubbern und zu brodeln. Einzelne Blasen stiegen auf, und es ploppte leise. Zuerst nahm die Teufelin das Geschehen gar nicht wahr, doch dann registrierte sie, daß sich etwas verändert hatte. Mit nur halb geweckter Neugier wandte sie den Kopf und sah das Unglaubliche. Die milchigen Flecken, die scheinbar im Boden versickert waren, hatten sich wieder verflüssigt und stoben nun aus allen Richtungen auf das schemenhafte Etwas zu, vereinigten sich mit ihm. Nach einigen Momenten nahm das Pulsieren zu. Aus dem Wabern und Glitzern wurde wieder eine solide Gestalt. Ihre Transparenz wich, und das Gebilde verfärbte sich dunkel, bis sich menschliche Züge heraus kristallisierten. Es dauerte nur noch Sekunden, dann saß Alannah vor der Teufelin auf dem Boden. Sie blinzelte, rieb sich die Augen, als wäre sie gerade erst aus einem langen Schlaf erwacht. Dann fiel ihr Blick auf Angelina, und plötzliches Erkennen zeichnete sich in ihrem Gesicht ab.

»Nathaniel!« keuchte sie. »Wie lange...?«

»Nur... wenige Minuten«, antwortete Angelina schwach.

»Dann ist es vielleicht noch nicht zu spät«, meinte Alannah. Sie streckte eine Hand aus und faßte die erschöpfte Teufelin unters Kinn, um es leicht anzuheben, damit sie gezwungen war, dem weiblichen *Schemen* direkt in die Augen zu sehen.

»Was tust du?« wollte Angelina wissen, als sie ein feines Kribbeln in ihren Augen spürte. Die Ränder begannen zu jucken, dann brannten sie. Angelina versuchte zu blinzeln, erst aus Reflex, dann bewußt, doch so sehr sie sich auch anstrengte, es wollte ihr nicht gelingen. Dafür geschah aber etwas anderes – sie wurde schwächer, merkte förmlich, wie jedes Quentchen Kraft aus ihr wich. Und als sie erkannte, was Alannah mit ihr vorhatte, wollte sie sich mit Gewalt wehren, sich befreien, bevor es ihr den Tod bereitete. Doch plötzlich sprang der Schwarze Engel vor, packte Angelinas Kopf und stieß mit dem eigenen rasch vor. Ihre kalten Lippen preßten sich auf Angelinas Mund, doch der Kuß war alles andere als leidenschaftlich oder zärtlich gemeint – einfach nur tödlich. Ihre magischen Reserven und all ihre dämonische Lebensenergie wich nun rapide aus ihrem Körper, trat in Alannahs Leib ein und stärkte den *Angisus.*

Angelinas Sinne schwanden. Das letzte, was sie bewußt wahrnahm, war ein seltsames Leuchten in den Augen der anderen. Dann schwappte eine schwarze Welle über ihr zusammen.

Dorian spürte Panik in sich aufsteigen. Der Engel war zurückgekehrt und setzte seine kurz unterbrochene Zeremonie fort. Was immer er auch jenseits des Hügels getrieben hatte, es schien ihn irgendwie innerlich aufgewühlt zu haben, denn er wirkte sehr verbissen, als er in die Runde der Auserwählten zurückkehrte. Inzwischen hatte sich ein weiterer Mann zu ihnen gesellt. Sie waren nun zu sechst, aber es fehlte laut Nathaniel immer noch einer, um sein Vorhaben zum Erfolg zu führen. Trotzdem fuhr der *Schemen* in seinem Bestreben fort, stellte sich abermals in die Mitte des Kreises und legte den kurzzeitig verschwundenen magischen Bumerang vor den Kommandostab auf den Boden.

Nathaniel stimmte einen fremden Singsang aus kehligen Lauten an, schloß die Augen und umfaßte das Ende des Kommandostabs mit beiden Händen.

Es beginnt, dachte Dorian verzweifelt. *Das Ende der Welt...*

Kaum, daß er die Worte im Geiste vollendet hatte, griff eine unsichtbare Macht nach ihm. Gegen seinen Willen wurden ihm die Arme hochgerissen, bis er sie in beiden Richtungen waagerecht davonstreckte und fast die Fingerspitzen der beiden neben ihm stehenden Personen berührte. Er sah, daß er es nicht tat, und dennoch fühlte er einen schwachen, wohligen Strom, als würden in diesem Moment Energien untereinander ausgetauscht. Dorian vermutete, daß Nathaniel einen lebenden, magischen Kreis geschaffen hatte und ihre Kräfte bündelte, um sie in den Bumerang oder den Kommandostab zu leiten. Wie recht er mit seiner Vermutung hatte, erfuhr er kurz darauf am eigenen Leibe, als der zuvor wohlige Strom sich in ein kräftiges Reißen verwandelte. Unsichtbare Kräfte zerrten und zogen an ihm, und er fühlte sich wie in zwei Hälften gerissen. Seine Muskeln flatterten vor Anstrengung, und in seinen Gedanken tobte ein Orkan an Eindrücken, Gefühlen und Visionen. Ihm war, als zöge ihn etwas aus seinem Körper heraus und trieb ihn auf Nathaniel zu. Er tauchte ein in die Gedankenwelt des Engels, wurde durcheinander gewirbelt und traf die anderen.

Helena Riedberg war dort. Sie stand auf einem blumenübersäten Hügel und jagte ausgelassen einem Schwarm Schmetterlinge hinterher. Dorian mußte unwillkürlich lachen und lief zu ihr hinauf.

»Hallo Dorian«, rief die Archäologin schon von weitem, und als er sie erreicht hatte, schloß sie ihn in ihre Arme und drückte sich fest an ihn.

»Es ist so wunderbar«, seufzte sie. »Das Licht, die Wärme, die Freiheit. Wie konnten wir uns dem nur verschließen.«

Dorian schluckte. Was für ein Spiel trieb Nathaniel mit ihm, oder erlebten sie dies tatsächlich alle gemeinsam? Zeigte ihnen der Engel in den letzten Sekunden ihres Lebens, was die anderen, die *guten* Menschen in der neuen Welt erwartete?

Helena sah auf und nickte, als habe sie Dorians Gedanken gelesen. »Dafür lohnt es sich zu sterben, oder nicht?«

Dorian sog hörbar die Luft an und schob die Archäologin von sich. Dann schüttelte er den Kopf, wandte sich ab und rannte den Hügel hinunter. Es durfte noch nicht zu spät sein! Er mußte irgend etwas unternehmen!

Ehe er sich's versah, war es dunkel geworden. Grau. Undurchdringlicher Nebel, der die Sicht auf nur wenige Meter in jede Richtung beschränkte, hüllte die Umgebung ein, und Dorian begriff, was Nathaniel getan hatte. Er hatte seine Auserwählten in seine gedankliche Vorstellungswelt gezogen und zeigte ihnen seine Heimat – Khartu'un!

Dorian watete durch den Nebel und fühlte sich seltsam erdrückt. Er war anders, als er ihn je kennengelernt hatte, und das, obwohl er aus London kam, der Stadt des Nebels schlechthin. Der graue Kontrast deprimierte ihn, drückte ihn hinab in einen Tiefen Sumpf seines Gewissens.

»Kannst du dir die unermeßliche Zeitspanne vorstellen, die ich hier zugebracht habe?«

Die Stimme kam mitten aus dem Nebel. Dorian kannte sie. Sie gehörte Ellis Kavanagh, dem irischen Bauern. Er trat aus den grauen Schwaden heraus, breitete die Arme aus und drehte sich einmal um sich selbst.

»Khartu'un, Dorian, die *Dunkelzone der Läuterung*«, sagte Kavanagh nun mit der Stimme Nathaniels. »Wenn du zwanzig Jahre hier drin überlebt hast, dann kannst du die Hölle dein Zuhause nennen.«

»Warum zeigst du mir das?« wollte Dorian wissen. »Warum bin ich überhaupt hier und was geschieht in der Zwischenzeit draußen?«

Erneut verschwamm die Sicht. Der Nebel war gewichen, und Dorian wußte schon im voraus, was ihn nun erwartete. Eine weitere Stufe im Gefüge von Nathaniels Heimat. Doch so sehr sich der Engel auch bemühte, Dorian seine Welt begreiflich zu machen, er schaffte es nicht. Alles, was der Dämonenkiller wahrnahm, *sah* er durch die Augen Nathaniels, aber er *erlebte* es nicht wirklich und würde so nie richtig verstehen können, was der *Angisus* durchgemacht hatte. Toshiro Ishida trat ihm aus einer Farbexplosion entgegen, umrundete Dorian und lachte laut.

»Du bist der einzige der Runde, der noch nicht an mich glaubt«, sagte Ishida. »Du sollst meinen Weg kennenlernen, das was mein bisheriges Leben ausmachte, wie ich es schaffte zu einem... *Gott* aufzusteigen.«

»Ist es das, als was du dich fühlst?« schnappte Dorian. »Ein Gott, nicht mehr *nur* der Engel, den die Menschen in dir sehen?«

Ishida trat dicht an den Dämonenkiller heran. Seine Augen leuchteten irrsinnig. »Du ahnst ja gar nicht, über welche Macht ich gebiete, Dorian Hunter! Wer von deinen jämmerlichen Dämonengegnern könnte eine ganze Welt vernichten und aus ihrer Asche eine neue Formen? Ein *Engel* vielleicht? Nein, nur *ich* bin dazu in der Lage!«

Wilde Wut drängte sich aus Dorians Magengegend empor und wollte losgelassen werden. Er warf sich auf Ishida, griff jedoch ins Leere, als der Japaner direkt vor ihm verblaßte. Alles, was blieb war ein höhnisches Gelächter, ehe das Wirbeln von Farben, Formen und Gedanken zum Stillstand kam und Dorian sich inmitten eines dichten, dunklen Grüns wiederfand. Er brauchte einige Augenblicke, bis er verstand, daß er schon wieder die Sphäre gewechselt hatte und sich nun kilometerweit vom Schlund entfernt in den Kronen eines gewaltigen Baumes befand, der mehr als die zehnfachen Ausmaße der kalifornischen Sequoiadendren besaß und inmitten eines Heeres dieser Giganten stand. Die ganze Ebene bestand nur aus diesen riesigen Bäumen, ja das ganze Leben spielte sich hier oben in dem dichten Blattwerk ab.

»Hier traf ich einst Alannah«, sagte die Stimme Nathaniels, und Kieran Slattery trat hinter einem Baumstamm hervor. »Sie war die erste wirkliche Freundin, die ich seit meinem Aufbruch aus der untersten Sphäre hatte. Wir hatten nie etwas miteinander, aber unsere Leben verliefen so, wie das von Bruder und Schwester. Zusammen erreichten wir das, wozu nur wenige von uns zuvor in der Lage waren.«

»Und jetzt? Sie hat dich in London angegriffen«, erinnerte Dorian.

»Nicht nur in London, auch gerade draußen hinter dem Hügel«, erwiderte Nathaniel in der Gestalt des irischen Hexers.

Dorian zog eine Braue hoch und kletterte über einen mächtigen Ast auf Slattery zu.

»Sie ist hier?« fragte er.

Slattery reckte das Kinn vor. »Ja, aber ich habe die Gefahr beseitigt.«

Gefahr? Sie steht definitiv nicht auf seiner Seite. Ein zweites Wesen wie er... genauso mächtig. Vielleicht hätte sie helfen können, diesen Wahnsinn zu stoppen, wenn...

»Du Narr, sie kann dir nicht helfen!« fuhr Kieran Slattery dazwischen. »Dir war es nie möglich, deine Gedanken vor mir zu verbergen – und hier«, er machte eine umfassende Geste, »schon gar nicht, denn wir befinden uns in meinem Geist, meinen eigenen Gedanken. Alannah ist lange genug beschäftigt. Und wenn ich die Welt neu geformt habe, werde ich mich als erstes um sie kümmern.«

Die Baumstrukturen verblaßten. Es wurde heller um Dorian herum, bis es überhaupt keine Formen gab, nur noch pures Licht, rein und warm. So hell es auch war, es schmerzte nicht in seinen Augen. Aus seiner Warte war die Herrlichkeit dieser Ebene nicht nachzuvollziehen. Niemals würde er Nathaniel wirklich begreifen können, sondern nur mit den Augen eines Sterblichen sehen.

Phillip trat an Dorians Seite. Der Dämonenkiller wußte nicht, was Nathaniel mit dem Jungen gemacht hatte, doch seit er ihn im Garten auf Garinish Island getroffen hatte, war er mehr Frau denn

Mann geworden. Und jetzt, da er sich selbst mit seinem Bewußtsein in der Gedankenwelt des Engels befand, wußte Dorian auch um das sexuelle Verhältnis, das Phillip und Nathaniel teilten.

»Was du hier siehst ist reine Magie«, sprach Nathaniel mit dem Mund des Hermaphroditen. »Die Quelle unserer Macht. Wenn du sie nur fühlen könntest, sie durchdringt alles und erfüllt uns mit höheren Werten...«

»Hoch genug, um Richter und Vollstrecker einer ganzen Welt zu werden?« fauchte Dorian bissig. »Ich appelliere an deinen Verstand, du darfst das nicht tun. Es gibt andere Wege, um das Böse zu tilgen. Zugegeben es dauert etwas länger, aber du wärst ein wertvoller Verbündeter, wenn du dich auf unsere Seite schlägst und gemeinsam mit uns die Schwarze Familie bekämpfst.«

Phillip schüttelte den Kopf. »Es ist zu spät, Dorian Hunter, viel zu spät...«

Da versetzte der Hermaphrodit Dorian einen kräftigen Schlag, der ihn im übertragenen Sinne aus den Gedanken des Engels hinausschleuderte. Urplötzlich fand sich der Dämonenkiller in seinem eigenen Körper wieder. Er öffnete die Augen und gewahrte den magischen Kreis, um den sie sich versammelt hatten. An dem Szenario hatte sich kaum etwas verändert, seit er in Nathaniels Gedankenwelt eingetaucht war... fast nichts. Dorian hörte es sofort: Aus dem tiefen Brummen des aktivierten Bumerangs war ein ohrenbetäubendes Röhren und Rauschen geworden. Die magische Waffe vibrierte und brachte den Boden unter ihr zum Kochen.

Dann kam der Knall, und er war wesentlich schlimmer, als alles, was Dorian sich auch nur entfernt vorstellen konnte.

16. Kapitel

Der neue Clan

Ein Tag zuvor
»Ein bedauerlicher Unfall«, sagte Gordon Cramer, ohne dabei von seinem Papierstapel aufzublicken. Das Büro des Mitbegründers von Cramer & Cramer schien auf den ersten Blick völlig untypisch für ein Vorstandsmitglied. Man dachte vielleicht an einen riesigen Raum, in dem man sich verlor, einen protzigen Schreibtisch, auf dem möglichst wenig Unterlagen zu finden waren, denn die Arbeit hatten ja die Angestellten zu erledigen. Zugegeben, diese Angestellten gab es bei Cramer & Cramer ebenso, aber hier arbeitete der Chef noch selbst, wie man so schön sagte. Das lag aber hauptsächlich daran, daß es einige Dinge gab, die er besser nicht seinen Angestellten anvertraute.

Gordon Cramer war ebenso wie sein Bruder ein Hexer mit schwarzem Blut in den Adern. Seine Kanzlei besaß sowohl Klienten unter biederen Bürgern, als auch unter den Angehörigen der Schwarzen Familie. Im Gegensatz zu dem verstorbenen Rechtsanwalt Skarabäus Toth wurden ihre menschlichen Mandanten aber als solche behandelt und nicht vorsätzlich in den Ruin getrieben – allerdings behielt sich auch Cramer & Cramer vor, einen Großteil des Erbes bei Sterbefällen einzusacken, und in vielen Fällen bestimmte die Kanzlei den Zeitpunkt des Ablebens ihrer Klienten. Dafür sorgten dann die schwarzblütigen Vorstandsmitglieder oder ihre Familienmitglieder, denn die Kanzlei beschäftigte zum größten Teil auch fähige menschliche Anwälte, die von dem dämonischen Treiben ihrer Bosse nichts wußten.

Das Bedauern, das Gordon Cramer zwar ausgesprochen hatte, war ihm rein äußerlich überhaupt nicht anzusehen, und einmal mehr wurde sich Kenneth Harding bewußt, mit welcher Sorte von Ungeheuern er es zu tun hatte. Er verstand nur noch nicht ganz, warum sein Denken nicht in ähnlichen Bahnen verlief, warum er ihnen nicht hörig war, sondern sie im Grunde verabscheute, ja gar haßte! Der Gang zur Kanzlei war notwendig geworden, wenn er seine weiteren Pläne in Gang setzen wollte. Offiziell galt er als tot, denn Zakum persönlich hatte ihn ja beseitigt. Nun, da er ein Vampir war, stellten die Rechtsanwälte keine besonderen Fragen, als er mit seinem Anliegen an sie herantrat. Zakum hatte Carina und Jasmine aufgetragen, die Jugendstilvilla zu veräußern, doch irgendwie war Ken daran gelegen, gerade dieses Bauwerk, in dem alles seinen Anfang genommen hatte, in Beschlag zu nehmen und es zum Heim seiner zukünftigen Sippschaft zu erküren. Da die beiden Vampirinnen noch nicht die Zeit gefunden hatten, den Anwälten entsprechende Anweisungen zu geben, lag nun alles in Kens Hand – er konnte die Order Zakums entsprechend umformulieren. Zuerst hatte er befürchtet, der Lordkanzler könne hinter seine Machenschaften kommen und ihn endgültig ausradieren, aber später hatte er sich mit dem Gedanken beruhigt, daß das Thema Jugendstilvilla für Zakum erst einmal abgeschlossen war. Was kümmerte ihn schon die eine oder andere Vampirsippe in London?

»Ich vermute, daß der Butler die Schuld an dem Feuer trug«, äußerte Ken auf den eingehenden Satz des Anwalts hin. »Wäre ich nur dagewesen...«

»Machen Sie sich keine Vorwürfe«, beruhigte Cramer. »Schlimme Dinge passieren manchmal.«

Er zog unter dem Stapel seines Papierwustes ein bestimmtes Blatt hervor, und es war bei der Unordnung erstaunlich, daß er sich nicht erst stundenlanger Sucherei ergeben mußte. Harding vermutete, daß auch in diesem Fall die Magie eine Rolle spielte.

»Ich sehe, mein Bruder und Templeton haben Sie unter dem Namen Kenneth Spencer als Erben eingetragen. Geschickt eingefädelt, Mr. Harding. Und nun hat Ihnen Zakum aufgetragen, das Grundstück zu veräußern?«

Harding nickte.

»Hm«, murmelte Cramer. »Ich habe zwar nicht mit meinem Bruder direkt darüber gesprochen, aber ich hatte immer das Gefühl, daß Sie ein Mensch wären...«

»So kann man sich täuschen«, erwiderte Ken. Es lag in der Natur der Schwarzblütler die ihnen anhaftende dämonische Aura zu erspüren. Dank des schwarzen Blutes von Carina mußte eine solche Ausstrahlung auch Ken anhaften, so daß der andere ihn als Dämon erkannte, obwohl er in Wahrheit nur ein untoter Vampir war. Ohne diese besondere Nebenwirkung hätte Harding einen Haufen Fragen aufgeworfen, denn Cramer wäre sicherlich neugierig gewesen, wie ein Vampiropfer bei hellichtem Tage in sein Büro spazieren konnte, und welcher Teufel den Lordkanzler geritten haben mochte, daß er einen Untoten mit weiteren Geschäften betraute. So aber ging Harding aufgrund seiner Aura als Schwarzblütler durch und genoß einige Freiheiten.

»Es soll ein Scheinverkauf werden«, erklärte er. »Wir wollen den Dämonenkiller glauben machen, daß wir uns aus der Villa zurückgezogen haben, weil wir sie als wertlos erachten. In Wirklichkeit bleibe ich dort wohnen, jedoch unter dem Namen *Ken Harding.*«

Cramer machte sich einige Notizen auf dem Blatt. Dann kramte er ein Diktiergerät hervor und sprach ein paar Erläuterungen für seine Sekretärinnen auf Band, ehe er sich wieder Harding zuwandte.

»Gut, wir machen einen Scheinverkauf von Spencer auf Harding, richten ein Konto auf Ihren Namen ein und überweisen den Kaufbetrag, damit ihn auch die Banken nachvollziehen können. Das ist überhaupt kein Problem.«

Harding klatschte in die Hände. »Prima, ich wußte, daß ich auf Sie zählen kann.«

»Dafür sind wir da«, erwiderte Cramer, erhob sich und beugte sich quer über den großen, vollgestopften Schreibtisch, um Ken die Hand zu reichen. »Die McEntris waren recht wohlhabend. Zwar ist das Haus niedergebrannt, aber auf ihren Konten bei englischen Banken und in der Schweiz haben sich Summen von knapp über einhunderttausend englischen Pfund angesammelt. Ich werde veranlassen, daß die Beträge Ihrem Konto gutgeschrieben werden.«

»Das wäre nett«, sagte Ken einfach nur und mußte aufpassen, nicht allzuviel Freude über den beträchtlichen Gewinn zu zeigen.

»Wenn es keine weiteren Fragen gibt, entschuldigen Sie mich jetzt, ich habe noch eine Menge um die Ohren. Ansonsten wissen Sie ja, wo Sie uns finden.«

»Richtig.«

Harding drückte kurz die Hand des anderen und beeilte sich dann, aus dem Büro zu kommen.

Viel zu glatt! dachte er. Es war zwar erfreulich, daß er alles schnell und sauber über die Bühne gebracht hatte, allerdings paßte es irgendwie nicht in den Stil der Schwarzen Familie hinein. Ken hatte mit wesentlich mehr Komplikationen gerechnet. Irgendwie hatte er das ungute Gefühl, daß die Angelegenheit noch ein Nachspiel haben könnte – er mußte auf der Hut sein!

Nachdem er die Tür zu Cramers Büro hinter sich geschlossen hatte und gedankenlos am Schreibtisch der Chefsekretärin vorbeigehen wollte, nahm er aus den Augenwinkeln wahr, daß die Person nicht mit der übereinstimmte, die ihn vorhin empfangen hatte. Da wandte er doch leicht den Kopf und kam augenblicklich auf andere Gedanken. Vor einer halben Stunde hatte noch eine steinalte Schabracke dort gesessen, doch die junge Frau, die jetzt mit flinken Fingern über die Tastatur einer elektronischen Schreibmaschine huschte, war der reinste Augenschmaus für Harding. Sie mochte nicht älter als dreiundzwanzig sein, hatte eine Top-Figur und brünettes, hochgestecktes Haar, das ihr in vereinzelten Strähnen an den Seiten herabfiel. Das dezent aufgetragene Make-up unterstrich ihre natürliche Schönheit, statt sie zu verschandeln, und selbst die modische Brille, die ihre rehbraunen Augen verzierte, lieferte ihren Beitrag dazu, daß Ken Harding auf den ersten Blick hin und weg war.

»Soll ich ein Glas holen?« sagte sie.

Ken war gar nicht aufgefallen, daß sie sich zu ihm umgedreht hatte.

»Bitte?« fragte er.

»Um Ihre Augen aufzufangen, falls sie herausfallen sollten«, erwiderte die Sekretärin mit einem Augenzwinkern.

Wäre er noch menschlich gewesen, wäre er wohl in dieser Sekunde errötet, obwohl er eigentlich immer schon Erfolg beim weiblichen Geschlecht gehabt hatte. Aber er war kein Mensch mehr, und die Kräfte, die er unfreiwillig erhalten hatte, befähigten ihn, noch mehr Macht und Faszination auf die Frauen auszuüben, als in seinem früheren Leben.

»Entschuldigen Sie meine Unhöflichkeit«, brachte er hervor und hielt ihr seine Hand hin. »Mein Name ist Ken Harding, ich bin ein Klient Ihres Chefs.«

Zögernd näherte sich die Hand der Sekretärin der seinen, doch als sie ihm dabei in die Augen blickte, verlor sie sich in seinem hypnotischen Bann, der allen Vampiren anhaftete.

»Ich fand es nicht unhöflich«, gestand sie. »Eher ein Kompliment.«

»Danke, aber nun sind Sie dran«, forderte er sie auf.

»Deborah Scarwind. Ich bin ab mittags in der Kanzlei.«

»Und ich habe mich schon gefragt, wie sich die alte Schnepfe in ein so wundervolles Geschöpf verwandeln konnte«, schmeichelte Ken Harding und erntete dafür ein in seinen Augen bezauberndes Lächeln. Er wollte noch etwas hinzufügen, als die Wechselsprechanlage aufleuchtete und kurz darauf die Stimme Cramers zu hören war.

»Miß Scarwind, kommen Sie in mein Büro!«

»Kein *bitte?*« fragte Ken, nachdem die rote LED erloschen und damit die Verbindung zum Chefbüro getrennt war.

Deborah zuckte die Achseln. Sie stand auf und sagte im Vorbeigehen: »So ist er halt.«

So sind Dämonen halt, verbesserte Ken in Gedanken. Laut rief er: »Haben Sie heute Abend schon etwas vor?«

Er wollte sich die einmalige Chance jetzt nicht entgehen lassen. Etwas in ihm drängte ihn dazu, diese Frau auszuführen, sie zu *besitzen.*

Deborah drehte sich kurz vor der Tür ihres Chefs noch einmal um. Sie lächelte und hatte eine entschuldigende Ausrede auf den Lippen, die sie aber in eine positive Bestätigung umwandelte, als sie sich erneut in Hardings hypnotischen Blick verfing.

»Um acht?« fragte sie.

»In Ordnung, treffen wir uns bei mir. Baring Road, eine Villa, die im Jugendstil gebaut wurde.«

Die Sekretärin nickte kurz, drückte dann die Klinke hinunter und verschwand im Chefbüro.

Harding atmete tief durch und ballte in Gedanken triumphierend die Faust. Er verließ die Kanzlei, nahm sich ein Taxi und fuhr auf direktem Wege zu seinem *neuen alten* Domizil. Deborah Scarwind hatte er dazu auserkoren, das erste Mitglied seiner neuen Sippe zu sein.

Es knackte laut, als Gordon Cramer die Hände ineinander faltete und nach außen wegdrückte, kaum daß Ken Harding sein Büro verlassen und die Tür hinter sich geschlossen hatte. Einen Augenblick starrte der Hexer einfach nur die Tür an und überlegte. Er hatte zwar den Fall Baring Road nicht bearbeitet, aber er war sich sicher, daß sein Bruder und Templeton etwas von einem *Menschen* gesagt hatten, den sich Angelina für ihre Zwecke eingespannt hatte.

Zwei Vampirinnen und ein menschlicher Mann, der als Sündenbock herhalten muß. Da ist doch was faul...

Er beugte sich vor und drückte die Mitteilungstaste der Wechselsprechanlage.

»Miß Scarwind, kommen Sie in mein Büro!«

Kurz darauf wurde die Tür geöffnet, und die hübsche Sekretärin betrat den Raum. Cramer musterte sie kalt. Sie war Templetons Liebling, allerdings hatte er sie noch nie angerührt.

»Ich spare sie mir für einen besonderen Moment, einen ganz bestimmten Sabbat auf«, hatte der dämonische Anwalt verkünden lassen. Daher war Scarwind für alle anderen tabu, allerdings interessierte dies Gordon Cramer nicht sonderlich, da er ohnehin nichts für Frauen empfand und eher dem eigenen Geschlecht zugetan war.

»Was kann ich für Sie tun, Mr. Cramer?« fragte Deborah und deutete einen leichten Knicks an, den Templeton schon immer als sehr galant bezeichnet hatte.

»Mein Bruder hat kürzlich geschäftlich mit einem Mr. Kenneth Spencer zu tun gehabt. Er hat die Daten bereits archiviert. Bringen Sie mir die Akten.«

»In Ordnung«, erwiderte Deborah und ging.

In jeder modernen Kanzlei hätte er die geforderten Akten im Computer abrufen können, aber Dämonen verließen sich nicht auf die moderne Technik, verabscheuten sie sogar. Cramer lehnte sich zurück und legte den Kopf in den Nacken.

»Irgend etwas stimmt mit dir nicht, Harding«, murmelte er und registrierte erst einen Lidschlag darauf, daß die Tür ins Schloß fiel, *nachdem* er die Worte gesprochen hatte. Es spielte keine Rolle, ob Scarwind sie vernommen hatte, denn in welcher Beziehung sollte sie schon zu Harding stehen?

Der Abend war kühl und, wie sollte es anders sein, neblig. Kurz nach neunzehn Uhr hatte das betriebsame Abendleben der Großstadtmetropole begonnen, und so ging es auch nur schleppend über die Straßen voran. Deborah Scarwind wurde von einer seltenen inneren Unruhe geplagt. Sie war normalerweise alles andere als schüchtern und hatte sich des öfteren schon mit Männern getroffen – allerdings nicht mit Fremden, die sie erst am selben Tag kennengelernt hatte. Das war im Grunde gar nicht ihre Art, und sie konnte ihr Verhalten selbst nicht richtig einordnen. Allerdings mußte sie zugeben, daß dieser Harding ein recht faszinierender Bursche war, und attraktiv dazu. Warum sollte sie sich fernab ihres Berufsstresses nicht einmal einen schönen Abend bei Kerzenschein gönnen. Sie hatte sich mittlerweile an die herablassende Art ihres Chefs gewöhnt, und der einzige Grund, warum sie noch für die Kanzlei arbeitete, war, daß der Job verdammt gut bezahlt wurde. Nirgendwo bekam eine Reno-Gehilfin ein Gehalt wie bei Cramer & Cramer. Sie hatte auch bemerkt, daß der Teilhaber Templeton ihr hin und wieder schöne Augen machte, aber bisher hatte er keine Annäherungsversuche unternommen.

Deborah preßte sich tief in die Lederpolster der Rückbank. Je weiter sich das Taxi der Baring Road näherte, um so unruhiger wurde sie. Zum vierten Mal holte sie ihren Taschenspiegel hervor und kontrollierte ihr Make-Up. Sie hatte sich für den Abend hübschgemacht, trug ein figurbetontes Kostüm mit Rock, der knapp vor den Knien endete. Sie wollte zwar hübsch, aber nicht zu sexy gekleidet sein, denn eines ihrer obersten Prinzipien war, erst mit einem Mann ins Bett zu gehen, wenn man sich eine Weile kannte.

»Sie sind schön genug, Lady«, kommentierte der Taxifahrer mit einem verschmitzten Grinsen, als er durch den Rückspiegel beobachtete, wie Deborah sich zum wiederholten Mal musterte. Sie ließ den Taschenspiegel zuschnappen, verstaute ihn in ihrer Handtasche und quittierte die Bemerkung des Fahrers mit einem schlichten »Danke«.

»Die große Liebe, was?« Anscheinend hatte der Taxifahrer einen Nährstoff gefunden, um Deborah ein Gespräch aufzuzwingen, doch sie ging nicht darauf ein, indem sie ihm einfach nicht antwortete, sondern demonstrativ aus dem Seitenfenster blickte.

»Verstehe, Sie wollen nicht drüber reden, wie?«

»Ich möchte *überhaupt* nicht reden!« sagte sie trocken.

Den Rest des Weges schwieg der Fahrer, und Deborah war mit ihren Gedanken wieder allein. Wiederum fragte sie sich, ob sie das Richtige tat, oder nicht besser einfach umkehrte. Noch war es dafür nicht zu spät. Falls sich Harding in der Kanzlei nach ihr erkundigen sollte, konnte sie noch immer sagen, es sei ihr etwas dazwischen gekommen. Sie verwarf den Gedanken wieder, als das Taxi in die Baring Road einbog.

Warum auch nicht, sagte sie sich.

Der Wagen hielt, Deborah bezahlte den Fahrer und stieg aus.

»Netter Bau«, meinte der Mann hinter dem Steuer noch hinzufügen zu müssen. Dann fuhr er los.

Deborah stand vor dem schmiedeeisernen Tor und betrachtete im Licht einer Straßenlaterne die seltsamen Ornamente und Verschnörkelungen, die am Gitter und der restlichen Mauer angebracht waren. Vom eigentlichen Haus war noch nicht viel zu sehen, aber das Anwesen war für ihre Verhältnisse riesig. Sollte sie wirklich Glück haben, an einen wohlhabenden und dazu noch gutaussehenden Mann geraten zu sein. Im gleichen Atemzug schalt sie sich eine Närrin – sie hatte eine Verabredung, na und? Das bedeutete noch lange nicht, daß sich zwischen ihr und Harding etwas anbahnen konnte.

»Du bist ja total verrückt«, flüsterte sie zu sich selbst.

Sie streckte die Hand aus und drückte den Klingelknopf am Rand des Tores. Kurz darauf knackte es in dem Außenlautsprecher.

»Ja? Ah, Miß Scarwind, ich habe Sie schon erwartet.«

Irritiert blickte sich Deborah um und entdeckte dann die Kamera auf dem Mauersockel, der die beiden Torflügel mit dem Gestein verband. Ein Summen ertönte, dann schwang eine Torhälfte auf.

»Folgen Sie dem Kiesweg!«

Deborah verzog die Mundwinkel. Sie hatte wenigstens damit gerechnet, daß er sie am Tor abholte. Es war im Grunde schon eine Zumutung gewesen, sie mit einem Taxi herzubestellen. Das war gar nicht die feine englische Art, die man von einem Gentleman erwartete. Vielleicht sollte sie doch...?

»Der Champagner ist bereits gekühlt«, sagte die metallisch schnarrende Stimme aus der Sprechanlage.

Deborah war sich nicht sicher, ob der Schampus ausschlaggebend für ihre Entscheidung war. Jedenfalls schritt sie über die imaginäre Schwelle und betrat das Grundstück. Leise summend schob sich das Tor zu.

Jetzt gibt es kein Zurück mehr, dachte sie, gab sich einen Ruck und ging den sich an Sträuchern und Büschen vorbeischlängelnden Kiesweg entlang. Niedrige Außenbeleuchtungskörper wiesen ihr den Weg im Dunkeln, und als sie die letzte Biegung passiert hatte, blieb sie sprachlos stehen, da sie zum ersten Mal die Villa selbst sah, die von drei leistungsstarken Spots beleuchtet wurde. Anerkennend pfiff Deborah durch die Zähne. Da wurde auch schon die Eingangstür geöffnet, und ihr Gastgeber trat in einem galanten Anzug hinaus, schritt die Stufen herunter und bot ihr einen Arm da. Deborah lächelte, hakte sich bei Ken Harding ein und ging mit ihm zusammen ins Innere der Villa. Im Foyer half er ihr aus dem Mantel und warf einen abschätzenden Blick auf ihr Kostüm.

»Hat Ihnen heute schon jemand gesagt, daß Sie bezaubernd aussehen?« fragte Harding.

»Ja«, entgegnete sie und dachte dabei an den Taxifahrer zurück, »nur nicht auf solch charmante Weise.«

Harding wies ihr den Weg in das Wohnzimmer nebenan, geleitete sie zu einem Sessel am Kamin und holte eine frisch geöffnete Champagnerflasche aus dem Kühler. Er schenkte zwei Gläser ein, stellte die Flasche zurück und reichte Deborah einen der Drinks.

»Zur Begrüßung«, raunte er ihr zu.

»Gibt es immer Champagner?« wollte sie wissen.

»Nur bei ganz speziellen Gästen.«

Deborah errötete und nippte an dem Glas. Das perlige Getränk schäumte in ihrem Mund und floß wohlig ihre Kehle hinunter. Deborah schloß verzückt die Augen. Der Schampus zeigte sofort Wirkung und erheiterte sie. Sie hatte nun keine Bedenken mehr, was dieses Treffen anging, und sah die Sache von der lockeren Seite.

»Und nun?« fragte sie, als sie eine Weile nur dagesessen und in den brennenden Kamin gestarrt hatten. »Ich hoffe, das heutige Programm ist noch nicht beendet.«

Harding stellte sein Glas zurück auf den Beistelltisch, der die beiden Sessel voneinander trennte.

»Wie kommen Sie denn darauf? Jetzt fangen wir erst richtig an.«

In Erwartung eines romantischen Essens stand Deborah auf. »Wunderbar, ich habe nämlich einen Bärenhunger!«

Im ersten Moment glaubte sie, etwas Falsches gesagt zu haben, denn Hardings Miene blieb unbewegt. Als er sich dann aber selbst erhob und lächelnd auf sie zuschritt, entspannte sie sich.

»Ich auch«, sagte er. Harding streifte ihren Arm, nahm sie an die Hand und führte sie aus dem Salon zurück ins Foyer, doch als er die Treppe ansteuerte, hielt Deborah überrascht inne.

»Es geht hinauf?«

»Was dachten Sie denn, Teuerste?« erwiderte er, und irgendwie hatte Deborah das Gefühl, daß sie aneinander vorbeiredeten.

»Sie haben das Eßzimmer im oberen Stockwerk?«

»Aber von essen kann doch gar keine Rede sein«, sagte Harding und führte die Sekretärin bereits die ersten Stufen hinauf.

»Aber...«

Sie wollte sich gegen ihn stemmen und sich aus seinem Halt befreien, doch ein Blick in seine tiefen, hypnotischen Augen genügte, um ihren Willen erlahmen zu lassen. Ohne weiter aufzubegehren, ließ sich Deborah Scarwind die Treppe hinauf in die obere Etage führen. Sie wehrte sich auch nicht, als sie in einem der Schlafzimmer angelangten. Jedenfalls nicht äußerlich. Im Geiste versuchte sie die mentalen Ketten, die Harding ihr angelegt hatte, zu sprengen, doch ihr Wille war zu schwach, um den Bann des Mannes zu brechen. Sie setzte sich auf die Bettkante und sah ihren Verführer an.

Noch einmal gewann ihr rationales Denken die Oberhand zurück. Sie sträubte sich innerlich, mit diesem Mann zu schlafen. Alles in ihr drängte danach, ihn von sich zu stoßen, aufzuspringen und das Weite zu suchen. Doch so sehr sie sich auch anstrengte, sie konnte rein körperlich überhaupt nichts ausrichten. Dann erlosch auch der letzte Funken des Widerstands, und die hypnotische Kraft Hardings schlug die junge Frau vollständig in ihren Bann. Sie war nicht länger außenstehende Beobachterin, sondern aktive Teilnehmerin des Geschehens, und jetzt, da sie ihm erlegen war, genoß sie sein Spiel, forderte ihn auf weiterzumachen. Im Nu waren sie beide entkleidet und wälzten sich auf dem breiten Bett. Immer wieder spielte Harding ihr vor, in sie eindringen zu wollen, doch er zögerte die Vereinigung bewußt hinaus, denn an ihrem Ende stand ein vollkommen anderer Höhepunkt als der, den Deborah momentan noch im Sinn hatte.

Zärtlich und fordernd zugleich liebkoste er ihre Scham, wanderte mit der Zunge zu ihrem Bauchnabel hinauf und ließ sie dort kreisen. Deborah kicherte ekstatisch, dann stieß sie einen grollenden Schrei aus.

»Nimm mich!«

Harding vermochte es auch nicht länger hinauszuzögern. Ungestüm drang er in sie ein. Er spürte, wie sie bebte, sich ihm entgegendrängte, doch für ihn war der Akt schon nach wenigen Stößen vorbei. Während er sich in sie ergoß, machte er die Metamorphose zu dem Monstrum durch, das er geworden war. Seine Eckzähne wuchsen spürbar, und als er den Druck in seinem Mund spürte, teilten sich seine Lippen.

Deborah, noch immer in voller Ekstase, hatte die Augen geschlossen und stöhnte. Sie merkte nicht einmal, daß er in seinen Bemühungen innegehalten hatte. Nur einmal öffnete sie die Lider, doch als sie die beiden scharfen Reißzähne gewahrte, war es bereits zu spät. Der Schmerz an ihrem Hals war heftig und kurz, und als Harding die ersten Tropfen Blut aus ihr heraussaugte, ergab sie sich dem darauffolgenden Taumel und kam selbst zum Höhepunkt.

Wie kann ich nur...? fragte sie sich, als die Welle purer Lust über sie zusammenschwappte. Der Ekstase folgte jedoch nicht die Ernüchterung oder das Grauen, das sie in ihren letzten Gedanken erwartete, sondern tiefste Nacht.

Als Ken Harding von Deborah abließ, war nicht ein Tropfen Blut mehr in ihrem Körper. Selbst wenn er es gewollt hätte, er hätte sich gar nicht zurückhalten können, denn dies war seine erste *Mahlzeit* seit er das dämonische Blut der Vampirin Carina getrunken hatte. Er merkte, daß er sich diesmal übernommen hatte, denn ein Völlegefühl setzte ein und machte ihn träge. Trunken ließ er sich neben der Toten nieder und schlief fast übergangslos ein.

Es war bereits hell, als ein feuchtes Gefühl auf den Lippen ihn aus dem sanften Schlummer holte. Er brauchte eine Weile, um festzustellen, daß auch Deborah bereits erwacht war und ihn mit zärtlichen Küssen eindecke. Zuerst gab er sich ihr hin, nahm sie lächelnd in die Arme und erwiderte ihre Liebkosungen, doch dann fuhr ein scharfer Stich in seine Brust, und er richtete sich abrupt auf – nur um sich sofort wieder zu entspannen.

Die schweren Vorhänge vor den Fenstern sparten das Tageslicht aus, so daß Deborah nicht Gefahr lief, zu verbrennen. Sie schien seine Befürchtungen erraten zu haben und wandte ihm ihre rechte Gesichtshälfte zu, auf der ein häßlicher Brandfleck ihre Wange verunzierte. Zweifellos hatte sie schon versucht, die Vorhänge beiseite zu ziehen und dabei die gleiche Überraschung gemacht wie Harding zuvor. Deborah zwang sich zu einem gequälten Lächeln. Ihre Wunde mußte schmerzen, aber der Selbstheilungsprozeß hatte bereits eingesetzt und vernarbte die Wunde. Sobald sie ihr erstes Blut zu sich genommen hatte, würde die Narbe auf wundersame Weise verschwinden, denn sie war nur kurz dem Tageslicht ausgesetzt gewesen.

»Guten Morgen«, sagte sie und strich ihm dabei über die Stirn. »Ich weiß nicht, ob ich dich verfluchen oder dir danken soll.«

Harding preßte die Lippen aufeinander. Genau wie bei ihm, war auch bei Deborah ein Großteil ihrer menschlichen Individualität zurückgeblieben, der sie daran erinnerte, wer und vor allen Dingen *was* sie vorher gewesen war. Aber anscheinend fügte sie sich in ihr Schicksal – ihr blieb im Grunde überhaupt keine andere Wahl.

»Unsterblichkeit, Deborah«, entgegnete Ken.

»Aber zu welchem Preis«, murmelte die Frau. »Ewige Nacht, denn am Tage verbrenne ich, und ich bin gezwungen, zu töten, um mich vom Blut der Menschen zu ernähren...«

Harding zuckte die Achseln. »Das letzte kann ich dir nicht nehmen, aber du wirst dich bei Tag draußen bewegen können. So wie ich es tue.«

Ein Fragezeichen erschien auf Deborahs Stirn.

»Wie?«

»Die Dämonen«, antwortete Harding. »Ihr schwarzes Blut verändert die Vampiropfer, macht sie stärker und widerstandsfähiger. Du wirst vom Blut eines Dämons trinken und genauso werden wie ich.«

Deborah rollte sich herum und kam auf dem Rücken zum Liegen. Sie spürte bereits jetzt den nagenden Durst, der durch ihre untoten Eingeweide trieb und sie quälte, fast besinnungslos machte. Nicht zum ersten Mal spielte sie mit dem Gedanken, ihre Augzähne in Hardings Kehle zu rammen, doch eine innere Stimme riet ihr davon ab. Vielleicht war es so etwas wie Verbundenheit zu ihrem *Vater*, der sie zu dem machte, was aus ihr geworden war.

Harding verschränkte die Arme hinter den Kopf und erzählte Deborah die ganze Geschichte, wie er in die Fänge Angelinas geraten und schließlich zum Vampir geworden war. So erfuhr auch sie von der Schwarzen Familie und all den Dämonen, die unerkannt unter den Menschen lebten. Harding erzählte ihr von seinen Plänen, seine neugewonnene Unsterblichkeit effektiv zu nutzen und eine eigene Sippe zu gründen, einen Clan von überlegenen Vampiropfern, die sich am schwarzen Blut der Dämonen stärkten, jenen, denen er sein teuflisches Schicksal verdankte.

Geduldig hörte Deborah zu, denn seine Pläne wurden automatisch zu ihren, doch als das bohrende Gefühl in ihrem Magen übermächtig wurde, erinnerte sie Harding daran, daß sie noch nichts *getrunken* hatte.

»Oh verdammt, daran hatte ich noch gar nicht gedacht«, brachte er erschrocken hervor, und in seinem Gesicht stand echte Sorge um das Wohlergehen seiner neuen Gefährtin geschrieben. Harding bedeutete Deborah, im Zimmer zu bleiben, stand selbst auf und beeilte sich, in frische Sachen zu schlüpfen.

Eine kaum auszuhaltende Zeitspanne darauf, in der Deborah die ersten Begleiterscheinungen durchmachte und zitternd auf dem Bett lag, kehrte Harding mit einem ziemlich heruntergekommenen Mann zurück, der bedingungslos in seinem hypnotischen Bann stand.

Deborah richtete sich im Bett halb auf. Ihr Gesicht hatte einige Falten geworfen, und unter ihren Augen hatten sich dunkle Ringe gebildet. Sie zeigte bereits erste Zerfallserscheinungen. Harding wußte, daß sie sich mit der Blutzufuhr beeilen mußte, wollte sie ihre usprüngliche Schönheit zurückerhalten und ihre Jugend bewahren. Sie verzog eine Miene und deutete angeekelt auf den Landstreicher.

»Hast du nichts Besseres gefunden?«

Harding schüttelte den Kopf. »Tut mir leid, es ist noch früh und in der Umgebung habe ich keine Passanten aufgabeln können. Er wird genügen.«

Ken führte den verdreckten und stinkenden Mann zur Bettkante, packte ihn im Nacken und beugte seinen Kopf soweit herunter, daß er in Deborahs Reichweite lag. Die frischgebackene Vampirin zierte sich noch immer, in den schmutzigen Hals des Fremden zu beißen, doch das quälende Gefühl im Magen, das Zittern ihres Körpers und die Schwäche, die sie befallen hatte, belehrte sie eines Besseren. Sie stieß kurz zu, verdrängte den Ekel und den säuerlichen Geschmack auf ihrer Zunge, als sie den Dreck spürte, der millimeterdick auf seiner Haut lag. Dann schmeckte sie das erste Blut und wünschte sich, sie hätte Harding nie kennengelernt. Sie saugte zweimal, ließ dann von dem Landstreicher ab und stieß ihn von sich.

»Was ist?« fragte Harding enttäuscht.

»Es schmeckt widerwärtig!« schnappte Deborah.

Harding zog die Brauen hoch, packte den Mann, der sich willenlos fügte, und rammte ihm seine eigenen Zähne ins Fleisch. Als die ersten Tropfen Blut in seinen Hals rannen, machte er eine angewiderte Miene und löste sich ebenfalls von dem anderen.

»Alkoholisiertes Blut«, stellte er fest. »Hör zu, Debbie, ich kann dich verstehen, aber du wirst draufgehen, wenn du dieses Blut nicht trinkst. Ich verspreche dir, daß du schon heute Abend etwas wesentlich Schmackhafteres auf der Speisekarte haben wirst.«

Noch einmal trieb der den Landstreicher ans Bett heran. Die Szene von eben wiederholte sich. Deborahs Gesicht war zu einer wahren Grimasse verzerrt, als sie das von Alkohol verseuchte Blut in sich aufnahm. So sehr sie der Geschmack auch ekelte, sie trank wie eine Verdurstende, sog dem Mann jeden Tropfen aus und lehnte sich anschließend erfrischt und satt zurück. Mit einem dumpfen Laut schlug der Landstreicher auf dem Boden auf.

»Wie fühlst du dich?« fragte Harding.

»Irgendwie beschwipst«, gab Deborah lächelnd zurück, doch dann sagte sie: »Gut.«

Nackt wie sie war schwang sie sich aus dem Bett und betrachtete den Toten zu ihren Füßen.

»Was ist mit ihm?«

»Er wird sich vermutlich gleich regen und als einer der unseren Erwachen«, mutmaßte Ken Harding.

»Du willst ihn in unsere...«, sie schaute den anderen fragend an und korrigierte sich, »...*deine* Sippe aufnehmen?«

»Unsere!« verbesserte Harding. »Nein, wir werden unsere Clan-Mitglieder mit Bedacht auswählen. Dieser hier ist es nicht wert.«

Harding ging zur Nachtkonsole an seiner Seite des Bettes, öffnete eine Schublade und holte etwas hervor, das Deborah auf den ersten Blick nicht erkennen konnte. Als der tote Landstreicher sich zu einem untoten Vampirdasein erheben wollte, kniete Harding neben der geschwächten Kreatur nieder, holte mit dem Gegenstand aus und rammte ihn mit voller Wucht in die Herzgegend des Mannes. Der Tote war gerade im Begriff die Augen zu öffnen, doch jetzt flatterten seine Lider, und ein Stoßseufzer entrang sich seiner Kehle. Beide konnten mitverfolgen, wie der Körper des anderen übergangslos mumifizierte und dann auseinanderbröselte, bis nur noch ein Häuflein Asche die Konturen des ehemaligen Leibs nachzeichnete.

Harding zog den Holzpflock aus dem Staub heraus, klopfte ihn auf dem Fußboden ab und legte ihn zurück ins Schubfach.

»Das werden wir mit allen tun, die wir nicht in unsere Reihen aufnehmen wollen«, erklärte Harding.

Deborah nickte und starrte unverwandt auf die Asche. Dann schlenderte sie durch die Tür und kam nach einer Weile mit einem Kehrblech zurück, schob den Staub des verbrannten Untoten mit dem Handbesen darauf und verschwand wieder, um die sterblichen Überreste zu entsorgen. Harding wollte gerade das Fenster öffnen, um frische Luft ins Zimmer zu lassen, denn der üble Geruch des Landstreichers hatte sich dort eingenistet, wie eine Plage. Doch dann besann er sich und dachte an Deborah, für die dieses Vorhaben tödlich gewesen wäre. Solange sie nicht das schwarze Blut eines Dämons gekostet hatte, mußte er vorsichtig sein und durfte kein Risiko eingehen.

Deborah war ins Bad gegangen, um sich frisch zu machen, derweil Ken Harding noch einmal alle Räume der Jugendstilvilla durchstreifte und sich vergewisserte, daß auch wirklich sämtliche Fenster mit Vorhängen abgedeckt waren und kein nennenswertes Tageslicht ins Innere des Hauses dringen konnte. Später gesellte sich Deborah zu ihm in den Salon, setzte sich auf seinen Schoß und kraulte ihm das Haar.

»Wie finden wir einen Dämon?« fragte sie.

Harding schürzte die Lippen. »Wir können nicht wählerisch sein, weil wir schnell handeln müssen. Ich will dich nicht unnötig lange der Gefahr des Tageslichts aussetzen. Aber wir werden nicht lange suchen müssen, denn deine Bosse sind Mitglieder der Schwarzen Familie!«

Deborah war überrascht. »Cramer?«

»Beide Cramers und auch ihr Kompagnon Templeton«, sagte Ken. »Wir werden uns heute Abend Gordon Cramer vorknöpfen.«

»Ist das nicht zu riskant? Als du gestern weg warst, sollte ich ihm alle Akten über dich bringen, und er murmelte sich etwas seltsames in den Bart herein, als wenn er genau wüßte, daß etwas nicht mit dir stimmt.«

»Eine überraschende Wende«, schloß Harding. »Dann ist es um so wichtiger, daß wir ihn aus dem Weg schaffen. Ich werde mir über das Wie den Tag über Gedanken machen.«

»Und wenn sein Bruder und Templeton dahinterkommen und seinen Tod rächen wollen?« fragte Deborah.

Kenneth Harding machte eine wegwerfende Handbewegung und lächelte hintergründig. »Wir haben einen kleinen Trumpf in der Hand. Jeder Dämon, der diesen Grund und Boden betritt, verliert seine magischen Fähigkeiten. Da wir nicht auf Magie angewiesen sind, haben wir hier einen nicht unerheblichen Heimvorteil.«

»Ich verstehe«, sagte Deborah Scarwind und malte sich schon in Gedanken aus, an welcher Stelle sie ihrem ehemaligen Boß das Blut aus den Adern saugen würde. Inzwischen war ihr klar, warum er stets so kalt, schroff und abweisend war – es lag in seiner dämonischen Natur.

Nicht mehr lange, dachte Deborah.

17. Kapitel

Tod eines Engels

Dorian hatte die Augen weit aufgerissen und wartete auf das Inferno, das allem ein Ende bereiten würde. Der ohrenbetäubende Knall sollte es einleiten, doch was dann geschah, war vollkommen anders. Vielleicht hatte Dorian das gleißende Licht einer alles verschlingenden Explosion erwartet, doch er erinnerte sich an Nathaniels Worte, daß alles völlig unspektakulär über die Bühne gehen sollte. Nur, wie gehörte dann der Lärm der Detonation in dieses Szenario?

Irritiert blickte sich der Dämonenkiller um und schloß sofort die Augen, denn dem Knall folgte, wider jede physikalische Erkenntnis, ein greller Blitz, der das Feld überflutete. Dorian warf sich zu Boden. Er wußte nicht, was um ihn herum geschah – aber wenn es tatsächlich das Ende der Welt bedeutete, dann half auch diese lächerliche Bemühung nicht. Erst als ihm nach einigen Sekunden bewußt wurde, daß er noch denken, noch atmen konnte, registrierte er, daß er noch lebte und dies noch nicht das Ende gewesen sein konnte.

Dorian blickte hoch. Noch immer tanzten helle Flecken als Nachwirkung der Lichtexplosion vor seinen Augen, doch er konnte nun zumindest wieder etwas von dem Feld und seiner Umgebung sehen. Der Kreis der Auserwählten war durchbrochen. Die drei Männer, Phillip und Helena Riedberg lagen orientierungslos im Lehm. Noch immer war das Dröhnen des Bumerangs gegenwärtig. Dorian sah die Waffe keine fünf Meter von sich entfernt neben dem Kommandostab liegen. Er hielt nach Nathaniel Ausschau, konnte ihn jedoch nirgends entdecken. Dafür hinkte eine kaum erkennbare dunkle Gestalt von dem nahen Hügel herunter.

Der Dämonenkiller spannte sich. Er mußte jetzt alles auf eine Karte setzen. Instinktiv spürte er, daß irgend etwas bei Nathaniels Plan grundsätzlich mißlungen war. Zwar konnte er noch nicht entdecken was, aber wenn er die beiden Waffen des Hermon an sich brachte, glaubte er eine reelle Chance gegen den vermeintlichen Engel zu haben. Dorian drückte sich hoch und ging schwerfällig und gebeugt zum Zentrum des dunklen Kornkreises. Drei Schritte trennten ihn vom Kommandostab und dem vibrierenden, funkelnden Bumerang. Er wußte nicht einmal, ob es ratsam war, die gebogene Waffe an sich zu bringen. Obwohl er den von Olivaro aktivierten Bumerang bereits gegen Luguri verwendet hatte, fühlte er förmlich, daß die magische Ausstrahlung der Waffe größer denn je war.

Vielleicht reißt es dich in Stücke, wenn du das Ding auch nur berührst, dachte er bei sich.

Zwei Schritte.

Zuerst mußte er den Kommandostab an sich bringen. Er konnte nur hoffen, daß Nathaniel ebenso empfindlich gegen das magische Utensil war, wie sein weiblicher Gegenpart.

Ein Schritt.

Dorian streckte die Hand zum Stab aus. Er sah sich nach links und rechts um. Noch immer keine Spur von Nathaniel oder ein Anzeichen, was seinen Ritus unterbrochen haben könnte.

»Was tun Sie da?«

Erschrocken über den völlig unerwarteten Laut der Worte, zuckte Dorians Hand wie vor einem elektrischen Schlag zurück. Ihm gegenüber standen Toshiro Ishida und Ellis Kavanagh. Die beiden hatten eine grimmige Miene aufgesetzt und schienen zu allem entschlossen zu sein.

Nur wozu? fragte sich Dorian. Wollten sie ihn etwa aufhalten? Das war lächerlich. Nathaniel war dabei, die gesamte Erde zu vernichten. Sie mußten doch längst wieder bei klarem Verstand sein.

»Lassen Sie alles so, wie es ist«, sagte Kavanagh.

Offensichtlich waren sie es nicht.

»Das ist mein Stab, ich will ihn zurück«, forderte Dorian.

Ellis Kavanagh machte einen drohenden Schritt nach vorn und verschränkte provokant die Arme vor der Brust. Dorian maß die Statur des Landwirtes mit einem abschätzenden Blick und rechnete sich die besten Chancen aus, um den Mann zu überwinden.

»Sie werden Nathaniels Werk nicht zerstören!« sagte Kavanagh.

Dorian handelte. Er täuschte einen raschen Schritt nach rechts an, bewegte sich aber nach links, um näher an den Kommandostab heranzugelangen. Doch als er die Hand ausstreckte, um die Waffe zu ergreifen, erhielt er einen schweren Stoß in die Seite. Die Wucht ließ ihn taumeln. Er strauchelte, fing sich und war wiederum zwei, drei Meter vom Stab entfernt. Kavanagh und Ishida hatten sich neben ihm aufgebaut. Dorian biß die Zähne zusammen und wartete ab, doch keiner der beiden tat ihm den Gefallen anzugreifen. So mußte er selbst die Initiative ergreifen.

Wieder versuchte er ein Täuschungsmanöver, rannte an Kavanagh vorbei und fing sich einen Schlag in den Nacken ein. Gleichzeitig trat er mit seinem Fuß in die Kniekehle des Bauern und brachte ihn so zu Fall – unglücklicherweise war Kavanaghs Schlag hart genug gewesen, um auch Dorian von den Füßen zu holen. Er verwandelte den Sturz in eine Schulterrolle und kam wieder auf die Beine, nur um sich Ishida gegenüberzusehen.

Der Japaner zögerte nicht lange, er wirbelte um die eigene Achse und schwang sein Bein durch die Luft. Die Fußkante erwischte Dorian am Kopf und schleuderte ihn zur Seite weg auf den Boden. Benommen blieb Dorian liegen, nur eine, zwei Sekunden, doch ihm kam es wie eine halbe Ewigkeit vor.

Ich muß die beiden loswerden, mahnte er sich. Der Gedanke daran, daß sie den Engel unterstützten und Dorian daran hindern wollten, an seine Waffe zu kommen, spornte ihn noch mehr an. Er gab sich einen Ruck rollte rückwärts über die Schulter und sah, wie sowohl Ishida, als auch Kavanagh auf ihn zukamen.

Dorian besann sich auf die Kampfkunsttechniken, die ihm Jeff Parker beigebracht hatte. Doch die beiden Gegner waren unterschiedlicher wie sie nicht sein konnten. Kavanaghs massige Gestalt mochte schwer zu knacken sein, und Ishida war in einer Kampfsportart bewandert.

Japanisches Managertraining, vermutete Dorian.

Er gönnte sich den Luxus, kurz zur Seite zu sehen. Inzwischen hatte sich der Hexer aufgerappelt und half der benommenen Helena Riedberg auf die Beine. Die schwarze Gestalt war mittlerweile als menschliches Wesen zu erkennen, dessen Körper durch und durch Brandwunden aufwies, die es ihm unmöglich machen konnten, überhaupt zu leben. Erst auf den zweiten Blick erkannte Dorian, um wen es sich dabei handelte.

»Abi Flindt?« fragte er leise, dann mußte er sich auf den Kampf konzentrieren, denn diesmal warteten Kavanagh und Ishida nicht auf eine Reaktion, sondern begannen selbst mit der Attacke.

Ellis brachte einen Schwinger an, unter den Dorian wegtauchte. Gleichzeitig hieb der Dämonenkiller seinen Ellbogen in die Seite des Iren, kam hinter ihm hoch und ließ denselben Ellbogen in seinen Nacken knallen. Die Schläge wurden mit einem schmerzhaften Ächzen belohnt, doch der gewichtige Mann fiel nicht. Bevor Dorian einen weiteren Hieb ansetzen konnte, war Ishida bei ihm. Der Japaner fuchtelte wie wild mit den Händen herum, schlug mit Faust, Handkante und Ellbogen zu. Nur mit Mühe konnte Dorian die Schläge abblocken, wurde dabei aber immer weiter zurückgetrieben – fort vom Kommandostab.

Er ließ sich fallen, griff nach vorn, bekam Ishidas Arme zu fassen und zog ihn mit sich hinunter. Gleichzeitig stemmte er ein Bein in die Leiste des Japaners, hievte ihn so über seinen Kopf hinweg und schleuderte ihn zwei, drei Meter hinter sich. Dorian kam sofort wieder auf die Beine...

...Ishida allerdings auch. Er hatte den Schwung genutzt, um sich selbst abzurollen. Augenblicklich stürmte er auf Dorian los. Der Dämonenkiller war abgelenkt und konnte nicht verhindern, daß sich plötzlich zwei stahlharte Pranken um seine Arme und Brust schlangen und fest zudrückten. Dorian wurde von den Füßen gerissen und spürte einen Stich im Brustkorb, als ihm sämtliche Luft aus den Lungen gepreßt wurde.

Ishida war heran und holte aus. Dorian stieß sein Bein vor und rammte die Fußspitze in die Weichteile des Japaners; gleichzeitig warf er seinen Kopf in den Nacken und erwischte Kavanaghs Nasenbein. Der Schmerz ließ ihn Dorian kurz absetzen, und als der Dämonenkiller Bodenkontakt mit den Füßen hatte, machte er sich schwer und sackte mit seinem ganzen Gewicht durch die leicht gelockerten Arme. Im Fallen packte er die Handgelenke Kavanaghs, überkreuzte dessen Arme und rollte zweimal nach links zur Seite. Der Ire konnte der Bewegung nicht folgen, kippte vornüber und segelte, getragen von dem eigenen Schwung über Dorian hinweg.

Nun hatte der Dämonenkiller freie Bahn. Er sprang auf die Füße und hetzte auf den Kommandostab zu. Bevor er ihn erreichte durchfuhr ihn ein elektrischer Blitz und versenkte die Haut seiner rechten Hand. Dorian schrie auf und brach vor dem magischen Bumerang in die Knie.

»Vergiß es!« zischte Kieran Slattery. »Wir werden die Stätte bis zum Äußersten verteidigen!«

»Der Wahnsinnige will die Welt vernichten!« fauchte Dorian zurück. »Du stehst doch auf unserer Seite, hast uns in Andorra la

Vella gerettet.«

»Das war zu einer anderen Zeit«, widersprach Kieran. »*Bevor* mir die Augen geöffnet wurden.«

Dorian sah zur Seite und erblickte den verunstalteten Abi Flindt, der sich um Helena Riedberg kümmerte.

»Abi!« rief Dorian, da ruckte der Kopf des anderen herum und sah ihn aus seinen blutunterlaufenen Augen an.

Ein Wunder, daß sie nicht geplatzt sind, dachte Hunter.

»Sieh an, der Dämonenkiller«, gab Flindt von sich.

»Stehst du etwa auch auf deren«, er zeigte auf Slattery, »Seite und willst zusehen, wie dieser selbsternannte Engel die Welt vernichten will?«

Abi wollte sich in Dorians Richtung in Bewegung setzen, doch Slattery hob eine Hand und deutete direkt auf den Dänen.

»Bleib wo du bist, Flindt!« riet der

»Hey, wir sind Partner«, meinte Flindt. »Schon vergessen?«

»Unsere Partnerschaft ist hiermit beendet«, erwiderte Kieran. »Sieh zu, daß du Land gewinnst. Nathaniel wird bald zurück sein.«

Dorian rieb sich die verbrannte Hand und schielte auf den Kommandostab – unerreichbar für ihn, solange sich der Hexer in der Nähe befand. Aber wie sollte er ihn ablenken?

»Wo ist er denn überhaupt, euer *Engel*?« fragte er. »Hat er sich aus dem Staub gemacht und euch eurem Schicksal überlassen?«

»Halts Maul, Dämonenkiller«, grunzte Kieran. »Er wird wiederkommen.«

»Na, es scheint, als liefe etwas ganz und gar nicht nach seinem Plan«, bohrte Dorian weiter. »Ich wette, er hat euch im Stich gelassen, weil er einsehen mußte, daß...«

Weiter kam er nicht. Plötzlich überschlugen sich die Ereignisse. Alles entwickelte sich so schnell, daß Dorian den Überblick verlor.

Slattery lag ein Spruch auf den Lippen, um Dorians Stichelei zum Verstummen zu bringen. Im selben Augenblick federte der geschwächte Flindt vom Boden ab, doch er erreichte den Hexer nie. Eine gewaltige Explosion erschütterte das Feld und drückte sie alle zu Boden. Dorian robbte vorwärts. Flindt war in Helenas Richtung geschleudert worden und faßte die Frau am Handgelenk. Sie schien vollkommen erschöpft und desorientiert zu sein. Das war wahrscheinlich der Grund, warum sie sich widerstandslos von Flindt führen lies – fort von dem Kornkreis.

Dorian hatte Slattery fast erreicht, als Leben in den Körper des Hexers kam und er mit unglaublicher Schnelligkeit aufsprang und beide Hände in Flindts Richtung vorstreckte.

»Nicht!« schrie Dorian.

»Stirb, Vollstrecker!« zischte Slattery, wirbelte jedoch herum, als er aus den Augenwinkeln eine gänzlich andere Bewegung wahrnahm. Ein schwarzes Etwas fiel aus dem Himmel und schlug auf dem Boden auf. Rauch stob hoch und hüllte das Objekt ein, doch noch in derselben Sekunde sprang eine Gestalt aus der Wolke. Slattery ließ seinen tödlichen Zauber auf den Neuankömmling los. Ein feiner Blitz fegte durch die Luft, prallte an einem unsichtbaren Schild ab, zog eine Kurve und raste wiederum auf den Verursacher zu.

Dorian hechtete an Slattery vorbei, bekam den Kommandostab zu fassen und riß ihn mit aller Kraft aus seiner Verankerung im Feldboden. Als er sich umdrehte schlug der Blitz in Slatterys Körper ein und löschte den Hexer binnen eines Lidschlags aus. Sein Leib zerplatzte in tausend Fragmente und verteilte sich auf dem Feld. Dorian würgte und blickte auf den Neuankömmling – eine farbige, ganz in schwarzes Leder gekleidete Frau, die zielstrebig auf das Zentrum des Kornkreis zuging. Dorian wußte aus Ungas Beschreibung, daß dies nur Alannah sein konnte, der andere Engel. Die Frage war, was hatte sie vor? Stand sie auf Nathaniels Seite oder war sie der Grund für das plötzliche Verschwinden des *Angisus* gewesen?

Dorian richtete die Spitze des Kommandostabs in Alannahs Richtung. Noch immer wagte er nicht, den vor seinen Füßen funkelnden und pulsierenden Bumerang anzurühren.

»Keinen Schritt weiter!«

»Was sonst?« rief sie von weitem. Als sie näherkam, sah Dorian Dutzende von Rissen in ihrer Kleidung, durch die blutende Wunden schimmerten. Offenbar hatte sie einen harten Kampf hinter sich.

»Du kennst die Wirkung des Stabes«, drohte der Dämonenkiller.

»Ich bin nicht an dir interessiert«, sagte der Schwarze Engel. »Ich will nur dies!« Sie deutete auf den magischen Bumerang.

Dorians Blick wich keine Sekunde von ihr.

»Um *was* zu tun?«

»Ich werde ihn aus diesem Universum verbannen«, erläuterte

Alannah.

»Warum sollte ich dir trauen?«

»Weil ich nicht auf Nathaniels Seite stehe. Ohne den Bumerang kann er seinen Plan nicht vollenden – dafür ist er allein nicht stark genug.«

Dorian erhielt einen Schlag in den Rücken und stolperte vorwärts. Er fing sich, sah hinter sich und gewahrte Toshiro Ishida und Ellis Kavanagh, die sich mittlerweile wieder gefangen hatten.

Dorian trat nach hinten aus, doch Ishida war schneller, packte seinen Fuß, hebelte ihn über sich selbst hinweg und brachte den Dämonenkiller damit aus dem Gleichgewicht. Dorian fiel, und in dieser Sekunde sprang Alannah zwischen die Kämpfenden, packte Kavanagh bei der Kehle und hievte ihn aus dem Stand mit nur einer Hand in die Luft. Der beleibte Mann zappelte und schrie. Sein Gesicht lief rot an, als er keinen Atem mehr holen konnte. Ishida erkannte in Alannah den Feind und sprang sie an. Im Flug streckte er die Beine von sich um sie zu treffen, doch der weibliche *Schemen* machte nur eine einfache Handbewegung, als scheuche er ein Insekt weg, und Toshiro Ishida sprang gegen eine unsichtbare, granitharte Mauer. Er verstauchte sich sein Bein, landete auf dem Boden und blieb dort mit schmerzverzerrtem Gesicht liegen.

Inzwischen war auch Dorian wieder auf den Füßen und sah, wie sich Kavanaghs Gesichtston von rot nach tiefblau verfärbt hatte. Seine Augen traten ihm aus den Höhlen hervor, die Zunge schwoll an, zwängte sich zwischen seine Lippen und flatterte in flinken Bewegungen auf und ab. Dann zerbarst sein Kopf wie eine überreife Melone.

»Nein!« schrie eine Stimme über die Ebene, und allein die Worte schienen einen tosenden Orkan zu entfachen.

Alannah warf den kopflosen Torso Kavanaghs davon und drehte sich um. Dorian schaute in dieselbe Richtung, wo Nathaniel wieder die Bühne betreten hatte. Der *Schemen* sah heruntergekommen aus, woraus der Dämonenkiller folgerte, daß Alannah ihn fast besiegt hatte, wo auch immer dieser Kampf ausgefochten worden war. Die Jeans waren zerrissen, sein T-Shirt hing ihm in Fetzen am Leib herunter, und auch er blutete aus zahlreichen Wunden, während sein Haar naß und verklebt war. Als Nathaniel einen Schritt vormachte, sah Dorian, daß er humpelte und schwer angeschlagen war.

»Du hast meine Auserwählten getötet!« stellte er überflüssigerweise fest.

»Wozu ist Kanonenfutter sonst gut?« konterte Alannah.

Nathaniel schrie wütend auf und zeichnete ein schnelles Symbol in die Luft. Fast kurz darauf ging Alannah in die Knie und ächzte unter einem unsichtbaren Gewicht, doch sie beschrieb ebenfalls magische Zeichen in den Lehm und schrie eine Formel. Augenblicklich schwebte sie in die Höhe und strahlte ein violettes Pulsieren in Nathaniels Richtung aus.

Der Kampf der Giganten entbrannte erneut. Dorian wußte, daß sie sich gegenseitig zerfleischen würden. Er mußte zusehen, daß er schleunigst von hier verschwand, wollte er nicht auch ein Opfer ihrer geballten Macht werden. Er drehte sich einmal um die Achse, schloß die Augen und hielt den Kommandostab von sich gestreckt. Als er eine schwache Magnetfeldquelle ortete, blieb er stehen, öffnete die Lider und blickte direkt in Phillips Gesicht. Bei der Auseinandersetzung hatte er den Hermaphroditen fast gänzlich vergessen, was daran lag, daß er sich völlig unparteiisch und passiv verhalten hatte.

»Phillip!« rief Dorian, während hinter ihm das Chaos tobte. Er warf einen Blick zurück, und seine Augen weiteten sich. Ein Magieduell dieses Ausmaßes hatte er noch nicht miterlebt. Beide *Angisi* waren aufgestiegen und hielten sich schwankend etwa fünf Meter über dem Feld. Sie stemmten sich gegeneinander, obwohl sie vielleicht zehn Meter voneinander getrennt waren. Ihre magischen Energiefelder glommen grünlich auf, und immer wieder schossen Blitze aus ihren Händen, den Augen und anderen Körperteilen. Es war ein schier unfaßbares Kräftemessen, das auf einer anderen Ebene stattfand und nur für den Außenstehenden so wirkte, wie Dorian es gerade sah. Was wirklich geschah vermochte niemand, der kein *Angisus* war, wirklich zu verstehen.

Der Dämonenkiller starrte noch zwei, drei Sekunden lang die beiden Kontrahenten an und konnte mitverfolgen, wie sie langsam aber sicher an körperlicher Substanz verloren. Das Fleisch ihres menschlichen Leibes wurde transparent und gewährte einen Einblick in ihre Blutbahnen und die inneren Organe – bis auch diese durchscheinend wurden und ihre wahre Schemengestalt mehr und mehr durchbrach. Dorian drehte sich zu Phillip um und wollte den Hermaphrodit fortziehen, doch der Junge – *Mädchen,* korrigierte sich Dorian in Gedanken – riß sich los und rannte auf die beiden *Schemen* zu.

»Warte, Phillip!« rief Dorian ihm hinterher, doch das fast gänzlich zu einer jungen Frau transformierte Zwitterwesen hörte nicht. Dorian fluchte, wollte einem ersten Impuls nachgeben und Phillip hinterherrennen, verwarf die absurde Idee jedoch sofort wieder. Er blieb teilnahmslos stehen und beobachtete mit angehaltenem Atem, was sich weiter ereignete.

Alannah schien die Oberhand zu gewinnen. Sie hatte noch stärker und weniger erschöpft gewirkt als Nathaniel. Schritt für Schritt gewann sie an Boden und drückte den anderen immer weiter hinunter, während sein mentaler Schild um ihn herum zusammenschrumpfte, ihn einengte und zu einem schwachen Blaßrosa verkümmert war.

Was hat Phillip vor? fragte sich Dorian, und im nächsten Augenblick erfuhr er es.

Auch Alannah war tiefer und tiefer gesunken. Sie achtete nicht auf den Hermaphroditen, sondern war voll auf ihren Gegner konzentriert. Nathaniels Körper bekam mehr und mehr *Löcher.* Licht strömte aus den Öffnungen hervor, und von seinem verzerrten Gesicht war kaum noch etwas zu erkennen. Die nahezu vollständig metamorphierte Schemengestalt berührte den Boden und versank sofort im Erdreich. Alannah hing indes noch knapp zwei Meter über dem Boden – tief genug für Phillip. Der Hermaphrodit war mittlerweile unter der Farbigen angelangt, sprang hoch und reckte sich. Mit den Fingern seiner Rechten berührte er ihre Stiefelspitze. Eine gleißende Entladung griff von den zarten Händen Phillips auf Alannahs Körper über. Die Frau brüllte gepeinigt auf, griff sich an die Schläfen und wirbelte kreuz und quer durch die Luft, bis sie senkrecht herabstürzte und einen Krater ins Feld riß.

Und dann – Stille!

Dorian stand unbeweglich da. Über dem gewaltigen Loch im Boden schwelte Rauch, und auch die Stelle, an der Nathaniel im Erdreich verschwunden war, war von dunstigen Schwaden umgeben. Sollte alles so einfach gewesen sein? Waren die beiden tot und die Gefahr vorüber? Dorian mochte dies nicht glauben. Es war immer noch ratsam, von diesem Ort zu verschwinden. Er fragte sich nur, ob die Vernichtung der Welt abgewandt war, denn

Nathaniel hatte seine Auserwählten verloren – und auch den Kommandostab. Blieb noch der Bumerang. Dorian drehte sich um und bückte sich nach dem magischen Instrument, doch ehe er es aufheben konnte, war Phillip bei ihm und schob seine Hand beiseite. Überrascht blickte Dorian auf und sah dem Hermaphrodit in die goldschillernden Augen. Der Junge war wieder zu dem Zwitter geworden, den Dorian kannte – zwar immer noch eine Mischung aus Mann und Frau, aber eher männlich.

»Wir gehen nach Hause«, sagte Phillip.

»Was?« fragte Dorian erstaunt.

»Es ist vorbei...«

Phillip nahm ihn an die Hand und zerrte ihn von dem Kornkreis fort. Dorian wußte nicht recht, wie er sich verhalten sollte. Alles in ihm sträubte sich dagegen, den Bumerang offen zugänglich auf dem Feld liegen zu lassen, doch Phillip setzte eine ungeahnte Kraft ein, und vermutlich hätte sich Dorian nur durch Gewalt aus seinem Griff befreien können. Also gab er nach und lokalisierte mittels Kommandostab das Magnetfeld, das er vorhin ausgemacht hatte. Er fand es hinter dem Hügel, zog den magischen Zirkel hervor und steckte es ab.

Noch einmal wandte Dorian sich um. Er konnte nicht glauben, daß es wirklich vorbei war, daß Nathaniel und Alannah tot waren. Dorian und Phillip traten in den abgesteckten Bereich des Magnetfeldes. Es war relativ schwach und würde sie nur über ein paar Kilometer transportieren. Wahrscheinlich reichte es zurück bis Cashel. Dorian wollte sich gerade auf den Zielort konzentrieren, als er auf dem Hügel eine Bewegung registrierte.

Dort stand er wie ein Racheengel, sein Körper perforiert und Licht ausstrahlend. Aus jedem Loch in seinem Leib leuchteten Fanale des nahenden Endes.

Eine Sache ist erst beendet, wenn sie vorbei ist, dachte Dorian an die Worte eines großen Abenteurers. *Vielleicht nicht einmal dann...*

In seiner Rechten hielt Nathaniel den magischen Bumerang umklammert. Seine Augen leuchteten und starrten zornig zu ihnen herüber.

»Phillip!« schrie der *Angisus* und winkte. »Komm zu mir!«

Dorian spürte neben sich eine Bewegung. Der Hermaphrodit wollte tatsächlich der Aufforderung des Engels nachkommen. Dorian legte ihm eine Hand auf die Schulter.

»Warte, ich dachte, es wäre vorbei«, erinnerte er den Jungen.

Phillip schaute ihn kurz an und zuckte die Achseln. Es wäre das erste Mal, daß sich das lebende Orakel geirrt hatte – aber wie war das möglich? Phillip befreite sich von Dorians Hand und ging. Bevor er den Bereich des Magnetfeldes verlassen hatte, geschah es!

Ein Schatten wuchs hinter Nathaniel empor, hüllte den Engel ein und verschluckte ihn kurzzeitig. Es kam zu einem neuen Kampf, als sich Alannah mit all ihrer verbliebenen Kraft auf ihren Gegner warf. Die beiden Gestalten preschten aufeinander los, deckten sich mit ihren magischen Energien ein.

Blitzschnell ruckte Dorians Hand vor, packte Phillip und leitete mit dem Kommandostab den Sprung ein. Er ließ die Augen geöffnet, konzentrierte sich auf das Ziel und sah im letzten Augenblick das Ende, als der Bumerang des Hermes Trismegistos in einem gleißenden Blitz explodierte und alles auslöschte.

Er war nicht oft in seinem Leben vor einer Sache geflohen, doch diesmal hatte er allen Grund dazu, und er würde später keine Gewissensbisse haben, daß er sich nicht zum Kampf gestellt hatte. Das war ein Gefecht, bei dem er nicht mitmischen konnte, weil es jenseits aller menschlicher Vorstellungskraft lag. Und ganz gleich, wie es ausging, es konnte nur schlecht für die Menschheit laufen. Entweder obsiegte Nathaniel und vernichtete anschließend die Welt, oder Alannah würde ihren Widersacher zur Strecke bringen und vermutlich das Ruder der Schwarzen Familie an sich reißen – wer sollte sie jetzt noch stoppen?

Eine dritte Alternative zog Abi Flindt nicht in Betracht, vielleicht weil er einfach nicht darauf kam. Er war ohnehin nicht viel mit Nachdenken beschäftigt, sondern bemühte sich, innerhalb kürzester Zeit eine große Distanz zwischen sich und dem Kornkreis zu bringen. Im Schlepptau hatte er noch immer Helena Riedberg. Seit ihrem Abenteuer in Hamburg und nahe der dänischen Grenze hatte er sich verpflichtet gefühlt, zumindest sie zu retten – falls es noch eine Rettung gab.

Sie hetzten querfeldein über Stock und Stein. Abi hatte das Gefühl, daß sie nicht schnell genug voran kamen. Sie mußten weg, einfach nur weg. Slattery hätte sie vielleicht rausbringen können, doch der Hexer war tot.

Unkraut vergeht eben doch, dachte Abi.

Hin und wieder sah er an sich herab und fragte sich, wie es nur möglich war, daß er trotz seines verbrannten Körpers so agil sein konnte. Er wußte, daß nur Nathaniels Magie dafür verantwortlich sein konnte, nur kannte er den Grund dafür nicht, warum der Engel ihn verschont hatte. Seine Haut war kohlrabenschwarz. Darunter schien rohes Fleisch durch, teilweise waren sogar Knochen zu sehen. Ihn ekelte vor sich selbst, und er wußte nicht, wie lange dieser Zustand anhielt, wann sein Körper vor den ungeheuren Strapazen kapitulierte. Und was würde danach kommen? Würde er jemals wieder so werden wie früher?

Helena Riedberg hatte ihren Schock überwunden. Sie zerrte an seinen Armen, um sich loszureißen, doch Abi hielt sie unerbittlich fest.

»Laß mich los!« kreischte sie. »Ich muß zurück zu Nathaniel!«

»Nein!« herrschte Abi sie an. »Sieh ein, daß der Engel gescheitert ist. Slattery ist tot, und die anderen Auserwählten vermutlich auch. Er kann seinen Plan nicht mehr durchführen.«

Helena begann zu kratzen und zu beißen, aber Abis geschundene Haut spürte keinen Schmerz mehr.

»Ich werde ihm beistehen!« keuchte sie.

»Wie denn? Du hast nicht die Mittel, ihn zu verteidigen. Das Wesen, das ihn angegriffen hat, ist wie er – genauso mächtig.«

Helena gab sich nicht geschlagen. Sie zog und riß an Abi, trat aus und schlug ihn. Abi lachte nur. Die Verbrennungen hatten in diesem Fall doch etwas gutes. Sämtliche Nervenbahnen waren zerstört. Er spürte überhaupt keine äußeren Einflüsse.

Ohne Vorwarnung hielt Dr. Riedberg plötzlich inne. Sie stand starr da, legte den Kopf schief, als lausche sie einer fernen Stimme. Dann sackte sie in sich zusammen und gab einen Stoßseufzer von sich. Abi bückte sich und half ihr wieder auf die Beine, und als er ihr in die Augen schaute, flüsterte sie etwas, das er nicht verstand. Kurz darauf ging ein Ruck durch die Archäologin. Sie schüttelte sich, packte Abi bei den Schultern und sah ihn eindringlich an.

»Großer Gott«, stammelte sie. »Wir müssen weg von hier!«

Abi war überrascht. »Wie bitte? Eben wolltest du noch...«

»Vertrau mir!« unterbrach sie. »Los, es geht um Sekunden. Er weiß nicht, wie lange er sie noch hinhalten kann.«

»Was? Wer wen?«

Statt einer Antwort war es jetzt Helena, die Abi hinter sich herzog. Nun kamen sie auch viel schneller voran, weil die Wissenschaftlerin sich nicht mehr gegen die Kraft Flindts auflehnte, sondern ihrerseits bestrebt war, von diesem Feld fortzukommen. Sie rannten wie die Teufel und so gut es Abis Zustand zuließ.

Plötzlich spürten beide eine Veränderung. Es war, als würde ihre Sicht für kurze Zeit verschwimmen. Danach war die Umgebung anders, als vorher. Ganz in der Nähe gab es eine Straße, und ein Schild wies darauf hin, daß es zwei Meilen bis zum nächsten Ort seien. Abi blieb stehen.

»Verdammt, wo sind wir?«

»*Er* hat uns vom Gefahrenherd forttransportiert«, sagte Helena.

»Welchem Gefahrenherd? Und warum sollte Nathaniel das tun?«

In diesem Moment begann der Boden zu vibrieren. Ein dumpfes Grollen schwoll an, und für einen kurzen Augenblick sah es so aus, als verdunkle sich der Himmel.

»Schnell!« riet Helena, faßte Abi und zog ihn zur Straße hinüber. Ein kleiner, vielleicht zwei Meter tiefer Graben trennte die Fahrbahn von dem Feld. Rings um sie herum nahm das Vibrieren zu, ging in ein leichtes Beben über. Die Erde riß auf. Feine Linien kündigten die entsprechenden Stellen an, bei denen nur Sekunden darauf eine Spalte im Boden klaffte.

Abi und Helena erreichten den Graben, ließen sich fallen und preßten sich dicht an den Boden, das Gesicht im Lehm, die Arme schützend über den Kopf zusammengeschlagen. Die Beben nahmen an Stärke zu, und Abi war sich nicht einmal sicher, ob sie überhaupt das Richtige taten und nicht besser weiterlaufen sollten, ehe sie von einem der Risse im Boden verschlungen wurden. Aber Helenas Entscheidung, im Graben Deckung zu suchen erwies sich als richtig, denn nur Augenblicke später kam das Licht!

Obwohl Abi das Gesicht in den Lehm gedrückt und die Augen fest geschlossen hatte, drang das Gleißen bis zu seinen Netzhäuten durch.. Es kriselte in seinen Augen, und im selben Moment spürte er den Hitzesturm, der über ihnen hinwegtobte und alles einäscherte, was sich ihm in den Weg stellte. Trotz seiner Verbrennungen konnte er das Feuer spüren, nicht nur auf seiner Haut, sondern gar *in* sich selbst. Eine siedend heiße Hand hatte sich um sein Herz verkrampft und drückte erbarmungslos zu. Diesmal spürte Abi den Schmerz und schrie. Neben ihm erging es Helena Riedberg nicht anders. Halbe Ewigkeiten schienen zu vergehen, und wahrscheinlich waren das Licht und die Hitze längst gegangen, doch Abi und Helena sahen noch immer den grellen Schein, als hätte er sich in ihre Netzhäute eingebrannt.

Irgendwann öffnete Flindt die Augen und blinzelte die tanzenden Flecken und Funken weg. Dichter Rauch lag über dem Feld, aufgeworfener Lehm flog durch die Luft und prasselte zu Boden. Mühsam zog sich Abi hoch, zog sich am Grabenrand hinauf und lugte auf das offene Feld hinaus. Unmengen von Staub waren aufgewirbelt worden und lagen noch immer in der Luft, so daß Flindt nicht weiter als ein paar Meter sehen konnte. Es war merkwürdig still geworden. Da spürte er eine erneute Vibration im Boden und wurde abrupt in den Graben zurückgerissen. Keine Sekunde zu früh, denn die mächtige Druckwelle einer Explosion hämmerte mit der Kraft eines Gottes über sie hinweg.

Mein Gott, dachte Abi, *wie bei einer nuklearen Explosion.*

Zu ihrem Duell hatten sich Nathaniel und Alannah auf eine gänzlich andere, unvorstellbare Existenzsphäre begeben. Der Kampf wurde auf mentaler Ebene ausgetragen, doch die Auswirkungen der Schlacht waren so enorm, daß sie in die von den Menschen bekannte Realität hineinreichte und direkten Einfluß auf sie nahm.

Nathaniel war angeschlagen. Er konnte Alannah nicht sehen, denn sie verbarg sich hinter einem magischen Schild. Alles was er wußte war, daß er verloren hatte. Nicht wirklich gegen seine Gegnerin, aber doch mit seinem ursprünglichen Plan, den er nicht mehr durchführen konnte. So blieb ihm nur noch eines übrig, zumindest einen Teil seines Vorhabens zu verwirklichen. Wenn er unterlag, gab es nichts mehr, das die *Schwarzen* aufhalten konnte, die vollständige Kontrolle über die Welt zu erlangen. Er mußte auch vorsorgend denken. Vielleicht gelang es dem Feind eines Tages ein Tor nach Khartu'un zu öffnen, und wenn er in Scharen über die *Angisi* herfiel, mochten sie ihm keinen Widerstand entgegen zu bringen. Das durfte nicht geschehen. Das Böse durfte sich nicht wie eine Epidemie auf der Erde ausbreiten, sonst war alles verloren, wofür er je gekämpft hatte.

Diese Welt muß untergehen! dachte er.

Plötzlich spürte er einen Sog, wurde aus der diffusen Gedankenebene hinausgerissen und auf Alannahs *Spielfeld* katapultiert. Er fand sich mit einem Mal in einer kreisrunden Arena wieder. Der Boden schien aus Marmor zu bestehen, und hinter den Wänden lag nur Dunkelheit. Es gab keine Zugänge, nur das Rund, das im Durchmesser gerade mal zehn Meter maß. Absolute Stille war um ihn herum, und selbst als er einen Schritt vorwärts machte, war kein Geräusch zu hören.

Am anderen Ende des Kreises wurde ein Luftflimmern erzeugt, und nur einen Augenblick darauf trat Alannah aus der Falte im Gefüge der Realität. Mit zusammengekniffenen Lidern sah Nathaniel zu ihr hinüber. Sie sah selbst in seinen Augen schrecklich aus, und er wußte, daß er keinen schöneren Anblick bot. Ihr dunkler Teint war fleckenartig blaß geworden, als leide sie unter einer Pigmentstörung. Die Augen schimmerten rötlich und waren aufgequollen, während ihre vorher schwarzen, lockigen Haare praktisch gar nicht mehr vorhanden waren. Von ihrer schwarzen Kleidung war nunmehr nur noch ein Fetzen übrig geblieben, der ihre Füße und die Scham bedeckte. Ihre mit Blut überströmten Brüste waren zerrissen, und überall in ihrem Körper klafften Löcher, aus denen ein milchiggelber Schein herausdrang – ihre Schemengestalt. Alannah ging gebeugt, ließ die Schultern hängen und schaute ihren Widersacher ermattet an.

»Es... endet bald«, stammelte der Schwarze Engel mit der zitternden und brüchigen Stimme einer uralten Frau.

»Du sagst es«, gab Nathaniel nicht minder erschöpft zurück.

Alannah legte den Kopf schief und musterte den anderen von oben bis unten. Sie wollte ein spöttisches Lächeln auf ihre Lippen zwingen, was ihr aber kläglich mißlang.

»Du hast schon einmal besser ausgesehen«, sagte sie dazu.

»Bestimmt«, erwiderte Nathaniel. Er wußte, daß ihrer beider Worte nur noch aus hohlen Floskeln bestand. Sie gönnten sich eine Pause, in der sie ihre verbliebenen Kräfte sammelten, um zu einem letzten, alles entscheidenden Schlag auszuholen. Es bedurfte keinerlei fordernder Worte, die den anderen zum Aufgeben zwingen könnten. Auch an eine Versöhnung war nicht zu denken, dafür waren beide zu stolz, um jetzt noch einen Rückzieher zu machen und gegenseitig Fehler einzugestehen.

»Weißt du noch, als wir zusammen den *Fuß der Götter* verließen?« fragte Alannah, und das überraschte Nathaniel.

Ein Ablenkungsmanöver, schoß es ihm in den Sinn. *Sie will dich täuschen, dich in Sicherheit wiegen, um dich dann niederzustrecken.*

Zum Schein ging er darauf ein. »Ja, ich erinnere mich, auch wenn es schon Äonen her ist.«

»Hand in Hand gingen wir einher, starben und lebten doch, als wir den Übergang vollzogen«, sagte Alannah, und ihre Worte klangen wie ein Monolog, den sie selbst mit sich führte. Ihr Blick war nach innen gekehrt, als durchlebte sie alte Zeiten.

Alles ein Trick! erinnerte sich Nathaniel. *Gleich schlägt sie zu.*

»Was ist nur aus uns geworden?« murmelte Alannah und sah Nathaniel in die Augen.

»Wir sind das, was wir waren«, entgegnete er und ging zum Schein auf ihre Täuschung ein, jederzeit bereit, sich zu verteidigen, wenn Alannah zum Angriff überging. »*Schemen,* Engel für die Menschen – nur du bist ein gefallener Engel, der nicht mehr unsere Interessen und Prinzipien vertritt, korrumpiert vom Bösen und den Schwarzen, eine Schande für Khartu'un!«

Nun lachte Alannah doch auf und hustete im gleichen Moment, als die Anstrengung ihre Kräfte überstieg. »Oh ja, nach Tausenden von Jahren der Einsamkeit und den immer wiederkehrenden Gedanken an meinen Tod, habe ich mich von der Macht der Dunkelheit leiten lassen und mich schon auf dem Thron der Dämonen gesehen. Aber wie kannst du behaupten, besser als ich zu sein, in dem du unsere alten Werte nach deinem Willen neu auslegst, die Karten für dich mischst und beschließt, eine ganze Welt auszulöschen, nur weil dir nicht paßt, was auf ihr geschieht. Wenn ich ein gefallener Engel bin, dann bist du nur noch ein Schatten deiner Selbst.«

Nathaniel hatte genug gehört. Das Gespräch war ohnehin nur Hinhaltetaktik – für ihn zumindest, und er ging bei Alannah von gleichen Voraussetzungen aus. Daß er sich in ihr täuschen konnte und sie andere Absichten als den letzten Angriff im Sinn hatte, zog er überhaupt nicht in Betracht. Es war Zeit, das Begonnene zu beenden.

Nathaniel ließ die magischen Ströme durch seinen geschwächten Körper jagen, verwendete aber keine Energien darauf, sich selbst zu heilen oder gar zu stärken, sondern ließ alles in einen

Angriff fließen. Sein Leib explodierte schier in einer grellen Kaskade des bekannten und unbekannten Farbspektrums. Eine todbringende Flut reiner Energie, die er seinerzeit im *Born der Magie* in sich aufgenommen hatte.

Irgendwie wußte Alannah sich zu verteidigen. Ein unsichtbarer Schirm spannte sich um ihren Körper und schützte sie vor der vernichtenden Detonation. Dafür konnte sie die Arenenillusion nicht länger aufrecht erhalten. Ihr Spielfeld brach in sich zusammen, und die beiden *Angisi* befanden sich wieder bei dem Kornkreis auf Kavanaghs Feld. Sie lagen am Boden, geschlagen, erschöpft, und dennoch wollte keiner von ihnen die Segel strecken. Nathaniel grub die Hände in den Lehm, brummelte etwas in sich hinein und stieß eine magische Beschwörung hervor. Alannah kämpfte sich auf die Beine, streckte schwerfällig eine Hand vor und feuerte einen schwachen Blitz auf Nathaniel ab. Die Entladung traf den Engel, warf ihn herum genau auf den magischen Bumerang zu.

Für den Augenblick eines Sekundenbruchteils suchte ihn eine Vision heim. Er sah zwei Ausgänge der Schlacht. In jedem fanden er und Alannah den Tod. Aber nur in der ersten Vision wurde auch die Welt vernichtet, in der zweiten hingegen...

Er mußte etwas unternehmen, falls etwas schief ging. Etwas hinterlassen, das später in seinem Sinne wirken konnte. Seine letzten Kraftreserven mobilisierend sprang er auf, beugte sich zu dem magischen Bumerang hinunter, klaubte ihn auf und rannte mit unglaublicher Behendigkeit auf seine Gegnerin zu. Alannah ihrerseits merkte, daß es zum Ende kam und aktivierte ebenfalls die ihr noch verbliebenen magischen Ströme. Sie federte vom Boden ab und flog wie ein Geschoß auf Nathaniel zu, Blitze und Licht aus ihren Fingern und Augen verschießend. Bevor sie Nathaniel jedoch erreichten, zeichnete er ein magisches Symbol in die Luft, konzentrierte sich kurz und ließ ein letztes Mal seine Kräfte wirken. Sein Ruf fand Helena Riedberg, übertrug ihr auf telepathischem Weg Anweisungen, und er setzte den Transport in Gang. Ganz gleich, was nun geschah, er hatte vorgesorgt – hoffte er jedenfalls.

Dann prallten die beiden *Angisi* aufeinander und entfesselten mit ihren Körpern sämtliche Magie, die ihnen noch verblieben war. Tosende Entladungen reinster Macht umzüngelten den magischen Bumerang und brachten ihn zur Explosion.

Das kleine Aufblitzen hätte genügt, Dorian für immer das Augenlicht zu rauben, doch genau in dem Moment in dem die Photonenteilchen der Lichtimplosion ihre volle Wirkung entfalten konnte, setzte das Ziehen in seinem Nacken ein, und der Magnetfeldsprung nahm seinen Lauf. Dennoch schloß Dorian instinktiv die Augen und hielt Phillip fest, während sie durch die unerklärlichen Dimensionen geschleudert wurden.

Das Magnetfeld war nicht stark genug gewesen, um bis Cashel zu reichen, aber er schätzte, daß er über zehn bis fünfzehn Meilen hinwegtransportiert worden war, als sich das Bild vor seinen Augen klärte und er zusammen mit Phillip mitten auf einer befestigten Straße rematerialisierte. Noch einmal tauchte gleißendes Licht den Himmel in einen unheimlichen Anblick, doch diesmal war es abgeschwächt, so daß es seinen Augen zwar weh tat, sie aber nicht schädigte. Aus der Flut schälten sich die Umrisse eines Autos heraus, das direkt auf Dorian und Phillip zufuhr. Für den Fahrer mußten sie wie aus dem Nichts auf der Straße aufgetaucht sein, aber er war noch gute zwanzig Meter entfernt, machte dennoch keine Anstalten, zu bremsen oder auszuweichen.

Dorian sah warum: Das grelle Leuchten am Himmel hatte seine Aufmerksamkeit auf den Fahrer gezogen. Er achtete nicht auf die Straße. Dorian gab Phillip einen Schubs nach links und sprang selbst rechts vom Weg, so daß der Wagen an ihnen vorbei rauschte. Erst jetzt trat der Fahrer die Bremsen. Mit einem Quietschen und einer halben Drehung kam das Auto zum Stehen. Sofort sprang der Mann heraus und lief zu Dorian und Phillip.

»Ist Ihnen etwas passiert?« fragte er.

»Schon in Ordnung«, erwiderte Dorian, wollte noch etwas hinzufügen, daß er gefälligst nächstes Mal besser auf die Straße achten sollte, als auch er von dem Leuchten am Himmel angezogen wurde. Er wandte den Kopf und schaute in die Richtung aus der er vor Sekunden erst entflohen war. Zwar hatten sie keine Möglichkeit über die Entfernung wirklich etwas von dem Schauplatz des Geschehens auszumachen, aber das war auch nicht notwendig, denn die pilzförmige Rauchwolke, die sich unablässig in den Himmel schraubte war sicherlich bis zur englischen Insel zu sehen.

»Mein Gott!« rief der Fahrer aus und bekreuzigte sich.

Wahrscheinlich rechnete er mit einem Kriegsausbruch. Der Anblick des Atompilzes sprach für sich. Was sonst hätte sich ereignen können, wenn ein solches Ungetüm am Himmel der irischen Insel stand? Wer glaubte schon an einen Unfall in einem Kernkraftwerk oder eine Katastrophe biblischen Ausmaßes?

Der Boden rumorte. Alles zitterte wie bei einem Beben, doch die Ausläufer waren zu schwach, um in der Entfernung von fünfzehn Meilen vom Epizentrum noch Schaden anzurichten. Dorian war beruhigt, daß die Explosion nicht die Kraft eines echten Nuklearsprengkopfes gehabt hatte. Trotzdem fragte er sich, warum der Bumerang nicht mehr Zerstörungspotential freigesetzt hatte. Als hätte Phillip seine Gedanken gelesen sagte der Hermaphrodit: »Der Schwarze Engel gab sein Leben, um uns zu retten.«

Dorian fuhr sich durch die Haare. Wenn sich der Junge nicht täuschte, waren sowohl Nathaniel als auch Alannah tot, und irgendwie hatte der weibliche *Schemen* die Detonation des Bumerangs eingedämmt. Ermattet ließ sich Dorian am Straßenrand nieder, legte sich auf den Boden und ließ sich einfach nur treiben. Konnten sie wirklich aufatmen? War es endlich vorbei? Es wäre zu schön gewesen, um wahr zu sein, und wieder ging ihm der Spruch des Abenteurers durch den Sinn. Darüber verließen ihn seine Kräfte und er merkte nur undeutlich, wie ihn zwei Hände packten und zum Wagen hinüberschleiften.

18. Kapitel

Das Vermächtnis der Dämonin

Die langen Schatten, die über den Boden krochen, schienen für einen Augenblick lebendig zu werden, als die einsame Gestalt mit schweren Schritten über den Gehweg marschierte. Der Mann ging leicht gebeugt, hatte die Hände tief in die Taschen seines Mantels vergraben und die Krempe seines Hutes tief ins Gesicht gezogen. Jedesmal wenn ein anderer Spaziergänger an ihm vorbeischritt, machte dieser instinktiv einen Bogen um den Mann, obwohl er nicht zu sagen vermochte, warum er den Fremden mied. Vielleicht haftete ihm eine besondere Ausstrahlung an, die andere nur unbewußt wahrnahmen.

Gordon Cramer hätte geahnt, woran es lag, daß die Passanten seine Aura wahrnahmen, wenn er sich überhaupt bewußt geworden wäre, daß sie ihn mieden. Er war zu sehr in Gedanken versunken und achtete deshalb auch nicht sonderlich auf die Tarnung, die es zu wahren galt. Den ganzen Tag über hatte er sich den Kopf über den vampirischen Klient Harding zerbrochen. Und tatsächlich war er in den Unterlagen auf höchst beunruhigende Fakten gestoßen: Als Angelina Harding zur Villa in der Baring Road brachte und ihn als Kenneth Spencer, einem entfernten Verwandten des verstorbenen Lords Hayward, ausgab, war er noch ein Mensch gewesen, kein Vampir. Dieser Umstand allein war nicht weiter merkwürdig – viel schwerer wog der Umstand, daß Harding in seinem Büro eine dämonische Aura besessen hatte, nicht die eines Untoten. Cramer konnte sich nicht irren, denn er hätte niemals Anweisungen von einem Vampiropfer entgegengenommen.

Gegen Mittag hatte Cramer das Büro verlassen, um sich bei einem Spaziergang zu erfrischen. Seine Sekretärin, die vormittags arbeitete, hatte ihn übers Handy angerufen – manchmal mußte man sich halt mir der Technik arrangieren – und ihm mitgeteilt, daß die Nachmittagskraft Miß Scarwind nicht gekommen wäre. Cramer gab der Frau frei und zog sich selbst in sein Haus zurück. Irgendwann hatte er sich hingelegt und war übers Grübeln eingeschlafen. Erst als die Sonne bereits untergegangen war, hatte ihn das Leuten einer Turmuhr geweckt. Er wollte unbedingt noch einmal ins Büro und sich Gewißheit über die Akten verschaffen.

Als er das Gebäude erreichte in dem die Büroräume von Cramer & Cramer untergebracht waren, nickte ihm der Portier zu.

»So spät noch zur Arbeit, Sir?« fragte der ältere, grauhaarige Mann von seinem Tresen aus.

Gordon Cramer warf wie beiläufig einen Blick auf eine imaginäre Uhr, die er gar nicht am Handgelenk trug.

»Dringende Geschäfte«, wimmelte er den Portier barsch ab.

»Heutzutage kann man sich seine Klienten nicht aussuchen«, rief der Alte ihm noch hinterher, doch Cramer war bereits in der Aufzugkabine verschwunden, die ihn in den dritten Stock brachte, wo die Kanzlei ihren Sitz hatte. Nervös stapfte er von einem Fuß auf den anderen, als sich die Kabine mit quälender Langsamkeit in Bewegung setzte. Er ahnte, daß er eine wichtige Sache übersehen hatte.

Cramer schnippte mit den Fingern. *Scarwind,* dachte er plötzlich! *Sie hat deine Worte im Hinausgehen gehört und Harding gewarnt. Deshalb ist sie heute nicht zur Arbeit erschienen.*

Nur wenige Momente darauf revidierte er seine Schlußfolgerung. Nachdem er den Lift verlassen hatte und sich in Richtung Büro auf den Weg machte, sah er, daß noch Licht in der Kanzlei brannte. Das war nicht weiter ungewöhnlich, denn einige von den nichtdämonischen Angestellten arbeiteten teilweise die halbe Nacht durch, wenn sie an einem kniffligen Fall dran waren oder sich auf eine Gerichtsverhandlung vorbereiteten.

Cramer nahm den langen Korridor von dem rechts und links die Einzelbüros seiner Mitarbeiter abzweigten. Die Tür vor Kopf führte ins Sekretariat, und dahinter lagen die drei großen Büros der Gesellschafter. Er drückte die Klinke herunter und spürte eine gewisse Wärme in der Handfläche. Jemand hatte sie vor kurzem noch berührt, und das konnte nicht die Sekretärin sein, wenn sie schon mittags nach Hause gegangen war. Cramer zuckte die Achseln und öffnete die Tür. Überrascht blieb er im Rahmen stehen und sah, daß der Schreibtisch der Sekretärin besetzt war – und zwar von Deborah Scarwind.

»Miß Scarwind?« fragte er ungläubig.

Die attraktive junge Frau blickte auf, zog eine Braue hoch und schien nicht minder erstaunt zu sein, daß er zu so später Stunde noch einmal ins Büro zurückgekehrt war.

»Mr. Cramer, ich hatte Sie heute Abend nicht mehr erwartet«, gestand sie.

»Was tun Sie denn hier?« wollte er wissen. »Mrs. Rafferty sagte mir, daß Sie heute Mittag nicht zum Dienst erschienen sind.«

Scarwind verzog die Mundwinkel und setzte eine flehende Miene auf. »Ich weiß, und es ist mir auch peinlich, daß ich nicht vorher angerufen habe, aber ich habe schlichtweg verschlafen.«

»Um diese Zeit?«

Deborah zuckte die Schultern. »Ja, ich war gestern Abend noch unterwegs, und es ist etwas später geworden. Als ich dann hier angerufen habe, waren Sie nicht mehr da, und auch Mrs. Rafferty hatte bereits Feierabend.«

»Und dann sind Sie jetzt hergekommen, um ihre Arbeit zu erledigen?«

»Nun ja, ich konnte schlecht alles liegenlassen.«

Pflichtbewußt, dachte er bei sich, sprach das Lob allerdings nicht aus. Er nickte Deborah Scarwind zu, marschierte an ihr vorbei und betrat sein Büro, das hinter einer der drei folgenden Türen lag. Bevor er die Tür hinter sich schloß, drehte er sich noch einmal halb um.

»Wie lange werden Sie noch hier sein?« fragte er.

»Oh, ich bin eigentlich gleich fertig, aber wenn Sie noch Arbeit für mich haben, dann ist es selbstverständlich daß ich heute länger bleibe.«

»Nein, Sie können dann gleich Feierabend machen«, erwiderte Cramer und schlug die Tür ins Schloß. Er umrundete seinen überfüllten Schreibtisch, den er nach seinem hastigen Aufbruch heute Mittag nicht aufgeräumt hatte, ließ sich in den ledernen Sessel fallen und öffnete eine der größeren Schubladen. Vielleicht hätte er dies schon eher tun sollen, doch er war in gewisser Hinsicht ein Einzelgänger und versuchte stets zuerst selbst Licht in dunkle Angelegenheiten zu bekommen. Erst wenn er mit seinem Latein am Ende war, zog er die erfahrenen Berater wie seinen Bruder oder Templeton heran.

Er fingerte eine murmelkleine Kristallkugel hervor, legte sie vor sich auf die Schreibtischunterlage und sprach eine kurze Beschwörungsformel. Die Murmel begann von innen heraus in einem schwachen Glanz zu pulsieren und wuchs von einer Sekunde auf die andere auf die Größe eines Handballs an. Gordon Cramer konzentrierte sich, sagte einige unverständliche Worte und strich mit einer fast zärtlichen Geste über das glattgeschliffene Glas.

Das Innere der Kugel verfärbte sich, wurde milchig, und auf wundersame Weise entstanden Nebelschwaden in ihrem Innern, aus denen sich die Gesichtskonturen seines Bruders Declan formten. Der ältere und mächtigere Hexer schaute fragend drein, als er seinen Bruder in der eigenen Kristallkugel sah.

»Was ist los?« fragte Declan ohne die Umschweife einer Begrüßung.

Auch Gordon kam sofort zur Sache. »Ich habe hier ein kleines Problem.«

»Ach, das ist ja ganz was neues«, gab der Bruder barsch zurück. »Ist es schon wieder ein menschlicher Mann?«

Gordon Cramer schlug mit der Faust auf den Tisch, so daß die Kristallkugel erzitterte.

»Wärme nicht immer die alten Kamellen auf«, knurrte er. »Ich meine ein ernsthaftes Problem.«

»Schieß los«, forderte ihn sein Bruder auf. »Und beeile dich, wir sind noch dabei die Vorschläge für eine neue Kandidatur unseres Fürsten der Finsternis zu analysieren.«

Cramer faltete die Hände ineinander und lehnte sich tief in den gepolsterten Stuhl. Gut, sein Bruder würde ihm zuhören, und das war schon einmal etwas wichtiges. In der Vergangenheit waren sie nie zu wirklich engen Freunden geworden, arbeiteten immer aneinander vorbei, und Gordon Cramer stand oft im Schatten seines Bruders Declan, wenn es um Belange der Schwarzen Familie ging. So waren es auch Declan und Templeton gewesen, die auf Zakums Geheiß nach Irland zur großen Versammlung gerufen worden waren, und nicht er, obwohl er sicher war, die Angelegenheiten genauso regeln zu können, wie die beiden Mitbegründer von Cramer & Cramer.

Gordon Cramer wollte gerade seinem Bruder in knappen Worten berichten, worum es in seinem Anliegen ging, als es an der Tür klopfte. Der dämonische Anwalt fluchte kurz in sich hinein und sagte dann zu seinem Bruder: »Warte einen Moment, ich muß die Verbindung unterbrechen.«

»Vergiß es, entweder sagst du mir jetzt...«

»Es kommt jemand«, fuhr Gordon dazwischen. »Bleib dran!«

Er nahm die Kugel in beide Hände, während das Gesicht seines Bruders weiterhin in ihrem Innern bestehen blieb und legte sie zurück in die Schublade.

»Herein!« rief er laut.

Als sich die Tür öffnete, lugte Deborah Scarwind um die Ecke, und Gordon Cramer verfluchte innerlich die Sekretärin dafür, daß sie das Gespräch mit seinem Bruder unterbrochen hatte.

»Ich gehe jetzt, Mr. Cramer, wenn nichts besonderes mehr ist.«

»Ja, schon gut.«

Die Tür schloß sich, und Cramers Hand näherte sich der Kugel in der Schublade, als hinter ihm die Scheiben barsten. Der Kopf Declans in der Kugel ruckte hoch, doch der Sichtwinkel von der Schublade aus war alles andere als günstig, so daß er nicht mitverfolgen konnte, wie Gordon mit Kraft von seinem Stuhl gezogen und quer über den Tisch geschleudert wurde. Im selben Moment wurde die Tür wieder aufgestoßen, und Deborah Scarwind kehrte zurück.

»Was ist da los?« rief die Stimme aus der Kristallkugel. »Gordon, was passiert da?«

Alles war so schnell gegangen, daß Gordon Cramer nicht einmal wußte, was ihn getroffen hatte. Er lag keuchend auf dem Boden, sah sich aufmerksam um und gewahrte aus den Augenwinkeln die Sekretärin.

Mist, warum muß die blöde Kuh gerade jetzt wieder zurückkommen?

In der Luft raschelte und flatterte etwas. Er bemerkte den dunklen Schatten zu spät, und schon hatten sich die Krallen einer übergroßen Fledermaus in seinem Gesicht verfangen.

Ein Vampir, dachte er und nahm die Attacke hin. Er zog sich auf dem Rücken liegend bis zur nächstbesten Wand zurück und bereitete seine Verteidigung vor. Ehe jedoch eine Formel über seine Lippen kam, war Scarwind bei ihm und beugte sich zu ihm herab.

»Verschwinden Sie!« herrschte er sie an. Erst dann sah er die gefährlichen Krallen im Licht der Deckenbeleuchtung aufblitzen.

»Gordon!« kreischte sein Bruder noch immer aus der Kristallkugel, aber Gordon konnte ihm nicht antworten, da er gerade seinen Kehlkopf eingebüßt hatte.

Deborah Scarwind stand siegessicher über dem Hexer und leckte genüßlich das schwarze Blut von ihren Klauen ab. Sie kostete das erhabene Gefühl, ihrem Boß eins ausgewischt zu haben, ganz aus und erfreute sich an dem entsetzten Blick Cramers. Er röchelte, wollte noch etwas hinausschreien, aber die Stimme versagte ihm aufgrund nicht mehr vorhandener Stimmbänder den Dienst. Dafür schoß das Blut aus seinem Hals, sprudelte über seinen teuren Anzug und ließ ihn von Sekunde zu Sekunde schwächer werden. Der Hexer verfügte nur über schwache Selbstheilungskräfte, die mit der klaffenden Verletzung nicht ohne weiteres fertig wurden. Sprechen konnte er nicht mehr, so hob er schwach einen Arm, um ein magisches Heilungssymbol in die Luft zu zeichnen.

Deborahs Hand zuckte vor, packte Cramers Arm und verdrehte ihn mit einer raschen Bewegung. Gleichzeitig beugte sie sich tief zu ihm herab und stülpte ihre vollen Lippen über die Wunde, bevor die Quelle des kostbaren, schwarzen Blutes versiegen konnte. Sie war bereits satt von den Mitarbeitern, die sie nebenan gemeuchelt hatten, aber gerade dieses Elixier hier sollte ihr erst die wahre Erfüllung bringen, sie zu dem machen, was auch Ken war – einem Vampiropfer, das bei Tageslicht leben konnte.

Cramers Leib erschlaffte unter ihr, und Deborah fühlte sich seltsam gestärkt, viel mehr als das rote Blut der Menschen ihr geben konnte. Nur die magischen Fähigkeiten ihres Opfers erlangte sie nicht, dafür aber seine Kraft und Widerstandsfähigkeit. Sie ließ den toten Hexer fallen, holte kurz aus und bohrte sich mit der krallenartigen Hand in seinen Brustkorb, zerschmetterte die Rippen wie morsche Zweige, umschloß das erkaltete Herz Cramers und riß es mit einer einzigen Bewegung aus seinem Leib, ehe sich der Hexer zu neuem, untoten Leben erheben konnte. Deborah zerquetschte das schwarze Organ, doch statt matschig zu werden, rieselte nur noch feiner Staub durch ihre Handfläche.

Sie stand auf und verwischte mit ihrem Fuß den Aschehaufen auf dem Boden. Auch Cramers Körper war nicht mehr. Neben ihr hatte sich die riesige Fledermaus in Ken Harding zurückverwandelt. Er legte eine Arm um ihre Schulter und zog sie zu sich heran.

»Wie fühlst du dich?« fragte er.

»So stark, daß ich Bäume ausreißen könnte«, erwiderte Deborah.

»Gordon? Bist du noch da, verflucht?«

Die krächzende Stimme des anderen Cramers erinnerte Ken Harding daran, daß er noch eine Sache zu erledigen hatte. Er löste sich von der neugeborenen Vampirin seines Clans und ging zum Schreibtisch hinüber. Dort holte er ein Tuch aus seiner Hosentasche hervor, entfaltete es und warf es über die Schublade mit der Kristallkugel, noch ehe er selbst in Sichtweite kam. Der andere Cramer durfte nicht erfahren, wer für den Mord an seinem Bruder verantwortlich war, sonst würde er alles aufbieten, um Ken und Deborah zur Strecke zu bringen.

»Was? Warum ist es dunkel. Jetzt melde dich endlich, Gordon, oder ich unterbreche die Verbindung!«

Ken packte die ins Tuch eingeschlagene Kugel, lehnte sich aus dem geborstenen Fenster, durch das er in das Büro eingedrungen war und schleuderte die Kugel samt Tuch hinaus. Als er das Klirren von Glas hörte, grinste er zufrieden. Nun war auch die Stimme Declans verstummt.

Deborah gesellte sich an seine Seite, und zu zweit metamorphierten sie in die Gestalt von Fledermäusen, um sich in den Nachthimmel Londons hinauszuschwingen.

Obwohl die Explosion schon vor einer halben Stunde über dem Feld gewütet hatte, stand der unheilverkündende Rauchpilz noch immer am Himmel. Die Katastrophe war von Seismologen und ihren Geräten gemessen worden, und die Behörden hatten blitzschnell reagiert. In gebührendem Abstand kreisten Hubschrauber um den Pilz, und Spezialteams näherten sich in abgeschirmten Strahlenschutzanzügen und mit Geigerzählern bewaffnet dem Zentrum der scheinbar nuklearen Explosion. Doch je näher sie der Quelle kamen, desto unsicherer wurden sie, was den Ursprung der zerstörerischen Gewalt anbetraf, denn die Meßgeräte zeigten keinerlei radioaktive Strahlung an, obwohl die Vorgänge der Detonation wie die einer atomaren Kernschmelze vonstatten gegangen waren

Der kleine Trupp des irischen Katastrophenschutzes fuhr mit dem gepanzerten Meßwagen über die holperige Strecke. Die Sicht war praktisch gleich Null. Nur anhand des Kompasses und Radar orientierte sich der Fahrer und konnte von Glück sagen, daß sie keine nennenswerte radioaktive Strahlung messen konnten, sonst hätten die Instrumente längst verrückt gespielt.

Aidan DeReyney behielt das Visier des Strahlenschutzanzuges dennoch geschlossen, denn niemand konnte ihm garantieren, daß die Meßsonden bereits versagten und dort draußen die radioaktive Hölle tobte. Durch das unwegsame Gelände wurden sie immer wieder durchgeschüttelt, und wenn sich die dichten Rauch- und Rußschwaden einmal lichteten, fielen ihre Blicke nur auf vollkommen zerstörte und verbrannte Erde. Im Umkreis von fünf Meilen rund um das eigentliche Explosionszentrum, gab es nichts mehr, das noch entfernt an die grüne Landschaft Irlands erinnert hätte. Kein Baum, kein Strauch, keine Tiere, und auch die Handvoll Bauernhöfe, die sich im Bereich des Detonationsherdes befunden hatten, waren schlicht dem Erdboden gleichgemacht worden.

Während ihrer Fahrt holten die drei Männer vom Katastrophenschutz immer wieder Bodenproben an Bord ihres Gefährts. Waren es am Anfang noch Ruß und Staub, die sich in den Proben fanden, so holten sie mittlerweile nur noch erstarrte Schlacke herein.

»Mein Gott, was ist da nur passiert?« keuchte der Fahrer.

»Bleiben Sie sachlich, Mann«, wies ihn DeReyney zurecht und behielt den Radarmonitor im Auge. Er drückte eine Taste und nahm Verbindung mit dem Hauptquartier auf.

»H.Q. können Sie mich hören, hier ist Stoßtrupp Eins, kommen.«

»Wir hören Sie laut und deutlich, Eins«, klang die verzerrte und von statischem Rauschen überlagerte Stimme der Kommandozentrale aus den Lautsprechern.

»Nähern uns dem Zentrum«, erläuterte DeReyney. »Sie können den übermittelten Werten Glauben schenken – es gibt noch immer keine Anzeichen überhöhter Radioaktivität. Was immer hier hochgegangen ist, war kein nuklearer Sprengkopf.«

»Verstanden, Eins«, antwortete der Einsatzleiter am anderen Ende der Verbindung. »Die Luftaufklärung der *Royal Air Force* bestätigt soeben ihre Messungen. Wir haben uns die topographischen Werte der Umgebung angesehen. Es gibt weit und breit nichts, das die Explosion hätte auslösen können.«

»Aber irgend etwas *hat* sie ausgelöst, verdammt!« fuhr der Fahrer dazwischen, verstummte aber sofort, als er DeReyneys strafenden Blick einfing.

»Wissen wir auch«, erwiderte die Stimme aus den Lautsprechern. »Entweder war es ein Meteorit, der dort eingeschlagen ist, oder irgendein fanatischer Spinner hat dort eine konventionelle Bombe hochgejagt.«

»Was?« entfuhr es DeReyney. »Etwas mit der Sprengkraft einer Atombombe?«

»Ein Aerosolsprengkopf etwa«, sagte der Einsatzleiter.

DeReyney sog scharf die schale Luft ein, die aus seinem autarken Lebenserhaltungstornister in das Helminnere strömte. Er konnte sich kaum vorstellen, daß irgendein dämlicher Terrorist mitten auf den Feldern Bomben zündete. In seinen Augen war wahrscheinlicher, es hier mit einem abgestürzten Meteoriten zu tun zu haben.

»Erreichen Epizentrum in zwei Minuten, Sir!« gab der Fahrer bekannt.

»Bereithalten«, sagte DeReyney.

Der Wagen holperte die letzten hundert Meter über die zerstörte Landschaft hinweg. Noch immer verwehrte ihnen die rußige Luft die Sicht, so daß sie nur ahnen konnten, wohin sie ihr Weg führte. Kurz bevor sie den errechneten Ausgangspunkt der Explosion erreichten, schrie der Fahrer plötzlich erregt auf.

»Da, Sir, ich hab' was auf dem Radar!«

Neugierig beugte sich DeReyney vor und fuhr mit dem behandschuhten Finger über den Schirm, auf dem ein Punkt wie aus dem Nichts erschienen war.

»Geschwindigkeit verringern!« befahl DeReyney. »Wo zum Teufel ist das hergekommen? Es kann doch nicht plötzlich aus dem Nichts aufgetaucht sein.«

Kaum daß er die Worte zu Ende gesprochen hatte, setzte das Radar aus, und der Schirm erlosch vollständig. Im selben Augenblick erstarb auch der Motor des Wagens, und sämtliche Instrumente lieferten keinerlei Werte mehr.

»Was zum...?« Der Fahrer trat die Bremsen und brachte das Fahrzeug zum Stillstand.

»H.Q. könnt Ihr uns hören?« sprach DeReyney ins Helmmikrofon. »Einsatzzentrale, hier Stoßtrupp Eins, können Sie uns verstehen?«

Er probierte es noch zwei-, dreimal ohne jedoch eine Antwort zu bekommen. »Finn, versuchen Sie es weiter, ich will verdammt nochmal eine Verbindung zum Hauptquartier!«

»Ja, Sir!« bestätigte der Mann, der hinter DeReyney saß.

»Was haben Sie vor?« wollte der Fahrer wissen, während er zusah, wie sich DeReyney aus seinem Sitz wuchtete.

»Ich gehe raus und sehe nach, was diese Störung verursacht«, erwiderte er sachlich.

»Sind Sie übergeschnappt?«

»Das lassen Sie mal meine Sorge sein!«

Er öffnete die Tür und schritt die behelfsmäßigen Stufen, die an der Außenseite des Vans angebracht waren, herunter. Es zischte, als er mit den isolierten Stiefeln den Schlackeboden berührte. Er umrundete einmal das Fahrzeug und kam nur langsam voran, weil er immer wieder in dem heißen, verflüssigten Boden steckenblieb.

»Scheint alles in Ordnung zu sein«, sagte er, doch niemand antwortete ihm. Da kehrte er zum Eingang zurück, schaute hindurch und wiederholte seine durch die Helmscheibe gedämpften Worte betont laut. »Aber unsere interne Kommunikation hat's auch erwischt. Los, kommen Sie!«

Ohne die Proteste seiner beiden Mitarbeiter abzuwarten, stapfte Aidan DeReyney davon. Den anderen blieb nichts anderes übrig, als aus dem Wagen zu klettern und ihm zu folgen. Schlecht gelaunt trotteten sie hinter ihrem Anführer her, und während der Fahrer verzweifelt versuchte, durch den dichten Rauch zu sehen, bemühte sich Finn um eine Funkverbindung zur Kommandozentrale. Immer wieder wiederholte er seine Worte, ob ihn jemand empfangen konnte, doch der Ruf ging erst gar nicht raus, da sämtliche Technik versagte.

»Seht doch!« Die dumpfe Stimme DeReyneys ließ Finn und den Fahrer aufhorchen. Sie schlossen zu ihrem Leiter auf und folgten dem ausgestreckten Arm, der auf irgend etwas im Nebel deutete – vermutlich das Objekt, das sie zum Schluß auf dem Radarschirm gesichtet hatten, kurz bevor alle Elektronik versagte. Es war nur unscharf zu erkennen, soweit DeReyney schätzen konnte, vielleicht fünfzehn Meter von ihnen entfernt.

»Los«, sagte Aidan und ging weiter, merkte gar nicht, wie seine Männer zurückblieben und fassungslos auf das starrten, was sich ihnen dort aus dem Nebel näherte.

Nun blieb auch DeReyney stehen und riß seine Augen auf. Das Objekt war gar kein Objekt, sondern eine menschliche Gestalt. Der Nebel war zu undurchdringlich, als daß DeReyney Einzelheiten erkennen konnte. Er sah nur die Silhouette eines Menschen, und dann beeilte er sich zu ihm zu eilen, auch wenn es ein Ding der Unmöglichkeit war, daß irgend jemand diese Explosionshölle überlebt haben konnte. Erst als sich DeReyney nur noch drei Schritt von der Gestalt entfernt befand, sah er, auf welche Art das Opfer noch lebte.

»Grundgütiger!«

»Sir?« rief Finn hinter ihm, stockte aber, als auch er das Wesen erblickte, das ihnen gegenüberstand.

Die Gestalt war vielleicht ein Meter sechzig klein und unheimlich dürr. Aber als Mensch konnte man sie wahrlich nicht bezeichnen. Ihr Körper war vollkommen ausgemergelt, die Haut verrunzelt, hatte sich pergamentartig um das Exoskelett gewickelt. Anhand der beiden Auswölbungen vor dem Brustkorb und den breiteren Hüften folgerte DeReyney, daß dies einmal eine Frau gewesen war. Die Betonung lag für ihn auf *war*, denn das Wesen, das ihnen gegenübertrat war alles andere als lebendig.

Und dennoch bewegte es sich und musterte sie aus eingefallenen Augen. Ihre gesamte Gestalt wirkte wie mumifiziert, in sich zusammengefallen, als hätte etwas dem Körper sämtliche Flüssigkeit entzogen und nur noch eine trockene, spröde Hülle zurückgelassen. Das Geschöpf war gräßlich anzusehen, und der Fahrer konnte sich nicht zurückhalten und würgte.

»Beherrschen Sie sich!« fauchte DeReyney, obwohl auch er ein flaues Gefühl in der Magengegend verspürte. »Wenn Sie jetzt in den Helm kotzen, ersticken Sie vielleicht.«

Die mumifizierte Gestalt kam näher und beobachtete die drei Männer ganz genau. DeReyney schluckte ob des schauerlichen Anblicks, faßte sich dann aber und machte ebenfalls einen Schritt auf die Frau zu.

»Können Sie mich verstehen?« rief er laut durch seinen Helm hindurch.

Er erhielt keine Antwort. Statt dessen streckte die Kreatur ihren spindeldürren Arm aus und war mit einem stolpernden Schritt in DeReyneys Reichweite, um ihn zu berühren. Aidan trat hastig einen Schritt zurück, doch die Hand der Frau lag bereits auf seinem Schutzanzug. Es zischte und Qualm stieg auf, als würde das Material seiner Kleidung verätzt. DeReyney wich weiter nach hinten aus, diesmal blieb das Geschöpf stehen, doch noch immer zischte es, und als er an sich herabsah, bemerkte er, daß der Finger, mit dem sie ihn berührt hatte, weiterhin an seinem Anzug klebte. Mit einer raschen Bewegung der Hand streifte er ihn ab. Das Gliedmaß fiel zu Boden, und die Frau schien ihm wehmütig hinterherzuschauen.

»Verflucht, sie fällt auseinander!« rief Finn.

»Sie kann gar nicht mehr leben«, fügte der Fahrer hinzu.

Doch DeReyney wollte noch nicht aufgeben. »Miß, wir bringen Sie in ein Krankenhaus. Alles wird wieder gut.« Er wußte, daß er sich mit diesen Worten selbst belog, und er zweifelte mittlerweile daran, daß das, was er sah, die Wirklichkeit war. Diese Kreatur konnte gar nicht mehr leben. Warum stand sie noch und atmete?

Er bedeutete der Unbekannten, ihm zu folgen, und zu viert gingen sie langsam zum Wagen zurück. Die Frau konnte nur ganz kleine Schritte machen, so daß sie für den Rückweg mehr als doppelt so lange, wie für den Hinweg benötigten. Sie ließen die Mumifizierte hinten in den Lieferwagen einsteigen und fuhren anschließend wieder zurück in die Richtung, aus der sie gekommen waren. Seltsamerweise sprang der Wagen sofort an, und auch die anderen elektronischen Bordinstrumente funktionierten wieder.

»H.Q., hier ist Stoßtrupp Eins«, sagte DeReyney ins Mikro. »Keine Anzeichen von Gefahr oder Radioaktivität im Kern. Sie können ihre Leute losschicken. Bereiten Sie ein Ärzteteam vor und rufen sie einen Rettungshubschrauber – wir bringen eine... eine Verwundete mit.«

Teilnahmslos hatte sie im Wagen gesessen und einfach nur auf ihre rechte Hand gestarrt. Wie ein neugieriges Kind betrachtete sie die Stelle, wo zuvor der Zeigefinger gesessen hatte. Nun war er fort – nicht, daß es sie wirklich kümmerte. Sie fand es nur seltsam, daß sie an einer Hand fünf und an der anderen bloß vier Finger besaß.

Sie bekam nicht mit, wie der Wagen anhielt und die Hecktüren geöffnet wurden. Auch das eisige Wasser, das mit einem gefächerten Strahl auf sie geschossen wurde, um ihren heißen Körper abzukühlen, nahm sie nicht wahr. Beißender Rauch stieg auf, doch ihren Augen konnte er nichts anhaben. Als ein halbes Dutzend Arme sie packte und vorsichtig auf eine Bahre bettete, lächelte sie... innerlich nur, denn ihre Kiefermuskulatur war gelähmt und würde nie wieder eine Bewegung machen, geschweige denn den Mund öffnen können, damit sie zu sprechen vermochte. Aber der einzelne Gedanke, der sie zum innerlichen Lächeln veranlaßte war so wunderbar, daß sie gar nicht anders konnte.

Ich lebe, lautete er, wenn sie auch die Bedeutung des Wortes *Leben* nicht genau kannte oder neu definieren mußte.

Die Trage wurde in einen mit laufenden Rotoren wartenden Helikopter verfrachtet, der sofort vom Boden abhob, als sie an Bord war. Zwei Ärzte schlossen sie an allen möglichen Instrumenten an, überprüften ihren Puls, ihre Gehirnströme und maßen ihre Körpertemperatur. Doch alles, was sie feststellen konnten, war, daß diese Frau bereits tot war!

Sie bekam davon natürlich nichts mit, hörte zwar die Stimmen, die sich leise unterhielten, doch sie erfaßte nicht den Inhalt ihrer Worte.

Ich lebe.

Sie wußte nicht, wohin ihre Reise führte. Im Grunde interessierte sie es auch nicht. Einzig und allein der Gedanke war für sie wichtig, und sie hielt sich an ihm fest. Als der Hubschrauber auf dem Dach eines Dubliner Krankenhauses landete und die Bahre hinausgeschoben wurde, war sie mittlerweile innerlich vollständig ausgefüllt von dem einzelnen Gedanken.

»Aber sie bewegt sich und atmet doch!«

Die Worte der Ärzte wehten an ihr vorbei. Sie hatte nicht einmal mitbekommen, daß sie nun in einen OP verlegt worden war, angeschlossen an allerlei medizinischem Hightech.

»Zeigen die Instrumente irgend etwas an?« fragte eine andere Stimme. »Sehen Sie einen Ausschlag am EKG oder EEG? Haben wir Blutproben entnehmen können? Nein, weil nicht ein einziger Tropfen Blut in ihrem Körper ist. Und nach den Röntgenaufnahmen können wir davon ausgehen, daß das, was einmal ihr Herz gewesen ist, nunmehr nur noch zur reinen Dekoration dient und in Wahrheit so tot ist, wie dieses Skalpell hier.«

»Aber Sie können sie doch nicht einfach aufschnippeln«, rief jemand entsetzt. »Wir wissen doch gar nicht, warum sie in diesem Zustand überhaupt noch lebt.«

»Genau das versuche ich ja herauszufinden.«

Den Stich in ihrem Brustkorb spürte sie nicht wirklich, auch realisierte sie die Bedeutung der gesprochenen Worte nicht richtig. Das einzige, was für sie momentan zählte, war der Gedanke, an dem sie sich festklammerte, wie am sprichwörtlichen Strohhalm kurz vor dem Ertrinken. Irgendwann bewegte sie den Kopf und senkte ihr Kinn zur Brust.

»Sie rührt sich«, sagte jemand. »Vielleicht sollten wir doch den Anästhesisten hinzurufen und sie in Narkose versetzen.«

»Quatsch«, wehrte der Arzt mit dem Skalpell ab. »Ich habe bereits ihren Brustkorb geöffnet, und sie hat keinen Mucks von sich gegeben.«

Tatsächlich waren die Hälften ihres Brustkorbes hochgeklappt und gaben einen unschönen Anblick auf das ausgetrocknete Innenleben preis. Verwirrt schaute sie die Ärzte an, und diese starrten einfach nur zurück. Eine Frau mit Mundschutz beugte sich über sie.

»Können Sie mich hören?« fragte sie.

»Vergessen Sie's«, mischte sich der Arzt mit dem Skalpell ein. »Wenn sie es könnte, könnte sie ihnen ohnehin nicht antworten.«

Der Mann schob die Frau mit dem Mundschutz fort und näherte sich mit der Hand dem geöffneten Brustkorb. Er stocherte mit dem Skalpell darin herum, so daß es spröde knackte. Immer wieder schüttelte er den Kopf über die Ungeheuerlichkeit, die da auf seinen Tisch gelangt war.

»Da ist nichts«, murmelte er nach einer Weile. »Alles ist vertrocknet. Nichts weist darauf hin, daß dieses... dieses *Ding* leben könnte.«

»Und dennoch tut es das!« beharrte die Ärztin an seiner Seite. »Sie bewegt sich, sie rollt ihre Augen und sieht uns an, ja sie atmet sogar.«

»Sie atmet«, echote der Arzt. »Aber wohin geht die Luft? Sehen Sie selbst: Ihre Lungen sehen aus wie das ausgequetschte Gebilde einer vertrockneten Weinrebe.«

»Wir müssen das melden«, sagte die Ärztin. »Irgend jemand muß sich darum kümmern. Dieser Fund ist eine wissenschaftliche Sensation.«

»Ja, aber das sollen die Leute herausfinden, die die Explosion im Süden untersuchen. Dies ist ein gewöhnliches Krankenhaus, keine Forschungsstation!«

Er zog das Skalpell aus dem mumifizierten Körper und legte es zurück in den Besteckkasten. Dann faßte er mit beiden Händen eine Hälfte des geöffneten Brustkorbs und wollte sie wieder herunterklappen, doch mit einem hellen Knacken brachen die Knochen einfach ab. Verdutzt hielt der Arzt die Rippen, die mit dem ausgetrockneten Fleisch verwachsen waren, in der Hand sah zu den anderen Anwesenden im Operationssaal. Sein Blick blieb an der Assistenzärztin hängen.

»Leben, ha, daß ich nicht lache!«

Er legte das Gebilde zurück auf den toten Körper und wandte sich ab, doch irgendwie hatte er das merkwürdige Gefühl, daß ihn die kalte Augen, des auf dem Tisch liegenden Dings anstarrten.

»Desinfizieren Sie alles und danach packen Sie dieses Etwas in die Gefrierkammer!«

Mit sanften, kreisenden Bewegungen massierte sich Dr. Caddell die Schläfen. Es war wirklich nicht sein Tag heute, und dabei war es gerade einmal früher Nachmittag. Schon jetzt sehnte er den Feierabend herbei und wünschte sich, sich in sein Bett zu verkriechen. Der Morgen war mit drei Operationen bereits stressig genug gewesen, doch dann mußten sie ihm dieses mumifizierte Monstrum schicken, das eigentlich in ein wissenschaftliches Labor gehörte, nicht in ein Krankenhaus. Aber er konnte es dem Rettungsteam nicht verübeln, daß sie es zuerst hierher brachten, denn sie waren davon ausgegangen, es mit einem noch lebenden Menschen mit schweren Verbrennungen zu tun zu haben – ein Irrtum, wie Caddell sofort erkannt hatte, als er des verbrannten Dings ansichtig wurde. Aber die Untersuchung hatte ihn lange genug aufgehalten. Es war Zeit, sich wieder auf das Wesentliche zu konzentrieren.

Das Klacken der Gegensprechanlage, holte ihn aus seinen Gedanken zurück, als sich die Sekretärin meldete.

»Dr. Caddell, hier ist jemand von der Regierung, der sich für Ihren letzten Fall interessiert.«

Ah, endlich! atmete er auf. *Das wird auch Zeit.*

Caddell setzte sich aufrecht in seinen Sessel, zupfte sich den Kittel zurecht und drückte dann die Sprechtaste.

»Schicken Sie ihn bitte herein.«

Dr. Caddell wußte nicht, wen er erwartet hatte, doch als er den kleinen Mann sah, der sein Büro betrat, war er ein wenig verblüfft. Er trug einen langen Mantel und Hut und hatte die Krempe tief ins Gesicht gezogen, so daß man auf den ersten Augenblick nicht viel von ihm erkennen konnte. Der untersetzte Mann schloß die Tür hinter sich, nickte Caddell zu und nahm ohne Umschweife auf dem Stuhl vor dem Schreibtisch des Arztes Platz.

Trotz des unhöflichen Verhaltens des Neuankömmlings versuchte Caddell seine Form zu wahren.

»Guten Tag«, sagte er und streckte dem anderen eine Hand zur Begrüßung hin. »Ich bin Dr. Caddell, und Sie müssen...«

Er ließ den Satz unausgesprochen, in der Hoffnung, der andere würde sich vorstellen. Zuerst sah es so aus, als würde der Mann weiter stur bleiben, doch dann ging ein sichtlicher Ruck durch ihn, und er ergriff die noch immer dargebotene Hand.

»Mein Name ist Akum«, erklärte der andere mit leicht fistelnder Stimme, und die Haut fühlte sich bei dem Händedruck seltsam spröde und pergamentartig an. Hastig zog Caddell seine Hand zurück und setzte sich wieder, derweil Akum in die Innentasche seines Mantels langte und einen Plastikausweis mit Dienstmarke und Symbol der irischen Regierung zutage förderte.

»Dr. Zacharias Akum«, stellte er sich ausführlicher vor, und nun konnte Caddell einen Blick auf sein zerknautschtes, faltiges Gesicht erhaschen.

»Schön, ich nehme an, daß Sie wegen der Leiche hier sind, die nördlich von Cashel gefunden wurde.«

»Sie haben es erfaßt, Doktor«, erwiderte Akum. »Die Rettungsteams haben uns sofort informiert, wohin Sie die Person gebracht haben. Was haben Sie mittlerweile herausgefunden?«

Caddell faltete die Hände ineinander und lehnte sich zurück.

»Sie ist tot«, sagte er.

»Sie?« wiederholte Akum und lugte dabei unter dem Hut hervor.

»Das Opfer war einmal eine Frau, nicht mehr identifizierbar. Vielleicht kann eine Kieferuntersuchung oder eine DNA-Probe etwas genaueres über ihre Identität hergeben, aber dafür sind wir hier nicht ausgerüstet.«

»Ich verstehe.«

»Was ist eigentlich da unten passiert?« Caddell deutete mit dem Daumen hinter sich aus dem Fenster, wenn die Geste auch in die falsche Richtung wies, war doch unmißverständlich zu verstehen, daß er damit den Ort der Explosion im Südwesten Irlands meinte.

»Darüber dürfen wir noch nicht reden«, erwiderte Akum. »Zu

gegebener Zeit wird eine Mitteilung an die Presse herausgegeben.«

»Naja, ist ja Sache der Regierung, diese Geheimniskrämerei, nicht wahr? In welcher Funktion sind Sie Doktor?«

»Ich bin Biologe und mit der genauen Untersuchung Ihrer... *Patientin* beauftragt worden. Und da wir in dieser Angelegenheit keine Zeit verlieren wollen, möchte ich Sie bitten, mir die Frau unverzüglich zu zeigen!«

»Selbstverständlich!« sagte Caddell und stemmte sich hoch. »Wenn Sie mir folgen wollen.«

Sie verließen das Büro des Arztes, und Caddell hinterließ seiner Sekretärin, daß er im Keller zu erreichen sei. Die beiden betraten den Hauptkorridor und bogen nach wenigen Metern rechts in eine Nische, die direkt zu den Türen eines Aufzugs führte.

»Um die Gefahr einer Infektion zu vermeiden, habe ich die Tote einfrieren lassen.«

Akum legte den Kopf schief. »Ich weiß nicht, ob das eine so kluge Idee war. Ich habe gehört, sie lebte noch, als sie am Unfallort geborgen wurde.«

Caddell lächelte schief. »Einige behaupten immer noch, sie würde leben. Sehen Sie, als ich vorhin sagte, sie wäre tot, da meinte ich im biologischen Sinn tot, wir verstehen uns?«

»Ich kann Ihnen nicht ganz folgen«, gestand Zacharias Akum ein.

»Nun, sie zeigt keinerlei biologische Aktivitäten, die wir mit unseren Instrumenten messen könnten«, erklärte Caddell. »Allerdings funktioniert ihre Atmung, sie kann sich teilweise bewegen und sieht offenbar, was um sie herum vorgeht.«

»Und Sie haben sie einfrieren lassen?« schnappte Akum. »Falls die Funktionen, von denen Sie gerade sprachen, durch die Kälte nachgelassen haben sollten, werde ich Sie zur Verantwortung ziehen!«

Caddell zog überrascht die Brauen hoch und öffnete protestierend den Mund. »Na hören Sie mal, ich mußte eine Ansteckung unterbinden!«

»Eine Ansteckung? Ich glaube, Sie mißverstehen hier etwas gründlich. Diese Person ist kein Träger irgend eines Virus oder Bazillus', sondern die einzige Überlebende einer nuklearen Katastrophe.«

»Ich... ich wußte wirklich nicht... man hat mir nicht gesagt...«, stotterte Caddell, wurde aber von Akum mit einer herrischen Geste unterbrochen.

»Unternehmen Sie etwas!« knurrte der zwielichtige Mann.

Hastig tastete Caddell nach dem Telefon des Aufzugs, der noch immer nach unten fuhr und erst das dritte Stockwerk erreicht hatte.

»Geben Sie mir die Pathologie – schnell!«

Der Doktor trommelte nervös an die Innenwand des Fahrstuhls und warf Akum immer wieder einen unruhigen Blick zu. Er versuchte zu lächeln, scheiterte aber kläglich. Endlich bekam er seine Verbindung.

»Caddell hier«, bellte er förmlich in den Hörer. »Holen Sie sofort die Leiche der Frau aus der Gefrierkammer! Ja, ich weiß, daß wir sie erst vor einer Stunde reingeschoben haben und jetzt holen Sie sie gefälligst wieder raus. Ich bin in zwei Minuten bei Ihnen.«

Mit betontem Schwung hängte er lautstark ein, so daß er fast die Halterung des Hörers aus der Aufzugswand gerissen hätte.

»Es kann noch nicht allzu viel passiert sein«, versicherte Caddell.

»Das hoffe ich«, erwiderte Akum. »Um Ihretwillen.«

Der Lift hielt an, und Caddell beeilte sich, aus der engen Kabine zu kommen. Mit einem Mal war ihm die Gesellschaft des ominösen Regierungswissenschaftlers doch unangenehm geworden – so sehr, daß er unter Schweißausbrüchen und nervösen Zuckungen litt. Doch er fühlte sich um keinen Deut besser, als er den Lift verlassen hatte, denn noch immer spürte er deutlich den stechenden Blick des anderen in seinem Rücken, so daß sich seine Nakkenhaare sträubten. Mit eiligem Schritt ging Caddell voran, rempelte einen Pfleger an und marschierte weiter, ohne sich zu entschuldigen. Akum war ihm dicht auf den Fersen, doch ein Außenstehender sah ihm seine Eile gar nicht an, nur Caddell selbst wirkte gehetzt.

Sie bogen um eine Ecke, gelangten an eine Kreuzung und nahmen die linke Abzweigung, die nach einer leichten Biegung in eine Flügeltür mündete. Caddell fluchte, als sich die Tür nicht automatisch öffnete. Umständlich kramte er seinen Sicherheitsausweis hervor und zog ihn durch den Schlitz der kleinen Box, die an der Wand angebracht war. Geräuschvoll schwangen die Türhälften nach innen auf.

»Wo ist sie?« brüllte Caddell.

Einer der anwesenden Ärzte deutete auf einen Tisch weit hinten im Raum. Eilig rannte der Klinikleiter an den anderen vorbei und erreichte jene Überlebende, die er schlicht als *Ding* bezeichnet hatte, als erster. Akum war ihm gefolgt und blieb dicht an seiner Seite stehen. Im Gegensatz zu dem japsenden Caddell schien ihn der schnelle Gang überhaupt nicht angestrengt zu haben.

»Das... das ist sie«, stammelte Dr. Caddell völlig außer Atem.

Akum trat näher an die Bahre heran und musterte den mumifizierten Körper. Er schaute auch in die geöffnete Brust, streckte eine Hand aus und berührte die vertrockneten Innereien. Als er den Arm wieder herauszog und seine Finger begutachtete, fand er nur ein schwarzes Pulver von den zersetzten Organen. Sein Blick wanderte hoch zum Kopf, und er registrierte genau das, was ihm Caddell schon mitgeteilt hatte.

Sie atmete. Und sie bewegte die Augen.

Ein finsteres Lächeln huschte über Dr. Zacharias Akums Lippen, dann beugte er sich weit über den zerstörten Körper und sagte laut: »Angelina, kannst du mich hören?«

Die Kälte hatte sie nicht einmal wirklich wahrgenommen. Weder Ihre Sicht, noch ihr Gehör waren davon beeinträchtigt worden, wohl aber ihre Bewegungsfreiheit. War sie schon vorher recht schwach gewesen, um noch einen Arm zu heben, so fiel es ihr nun in der engen und dunklen Kammer zusehends schwerer. Ihr bewußtes Denken war wieder eingeschlafen, und so dämmerte sie nur so vor sich hin, darauf wartend, daß irgend etwas geschah. Zeit, war bedeutungslos geworden – glaubte sie zumindest, denn der Gedanke, der sie vorhin erfreut hatte, konnte auch ins Gegenteil umgewandelt werden.

Die Tatsache, daß sie sich auf eine undefinierbare Art *lebendig* fühlte, bewies nicht, daß sie auch jeden Moment sterben konnte. Inzwischen hatte sie erkannt, daß etwas mit ihrem Körper nicht in Ordnung war, und sie war sich auch der Menschen bewußt geworden, die sich um sie herum versammelt hatten – zumindest bis man sie in die Dunkelheit verfrachtet hatte. Aber sie konnte sich beim besten Willen nicht daran erinnern, *wer* sie war, beziehungsweise *was* überhaupt geschehen war.

Eine halbe Ewigkeit, in der sie überhaupt nicht mehr zu einem weiteren Gedanken fähig war, dämmerte sie in der Finsternis ihres Gefängnisses einfach nur vor sich hin. Da war zwar der potentielle Funke, der sie am Leben erhielt, doch das, was sie ausmachte, was ihre Essenz war, schien zu ruhen, zu schlafen... oder eingefroren zu sein.

Als die Tür zu der Kammer geöffnet wurde und helles Licht hereinströmte, war ihr Bewußtsein noch immer abgeschaltet. Das erste, was sie wahrnahm, war das grelle Leuchten einer Lampe, die direkt in ihre Augen schien.

Ich lebe.

Da war er wieder! Der Gedanke war dort, in ihr drin, und sie spürte ein gewisses Gefühl der Freude. Gerne hätte sie sich aufgerichtet, doch noch immer gehorchten ihr die Gelenke nicht. Nach wenigen Augenblicken, die ihr wie Äonen erschienen, gelangte der Kopf eines Mannes in ihr Gesichtsfeld. Sie erinnerte sich vage daran, ihn schon einmal gesehen zu haben, konnte ihn jedoch anfangs nicht zuordnen. Erst, als sich eine weitere Gestalt über sie beugte, zuckte ein Erinnerungsblitz an ihrem inneren Auge vorbei. Sie durchlebte noch einmal die Szene, in der ihr Brustkorb mit einem Skalpell geöffnet und auseinandergeklappt worden war. Das war dieser Mann gewesen.

Neugierig versuchte sie, in das Gesicht des zweiten Mannes zu schauen, der sich nun an dem Loch in ihrer Brust zu schaffen machte, doch die tief ins Gesicht gezogene Hutkrempe verbarg seine Züge unter einem dunklen Schatten.

Schließlich ließ er von ihr ab und beugte sich zu ihr herunter. Sie war sich sicher, diesen Mann ebenfalls schon einmal gesehen zu haben, doch diesmal wollte es ihr beim besten Willen nicht einfallen. Jedenfalls nicht, bevor er den Namen aussprach... *ihren Namen!*

»Angelina, kannst du mich hören?«

Die ganze Wirklichkeit schien um sie herum zu rotieren, einen Sprung zurückzumachen und sie mitzureißen – in einen Strudel vergangener Ereignisse. Sie sah das grelle Licht, das scheinbar alles beendete, spürte die gewaltige Explosion und die Präsenz einer Magie, die mächtiger war als alles, was sie bisher am eigenen Leibe zu spüren bekommen hatte – und jetzt wirkte sie direkt auf sie ein, vernichtete sie und belebte sie doch neu. Alles was blieb, war ihr Name.

Angelina!

Nur der Name blieb in ihrem Gedächtnis haften, nicht aber das, was sich dahinter verbarg oder vielmehr verborgen hatte. Die Erinnerungen waren für immer begraben, ausgelöscht mit der Person, die sie selbst einmal gewesen war.

Die Trostlosigkeit dieses Gedankens berührte sie nicht im Entferntesten. Für sie waren nur zwei Dinge wichtig geworden. Den einen hatte sie bereits vorhin festgestellt, nämlich die Tatsache, daß sie für sich selbst *lebte*. Und nun hatte sie auch einen Namen dazu bekommen. Das war alles, was zählte...

»Sie... Sie kennen diese Frau?« fragte Dr. Caddell verdutzt, als er mitbekam, wie Dr. Akum sie mit Namen ansprach. »Ja, aber wie...«

Akum ließ sich nicht beirren und redete noch einmal auf den mumifizierten Körper ein, und als er auch diesmal keine Antwort bekam und auch in den Augen kein Zeichen des Erkennens las, drehte er sich zu Caddell um.

Der Arzt machte einen schnellen Schritt zurück, als er das feine Blitzen unter der Hutkrempe sah.

»Sie wissen bereits zu viel, Doktor«, zischte der andere und glich den Schritt mit einem schnellen Satz wieder aus.

»Hilfe!« rief Caddell, woraufhin alle anderen Anwesenden zu ihm hinübersahen. Die Assistenzärztin eilte herbei und wollte den Doktor stützen, doch er machte einige fuchtelnde Bewegungen und wies sie von sich ab.

»Was haben Sie denn?« fragte die Ärztin.

»Ja sehen Sie ihn denn nicht?«

Die Frau blickte auf das, was Caddell zu sehen glaubte, doch dort war nur der mumifizierte Körper der Frau.

Caddell war der Panik nahe. Er wollte sich umwenden und davonlaufen, als Akum bereits bei ihm war und ihm eine eisige Hand auf die Schultern legte.

»Ich müßte lügen, wenn ich sage, es täte mir leid«, sagte der zwielichtige Mann, der alles andere als ein Regierungsvertreter war, wie Caddell nun erkennen mußte.

Caddell war nicht mehr imstande, sich zu rühren. Akum schritt auf ihn zu und...

...glitt durch ihn hindurch? Im selben Moment schlug ewige

Nacht über den Doktor zusammen und der für alle anderen bisher unsichtbare Akum transformierte seinen Körper in die neue Identität des Dr. Caddell.

»Doktor, so sprechen Sie doch!« rief die Assistenzärztin und wagte es noch immer nicht, näherzukommen.

Ein Ruck ging durch Caddells Körper, und er drehte sich langsam zu der Ärztin um.

»Es ist in Ordnung«, antwortete Zakum in Tarngestalt des Doktors. »Ich... habe wohl ein wenig überreagiert. Die Augen dieser Frau haben sich wieder bewegt, obwohl sie eine Stunde in der Gefrierkammer gelegen hat.«

»Sie sollten sich ein wenig ausruhen«, mahnte die Ärztin.

»Ja, Sie haben recht.«

»Sollen wir die Frau wieder einfrieren?«

»Nein, ich habe vorhin einen Anruf von der Regierung erhalten«, sagte Zakum. »Sie will dieses Objekt eingehender untersuchen. Noch heute soll sie verlegt werden.«

Er machte eine nichtssagende Handbewegung, und noch im selben Augenblick wandten alle Anwesenden ihre Blick von ihm ab. Zakum erweiterte das Tarnfeld auf die mumifizierte Angelina und murmelte eine Beschwörung, die ein Dämonentor öffnete. Ungesehen von allen anderen schob er die Bahre hindurch, blickte sich nicht einmal um und verschwand selbst in dem schattenhaft pulsierendem Riß im Gefüge der Realität. Den echten Doktor Caddell würde man schon bald finden – verwickelt in einen schweren Autounfall und an den Folgen gestorben.

Als Zakum zusammen mit der Bahre das Dämonentor verließ, befand er sich noch immer in Europa, nahezu zwanzig Kilometer von der bretonischen Küste entfernt. Kalter Septemberwind umtoste die kleine Insel, auf der vor Jahren der spleenige Graf Charles-Henri de Calmot residierte und die er zu seiner *Paradiesinsel* gemacht hatte.

Zakum hatte für diesen Umstand nur wenige Gedanken übrig. Was zählte, war nicht irgendein toter Graf, der die Zeit des 15. Jahrhunderts auf diesem Eiland wieder aufleben lassen wollte, sondern die Tatsache, daß sich nahe dem Zentrum der Paradiesinsel ein Hügel befand, der ein Grab beinhaltete.

Ein ganz bestimmtes Grab, dachte Zakum und amüsierte sich bei diesen Worten.

Der Lordkanzler murmelte Worte einer uralten Sprache und

ließ seine Magie wirken. Die Bahre, auf der eben noch Angelina gelegen hatte, verschwand, doch statt zu Boden zu fallen, stand die ehemalige Teufelin aufrecht auf beiden Beinen vor ihm.

»Komm!« sagte Zakum, aber als er zwei Schritte weiterging, reagierte der zerstörte Leib nicht. Das kümmerliche Etwas, das von Angelina übrig geblieben war, stand einfach nur da und drehte die Augen, um sich die Gegend anzusehen. Erneut griff Zakum mit seiner Magie nach ihr und schleppte sie einfach in seinen Fängen hinter sich her. Sein Ziel war jener Hügel, den er vor nicht allzu langer Zeit schon einmal aufgesucht hatte. Er trat durch den Eingang und erreichte einen höhlenartigen Raum, dessen Wände und Decken aus schweren Megalithen bestanden – denselben Steinen, die die Vampirin Rebecca einigen Wochen auf magischem Wege nach Wien transportiert hatte, um mit ihrer Hilfe Luguri, den Fürsten der Finsternis, zu vernichten.

Zakum hatte das Grab des Erzdämons an seine ursprüngliche Stelle nahe der bretonischen Küste zurücktransportiert – zusammen mit der riesenhaften, zotteligen Gestalt, die in der Mitte des Raumes auf einen Steintisch gebahrt lag.

Schlafend, aber nicht tot – und solange gebannt, wie der Lordkanzler es für richtig hielt.

Ein sparsames Lächeln umspielte Zakums Lippen, als er Angelinas Körper vom Lehm befreite und sie zu ihrem früheren Geliebten auf die Bahre legte. Sie hatte hoch hinaus gewollt, genauso wie Luguri. Und jetzt lagen sie hier einträchtig beisammen und würden das Licht der Welt möglicherweise niemals wiedersehen.

Der Lordkanzler wandte sich um und verließ die Höhle.

Er mußte erneut eine Todesnachricht überbringen. Diesmal würde sich allerdings nur eine einzige Sippe davon schockiert zeigen und nicht die gesamte Schwarze Familie.

Ohne weitere Zeit zu vergeuden, machte er sich auf den Weg nach Florenz...

19. Kapitel

Die Niederkunft

Mit hinter dem Kopf verschränkten Armen lag Dorian Hunter auf dem Bett des äußerst luxuriös eingerichteten Hotelzimmers. Der Mann, den sie auf der Landstraße getroffen hatten, war unterwegs nach Waterford gewesen und so hatte Dorian spontan entschieden, sich dorthin kutschieren zu lassen. Eigentlich war seine selbst gestellte Mission in Irland beendet, und er hätte nach Südengland zurückkehren sollen, doch bevor er eine weitere Reise auf sich aufnahm, wollte er sich erst gründlich von den Strapazen seines Alleingangs erholen. Außerdem hatte er vor, noch ein wenig abzuwarten und zu schauen, ob wirklich alles überstanden war oder sich die Schwarze Familie in irgend einer Weise einmischte.

Für seine körperliche und geistige Erholung wollte er sich nicht lumpen lassen und hatte das Waterford Castle Hotel, das in einem Schloß untergebracht war und knapp drei Kilometer vom eigentlichen Waterford entfernt auf einer Insel im Suir lag, als Herberge ins Auge gefaßt. Zuvor waren frische Sachen vonnöten gewesen, die er in Waterford selbst gekauft hatte, damit er sich überhaupt in das Luxushotel einquartieren konnte.

Phillip hatte er als seinen Sohn ausgegeben. Der Hermaphrodit saß am Fenster auf einem Stuhl und starrte unentwegt auf den Fluß hinaus. Sorglos wie immer.

»Weißt du, Phillip«, sagte Dorian halblaut. »Manchmal kannst du die beste Reisebegleitung sein, die sich jemand wünschen kann. Du läßt einen wenigstens in Ruhe. Aber selbst die schönste Entspannung muß einmal ein Ende finden.«

Dorian schwang sich aus dem Bett und spürte sofort die Schmerzen seines geschundenen Körpers. Es würden wahrscheinlich noch Tage oder Wochen vergehen, bis er wieder ganz der Alte war. Er griff nach dem Zimmertelefon auf dem Nachtschränkchen und holte es zu sich heran.

»Die werden sich sicher schon Sorgen machen«, murmelte er, nahm den Hörer ab und wählte Sullivans Handynummer, da ihm der Anschluß von Jeff Parkers Feriendomizil in Südengland nicht geläufig war. Nach dreimaligem Durchläuten wurde abgenommen.

»Ja?« fragte jemand am anderen Ende der Leitung.

»Trevor, sind Sie das?«

»Dorian?« erklang der erfreute Ausruf. »Sie sind es wirklich. Coco ist kurz davor, nach Irland aufzubrechen, um Sie zu suchen.«

»Na, das reden Sie ihr mal hübsch wieder aus«, erwiderte Dorian grinsend, obwohl der andere seine Miene nicht sehen konnte.

»Was ist geschehen?« wollte Trevor wissen.

»Sie haben sicher Verständnis dafür, daß ich zuerst mit Coco sprechen möchte, oder?«

»Natürlich, warten Sie.«

Dorian zog den Telefonapparat weiter zu sich heran und lehnte sich wieder an die Rückwand des Bettes an. Nach wenigen Sekunden hatte er Coco an der Strippe.

»Rian? Ich kann es kaum fassen.«

»Wieso, wolltest du mich loswerden?« stichelte er.

»Hör auf damit, sag mir lieber, wie es dir geht.«

»*Uns* geht es den Umständen entsprechend«, betonte er, und auf Cocos Frage erklärte er, daß Phillip bei ihm war. Natürlich war die junge Hexe begierig zu erfahren, was seine Nachforschungen in Irland ergeben hatten, deshalb schilderte er ihr in knappen Worten, was geschehen war.

»Das gibt es doch nicht«, entfuhr es der Zamis-Hexe. »Bist du sicher, daß die Gefahr gebannt ist?«

»Zumindest von der Seite dieser angeblichen Engel«, meinte Dorian. »Jedenfalls hat Phillip mir das zu verstehen gegeben. Nathaniel und Alannah sind tot. Angelina war auch dort, aber die Explosion muß sie genauso hingerafft haben wie alles andere im Umkreis von fünf Meilen.«

»Und Abi hast Du auch gesehen?«

Dorian bejahte die Frage und teilte Coco auch gleich seine Befürchtung mit, daß es Flindt und Dr. Riedberg ebenfalls nicht hinausgeschafft hatten, bevor die Detonation stattfand.

»Und jetzt? Kommst du nach England zurück?«

»Werde ich wohl«, gab er trocken zurück.

»Gut, ich freue mich schon. Übrigens gibt es etwas von Ungas Seite, aber das kann ich dir erzählen, sobald du hier bist.«

»Nein, sag's mir jetzt«, entschied Dorian.

»Nun, er sollte eigentlich gestern von Island hierher springen«, berichtete Coco. »Aber er hat dann angerufen und mir gesagt, daß sein Kommandostab zu Staub zerfallen ist.«

»Was?« fragte Dorian zweifelnd. »Gestern?«

»Ja, warum?«

Nachdenklich tastete Dorian in die Innenseite seiner Jacke und wollte seinen eigenen Kommandostab hervorholen, mußte aber feststellen, daß er nicht dort war. Er erinnerte sich nicht, was er nach dem letzten Sprung mit ihm gemacht hatte. Da er kurz nach der Explosion ohnmächtig geworden war, konnte nur Phillip den Stab an sich genommen haben – falls er nicht noch vor Ort auf dem Boden lag.

»Ich habe da ein mieses Gefühl, Coco. Warte mal.«

Dorian wandte sich zu Phillip um und fragte ihn nach dem Kommandostab. Er hatte nicht wirklich mit einer Antwort gerechnet, doch der Hermaphrodit streckte beide Hände aus, kehrte die Handflächen nach oben und öffnete sie. Feiner, graubrauner Staub rieselte durch seine Finger.

Der Dämonenkiller schluckte. »Scheint, als hätte es unsere Kommandostäbe erwischt!«

»Deinen auch?« fragte Coco. »Aber wie ist das möglich?«

»Keine Ahnung.« Er wollte zu einer Erklärung ansetzen, entschied sich dann aber anders und sagte: »Ich habe da eine Theorie, aber dazu müßtest du die ganze Geschichte kennen. Ich sag's Dir, wenn ich wieder bei euch bin, okay?«

»In Ordnung«, erwiderte Coco. »Und trödle nicht wieder herum, ja?«

»Ich beeile mich«, sagte Dorian und beendete das Gespräch. Danach wandte er sich an Phillip. »Komm, wir gehen nach Hause.«

Der Hermaphrodit löste seine Augen vom Fenster und starrte Dorian an. Aber sein Blick schien ihn nicht als Punkt zu fixieren, sondern viel weiter darüber hinaus zu sehen, als blicke er in eine Entfernung, die unerreichbar für Dorian und jeden anderen Menschen oder Dämon auf dieser Welt war. Ohne Widerwillen ließ sich Phillip beim Aufstehen helfen.

Unten an der Rezeption bezahlte Dorian das Zimmer und verabschiedete sich. Als er draußen auf dem Schloßhof angelangt war, grübelte er über die zerstörten Kommandostäbe nach. Er zweifelte keine Sekunde daran, daß der magische Bumerang des Hermes

Trismegistos‘ damit in einem Zusammenhang stand. Wahrscheinlich hatte seine Explosion eine Rückkopplung im magische Gefüge ausgelöst, die sich über die Magnetfelder auf die Kommandostäbe entladen hatte.

Dorian knirschte mit den Zähnen. Damit hatte er eine wichtige Waffe im Kampf gegen die Dämonen verloren.

»Schätze, wir werden in Zukunft den Bus nehmen müssen«, murmelte er und klemmte sich hinter das Steuer des Mietwagens. Als auch Phillip eingestiegen war, startete Dorian den Motor und fuhr Richtung Waterford über die Cork Road in den Hafen der irischen Stadt. Dort buchte er für sich, Phillip und den Leihwagen ein Ticket nach England. Da der Magnetfeldtransport ausschied, mußte er auf konventionelle Art reisen, was nicht einmal die schlimmste Alternative war. So hatte er auf der Fahrt noch Zeit genug, seine Erlebnisse für sich selbst zu reflektieren.

Er sah auf die Uhr. Bis zur Abfahrt der Fähre dauerte es noch eine Stunde. Dorian bedeutete Phillip beim Wagen zu bleiben und suchte ein öffentliches Telefon auf. Zuerst rief er Coco an und teilte ihr mit, daß er erst am nächsten Tag in Südengland eintreffen könnte. Als er einhängt hatte, wählte er die Nummer des Elfenhofes in Island. Zuerst ging Reena, Ungas Lebensgefährtin ans Telefon, um nach einer kurzen Begrüßung den Hörer an den Cro-Magnon weiterzuleiten.

»Dorian, freut mich, daß du wohlauf bist. Aber ich habe hier einige Probleme mit dem Kommandostab.«

»Ich weiß, Coco hat es mir bereits gesagt«, erwiderte Dorian. »Aber jetzt halt dich fest, mir ergeht es nicht anders. Es hat eine große Erschütterung in den Magnetfeldern gegeben, die sich auf unsere Stäbe ausgewirkt haben muß. Ich erkläre es dir ein andermal, aber ich schätze wir müssen in nächster Zeit auf die angenehme Reise durch die Magnetfelder verzichten und unsere Flüge wieder selbst buchen.«

»Mist«, fluchte Unga. »Wird Zeit, daß wir uns treffen, Dorian. Bist du auf dem Weg zu Parkers Ferienhaus?«

»Ja, flieg dort hin. Ich bin morgen da.«

»Gut, wir sehen uns.«

Dorian verabschiedete sich und teilte auch Unga vorher noch mit, daß er Phillip wiedergefunden hatte. Der Cro-Magnon war hocherfreut über die Neuigkeit.

Nachdem er aufgelegt hatte, trat Dorian aus der Zelle und atmete die abgasschwangere Hafenluft tief ein. Er fingerte aus der Brusttasche seines Hemdes eine neue Packung Player's heraus und schob sich kurz darauf den Glimmstengel zwischen die Lippen.

Andernorts
Eine kleine Menschenmenge hatte sich in den frühen Abendstunden vor dem Schaufenster des Elektrohandels eingefunden und verfolgte die Nachrichten, die über einen Außenlautsprecher für alle hörbar gemacht wurden. Zu sehen war eine Sprecherin von NBC, im Hintergrund das Bild einer pilzförmigen Rauchwolke, wie sie auf eine nukleare Explosion folgte. Gebannt hingen die Passanten an den Lippen der Nachrichtensprecherin.

»Irland«, sagte die junge Frau, »zwanzig Meilen nördlich des Touristenstädchens Cashel bedrohte gestern eine gewaltige Explosion den Süden der Insel. Obwohl nach Augenzeugenberichten der Explosionsherd die typischen Merkmale einer Atombombendetonation aufwies, dementiert die irische Regierung, daß tatsächlich ein Nuklearsprengkopf gezündet worden sein soll. Diese Angaben scheinen Messungen von Spezialtrupps des Katastrophenschutzes sowie der Air Force zu bestätigen, wonach in der Nähe des Explosionszentrums keinerlei radioaktive Strahlung ausgemacht werden konnte. Die irische Regierung vermutet einen Unfall beim unsachgemäßen zusammensetzen eines selbstgebastelten Zünders. Die Annahme, es könne sich um ein gescheitertes Attentat der IRA auf nordirische Stellungen gehandelt haben wurde durch eine offizielle Stellungnahme der *Sinn Féin* untermauert. Das Wetter...«

Aus dem Pulk der Versammelten löste sich eine einzelne Gestalt. Der Mann war hochgewachsen, aber kaum zu erkennen, da er sich so dick eingemummt hatte, wie nur irgend möglich. Er trug einen langen Mantel, darunter einen Kapuzenpulli, dessen Kopfbedeckung er sich so tief ins Gesicht gezogen hatte, daß nur ein Schatten darunter zu erkennen war. Obwohl es gar nicht so kalt war, hatte er sich Handschuhe übergestreift und hielt in der Rechten eine große Reisetasche, die sich nach beiden Seiten stark ausbeulte, als wäre sie hoffnungslos überpackt worden.

Unbemerkt von den anderen, die nach der Hiobsbotschaft auch

noch an dem Wetter von morgen interessiert waren, schlich er sich davon. Mochten die Leute an die Vorbereitung eines Anschlags der IRA glauben. Er fragte sich nur, wie man die *Sinn Féin* dazu gekriegt hatte, sich wirklich zu der *Bombenexplosion* zu bekennen. Daß es keine gewesen war, wußte er, denn er war selbst dort gewesen, als es geschehen war!

Abi Flindt hielt an der nächsten Kreuzung und wandte sich nach links. Eine Seitengasse führte geradewegs aus dem kleinen Ort hinaus, dessen Namen er sich nicht einmal gemerkt hatte. Am liebsten hätte er Irland so schnell wie möglich den Rücken zugekehrt. Zu viele negative Erfahrungen verband er damit, und auch der Verlust des Hexers Kieran Slattery hatte ihm einen Stich durchs Herz getrieben. Anfangs hatte er den Magier verachtet und nur am Leben gelassen, damit er einen viel schlimmeren Tod durch Zakums Hände erlitt. Doch bei ihrer zweiten Begegnung mußte Flindt unweigerlich eingestehen, sich in dem Iren getäuscht zu haben. Slattery war nicht wirklich böse gewesen, sondern nur daran interessiert, seinen magischen Horizont zu erweitern – deshalb hatte er den leichteren, einfacheren Weg gewählt, den der Schwarzen Magie!

Wir hätten vielleicht tatsächlich ein gutes Team abgegeben, sinnierte Flindt auf dem Weg aus dem Dorf. *Ich bin zwar ein Einzelgänger, aber die magischen Fähigkeiten Slatterys hätten mich im Kampf gegen die Dämonen unterstützen können.*

Nun würde es nicht mehr dazu kommen. Flindt wußte, daß die Geschichte mit dem Engel vorbei war, aber das, was er ihnen hinterlassen hatte, war vielleicht nicht minder gefährlich. Er erinnerte sich noch gut an die Worte Nathaniels, als dieser ihm prophezeite, daß er bald sterben werde und daß er es nicht verdient hatte, in die Reihen der Auserwählten aufgenommen zu werden. Und jetzt, nachdem der Engel das Zeitliche gesegnet hatte, glaubte sich Flindt noch immer in den Fängen Nathaniels zu befinden. *Jetzt* war er ein Auserwählter. Unfreiwillig. Und dennoch konnte er sich einfach nicht lösen, nicht die Brücken abbrechen, die ihn noch mit dem letzten Willen des Engels verbanden.

Er konnte einfach nicht – um ihretwillen.

Abi dachte an Helena Riedberg. Ihr ging es von Stunde zu Stunde schlechter, und es war überhaupt ein Wunder gewesen, daß sie sich bis hierher hatte schleppen können. Noch vor fünf Stunden war sie selbst im Ort gewesen und hatte für Abi die Kleidung besorgt, damit er sich im Schutz der Dunkelheit und vermummt unter den Leuten bewegen konnte, ohne Aufsehen zu erregen, denn sein ausgebrannter Körper würde die Aufmerksamkeit der Menschen rasch auf sich ziehen. Nun blieb ihm wirklich nichts anderes übrig, als in dunkler Verkleidung in der Öffentlichkeit aufzutreten, ganz wie er es zuvor im Ninja-Kostüm getan hatte. Er glaubte nicht, daß die schweren Verbrennungen jemals heilen würden. Das einzige, was ihn am Leben hielt, war die Magie Nathaniels, und er hoffte, daß sie noch lange anhalten würde.

Flindt erreichte den Bauernhof in der Nähe des Örtchens und steuerte die Scheune an. In den Fenstern des Wohnhauses brannte Licht, und er konnte nur beten, daß der Bauer nicht das Bedürfnis verspürte, sich aufmerksamer in seinem Schuppen umzusehen, denn er diente Helena und Abi kurzfristig als Versteck – zumindest so lange, bis es der deutschen Archäologin besser ging.

Es kann nicht mehr lange dauern, dachte Abi. *Hoffentlich überlebt sie es!*

Leicht geduckt schlich er sich an dem Gartenzaun vorbei und erreichte ungesehen die Scheune. Er quetschte sich durch die leicht geöffnete Tür und zog sie hinter sich zu. Hinter einigen Strohballen stand eine Holzleiter, die zu einer weiteren, schmalen Etage hinaufführte. Von oben drang ein schwacher, flackernder Lichtschein zu ihm herunter. Er hoffte inständig, daß er von draußen nicht zu sehen war.

Abi erklomm die Sprossen und erreichte den Vorsprung, der ebenfalls komplett mit Stroh ausgelegt war. Hier und da standen einige kleinere Ballen herum. Das Licht kam vom hinteren Ende des Schobers, von zwei quaderförmigen Strohballen verdeckt.

»Helena?« flüsterte Abi und bewegte sich geduckt zu der Wand. Er lugte vorsichtig um den Strohballen, um die Frau nicht zu erschrecken, denn sie hatte schon genug mit sich selbst und ihrer geheimsten Angst zu kämpfen.

Doch seine Befürchtungen erwiesen sich als unbegründet, denn er fand Helena Riedberg schlafend vor. Trotzdem hatte sie sich verändert. Ihr Körper wirkte aufgedunsen, das Gesicht gequollen – von ihrer ehemaligen Schönheit keinerlei Spur mehr!

Was muß sie nicht alles durchmachen? dachte Flindt. War es nicht genug, daß sie nur um ein Haar der Hölle entkommen waren?

Waren sie beide nicht gezeichnet von der Vernichtungsmagie der Engel? Warum mußten sie immer noch leiden, wann würde es aufhören?

Abi ging auf die Schlafende zu und hockte sich neben ihr nieder. Er öffnete die mitgebrachte Reisetasche und kramte in ihr herum, bis er fand wonach er suchte: Einen sauberen Lappen und eine Flasche mit Wasser. Er befeuchtete das Tuch und wusch Helena die Schweißperlen von der Stirn. Sie regte sich leicht, schlief aber weiter. Abi preßte die Lippen aufeinander und betrachtete ihren aufgedunsenen Bauch. Daß sie schwanger war, mochte niemand mehr bestreiten, und beiden war auch klar, *wessen* Kind sie in sich trug. Oft genug hatte Helena ihm geschworen, nicht mit Nathaniel intim geworden zu sein, und er glaubte ihr. Dem Engel hatten sicherlich andere Mittel und Wege offengestanden, um sie zu schwängern.

Mit seiner eigenen Brut! dachte Abi verbittert. Mehr als einmal hatte er mit dem Gedanken gespielt, das Ungeborene zu töten, doch der Umstand, daß er damit auch Helena gefährden konnte, ließ ihn rasch wieder von der Idee abkommen. Aber was, wenn *es* endlich kam? Was würde er dann tun? Auch darauf kannte er bereits die Antwort. Er konnte dem Kind Helenas nichts zuleide tun. Irgend etwas von Nathaniels Magie, die ihn am Leben hielt, hinderte ihn daran, den Sprößling zu verletzen. Abi war klargeworden, daß Nathaniel, nachdem er keinen Ausweg mehr gesehen hatte, ihn, Flindt, zum Beschützer seines Kindes bestimmt hatte. So sehr sich Abi auch sträubte, diese Rolle anzunehmen, er war der Macht, die in seinem Innern weilte, nicht gewachsen.

»So hast du letztendlich doch gewonnen«, knurrte der Däne leise. »Ich bin dein Werkzeug geworden. Mein einziger Triumph ist, daß ich dich überdauert habe... aber zu welchem Preis?«

Abi wunderte es nicht, daß die Schwangerschaft so schnell vonstatten ging. Hier würde kein normaler Säugling zur Welt kommen, sondern etwas völlig anderes, und er konnte nur hoffen, daß Helena die Niederkunft heil überstand.

Während er die Deutsche weiterschlafen ließ, leerte er die Tasche mit Lebensmitteln und Getränken und reihte alles an der Wand auf. Danach erneuerte er die beiden Kerzen, die ihnen in der kargen Unterkunft ein schwaches Licht spendeten, gerade soviel, um genug sehen zu können und so wenig, daß es nicht die

Aufmerksamkeit des Bauern erregte. Hoffte Flindt jedenfalls. Vorsorglich hatte er auch Babynahrung und warme Decken mitgebracht, damit sie auf alles vorbereitet waren. Als die Reisetasche leer war, lehnte er sich zurück, beobachtete die Schlafende eine Weile und döste selbst darüber ein, obwohl ihm der Magen knurrte und er liebend gern noch etwas gegessen hätte.

Er wußte nicht, wie lange er geschlafen hatte, als ihn der panische Schrei weckte. Sofort fuhr er hoch und blinzelte die Müdigkeit fort. Helena hatte sich halb aufgerichtet und stützte sich auf den Ellbogen im Stroh ab. Ihr Bauch war entblößt und scheinbar bis zum Zerreißpunkt aufgebläht. Sie hatte sich von ihrer Hose befreit und die Beine gespreizt, bereit das Kind zu gebären.

»Wie lange...?«

Der neuerliche Schrei brachte Abi zum Verstummen. Er raffte sich auf und kam mit Tuch und Wasser zu Helena hinüber.

»Ich glaube... es ist soweit!« preßte die Wissenschaftlerin hervor. »Ich spüre es, es kommt!«

Abi hatte nicht die geringste Vorstellung, wie er sich verhalten sollte – nicht einmal, wenn es eine normale Geburt gewesen wäre. Darum hatte er sich nie gekümmert. Es war Sache der Ärzte, kleine Babys zur Welt zu bringen, nicht die seine. Doch jetzt, als er selbst damit konfrontiert wurde, fiel ihm nichts anderes ein, als Helena mit Worten zu trösten. Gleichzeitig tupfte er ihr mit dem Tuch die Stirn ab und stammelte etwas, das sich entfernt wie »Pressen, pressen« anhörte.

Irgendwann schrie Helena ihn an, er solle endlich seine Klappe halten. Dies sei Ihr Kind, und sie bringe es ganz allein zur Welt, auch ohne seine Hilfe.

»Schon gut«, meinte er.

»Wenn es da ist, schneide einfach nur die Nabelschnur durch, ja?« keifte Helena. »Das ist wohl nicht zuviel verlangt, oder?«

Wieder brüllte sie aus Leibeskräften, und Abi befürchtete, der Bauer oder jemand aus seiner Familie könne die Schreie hören und in die Scheune kommen. Das wäre der denkbar ungeeignetste Augenblick.

Die Archäologin schlug um sich, packte Flindts Arme und krallte sich in sie fest hinein und begann zu zittern. Gebannt starrte Abi auf ihre Scham und fragte sich, ob es nicht besser war, vor ihr zu warten und das Neugeborene in Empfang zu nehmen.

»Ich... es...« Das Stammeln Helenas war kaum mehr zu verstehen. Ihre Stimme brach gänzlich ab, und sie riß den Mund unnatürlich weit auf, doch alles, was aus ihm austrat, war Stille. Die Augen der Deutschen weiteten sich. In ihren Mundwinkeln bildeten sich Risse, und ihre hektischen Bewegungen erstarben. Abi bekam es mit der Angst zu tun. Er konnte sich nicht vorstellen, daß das normal war.

Nichts ist normal, du Idiot, dachte er. *Diese ganze Geburt ist widernatürlich!*

Helena lag ganz still da. Ihr Körper war bis aufs Äußerste angespannt, die Beine noch immer gespreizt. Sie sagte nichts, atmete nicht einmal, und langsam lief ihr Kopf blau an. Abi sah sie besorgt an. Er war hilflos, und in seiner Not begann er die Frau zu schütteln.

Vielleicht ist sie nur weggetreten, vermutete er.

Dann hörte er das Geräusch. Es glich dem Reißen von Stoff, war jedoch viel lauter. Als er sich auf einen Verdacht hin umdrehte und auf den Bauch sah, glaubte er seinen Augen nicht zu trauen. Die Bauchdecke war gerissen.

Geplatzt! korrigierte er in Gedanken, und als literweise Blut aus dem klaffenden Loch spritzte, rebellierte Flindts Magen. Er zwang sich hinzusehen, doch in all den Jahren in denen er Dämonen jagte und auch schon ihre bestialisch hingerichteten Opfer gesehen hatte, war ihm nichts untergekommen, daß dem hier auch nur entfernt ähnelte. Er merkte nicht einmal, daß Helenas Körper kraftlos in sich zusammensank, als der Bauch aufgerissen war. Ein letzter Seufzer entrang sich ihrer Kehle, und damit stieß sie auch das letzte bißchen Leben aus, das sich noch in ihrem Leib befunden hatte.

Abi schaute von der riesigen Wunde zu Helenas starrem Totenblick und registrierte irgendwo am Rande seines Bewußtsein, daß die Frau nicht mehr lebte.

Ihm blieb keine Zeit für Trauer, denn das, was sie zur Welt brachte, trat endlich zum Vorschein. Statt auf normalem Wege den Weg aus der Gebärmutter zu finden, schlüpfte es einfach durch den aufgesprungenen Bauch. Flindt wußte nicht, was er wirklich erwartet hatte, als er Babynahrung einkaufte, doch mit Sicherheit nicht das, was dort aus dem toten Leib Helena Riedbergs trat.

Es war kein Mensch, nicht einmal entfernt an irgend etwas erinnernd, das an Lebewesen auf der Erde existierte. Eine amorphe, nebulöse Silhouette kroch aus dem blutverschmierten Bauch heraus, schlängelte sich wie ein transparenter Schleier über den Boden und dann einen der Strohballen hinauf, wo sie verharrte.

»Großer Gott, was haben wir getan«, fluchte Abi. Das schemenhafte Gebilde blieb eine Zeitlang auf der Stelle stehen. Abi starrte es einfach nur an, unfähig sich zu rühren oder Anteil zu nehmen. Helenas Tod, die Geburt von etwas, das von Nathaniels Art war – was konnte noch schlimmeres kommen?

Erst bemerkte er gar nicht, daß wieder Bewegung in den schemenhaften Nebel kam, doch als er aus den sich mit Tränen füllenden Augenwinkeln etwas registrierte, nahm der Schleier mit einem Mal menschliche Formen an. Noch immer blieb die Gestalt durchsichtig, nur schwerlich zu erkennen, doch man konnte deutlich die Auswüchse eines Körpers erkennen, ausgestattet mit einem Kopf, zwei Armen und Beinen. Langsam schwebte der *Schemen* auf Flindt und Helenas Leiche zu.

Abi glaubte seinen Augen nicht zu trauen, als erneut eine Regung durch die Gestalt ging. Die lichte Silhouette festigte sich, verlor beständig ihren Glanz und wurde dunkler. Ihre Oberfläche nahm den Ton von rosafarbener Haut an. Mehr und mehr verwandelte sie sich rein optisch in einen Menschen. Abi stand der Mund sperrangelweit offen, als er Zeuge der unheimlichen Transformation wurde, und als er sah, *wessen* Form das neugeborene Wesen annahm, sprang er protestierend auf.

»Nein!« schrie er. »Das darfst du nicht tun!«

Statt einer Antwort ging die Metamorphose nun noch schneller, wie im Zeitraffer vonstatten. Von einer Sekunde auf die andere stand eine nackte, formvollendete, menschliche Frau vor ihm – mit den Gesichtszügen Helena Riedbergs!

»Das... das ist nicht recht!« entfuhr es Abi. »Wie kannst du ihren Tod so verhöhnen?«

»Ihn verhöhnen?«

Abi prallte erschrocken zurück. Er hatte nicht geglaubt, daß sie sprechen konnte, nicht wirklich jedenfalls. Aber was hatte er erwartet? Dies war kein Neugeborenes im herkömmlichen Sinn. Nach Maßstäben der *Schemen* mochte sie ein Baby sein, aber bei den Menschen war sie viel weiter, weil ihr eine gewisse Reife und ein unbegreifliches Wissen bereits in die Wiege gelegt worden war.

»Ich ehre sie, indem ich ihre Gestalt weiterleben lasse«, antwortete das Mädchen in Helena Riedbergs Äußerem. Sie sah wie ein perfektes Ebenbild aus. Im Gesicht jedenfalls, denn ihr übriger Körper war vollendeter, als Helenas es je hätte werden können.

Abi sog scharf die Luft ein und drückte sich mit dem Rücken gegen die Wand.

»Du hättest nie geboren werden dürfen«, keuchte er. »Jetzt beginnt alles von vorn.«

Das Kind Helenas legte den Kopf schief und musterte den Dänen mit seinen braunen Augen.

»Du meinst das, was mein... Vater vorhatte?« fragte es neugierig.

Abi nickte. »Du weißt *alles*! Er hat dir sein Wissen und seine Macht übertragen, als er seinen Samen auf magische Art in Helenas Leib pflanzte.«

Der neugeborene *Schemen* warf einen Blick auf seine Mutter, machte dann einen großen Schritt über den Leichnam hinweg und ging auf Abi zu. Der Däne nahm eine Kampfposition ein, doch er wußte, daß es aussichtslos war. Er war nicht einmal bewaffnet, und selbst wenn, was konnte er der Macht eines Wesens wie diesem entgegensetzen?

»Du wirst mich nicht verletzen«, sagte die junge Frau mehr feststellend, denn bittend. Offenbar lauschte sie in sich hinein und wühlte in dem Wissen, das ihr Vater ihr bereitgestellt hatte. »Du wirst mein Beschützer und mein Lehrer sein in dieser neuen Welt!«

Abi runzelte die Stirn und entspannte sich. Ihr Beschützer und Lehrer? Demnach war nicht alles zu spät. Sie kannte nicht den ganzen Plan ihres Vaters oder mußte nicht selbst danach handeln. Und wenn er sie beschützen sollte, konnte sie auch nicht über die gleiche Macht gebieten wie er.

Sie ist halb Mensch, erinnerte sich Abi.

Nun senkte er auch die Arme und stieß ein wenig erleichtert den angehaltenen Atem aus. Er sah ein letztes Mal zu der toten Helena Riedberg hinab und verzog bedauernd die Mundwinkel.

»Ich wünschte, deine Mutter könnte das noch erleben«, sagte er.

»Sie gab ihr Leben für einen vorbestimmten Zweck«, erwiderte das Mädchen. »Nach dem Willen meines Vaters.«

Abi ballte die Hände zu Fäusten. »Ja, sie mußte so oder so sterben, ganz gleich, welche Pläne Nathaniel mit ihr hatte.«

Wieder war er versucht, sich auf die junge Frau zu stürzen, sie zu schlagen, sie zu würgen – egal, nur irgend etwas zu unternehmen. Doch er konnte es nicht. Die fremde Magie in ihm hinderte ihn daran. Er würde sich niemals von der Fessel lösen können, die ihm Nathaniel aufgezwungen hatte. So ergab er sich in sein Schicksal, räumte all die Sachen zusammen und verstaute sie in der Reisetasche.

»Was ist mit ihr?« fragte er anschließend. »Kannst du sie verschwinden lassen?«

Ein Lächeln legte sich auf die Lippen des Mädchens. Es trat an die beiden Kerzen heran und stieß sie mit dem nackten Fuß an. Als sie umkippten und die Flammen das Stroh berührten, fing es sofort Feuer.

»Also auf die konventionelle Art«, brummte Abi, nahm Helenas Ebenbild bei der Hand und zog sie vom Heuschober fort. Als sie draußen angelangten, stand bereits die Hälfte der Scheune in Flammen. Vielleicht würde man Helenas Leiche anhand ihres Gebisses identifizieren können, aber das spielte keine Rolle, denn er hatte auch nicht vor, das Kind als Helena auszugeben, auch wenn sie ihre Züge trug.

»Wie soll ich dich nennen?« fragte er. »Hat dein Vater da auch schon vorgesorgt, oder darf ich als dein Vormund einen Namen bestimmen?«

»Ich heiße Larissa!« antwortete das Mädchen.

»Na schön, *Larissa*«, sagte Abi und legte ihr zwei der Decken über den nackten Körper. »Wir werden ein wenig Kleidung für dich besorgen müssen. Und dann suchen wir uns ein Versteck, in dem wir erst einmal untertauchen, bis Gras über die Sache gewachsen ist.«

»Über welche Sache?« fragte Larissa.

»Über alle Sachen«, gab Abi zurück. Er ließ zu, daß sie sich bei ihm einhakte. Gemeinsam verließen sie den Ort, um unterzutauchen.